法律系列 2

蘭臺出版社

新世紀
刑事訴訟法
釋要

增訂版

黃炎東 教授 ◎編著

賴　序

　　刑法與刑事訴訟法同為國家刑事體系之基本大法，前者在規範犯罪的構成要件及處罰範圍，故通常稱之為刑事實體法；後者則就如何實現刑罰權之程序為規範，故通常稱之為刑事程序法，國家之刑罰權端賴二者之相輔相成、交互運用，始克具體實現，進而達成維持社會秩序之目的。因此，刑法與刑事訴訟法均為法律系同學必修之課程，同時亦列為國家考試必考之科目，其重要性應不言可喻。然而，法律條文艱澀，法律系學生能得其梗概者已屬難能，至於要求在具體案例之運用上能實體、程序融會貫通、適用無礙，寧非易事，恆為法律學子最感困難之處。刑事訴訟法因與日常生活並無直接關係，較之實體刑法尤其顯得更為深奧難懂，往往令初學者眉頭深鎖、叫苦連天。

　　黃副校長炎東耕耘法學教育已經二十六載，作育英才無數，學養經驗豐富，與學生互動良好，乃能體察法律學子之困擾，深知學習刑事訴訟法之肯綮，首在深入淺出，化難懂為易學，消除法律學子主觀上之畏懼心理，始克有成。此外，隨著工商社會之變遷，與民主法治之實踐，更為完善的人權保障已蔚為當前之主流法律思潮，我國刑事訴訟法亦朝此趨勢而迭有修正，舉凡建構改良式的當事人進行主義、刑事被告得行使緘默權、落實檢察官之舉證責任、強制處分權之嚴謹化、證據法則之建立…等，均在落實當事人間之實質對等，以期在發現真實之外，並能兼顧保障人權。然則，諸此立法精義顯非初學之人能一蹴可及，窺其堂奧，有待循序漸進。黃副校長，體察上情，繼其大作「新世紀刑法釋要」後，再度編著「新世紀刑事訴訟法釋要」一

書，首先臚列法律修正沿革，其次依最新法條順序逐條示例，或佐以立法說明；再輔以相關之司法院大法官會議解釋，最高法院判例、裁判及法律座談會研討決議等實務見解，旁徵博引，極易於對照索閱；最後摘取常用之刑事特別程序法作為附錄，言簡意賅，一氣呵成。本書之編撰除淺顯易懂外，特別易於研習、查閱，更與前著「新世紀刑法釋要」相互呼應，兩相對照，更有助於實體法與程序法之融會貫通，相信對於刑事法律之初學者，必極具助益。

　　黃副校長熱心著作，積極奉獻法學教育，佳惠學子，令人敬佩；大作問世，承邀再次為序，欣然為之，並藉以表達敬意。

賴浩敏

中華民國100年3月7日

謹誌於司法院

蔡　序
發現真實與保障人權

　　國家為維護社會秩序，建構一個和諧安樂的家園，不得不訂定「刑法」，以最小限縮的約束來成就最大安定的秩序。然而「刑法」僅屬理論之存在，當行為人之行為具有構成要件該當性與違法性且有責時，即被認定成立犯罪得予處罰。然如何認定是否違反規範，尚須藉由「刑事訴訟法」（The Code of Criminal Procedure）之運作方得落實刑法之理論。

　　刑事訴訟法就是在憲法架構下，規範對於人民如何進行「偵查」、「起訴」、「審判」、「執行」之程序。其目的在「發現真實」與「保障人權」，實現實體真實的同時要併行法治程序，維護法和平性。為達到此目的，刑事訴訟法必須採取法治國原則、無罪推定原則、證據裁判原則，並且保障被告的聽審權，對質詰問權，所以刑事訴訟法又稱為「應用之憲法」（The Constitution of Application）。

　　刑事訴訟程序的運作因攸關「真相」及「人權」，與人民有切身的感受，所以其運作方式素為社會所關切。早期威權體制，賦予檢警與法院強大的權力，對於人民權益多所限制，在社會逐漸民主化與自由化之際更是備受嚴厲的批判。因以往建立在德式職權主義之上的刑事司法程序已無法滿足當下社會的需求，遂於民國八十八年召開「全國司法改革會議」，刑事程序改以美國司法制度為代表之當事人進行主義，稱之「改良式當事人進行主義」。然而新舊訴訟主義之間的轉

換、外來法律制度與本地實務操作間之扞格、近年來全球刑事文化的轉變，以及對立的政治情勢，都使得刑事訴訟程序持續成為不同意識型態與勢力的角力場，也凸顯「刑事訴訟法」之重要性。

黃博士學養豐碩，待人誠摯，有濃厚回饋社會的使命感。鑑於「刑事法」與國民權益息息相關，乃竭耗精力，費心編撰。除目前完成「新世紀刑法釋要」，並付梓推廣，深獲各界好評外，並有感於刑事程序之重大變革，國民均應知悉並明瞭其運作，乃接力完成「新世紀刑事訴訟法釋要」。拜讀本書，除詳盡收錄較為重要之實務見解外，並就重要法條舉出淺顯的「示例」，將深奧的法律語言，用淺顯易懂的文句加以闡明，確實能讓一般民眾，甚至習法者一窺刑事程序之堂奧，進而嫻熟活用，其用心殊屬難得。

承囑為文，雖忝於才學不足，序之有愧。唯感於黃博士之用心，共襄推薦之盛舉，乃勉為之序。

誌於民國100年228公義和平日
台灣基隆地方法院院長
國立成功大學法律系兼任教授

蔡　序

　　本書如其書名一般，刑事訴訟法是規範國家對犯罪之追訴及處罰之根本大法，其適用原則及規範內容需要與時俱進，符合「新世紀」之要求。另法律參考書因適用對象、閱讀查考便利與作者之專業及撰寫風格等因素下，可能有各種不同呈現方式。本書以「釋要」稱之，可見其強調該書之簡明及實用性，並將刑事訴訟法法規、立法說明、司法解釋及最高法院判例等之常用且重要之實務資料，詳盡收錄，以期便利查考、研習及應用。

　　又該書對於重要法條，以淺顯之示例，如第159條有關傳聞法則之適用及例外規定，其以竊盜罪為例，竊盜罪被告甲於警詢時做出不利於共同被告乙之證述，係屬被告以外之人於審判外之言詞陳述，若乙及其辯護人不同意作為證據，且不符合其他例外得作為證據之情形時，該部分之證據，不得作為認定乙本案犯罪事實存否之證據。類似此方面之例示，為數不少，將有助於讀者能進一步認識該法條之真義，以利刑事訴訟法之研習、理解及其實務運用。

　　本書作者任職於中央警察大學，現借調至崇右技術學院擔任副校長兼財經法律系主任，並擔任中央警察大學、臺灣大學國發所法政課程之教職，學有專精，並勤於著述。於本書出版之際，經其囑託寫序，因而有幸於先賭初稿，經閱讀該書稿，個人獲益良多，爰樂意撰文推薦，期待讀者因閱讀本書，更進一步理解我國刑事訴訟法制，以利實用。

國立臺灣大學法律學院教授兼院長　蔡明誠

謹識於 2011 年 3 月

自　序

　　司法為人民權利保障最後的一道防線，訴訟權則為人民受憲法所保障的基本權利。刑事案件係由被告與犯罪事實所組成，而刑事訴訟立法之目的即在於追訴犯罪、發現事實、確定國家刑罰權，以確保法律程序正義之實現與司法人權之有效保障。然而，在追求此一目標的過程中，更必須重視憲法之基本價值與原則。因此，做為一門應用法學，無寧說刑事訴訟法之目的乃是在程序正義的前提之下透過訴訟方式以保障人權。

　　我國刑事訴訟法自公布施行後，歷經了多次重大修正。例如，自民國九十二年納入交互詰問與增訂協商程序，使我國的刑事訴訟制度逐漸採取所謂「改良式當事人主義」，但仍涵攝「職權主義」的內涵。此外，在社會變遷與重視人權思潮的影響之下，亦納入了重要法律原則，如無罪推定原則、武器平等原則、聽審權保障原則等。尤其在民國98年4月22日公布並於98年12月10日施行之「公民與政治權利國際公約及經濟社會文化權利國際公約施行法」第2條規定，兩公約所提示的有關保障人權之規定，具有國內法之效力，第8條更規定政府機關應檢討主管法令，有不符兩公約規定意旨的，也應在施行二年內，完成修正。司法院為因應上開規定的施行，就刑事訴訟法如就執行拘提、逮捕、羈押、限制住居、限制出境等強化要件、程序及保障等，這對我國刑事訴訟法之修正與司法人權之促進，可說又邁入一個美好之新里程。

　　刑事法關係國民之權益至深且鉅，尤其是刑事訴訟之運作方式，一向為人民所最為關切；同時，筆者有鑑於刑事訴訟法體系之龐雜與學習上的需要，因此特將刑事訴訟法條文解說、立法說明、實務見解、案例故事，依條文有系統的加以編排、連成一貫，並排除已不再採用或不合時宜的判例，以適合各界讀者查閱使用。並以「新世紀刑

事訴訟法釋要」為名，依據編者多年來研究與教學的經驗編輯成書，希望有助於減輕投身刑事法學習者在資料查詢上的不便與負擔。同時，本書期望藉由提供基礎而重要的法學資料，帶領讀者從不同的角度一窺堂奧，有效且實在的瞭解與學習刑事訴訟法。

　　當前我們國人最殷切盼望的，就是能為他們帶來一個真正公平、公正、安心的司法裁判品質。而新任司法院院長賴浩敏先生要求司法同仁致力於實現「乾淨、透明、親民禮民及效能」等4C，實踐「清明法官，親民司法」的理念。並為落實全民的司法改革，現已主動積極地帶引有關司法院同仁，啟動司法改革列車，至全國各地與地方人士進行面對面的座談，充分傾聽民眾的聲音，以作為未來司法改革之重要參考，儘量滿足全民之要求，以贏得民眾對司法之信賴。我們從賴院長以上所宣示之司法改革理念與所推動之各項改革方案，的確已充分掌握了當前我國司法改革之核心問題與努力方向。惟筆者認為形塑一個優質之法治環境，乃是全民責無旁貸之共同責任。因此，筆者不揣簡陋，在編著〔新世紀刑法釋要〕乙書之後，繼而再編著〔新世紀刑事訴訟法釋要〕乙書，期盼能提供一系列更為體系完整、難度適中、淺顯易懂的刑法學書籍，藉此推廣全民研習法律與砥礪國民知法守法之高尚品德，共同為提昇我國的司法品質而奉獻棉薄之心力，此為筆者編著本書之初衷宏願也。

　　本書之出版，承蒙司法院院長賴浩敏先生、臺灣基隆地方法院院長蔡崇義先生、國立臺灣大學法律學院院長蔡明誠先生惠予賜序，為本書增添無比光彩，同時，筆者亦謹藉此書之出版問世，謹向多年來教導筆者之恩師們及諸位培植筆者的長官們謹申感恩與崇高之敬意於萬一，直至永遠。

黃炎東 謹識

中華民國100年3月8日

再版序

　　誠如韓非子·心度:「故治民無常,唯治為法,法與時轉則治,治與世宜則有功」。

　　自本書於2011年出版迄今2015年,由於能兼顧刑事訴訟法解說、立法說明、實務見解,並引用案例故事,依條文有系統的加以編排,體系完整,淺顯易懂,法理與實務融會貫通,難度適中,頗能激發讀者研究之興趣,增益參加各種國家公職人員考試之功能,因而深得讀者之喜愛。

　　有鑑於近年來刑事訴訟法及相關法規多有所修正,爰予以修訂,以符合讀者之需求,並強化其學習與應考之能量。又本書於初版時,承蒙司法院院長賴浩敏先生、國立台灣大學法律學院教授兼院長蔡明誠先生(2015年10月榮任司法院大法官)、台灣基隆地方法院院長蔡崇義先生(任滿後,回任台灣高等法院台南分院)惠予賜序,為本書增添無比光彩,不吝鼎力提攜與厚植之鴻恩盛德,令筆者常懷感激之情。值此本書再版之際,藉此謹申感恩與崇高之謝忱。

　　筆者學植淺薄,書中掛一漏萬之處在所難免,尚祈讀者不吝惠予指教,以匡筆者之不逮。

黃炎東 謹識

中華民國104年7月18日

刑事訴訟法沿革

〈中華民國在中國大陸時期〉

1. 民國十七年七月二十八日國民政府公布；同年九月一日施行
2. 民國二十四年一月一日國民政府修正公布全文 516 條
3. 民國三十四年十二月二十六日國民政府修正公布第 6、22、50、67、68、108、109、114、120、121、173、207、217、221、232、235、238、252、287、306、308、311、312、317、318、323、335、362、374 ～ 376、378、385、387、389、390、400、415、440、441、495、499、505、507、508、515 條條文

〈民國三十八年十二月後中華民國在台灣時期〉

4. 民國五十六年一月二十八日修正公布名稱及全文 512 條（原名稱：中華民國刑事訴訟法）
5. 民國五十七年十二月五日修正公布第 344、506 條條文

〈民國六十九年七月實施審檢分隸〉

6. 民國七十一年八月四日修正公布第 27、29 ～ 31、33、34、150、245、255 條條文；並增訂第 71-1、88-1 條條文

〈民國七十六年七月台灣本島地區解除戒嚴，創世界最長之戒嚴體制〉

7. 民國七十九年八月三日修正公布第 308、451、454 條條文；並增訂第 310-1、451-1、455-1 條條文

〈民國八十一年十二月國會全面改選〉

8. 民國八十二年七月三十日修正公布第 61 條條文
9. 民國八十四年十月二十日修正公布第 253、373、376、449、451、

454 條條文；並增訂第 449-1 條條文

10. 民國八十六年十二月十九日修正公布第 27、31、35、91 ～ 93、95、98、101 ～ 103、105 ～ 108、110、111、114、117 ～ 119、121、146、226、228 ～ 230、259、271、311、379、449、451、451-1、452 條條文；刪除第 104、120 條條文；並增訂第 93-1、100-1、100-2、101-1、101-2、103-1、116-1、231-1 條條文

11. 民國八十七年一月二十一日修正公布第 55、100-1、100-2、420 條條文；並增訂第100-3、248-1 條條文

12. 民國八十八年二月三日修正公布第 93-1、146 條條文

13. 民國八十八年四月二十一日修正公布第 101-1、147 條條文

14. 民國八十九年二月九日修正公布第 38、117、323、326、328、338、441、442 條條文；並增訂第 116-2、117-1 條條文

15. 民國八十九年七月十九日修正公布第 245 條條文

16. 民國九十年一月十二日修正公布第 122、127、128、128-1、128-2、130、131、131-1、132-1、136、137、143、144、145、153、228、230、231、404、416；並刪除第 129 條條文自民國九十年七月一日施行

17. 民國九十一年二月八日修正公布第 61、131、161、163、177、178、218、253、255 ～ 260、326條條文；並增訂第 253-1 ～ 253-3、256-1、258-1 ～ 258-4、259-1 條條文

18. 民國九十一年六月五日修正公布第 101-1 條條文

19. 民國九十二年二月六日修正公布第 31、35、37、38、43、44、117-1、118、121、154 ～ 156、159、160、164、165 ～ 167、169 ～ 171、175、180、182 ～ 184、186、189、190、192、193、195、196、198、200、201、203 ～ 205、208、209、214、215、219、229、258-1、273、274、276、279、287、288、289、303、307、319、320、327、329、331、449、455 條條文；增訂第 43-1、44-1、158-1 ～ 158-4、159-1 ～ 159-5、161-1 ～ 161-3、

163-1、163-2、165-1、166-1 ～ 166-7、167-1 ～ 167-7、168-1、176-1、176-2、181-1、196-1、203-1 ～ 203-4、204-1 ～ 204-3、205-1、205-2、206-1、 **第 五 節 節 名**、219-1 ～ 219-8、236-1、236-2、271-1、273-1、273-2、284-1、287-1、287-2、288-1 ～ 288-3 條條文；並刪除第 162、172 ～ 174、191、340 條條文。註：第 117-1、118、121、175、182、183、189、193、195、198、200、201、205、229、236-1、236-2、258-1、271-1、303、307 條條文自公布日施行；其他條文自民國九十二年九月一日施行

20. 民國九十三年四月七日增訂公布第七編之一及第 455-2 ～ 455-11 條條文

21. 民國九十三年六月二十三日修正公布第 308、309、310-1、326、454 條條文；並增訂第 310-2、314-1 條條文

22. 民國九十五年五月二十四日修正公布第 31 條條文

23. 民國九十五年六月十四日修正公布第 101-1、301、470、481 條條文；並自九十五年七月一日施行

24. 民國九十六年三月二十一日修正公布第 284-1 條條文

25. 民國九十六年七月四日修正公布第 33、108、344、354、361、367、455-1 條條文

26. 民國九十六年十二月十二日修正公布第 121 條條文

27. 民國九十八年七月八日修正公布第 93、253-2、449、479、480 條條文；其中第 253-2、449、479、480 條條文，自九十八年九月一日施行；第 93 條條文自九十九年一月一日施行

28. 民國九十九年六月二十三日修正公布第 34、404、416 條條文；並增訂第 34-1 條條文

29. 民國一百零一年六月十三日修正公布第245條條文

30. 民國一百零二年一月二十三日修正公布第31、95條條文

31. 民國一百零三年一月二十九日修正公布第119、404及416條條文

32·民國一百零三年六月四日修正公布第253-2、370、455-2條條文

33·民國一百零三年六月十八日增訂公布第119-1條條文；並自修正公布後六個月施行

34·民國一百零三年十二月二十四日修正公布第376條條文

35·民國一百零四年一月十四日修正公布第27、31、35、93-1條條文

36·民國一百零四年二月四日修正公布第420條條文

章節索引

第一編　總則

第一章　法　例

第1條（犯罪追訴處罰之限制及本法之適用範圍）

條文

犯罪，非依本法或其他法律所定之訴訟程序，不得追訴、處罰。

現役軍人之犯罪，除犯軍法應受軍事裁判者外，仍應依本法規定追訴、處罰。

因受時間或地域之限制，依特別法所為之訴訟程序，於其原因消滅後，尚未判決確定者，應依本法追訴、處罰。

示例

- 某現役軍人，於2014年12月3日涉嫌搶劫超商，因該罪陸海空軍刑法法第76條第1項第9款有明文規定，故警察機關於調閱監視器畫面查證後，依刑事訴訟第一條第二項規定，本應移送軍事檢察官偵辦，惟立法院因發生洪仲丘案件，於2013年8月6日三讀通過修正軍事審判法部份條文，於2014年1月施行，依據新修正軍事判審法第1條第2項規定：「現役軍人非戰時犯下列之罪者，依刑事訴訟法追訴、處罰：一、陸海空軍刑法第四十四條至四十六條及第七十六條第一項。二、前款以外陸海空軍刑法或其特別刑法之罪。」又修正同法第34條為：「犯罪事實之一部應依刑事訴訟法追訴、審判時，全部依刑事訴訟法追訴、審判之。」因此，依據最新修正之軍事審判法規定，平常時期軍人犯罪之偵查、審判之權限，一律移送普通法院偵查、審判，只有戰時才由軍事法院偵查、審判，亦就是說軍事審判法適用之範圍只限於戰爭時期，即現役軍人於戰時觸犯陸海空法刑或其特別法之罪，依軍事審判法追訴、處罰，現役軍人於戰爭時期犯其他之罪及平常時期之所有犯罪，則依刑事訴訟法追訴、處罰。因現在是平常時期，故本案應移送普通法院檢察官偵辦，至於軍事審判法第237條亦針對於不

同司法程序階段之案件如何處理，分依下列程序處理：一、偵查、審判程序尚未終結者，偵查中案件移送該管檢察官偵查，審判中案件移送該管法院審判。但本法修正施行前已依法定程序進行之訴訟程序，其效力不受影響。二、裁判確定之案件，不得向該管法院上訴或抗告。但有再審或非常上訴之事由者，得依刑事訴訟法聲請再審或非常上訴。三、刑事裁判尚未執行或在執行中者，移送該管檢察官指揮執行。應注意事項：一、現役軍人於平時雖由普通法院審判，僅係審判權屬普通法院範圍，但在法律適用上，如違反陸海空軍刑法或特別刑法之規定，仍有其適用。例如：現役軍人酒醉駕駛動力交通工具，雖由普通法院審判，認為被告有罪時，其適用的法條並非刑法第185條之3，而其適用之法條為陸海空軍刑法第54條。

- 替代役男某甲駕車肇事，但由於替代役男不屬於軍事審判法的現役軍人，一律移送地檢署依本法追訴處罰。

實務見解

釋字第271號

刑事訴訟程序中不利益於被告之合法上訴，上訴法院誤為不合法，而從程序上為駁回上訴之判決確定者，其判決固屬重大違背法令，惟既具有判決形式，仍應先依非常上訴程序將該確定判決撤銷後，始得回復原訴訟程序，就合法上訴部分進行審判。否則即與憲法第8條第1項規定人民非依法定程序不得審問處罰意旨不符。最高法院25年上字第3231號判例，於上開解釋範圍內，應不再援用。

95台非第122號（最高法院刑事裁判）

…在承平時期，以現役軍人犯陸海空軍刑法或其特別法之罪者為限，始得依軍事審判法追訴審判之；如所犯為陸海空軍刑法或其特別法以外之罪，法既無得由軍法機關依軍事審判法之規定追訴審判之明文，自應由司法機關依刑事訴訟法追訴處罰。…是自90年10月2日起，關於現役軍人犯罪，即不得再適用國家安全法第8條第2項規定，而應回歸法治常態要求，依法律適用之基本原則，除軍事審判法有特別規定者外，均應由司法機關依刑事訴訟法之規定追訴處罰。

相關法規：憲法第9條、本法第83條、第303條；軍事審判法第1條至第5條。

第2條（有利不利一律注意）

條文

實施刑事訴訟程序之公務員，就該管案件，應於被告有利及不利之情形，一律注意。

被告得請求前項公務員，為有利於己之必要處分。

示例

某甲向警察自首承認殺人，但有關詳細犯罪情節均無法交代清楚。受理案件之員警，應主動查明有利及不利被告之相關事實，不受某甲陳述之拘束。

相關法規：行政程序法第9條、36條，軍事審判法第9條，陸海空軍懲罰法第24條之1。

第3條（刑事訴訟之當事人）

條文

本法稱當事人者，謂檢察官、自訴人及被告。

示例

某甲開車不慎撞傷某乙。某乙除得提出告訴，檢察官成為當事人外，亦得選擇自行委託律師提告，成為自訴人，為刑事訴訟的當事人。

實務見解

87年台抗第68號（最高法院刑事裁判）

受刑人在案件判決確定移送執行前為被告，依刑事訴訟法第3條規定係當事人，故受刑人應為刑事訴訟法上之當事人。本件再抗告人即受刑人甲因犯普通毀損及毀壞他人建築物罪，經原審判處有期徒刑2月及6月，定應執行有期徒刑7月，再抗告人之配偶乙在第一審以檢察官執行之指揮為不當，聲明異議部分，再抗告人雖非聲明異議人，然其為當事人，與本案具有利害關係，自得提起抗告，原裁定以其非第一審裁定之當事人，不得提起抗告，顯有違誤。

72年台聲字第6號（最高法院刑事裁判）

…稱當事人者，謂檢察官、自訴人、及被告，刑事訴訟法第3條規定甚

明，至告訴人或告發人，並非該法所稱之當事人，自不能聲請移轉管轄。
相關法規：軍事審判法第6條。

第二章　法院之管轄

第4條（事物管轄）
條文
地方法院於刑事案件，有第一審管轄權。但左列案件，第一審管轄權屬於高等法院：
一、內亂罪。
二、外患罪。
三、妨害國交罪。

示例
甲乙因夜市攤位糾紛，於基隆廟口互毆，彼此提出傷害罪之告訴。本件訴訟基隆地方法院有第一審管轄權。

實務見解
97年台聲字第23號（最高法院刑事裁判）
法院組織法第63條之1第4項規定，最高法院檢察署特別偵查組檢察官執行職務時，得執行各該審級檢察官之職權，不受該法第62條規定檢察官於其所屬檢察署管轄區域內執行職務之限制。係指案件不論應由何審級或何法院管轄，其均可執行檢察官之職權。並非謂其行使職權，不受刑事訴訟法第4條、法院組織法第9條、第32條、第48條之事物管轄，刑事訴訟法第5條之土地管轄規定限制。故其於偵查中，如認有搜索或羈押被告之必要，仍應向案件之管轄法院聲請核發搜索票或羈押被告。如依偵查所得之證據，足認被告有犯罪嫌疑者，應向管轄法院提起公訴。而對其所為刑事訴訟法第416條第1項第1款、第2款之處分，如有不服，受處分人應向管轄法院聲請撤銷或變更之。查限制出境為限制住居之一種。本件聲請人甲因瀆職等罪案件，對最高法院檢察署特別偵查組檢察官所為限制出境之處分不服，依上開說明，自應向該案件之管轄法院聲請撤

銷。其向本院聲請為不合法，自應予以駁回。

相關法規：本法第400條、第304條。

第5條（土地管轄）

條文

案件由犯罪地或被告之住所、居所或所在地之法院管轄。

在中華民國領域外之中華民國船艦或航空機內犯罪者，船艦本籍地、航空機出發地或犯罪後停泊地之法院，亦有管轄權。

示例

- 某甲住所在台中市，於基隆市犯下竊盜罪。本案台中地方法院、基隆地方法院均有管轄權。
- 劫機者某甲持爆裂物強暴、脅迫飛機從我國飛抵至A國。依本條第2項規定，該飛機出發地的我國或犯罪後停泊地的A國，對此犯罪行為都有管轄權。

實務見解

釋字第47號

刑事訴訟法第8條之用意，係避免繫屬於有管轄權之數法院對於同一案件均予審判之弊。某甲在子縣行竊，被在子縣法院提起公訴後，復在丑縣行竊，其在丑縣行竊之公訴部分原未繫屬於子縣法院，自不發生該條之適用問題。又丑縣法院係被告所在地之法院，對於某甲在子縣法院未經審判之前次犯行，依同法第五條之規定，得併案受理，其判決確定後，子縣法院對於前一犯行公訴案件，自應依同法第294條第1款規定，諭知免訴之判決。

79年台非字第277號（判例）

依國際法上領域管轄原則，國家對在其領域內之人、物或發生之事件，除國際法或條約另有規定外，原則上享有排他的管轄權；即就航空器所關之犯罪言，依我國已簽署及批准之1963年東京公約（航空器上所犯罪行及若干其他行為公約）第3條第1項規定，航空器登記國固有管轄該航空器上所犯罪行及行為之權；然依同條第3項規定，此一公約並不排除依本國法而行使之刑事管轄權。另其第4條甲、乙款，對犯罪行為係實行於該締約國領域以內、或係對於該締約國之國民所為者，非航空器登記國

之締約國,仍得干涉在飛航中之航空器,以行使其對該航空器上所犯罪行之刑事管轄權。因此,外國民用航空器降落於我國機場後,我國法院對其上發生之犯罪行為,享有刑事管轄權,殆屬無可置疑。

72年台上字第5894號(判例)

所謂犯罪地,參照刑法第4條規定,解釋上自應包括行為地與結果地兩者而言。

臺灣高等法院暨所屬法院96年法律座談會刑事類提案第22號

法律問題:

甲、乙均居住高雄市前鎮區,2人於民國96年1月1日,從前鎮漁港駕船出海,往澎湖群島前進,行至不屬於高雄縣、高雄市、澎湖縣及其他任何縣市行政區劃範圍之領海內,開始使用電氣採捕水產動物,當場為海岸巡防單位查獲,因該地點距離澎湖縣馬公港較近,2人遂被帶往馬公港,並移送臺灣澎湖地方法院檢察署檢察官訊問後交保,2人隨即於96年1月3日凌晨零時駕船返抵高雄市前鎮區,且於同日被臺灣澎湖地方法院檢察署檢察官以漁業法第60條第1項罪名提起公訴,請問臺灣澎湖地方法院就管轄權部分,應如何處理?

討論意見:

甲說:依刑事訴訟法第5條第1項規定,臺灣澎湖地方法院有管轄權。

乙說:被告犯罪地不在任何縣市之行政區劃範圍內,故臺灣澎湖地方法院不因被告犯罪地而有管轄權。同時,被告起訴時住居所及所在地均在高雄市,依據刑事訴訟法第5條第1項規定,應屬臺灣高雄地方法院管轄。因此,臺灣澎湖地方法院應依據刑事訴訟法第304條規定,為管轄錯誤之判決。

丙說:管轄區域境界尚屬不明,且不能辨別有管轄權之法院。臺灣澎湖地方法院應請求直接上級法院之臺灣高等法院高雄分院裁定指定管轄法院。

初步研討結果:採乙說。

審查意見:採乙說。

研討結果:照審查意見通過。

相關法規:本法第18條。

第6條（牽連管轄）

條文

數同級法院管轄之案件相牽連者，得合併由其中一法院管轄。

前項情形，如各案件已繫屬於數法院者，經各該法院之同意，得以裁定將其案件移送於一法院合併審判之；有不同意者，由共同之直接上級法院裁定之。

不同級法院管轄之案件相牽連者，得合併由其上級法院管轄。已繫屬於下級法院者，其上級法院得以裁定命其移送上級法院合併審判。但第七條第三款之情形，不在此限。

示例

甲家住所在基隆市，先後於台北市、新北市與基隆市三地犯竊盜罪，後於基隆市作案時遭警察機關逮捕。本案屬於本法第7條第1項「一人犯數罪」的情形，故得合併由其中一法院管轄。

相關法規：本法第7條、第15條、第489條，少年事件處理法第16條。

第7條（相牽連案件）

條文

有左列情形之一者，為相牽連之案件：

一、一人犯數罪者。

二、數人共犯一罪或數罪者。

三、數人同時在同一處所各別犯罪者。

四、犯與本罪有關係之藏匿人犯、湮滅證據、偽證、贓物各罪者。

示例

甲、乙兩人共同殺丙（犯一罪），或共同強取丁女財物並強制性交，即屬第2款規定。

實務見解

83年台抗字第270號（最高法院刑事裁判）

刑事訴訟法第265條第1項所謂「相牽連之犯罪」，係指同法第七條所列之相牽連之案件，且必為可以獨立之新訴，並非指有方法與結果之牽連關係者而言。

相關法規：本法第6條、第265條、少年事件處理法第16條、智慧財產案件審理
　　　　　法第25條。

第8條（管轄競合）

條文

同一案件繫屬於有管轄權之數法院者，由繫屬在先之法院審判之。但經
共同之直接上級法院裁定，亦得由繫屬在後之法院審判。

示例

某甲住所在台北市，某日到高雄犯竊盜罪，則台北與高雄兩地法院均有
管轄權。此時，原則上應由先受理起訴之法院審判。

實務見解

釋字第168號

已經提起公訴或自訴之案件，在同一法院重行起訴者，應諭知不受理之
判決，刑事訴訟法第303條第2款，定有明文。縱先起訴之判決，確定在
後，如判決時，後起訴之判決，尚未確定，仍應就後起訴之判決，依非
常上訴程序，予以撤銷，諭知不受理。

釋字第47號

刑事訴訟法第8條之用意，係避免繫屬於有管轄權之數法院對於同一案件
均予審判之弊。某甲在子縣行竊，被在子縣法院提起公訴後，復在丑縣
行竊，其在丑縣行竊之公訴部分原未繫屬於子縣法院，自不發生該條之
適用問題。又丑縣法院係被告所在地之法院，對於某甲在子縣法院未經
審判之前次犯行，依同法第五條之規定，得併案受理，其判決確定後，
子縣法院對於前一犯行公訴案件，自應依同法第二百九十四條第一款規
定，諭知免訴之判決。

相關法規：本法第25條、第303條、第489條、少年事件處理法第16條。

第9條（指定管轄）

條文

有左列情形之一者，由直接上級法院以裁定指定該案件之管轄法院：

一、數法院於管轄權有爭議者。

二、有管轄權之法院經確定裁判為無管轄權，而無他法院管轄該案件者。

三、因管轄區域境界不明，致不能辨別有管轄權之法院者。

案件不能依前項及第五條之規定，定其管轄法院者，由最高法院以裁定指定管轄法院。

實務見解

43年台聲字第3號（判例）

由最高級法院指定管轄法院，須有不能依刑事訴訟法第9條第1項及第5條規定定其管轄法院之情形，始得為之，此在同法第9條第2項有明文規定。倘被告之犯罪地，與其住所地，均屬明確，或雖有同法第9條第1項所列各款情形，而可依該條項規定，定其管轄法院者，即無依同條第2項規定，由最高級法院指定管轄法院之餘地。

相關法規：本法第5條、第489條。

第10條（移轉管轄）

條文

有左列情形之一者，由直接上級法院，以裁定將案件移轉於其管轄區域內與原法院同級之他法院：

一、有管轄權之法院因法律或事實不能行使審判權者。

二、因特別情形由有管轄權之法院審判，恐影響公安或難期公平者。

直接上級法院不能行使審判權時，前項裁定由再上級法院為之。

實務見解

49年台聲字第3號（判例）

有管轄權之法院，審判如有不公平之虞，依刑事訴訟法第10條第2款，固得聲請移轉管轄，惟所謂審判有不公平之虞，係指有具體事實，足認該法院之審判不得保持公平者而言，如僅空言指摘，即難據以推定。

95年台聲字第8號（最高法院刑事裁判）

按聲請移轉管轄，限於有管轄權之法院因法律或事實不能行使審判權，或因特別情形由有管轄權之法院審判，恐影響公安或難期公平者，始得為之，觀諸刑事訴訟法第10條第1項規定甚明。亦即移轉管轄乃因有管轄權之法院具有上開法定原因而將有管轄權之法院受理之案件，移轉於

原無管轄權之法院而言。至若同一案件分別繫屬於有管轄權數法院時，為避免有裁判衝突之情事，防止一罪兩判，應依同法第八條定其得為審判之法院；如依同法第8條前段規定，由繫屬在先之法院審判之，其不得為審判（即繫屬在後）之法院，本應依同法第303條第7款規定諭知不受理之判決，以終結訴訟關係，自不生移轉管轄問題。

92年台聲字第52號（最高法院刑事裁判）

所謂因特別情形由有管轄權之法院審判恐影響公安，係指該法院依其環境上之特殊關係，如進行審判，有足以危及公安之虞者而言；所謂審判難期公平，則必須指出具體之事實。涉案個人應訴或證人、辯護人到庭等安全問題，固應受法律之保護，但倘無足以影響公眾安全之情形，即難指為恐影響公安。

相關法規：本法第489條。

第11條（指定或移轉管轄之聲請）
條文

指定或移轉管轄由當事人聲請者，應以書狀敘述理由向該管法院為之。

實務見解

88年台聲字第13號（最高法院刑事裁判）

聲請移轉管轄，應向該管法院為之，所謂該管法院，係指直接上級法院，如向最高級法院聲請移轉管轄，須以移轉之法院，與有管轄權法院，不隸屬於同一高等法院或分院，始得為之。…聲請人以本件由有管轄權之台灣台南地方法院審判，恐難期公平為由，聲請移轉管轄，竟不依刑事訴訟法第11條規定，向該管台灣高等法院台南分院聲請，而向本院聲請，於法顯有不合，應予駁回。

83年台上字第6559號（最高法院刑事裁判）

案件必須先由有管轄權之法院受理後，若當事人認有移轉管轄之事由，方得聲請移轉管轄，非謂一有移轉管轄之原因，即可逕向其他法院提起自訴。…上訴意旨仍執陳詞以被告與其管轄法院地緣相接近，基於法之價值優於政治價值之原則，應予移轉管轄等語，任意指摘原判決，自不足據以辨認原判決已具備違背法令之形式，應予駁回。

78年台聲字第31號（最高法院刑事裁判）

聲請指定或移轉管轄，須當事人始得為之，所稱當事人係指檢察官、自訴人及被告而言，此觀刑事訴訟法第11條及第3條規定自明，至於告訴人或告發人並非該法所稱當事人，自不能聲請指定或移轉管轄。

第12條（無管轄權法院所為訴訟程序之效力）

條文

訴訟程序不因法院無管轄權而失效力。

實務見解

22年上字第4117號（判例）

審具狀提起上訴，雖已在法定上訴期限之外，但上訴人曾於同月10日具狀向其他無管轄權之地方法院提起上訴，尚在法定上訴期限之內，自不能以該法院無管轄權而失其上訴之效力。

第13條（轄區外行使職務）

條文

法院因發見真實之必要或遇有急迫情形時，得於管轄區域外行其職務。

實務見解

臺灣高等法院91年庭長法律問題研討會

法律問題：

涉嫌販賣毒品之被告，其犯罪地、住居所地均在高雄市。經臺灣臺南地方法院檢察署檢察官佈線跟監，前往高雄市逮捕被告解回台南後，向本院聲請羈押被告，問本院應如何處理？

研討意見：

甲說：本院應受理，並依法審酌有無羈押事由。理由：略。

乙說：本院無管轄權，應駁回聲請。理由：

一、前開第1247號解釋係以「起訴時」被告所在之地點為被告之所在地，定管轄權之有無。至於偵查期間被告所在地之認定，因尚未起訴，其時程在「起訴時」之前，似不在該解釋之範圍。

二、刑事訴訟法第13條規定：「法院因發現真實之必要或遇有急迫情形

時，得於管轄區外行使職務」、同法第14條規定：「法院雖無管轄權，如有急迫情形，應於其管轄區內為必要之處分」、同法第16條規定：「第13條、第14條之規定，於檢察官行偵查時準用之」。是檢察官行使職務，亦有管轄權之限制，原則上係在其所配置之檢察署相對應之法院管轄區域內為之，除非有急迫情形，始得於管轄區外行使。另依同法第93條第2項規定：「偵查中經檢察官訊問後，認有羈押之必要者，應自拘提或逮捕之時起二十四小時內，敘明羈押之理由，聲請、『該管』法院羈押之」。該條文係於86年修訂羈押相關規定所增列，其明定檢察官聲請應向「該管」法院為之，可見修法時對偵查中聲請羈押之管轄已設規定，檢察官應受該規定之拘束，法院於受理偵查中聲請羈押之案件，亦應依該規定審酌管轄權之有無。

三、刑事訴訟法第5條第1項土地管轄之規定，採以原（公訴人、自訴人）就被（告）之原則，係基於保障被告防禦權之精神而來，亦屬憲法第八條以法律程序保障人身自由之內涵。如謂司法警察機關或檢察官可任意藉由逮捕解送被告之機會，將被告之人身自由任意拘束於某一訴訟轄區，即謂該處為被告之所在地，不僅被告本人會變成取得土地管轄之來源，且任何轄區之檢察官均得在其轄區以外以逮捕現行犯之方式，行使職權，再向檢察官之轄區法院聲請羈押，而創造管轄權。其結果無異可藉由解送被告之機會操縱而架空刑事訴訟法就管轄所為之規定，有違憲法規定以法律程序保障人身自由之精神。

四、依「法定法官原則」之內涵……「案件由何位法官承辦，必須事先以抽象、一般之法律明定，不能等待具體個案發生後，才委諸個別處理」，前揭刑事訴訟法第五條第一項所定之土地管轄原因，即屬抽象一般法律規定，其中「被告所在地」，雖為取得土地管轄之原因，惟應解為被告出於任意所在地，而非遭國家臨時強制處分權行使後之所在地，方符其作為抽象一般法律規定之本質。若可由檢察官於具體案件產生後，以逮捕、拘提等手段拘束被告人身自由於所屬之轄區，再解為檢察官所屬之轄區法院因此對該被告偵查中之羈押有管轄權，實有違刑事訴訟法第5條第1項就土地管轄所設抽象一般之規定，與法定法官原則本旨不合。

五、本件被告既非於本院轄區遭逮捕，被告之住所地、居所地、犯罪地

及逮捕地，復均在高雄地區而非本院之訴訟轄區，被告出於任意之所在地應認係在高雄地區，本件之「該管」法院為臺灣高雄地方法院，本院對該案依刑事訴訟法第5條第1項之規定應無管轄權。其雖因臺灣臺南地方法院檢察署檢察官指揮偵查，執行逮捕致其人身自由拘束於台南地區，惟依刑事訴訟法第93條第2項規定，檢察官因該案尚在偵查中，應向「該管法院」…臺灣高雄地方法院聲請羈押，本院對該案無管轄權，其偵查中羈押之聲請應予駁回。

結論：採乙說。

臺灣高等法院研究意見：

採乙說。

相關法規： 本法第16條。

第14條（無管轄權法院之必要處分）

條文

法院雖無管轄權，如有急迫情形，應於其管轄區域內為必要之處分。

實務見解

司法院（69）廳刑一字第059號

法律問題：少年法庭調查中，發現少年係滿18歲，所犯係少年事件處理法第27條第1項或其他罪名，而犯罪情節重大，並有刑事訴訟法第76條各款情形者，得否先予收容後裁定移送檢察官？

討論意見：

甲說：少年已滿18歲，少年法庭已無先議權，不得先予收容。

乙說：少年事件之調查程序，性質上類似檢察官偵查程序，此際少年法庭可依少年事件處理法第一條規定，適用刑事訴訟法第14條規定，先予收容後裁定移送檢察官偵查。

研討結果：採甲說。

司法院第二廳研究意見：題示情形，少年法庭應隨時依少年事件處理法第27條第4項以裁定移送於有管轄權之法院檢察官。

相關法規： 本法第16條。

第15條（牽連管轄之偵查與起訴）

條文

第六條所規定之案件，得由一檢察官合併偵查或合併起訴；如該管他檢察官有不同意者，由共同之直接上級法院首席檢察官或檢察長命令之。

實務見解

81年台非字第422號（最高法院刑事裁判）

犯與本罪有關係之藏匿人犯、湮滅證據、偽證、贓物各罪者，為相牽連案件；數同級法院管轄之案件相牽連者，得合併由其中一法院管轄。

相關法規：本法第6條。

第16條（檢察官必要處分之準用規定）

條文

第十三條及第十四條之規定，於檢察官行偵查時準用之。

相關法規：本法第13條。

第三章　法院職員之迴避

第17條（自行迴避事由）

條文

推事於該管案件有左列情形之一者，應自行迴避，不得執行職務：

一、推事為被害人者。

二、推事現為或曾為被告或被害人之配偶、八親等內之血親、五親等內之姻親或家長、家屬者。

三、推事與被告或被害人訂有婚約者。

四、推事現為或曾為被告或被害人之法定代理人者。

五、推事曾為被告之代理人、辯護人、輔佐人或曾為自訴人、附帶民事訴訟當事人之代理人、輔佐人者。

六、推事曾為告訴人、告發人、證人或鑑定人者。

七、推事曾執行檢察官或司法警察官之職務者。

八、推事曾參與前審之裁判者。

示例

甲、乙曾訂婚，後因個性不合而解除婚約。甲後來閉關於補習班多年，終於如願考上司法官特考而擔任法官。過3年，甲於審理某傷害案件時，發現原告為乙，此時甲應依本條規定，自行迴避。

實務見解

釋字第178號

推事曾參與前審之裁判，係指同一推事，就同一案件，曾參與下級審之裁判而言。惟此不僅以參與當事人所聲明不服之下級審裁判為限，並應包括「前前審」之第一審裁判在內。至曾參與經第三審撤銷發回更審前裁判之推事，在第三審復就同一案件參與裁判，以往雖不認為具有該款迴避原因，但為貫徹推事迴避制度之目的，如無事實上困難，該案件仍應改分其他推事辦理。

90年台上字第7832號（判例）

法官曾參與前審裁判之應自行迴避原因，係指同一法官，就同一案件，曾參與下級審之裁定或判決者而言，如僅曾參與審判期日前之調查程序，並未參與該案之裁判，依法即毋庸自行迴避。

70年台上字第4231號（判例）

本案參與第一審判決之方推事，雖於前此任職檢察官時，曾偵查涂某等誣告等案件，而將被告涂某、張某提起公訴，但與本件上訴人張某自訴被告陳某誣告事件，乃為彼此截然不同之二案；而方推事並未在本件自訴案中執行檢察官之職務，核與刑事訴訟法第17條第7款規定不合，自毋庸自行迴避。

相關法規：本法第18條、第26條、第379條，公務員懲戒法第29條。

第18條（聲請迴避—事由）

條文

當事人遇有左列情形之一者，得聲請推事迴避：

一、推事有前條情形而不自行迴避者。

二、推事有前條以外情形，足認其執行職務有偏頗之虞者。

實務見解

79年台抗字第318號（判例）

所謂『足認其執行職務有偏頗之虞者』，係指以一般通常之人所具有之合理觀點，對於該承辦法官能否為公平之裁判，均足產生懷疑；且此種懷疑之發生，存有其完全客觀之原因，而非僅出諸當事人自己主觀之判斷者，始足當之。至於訴訟上之指揮乃專屬於法院之職權，當事人之主張、聲請，在無礙於事實之確認以及法的解釋，適用之範圍下，法院固得斟酌其請求以為訴訟之進行，但仍不得以此對當事人之有利與否，作為其將有不公平裁判之依據，更不得以此訴訟之進行與否而謂有偏頗之虞聲請法官迴避。

相關法規：本法第17條、第22條、第26條，公務員懲戒法第29條。

第19條（聲請迴避―時期）

條文

前條第一款情形，不問訴訟程度如何，當事人得隨時聲請推事迴避。

前條第二款情形，如當事人已就該案件有所聲明或陳述後，不得聲請推事迴避。但聲請迴避之原因發生在後或知悉在後者，不在此限。

示例

承前例，甲法官依本法本應迴避，卻故意不迴避。乙於訴訟過程中，不問訴訟程度如何，得隨時聲請甲法官迴避。

相關法規：本法第20條、第26條，公務員懲戒法第29條。

第20條（聲請迴避―程序）

條文

聲請推事迴避，應以書狀舉其原因向推事所屬法院為之。但於審判期日或受訊問時，得以言詞為之。

聲請迴避之原因及前條第二項但書之事實，應釋明之。

被聲請迴避之推事，得提出意見書。

相關法規：本法第19條、第26條，公務員懲戒法第29條。

第21條（聲請迴避―裁定）

條文

推事迴避之聲請，由該推事所屬之法院以合議裁定之，其因不足法定人數不能合議者，由院長裁定之；如並不能由院長裁定者，由直接上級法院裁定之。

前項裁定，被聲請迴避之推事不得參與。

被聲請迴避之推事，以該聲請為有理由者，毋庸裁定，即應迴避。

示例

被告某乙聲請法官某甲迴避，甲法官如認其聲請有理由，即應自行迴避本案。

相關法規：本法第416條，公務員懲戒法第29條。

第22條（聲請迴避—效力）

條文

推事被聲請迴避者，除因急速處分或以第十八條第二款為理由者外，應即停止訴訟程序。

例示

被告甲以法官乙為被害人之未婚夫聲請迴避，由於該事項係法官應自行迴避事項，該法官原則上應即停止訴訟程序。

相關法規：本法第18條，公務員懲戒法第29條。

第23條（聲請迴避—裁定駁回之救濟）

條文

聲請推事迴避經裁定駁回者，得提出抗告。

實務見解

92年台抗字第175號（最高法院刑事裁判）

不得上訴於第三審法院之案件，其第二審法院所為裁定，不得抗告，刑事訴訟法第405條定有明文。至屬於判決前訴訟程序之聲請法官迴避裁定，同法第23條雖規定得抗告，而為同法第404條第1款之特別規定，但仍應受上開條文規定之限制。亦即限於得上訴於第三審法院之案件，其第二審法院所為裁定，始得抗告；倘第二審法院所為聲請法官迴避之裁定，屬於不得上訴於第三審法院之案件，則該裁定即不得向第三審法院

提起抗告。

相關法規：公務員懲戒法第29條。

第24條（職權裁定迴避）

條文

該管聲請迴避之法院或院長，如認推事有應自行迴避之原因者，應依職權為迴避之裁定。

前項裁定，毋庸送達。

實務見解

71年台上字第6754號（最高法院刑事裁判）

本件於原審繫屬中，原由某甲為受命推事，上訴人即自訴人某乙等以其有偏頗之虞，具狀聲請迴避，既經甲推事在該聲請狀上，批示「擬自行迴避並商請禮股接辦」字樣，陳明該管院長核准，本案改由推事某丙為受命推事，有原審卷宗可稽，依刑事訴訟法第21條第3項、第24條規定，自有職權裁定迴避之性質，乃本案隨後仍由推事兼審判長某甲審判終結，撥諸首開法條，自屬訴訟程序之違法。

相關法規：本法第26條，公務員懲戒法第29條。

第25條（書記官、通譯迴避之準用）

條文

本章關於推事迴避之規定，於法院書記官及通譯準用之。但不得以曾於下級法院執行書記官或通譯之職務，為迴避之原因。

法院書記官及通譯之迴避，由所屬法院院長裁定之。

相關法規：公務員懲戒法第29條。

第26條（檢察官、辦理檢察事務書記官迴避之準用）

條文

第十七條至第二十條及第二十四條關於推事迴避之規定，於檢察官及辦理檢察事務之書記官準用之。但不得以曾於下級法院執行檢察官、書記官或通譯之職務，為迴避之原因。

檢察官及前項書記官之迴避，應聲請所屬首席檢察官或檢察長核定之。

首席檢察官之迴避，應聲請直接上級法院首席檢察官或檢察長核定之；
其檢察官僅有一人者亦同。

相關法規：公務員懲戒法第29條。

第四章　辯護人、輔佐人及代理人

第27條（辯護人之選任）
條文

被告得隨時選任辯護人。犯罪嫌疑人受司法警察官或司法警察調查者，
亦同。

被告或犯罪嫌疑人之法定代理人、配偶、直系或三親等內旁系血親或家
長、家屬，得獨立為被告或犯罪嫌疑人選任辯護人。

被告或犯罪嫌疑人因精神障礙或其他心智缺陷無法為完全之陳述者，應通
知前項之人得為被告或犯罪嫌疑人選任辯護人。但不能通知者，不在此限。

示例

某甲因竊盜罪嫌被警約談，得於約談前或約談時隨時聘請律師到場陪同
應訊，偵查中、審判中亦同。

立法說明

智能障礙者多由無法理解辯護人為何，及無法理解選任辯護人之程序意
義與功能情事，故應詢問得獨立為其選任辯護人之人是否為被告選任辯
護人，始有其意義，並保障智能障礙被告得選任辯護人之程序利益。

相關法規：本法第93條之1，少年事件處理法第31條，引渡法第19條。

第28條（辯護人－人數限制）
條文

每一被告選任辯護人，不得逾三人。

相關法規：少年事件處理法第31條，引渡法第19條。

第29條（辯護人－資格）
條文

辯護人應選任律師充之。但審判中經審判長許可者，亦得選任非律師為辯護人。

立法說明

本條原僅就審判中選任辯護人之資格而為規定，被告於審判中選任之辯護人，原則上應選任律師充之，經審判長許可者，例外亦得選任非律師為辯護人。惟依本法第245條之規定，偵查本不公開，而偵查中之准許選任辯護人，目的在於使偵查程序合法進行，及保護被告或犯罪嫌疑人之正當權益，因律師具有法學專門知識，負有嚴守偵查秘密之義務，且須受律師法之約束，故偵查中選任之辯護人，自宜以律師充之為限，因此將本條但書修正為「但審判中經審判長許可者，亦得選任非律師為辯護人」俾資明確。

相關法規：少年事件處理法第31條，引渡法第19條。

第30條（辯護人—選任程序）

條文

選任辯護人，應提出委任書狀。

前項委任書狀，於起訴前應提出於檢察官或司法警察官；起訴後應於每審級提出於法院。

立法說明

- 辯護人之選任，固應以書面為之，惟原條文規定之「委任狀」，易與司法狀紙相混，尤其犯罪嫌疑人於司法警察官或司法警察調查中欲選任辯護人時，如必須前往法院購用司法狀紙，顯有不便，自宜改訂為「委任書狀」，以資概括。
- 修正第2項，規定起訴前辯護人之選任，在檢察官偵查中被告或其家屬所具之委任書狀，應提出於檢察官，在司法警察官或司法警察調查中犯罪嫌疑人或其家屬等所具之委任書狀，應提出於司法警察官。至於起訴後辯護人之選任，仍照現行作法，應於每審級提出於法院。

相關法規：少年事件處理法第31條，引渡法第19條。

第31條（強制辯護案件與指定辯護人）

條文

有下列情形之一，於審判中未經選任辯護人者，審判長應指定公設辯護人或律師為被告辯護：

一、最輕本刑為三年以上有期徒刑案件。

二、高等法院管轄第一審案件。

三、被告因精神障礙或其他心智缺陷無法為完全之陳述者。

四、被告具原住民身分，經依通常程序起訴或審判者。

五、被告為低收入戶或中低收入戶而聲請指定者。

六、其他審判案件，審判長認有必要者。

前項案件選任辯護人於審判期日無正當理由而不到庭者，審判長得指定公設辯護人或律師。

被告有數人者，得指定一人辯護。但各被告之利害相反者，不在此限。

指定辯護人後，經選任律師為辯護人者，得將指定之辯護人撤銷。

被告或犯罪嫌疑人因精神障礙或其他心智缺陷無法為完全之陳述或具原住民身分者，於偵查中未經選任辯護人，檢察官、司法警察官或司法警察應通知依法設立之法律扶助機構指派律師到場為其辯護。但經被告或犯罪嫌疑人主動請求立即訊問或詢問，或等候律師逾四小時未到場者，得逕行訊問或詢問。

示例

甲犯殺人罪，審判時，如未選任辯護人，審判長應指定公設辯護人或義務律師為其辯護，否則審判違法。

立法說明

- 刑事訴訟制度由「職權主義」調整為「改良式當事人進行主義」，由於被告無論在法律知識層面，或在接受調查、被追訴的心理層面，相較於具有法律專業知識、熟悉訴訟程序之檢察官均處於較為弱勢的地位。因此，訴訟程序之進行非僅僅強調當事人形式上的對等，尚須有強而有力的辯護人協助被告，以確實保護其法律上利益，監督並促成刑事訴訟正當程序之實現。對於符合社會救助法之低收入戶被告，因無資力而無法自行選任辯護人者，為避免因貧富的差距而導致司法差別待遇，自應為其謀求適當之救濟措施。因此修正本條第1項，使強

制辯護案件得指定公設辯護人或律師為被告辯護，採行雙軌制，並增訂低收入被告亦得向法院聲請指定公設辯護人或律師為其辯護之規定。

- 被告因智能障礙未經選任辯護人者，在審判中屬於強制辯護案件，審判長應指定公設辯護人或律師為其辯護。其在檢察官偵查中，如無辯護人予以協助，顯不足以保障權利。應將本條關於智能障礙者強制辯護之規定擴及於檢察官偵查階段。因此增定第5項，使因智能障礙無法為完全之陳述之被告於檢察官偵查時亦得有指定辯護規定之適用。

實務見解

68年台上字第1046號（判例）

戡亂時期貪污治罪條例第4條第1款侵占公用財物罪，最輕本刑為10年以上有期徒刑，依刑事訴訟法第31條規定，屬於強制辯護之案件，原審審判筆錄，雖有律師陳述辯護意旨如辯護書所載字樣，但核閱卷宗，該律師未曾提出任何辯護書狀或上訴理由書狀，與未經辯護無異，所踐行之訴訟程序，自屬不合。

50年台上字第511號（判例）

審判長對於最輕本刑為5年以上有期徒刑之案件，指定公設辯護人為其辯護，以被告未經選任辯護人或雖經選任辯護人而於審判期日無正當理由不到庭者，始有其必要。

相關法規： 本法第284條、第379條、第388條，少年事件處理法第31條，引渡法第19條，公設辯護人條例第2條。

第32條（數辯護人送達文書之方法）

條文

被告有數辯護人者，送達文書應分別為之。

相關法規： 本法第38條、第236條之1、第271條之1，少年事件處理法第31條，引渡法第19條。

第33條（辯護人之閱卷、抄錄、攝影權）

條文

辯護人於審判中得檢閱卷宗及證物並得抄錄或攝影。

無辯護人之被告於審判中得預納費用請求付與卷內筆錄之影本。但筆錄

之內容與被告被訴事實無關或足以妨害另案之偵查，或涉及當事人或第三人之隱私或業務秘密者，法院得限制之。

示例

一審被判拘役的台南縣民某甲，控訴台南地院法官只准律師閱卷影印、卻不准被告當事人閱卷影印，抗議本法有疏漏、對被告訴訟防禦權不公平。對此根據媒體報導，亦有法官認為，本條規定被告委任的律師可以全部閱卷影印；被告本身欲閱卷影印反受到限制，不無檢討之餘地。

立法說明

- 在改良式當事人進行主義之訴訟架構下，證據之提出與交互詰問之進行，均由當事人主導，而依現行本法規定，被告有辯護人者，得經由其辯護人閱卷，以利防禦權之行使，被告無辯護人者，既同有行使防禦權之必要，自應適當賦予無辯護人之被告閱錄卷證之權利。惟因被告本身與審判結果有切身利害關係，如逕將全部卷證交由被告任意翻閱，將有必須特別加強卷證保護作為之勞費，其被告在押者，且將增加提解在押被告到法院閱卷所生戒護人力之沈重負擔，為保障無辯護人之被告防禦權，並兼顧司法資源之有效運用，因此增訂第2項前段，明定無辯護人之被告得預納費用請求付與卷內筆錄之影本。至筆錄以外之文書等證物，仍應經由法官於審判中依法定調查證據方法，使無辯護人之被告得知其內容，俾能充分行使其防禦權。
- 又筆錄之內容如與被告被訴事實無關或足以妨害另案之偵查、或當事人或第三人之隱私或業務秘密者，為免徒增不必要之閱卷勞費、妨害另案之偵查、或他人之隱私資料或業務秘密，允宜由法院得就前開閱卷範圍及方式為合理限制，因此增訂第2項但書。

相關法規：本法第38條、第258條之1、第271條之1，少年事件處理法第31條，引渡法第19條。

第34條（辯護人之接見、通信權及限制之條件）

條文

辯護人得接見羈押之被告，並互通書信。非有事證足認其有湮滅、偽造、變造證據或勾串共犯或證人者，不得限制之。

辯護人與偵查中受拘提或逮捕之被告或犯罪嫌疑人接見或互通書信，不

得限制之。但接見時間不得逾一小時，且以一次為限。接見經過之時間，同為第九十三條之一第一項所定不予計入二十四小時計算之事由。

前項接見，檢察官遇有急迫情形且具正當理由時，得暫緩之，並指定即時得為接見之時間及場所。該指定不得妨害被告或犯罪嫌疑人之正當防禦及辯護人依第二百四十五條第二項前段規定之權利。

立法說明

- 辯護人與羈押之被告，能在不受干預下充分自由溝通，為辯護人協助被告行使防禦權之重要內涵，應受憲法之保障。參照司法院釋字第654號解釋意旨，此自由溝通權利雖非不得以法律加以限制，惟應合乎憲法第23條比例原則，並應具體明確，方符憲法保障防禦權之本旨。因此就第1項為文字修正，揭明辯護人與羈押之被告得為接見或互通書信，暨得予限制之條件。至犯罪嫌疑人部分，於增訂之第2項、第3項中規範。

- 偵查中之被告或犯罪嫌疑人經拘提或逮捕到場者，為保障其訴訟上之防禦權，對其與辯護人之接見或互通書信，不得限制之。惟偵查具有時效性，為免接見時間過長，或多次接見，致妨礙偵查之進行，接見時間及次數宜有限制。又辯護人接見受拘提、逮捕到場之被告或犯罪嫌疑人之時間，並非檢察官或司法警察官使用之偵查時間，與第93條之1第1項各款情形相當，自不應列入第91條及93條第2項所定之24小時，因此增訂第2項以資兼顧。

- 辯護人與偵查中受拘提或逮捕之被告或犯罪嫌疑人接見或互通書信，依第2項規定，固不得限制。惟有急迫情形，且有正當理由，例如，辯護人之接見將導致偵查行為中斷之顯然妨害偵查進行之情形時，宜例外允許檢察官為必要處置。因此於第3項前段明定檢察官遇有急迫情形且具正當理由時，得暫緩辯護人之接見，並指定即時得為接見之時間及場所，以兼顧偵查之必要及被告之辯護依賴權。又檢察官所為之指定，應合理妥適，不得妨害被告或犯罪嫌疑人正當防禦之權利，及辯護人依第245條第2項前段規定之權利，因此第三項後段明定之。至於司法警察（官），因調查犯罪及蒐集證據，如認有上開暫緩及指定之必要時，應報請檢察官為之。

- 如辯護人、被告或犯罪嫌疑人不服檢察官依第3項所為指定之處分，依第416條第1項第4款規定提起救濟，經法院以其指定不符合「有急迫情形且具正當理由」之要件，或妨害被告或犯罪嫌疑人正當防禦或辯護人依第245條第2項前段規定之權利，予以撤銷或變更者，既屬指定不當，即屬違背法定程序之一種，期間所取得之證據，其證據能力之有無，應依第158條之4規定，審酌人權保障及公共利益之均衡維護定之。
- 本條僅以辯護人對人身自由受拘束之被告或犯罪嫌疑人之接見或互通書信為規範內涵，至於人身自由未受拘束之被告或犯罪嫌疑人，辯護人本得與之自由接見或互通書信，而無本條之適用。

實務見解

法務部法檢字第0950804935號

…按除律師法第26條、律師倫理規範第30條及刑事訴訟法第31條第3項但書規定不得受委任之情事外，固無其他限制律師擔任其他收押禁見之同案被告選任辯護人之規定，惟法院或檢察官仍得依刑事訴訟法第34條及第245條第2項但書規定，限制或禁止該律師之通信、接見權或在場及陳述意見。

相關法規： 本法第93條之1、第245條，羈押法第23條之1，少年事件處理法第31條，引渡法第19條。

第34條之1（限制書應載明之事項）

條文

限制辯護人與羈押之被告接見或互通書信，應用限制書。

限制書，應記載下列事項：

一、被告之姓名、性別、年齡、住所或居所，及辯護人之姓名。

二、案由。

三、限制之具體理由及其所依據之事實。

四、具體之限制方法。

五、如不服限制處分之救濟方法。

第71條第3項規定，於限制書準用之。

限制書，由法官簽名後，分別送交檢察官、看守所、辯護人及被告。

偵查中檢察官認羈押中被告有限制之必要者，應以書面記載第二項第一款至第四款之事項，並檢附相關文件，聲請該管法院限制。但遇有急迫情形時，得先為必要之處分，並應於二十四小時內聲請該管法院補發限制書；法院應於受理後四十八小時內核復。檢察官未於二十四小時內聲請，或其聲請經駁回者，應即停止限制。

前項聲請，經法院駁回者，不得聲明不服。

立法說明

- 限制辯護人與羈押之被告接見或互通書信，應經法院許可，為求明確，因此增訂本條第1項至第4項。至辯護人與偵查中受拘提或逮捕之被告或犯罪嫌疑人接見或護通書信，依第34條第2項規定不得限制，自無本條之適用。

- 第2項第1款之辯護人之姓名，係指接見或互通書信權利受限制之辯護人，不及於未受限制之辯護人。

- 第2項第4款之限制方法，即係司法院釋字第654號解釋理由書所謂之限制方式及期間。至應採何種限制方法，本法未予明定，偵查中案件，應由檢察官於聲請時，敘明具體之限制方法及理由，由法院就個案予以審酌，並為具體明確之決定。另為維持押所秩序之必要，於受羈押被告與其辯護人接見時，如僅予以監看而不與聞，參酌同號解釋意旨，尚未侵害憲法保障之訴訟權，非屬本款之限制方法，毋庸經法院許可限制。

- 案件於偵查中，檢察官如認有限制辯護人與羈押之被告接見或互通書信之必要者，應以書面記載第2項第1款至第4款之事項，並檢附相關文件，聲請該管法院許可之，因此增訂第5項前段。

- 偵查中遇有急迫情形時，為免緩不濟急，應容許檢察官先為必要之處分。惟為落實法院之審核機制，檢察官應以書面記載第2項第1款至第4款事項，並檢附相關文件，於24小時內聲請該管法院補發限制書。並明定法院應於受理後48小時內核復，以維人權。如檢察官未於24小時內聲請補發限制書，或法院審核後，認不符要件，而予以駁回者，自應即時停止限制，因此增訂第5項但書。

- 為確保羈押之被告之防禦權，限制辯護人與之接見或互通書信，應屬

例外，故不論檢察官係依第5項前段聲請限制，或依同項但書聲請補發限制書，一經法院駁回，均以不得聲明不服為宜。若檢察官認有應予限制之新事證，自得據以重新聲請，不生一事不再理之問題，因此增訂第6項。

- 法院核發或補發限制書之程序，除偵查中特重急迫性及隱密性，應立即處理且審查內容不得公開外，其目的僅在判斷有無限制辯護人與羈押之被告接見或互通書信之必要，尚非認定被告有無犯罪之實體審判程序，無須嚴格證明，僅以自由證明為已足。

相關法規：本法第71條、少年事件處理法第31條，羈押法第23條之1。

第35條（輔佐人之資格及權限）

條文

被告或自訴人之配偶、直系或三親等內旁系血親或家長、家屬或被告之法定代理人於起訴後，得向法院以書狀或於審判期日以言詞陳明為被告或自訴人之輔佐人。

輔佐人得為本法所定之訴訟行為，並得在法院陳述意見。但不得與被告或自訴人明示之意思相反。

被告或犯罪嫌疑人因精神障礙或其他心智缺陷無法為完全之陳述者，應有第一項得為輔佐人之人或其委任之人或主管機關、相關社福機構指派之社工人員或其他專業人員為輔佐人陪同在場。但經合法通知無正當理由不到場者，不在此限。

立法說明

原條文第2項規定，輔佐人得在法院陳述意見。所謂陳述意見，包括事實及法律上之攻擊防禦意見。而除此之外，輔佐人於刑事訴訟程序之權利尚散見於本法其他條文，本條第2項因此予修正，以求周延。又輔佐人雖得為本法所定之訴訟行為並得在法院陳述意見，但不得與被告或自訴人明示之意思相反，因此一併於第2項增列但書規定，以維被告或自訴人本人權益。

實務見解

70年台非字第85號（判例）

被告之直系血親於起訴後，得向法院以書狀陳明為被告之輔佐人，在法院陳述意見，又審判期日應通知輔佐人，此觀刑事訴訟法第35條及第271條之規定甚明。本件被告被訴侵占案件，在上訴於原法院後，其子何某曾提出聲明狀一件，陳明為被告之輔佐人，乃原法院審判期日，未通知該輔佐人到庭，即行辯論終結，定期宣判，揆諸前揭說明，自有判決不適用法則之違誤。

相關法規： 本法第93條之1、少年事件處理法第31條、身心障礙者權益保障法第84條。

第36條（被告得委任代理人者）

條文

最重本刑為拘役或專科罰金之案件，被告於審判中或偵查中得委任代理人到場。但法院或檢察官認為必要時，仍得命本人到場。

相關法規： 少年事件處理法第31條。

第37條（自訴人得委任代理人者）

條文

自訴人應委任代理人到場。但法院認為必要時，得命本人到場。

前項代理人應選任律師充之。

立法說明

修正條文第319條第2項增訂後，自訴之提起應委任律師行之，而檢察官於審判期日所得為之訴訟行為，於自訴程序，係由自訴代理人為之，本條前段「自訴人『得』委任代理人到場。」因此予修正為「自訴人『應』委任代理人到場。」並增列第2項規定，以資配合。

相關法規： 本法第319條，少年事件處理法第31條。

第38條（代理人之人數、選任、送達與權利之準用）

條文

第二十八條、第三十條、第三十二條及第三十三條之規定，於被告或自訴人之代理人準用之；第二十九條之規定，於被告之代理人並準用之。

立法說明

配合自訴強制律師代理等規定之增訂，本條有關自訴人之代理人得準用第29條規定部分，因此予刪除，另第36條所定之輕罪案件，審判中經審判長許可者，仍得選任非律師為被告之代理人，因此於本條後段規定之。

相關法規：少年事件處理法第31條。

第五章　文　書

第39條（公文書制作之程序）

條文

文書，由公務員制作者，應記載制作之年、月、日及其所屬機關，由制作人簽名。

實務見解

最高法院85年度第12次刑事庭會議

檢察官以當事人資格提起上訴時，依刑事訴訟法第39條規定，應由該檢察官在其提出之上訴書狀簽名，始為合法。設該上訴書狀未經檢察官親自簽名，僅以打字繕印其姓名，再蓋上檢察官之職名章或其私章，能否認為已依法簽名？有子、丑二說：

子說：檢察官以當事人資格提起上訴時，應由該檢察官在其提出之上訴書狀簽名，始為合法。此所謂簽名，並不以用筆書寫者為限，既蓋用「木刻名戳」，即與簽名無異。檢察官之職名章，與上開「木刻名戳」性質上無何軒輊。況如有用印章代簽名者，其蓋章與簽名生同等之效力，復為民法第3條第2項所明定。此項規定，不因其為公文書或私文書而異，果屬印章，一經蓋用，以代簽名者，即應認其與簽名生同等之效力，尤不因其為私章，抑為職名章，而影響其效力。

丑說：略

決議：採子說。

相關法規：海關緝私條例第12條。

第40條（公文書之增刪附記）

條文

公務員制作之文書，不得竄改或挖補；如有增加、刪除或附記者，應蓋章其上，並記明字數，其刪除處應留存字跡，俾得辨認。

實務見解

釋字第43號

原判誤被告張三為張四，如全案關係人中別有張四其人，而未經起訴，其判決自屬違背法令，應分別情形依上訴非常上訴及再審各程序糾正之。如無張四其人，即與刑事訴訟法第245條之規定未符，顯係文字誤寫，而不影響於全案情節與判決之本旨。除判決宣示前得依同法第40條增刪予以訂正外，其經宣示或送達者，得參照民事訴訟法第232條，依刑事訴訟法第199條由原審法院依聲請或本職權以裁定更正，以昭鄭重。

釋字第118號

本院釋字第43號解釋所稱得以裁定更正之刑事判決，係以該判決中之文字顯屬誤寫者而言。此項更正，既不影響於全案情節與判決之本旨，其裁定自不以原判決推事之參與為必要。

72年台抗字第518號（判例）

刑事判決正本送達後，發現原本錯誤，不得以裁定更正，如係正本記載之主文（包括主刑及從刑）與原本記載之主文不符，而影響全案情節及判決之本旨者，亦不得以裁定更正，應重行繕印送達，上訴期間另行起算。至若正本與原本不符之情形如僅「顯係文字誤寫，而不影響於全案情節與判決本旨」者，始得以裁定更正之。

相關法規：海關緝私條例第12條。

第41條（訊問筆錄之制作）

條文

訊問被告、自訴人、證人、鑑定人及通譯，應當場制作筆錄，記載左列事項：

一、對於受訊問人之訊問及其陳述。

二、證人、鑑定人或通譯如未具結者，其事由。

三、訊問之年、月、日及處所。

前項筆錄應向受訊問人朗讀或令其閱覽，詢以記載有無錯誤。

受訊問人請求將記載增、刪、變更者，應將其陳述附記於筆錄。

筆錄應命受訊問人緊接其記載之末行簽名、蓋章或按指印。

實務見解

77年台上字第677號（最高法院刑事裁判）

警訊筆錄固應經受訊問人簽名，如受訊問人供述後拒絕簽名者，則不得強迫其簽名，但如受訊問人確有如警訊筆錄所記載之供述，而其供述復出於自由意志與事實相符者，縱令該警訊筆錄因受訊問人拒絕簽名而未經簽名，警局訊問人已附記其事由，亦非不得採為判決證據之一種。

相關法規：海關緝私條例第12條。

第42條（搜索、扣押、勘驗筆錄之制作）

條文

搜索、扣押及勘驗，應制作筆錄，記載實施之年、月、日及時間、處所並其他必要之事項。

扣押應於筆錄內詳記扣押物之名目，或制作目錄附後。

勘驗得制作圖畫或照片附於筆錄。

筆錄應令依本法命其在場之人簽名、蓋章或按指印。

實務見解

78年台上字第81號（最高法院刑事裁判）

該勘驗筆錄並未記載實施勘驗之年、月、日及時間、處所暨其他事項，行勘驗之公務員亦未在該文書上簽名，且亦無從認定係由何人所製作，如該文書係第一審行勘驗後所製作，其勘驗程序顯與上開規定有違，自不得為裁判之根據。

第43條（筆錄之制作）

條文

前二條筆錄應由在場之書記官製作之。其行訊問或搜索、扣押、勘驗之公務員應在筆錄內簽名；如無書記官在場，得由行訊問或搜索、扣押、勘驗之公務員親自或指定其他在場執行公務之人員製作筆錄。

立法說明

第41條、第42條所定之訊問、搜索、扣押或勘驗筆錄應由在場之書記官製作，其行訊問或搜索、扣押、勘驗之公務員並應在筆錄內簽名。若無書記官在場，得由行訊問或搜索、扣押、勘驗之公務員親自或指定其他在場執行公務之人員，如檢察事務官、司法警察（官）製作筆錄，本條因此予修正，以應實務之需要。

第43條之1（詢問、搜索、扣押之準用）

條文

第41條、第42條之規定，於檢察事務官、司法警察官、司法警察行詢問、搜索、扣押時，準用之。

前項犯罪嫌疑人詢問筆錄之製作，應由行詢問以外之人為之。但因情況急迫或事實上之原因不能為之，而有全程錄音或錄影者，不在此限。

立法說明

檢察事務官、司法警察（官）行詢問時，有關犯罪嫌疑人詢問筆錄之製作，應由行詢問以外之人為之。但情況急迫或事實上之原因不能為之，而有全程錄音或錄影者，始不受此限。因此於本條第2項規定之，以維人權，並兼顧實務之運作。

第44條（審判筆錄之制作）

條文

審判期日應由書記官製作審判筆錄，記載下列事項及其他一切訴訟程序：

一、審判之法院及年、月、日。

二、法官、檢察官、書記官之官職、姓名及自訴人、被告或其代理人並辯護人、輔佐人、通譯之姓名。

三、被告不出庭者，其事由。

四、禁止公開者，其理由。

五、檢察官或自訴人關於起訴要旨之陳述。

六、辯論之要旨。

七、第41條第1項第1款及第2款所定之事項。但經審判長徵詢訴訟關係

人之意見後，認為適當者，得僅記載其要旨。

八、當庭曾向被告宣讀或告以要旨之文書。

九、當庭曾示被告之證物。

一〇、當庭實施之扣押及勘驗。

一一、審判長命令記載及依訴訟關係人聲請許可記載之事項。

一二、最後曾與被告陳述之機會。

一三、裁判之宣示。

受訊問人就前項筆錄中關於其陳述之部分，得請求朗讀或交其閱覽，如請求將記載增、刪、變更者，應附記其陳述。

立法說明

- 本法第44條之1第1項已規定審判期日應全程錄音；必要時並得全程錄影。因此就審判期日之訴訟程序進行，均有錄音或錄影資料為憑，為促進法庭紀錄之效率，對第41條第1項第1款所定受訊問人之訊問及陳述暨第2款所定證人、鑑定人或通譯未具結之事由等事項，審判長得徵詢各該訴訟關係人之意見，於認為適當時，僅於審判筆錄內記載其要旨，如法院或雙方當事人認為該記載事項有所疑義時，再就錄音或錄影之內容予以核對即可，因此於本條第1項第7款增訂但書規定，以應實務運作之需要。

- 再者此處所稱對於受訊問人之「訊問」事項，係採廣義解釋，即除法官訊問外，當事人、代理人、辯護人或輔佐人所為之詢問或詰問事項亦包含在內。

第44條之1（審判錄音錄影之製作及使用）
條文

審判期日應全程錄音；必要時，並得全程錄影。

當事人、代理人、辯護人或輔佐人如認為審判筆錄之記載有錯誤或遺漏者，得於次一期日前，其案件已辯論終結者，得於辯論終結後七日內，聲請法院定期播放審判期日錄音或錄影內容核對更正之。其經法院許可者，亦得於法院指定之期間內，依據審判期日之錄音或錄影內容，自行就有關被告、自訴人、證人、鑑定人或通譯之訊問及其陳述之事項轉譯

為文書提出於法院。

前項後段規定之文書,經書記官核對後,認為其記載適當者,得作為審判筆錄之附錄,並準用第四十八條之規定。

立法說明

- 為使審判期日之訴訟程序能合法、妥適地進行,並使審判筆錄之記載有所憑據,杜絕爭議,審判期日應全程錄音,於必要時,並得全程錄影,因此增訂第1項。

- 在本法改行「改良式當事人進行主義」以落實及強化交互詰問之要求後,有關供述證據調查之訴訟程序進行極為緊湊,為有效提升筆錄記載之正確性與完整性,當事人、代理人人、辯護人或輔佐人如認為審判筆錄之記載錯誤或遺漏者,得於次一期日前,其案件已辯論終結者,得於辯論終結後後7日內,聲請法院定期播放審判期日之錄音或錄影內容予以核對更正。若其徵得法院許可者,亦得在法院指定之期間內,依據審判期日之錄音或錄影,自行就有關被告、自訴人、證人、鑑定人或通譯之訊問及其陳述之事項予以整理轉譯為文書提出於法院。而該文書經書記官核對後,認為記載適當者,許作為審判筆錄之附錄,並準用第48條之規定。因此增訂第2項及第3項規定。

相關法規:本法第48條、第100條之1、法院組織法90、90-1~90-4、93、95。

第45條(審判筆錄之整理)

審判筆錄,應於每次開庭後三日內整理之。

第46條(審判筆錄之簽名)

條文

審判筆錄應由審判長簽名;審判長有事故時,由資深陪席推事簽名;獨任推事有事故時,僅由書記官簽名;書記官有事故時,僅由審判長或推事簽名;並分別附記其事由。

實務見解

43年台非字第69號(判例)

推事有事故時,僅由書記官簽名,書記官有事故時,僅由審判長或推事簽名,並分別附記其事由,審判期日之訴訟程序,專以審判筆錄為證,

刑事訴訟法第46條、第47條規定甚明，核閱原卷，被告甲因過失致人於死案件，原審審判期日為43年6月16日，宣示判決日期為同月19日，該兩次筆錄均載明由獨任推事某乙出庭，既因未經該推事簽名，而由書記官某丙簽名，乃未分別附記推事不能簽名之事由，其訴訟程序，顯難謂無違誤。

第47條（審判筆錄之效力）

條文

審判期日之訴訟程序，專以審判筆錄為證。

實務見解

68年台上字第2330號（判例）

審判期日之訴訟程序專以審判筆錄為證。又第二審審判長依刑事訴訟法第94條訊問被告後，應命上訴人陳述上訴之要旨，同法第47條、第365條分別著有明文，本件原審法院於公開審判時，據審判筆錄之記載，僅命為被告之上訴人陳述上訴理由，並無命另一上訴人即檢察官陳述上訴要旨之記載，檢察官亦未自行陳述，致無從明其上訴之範圍，揆諸首開說明，其所踐行之程序顯不合法，其基此所為之判決，自屬違背法令。

48年台上字第1134號（判例）

審判期日之訴訟程序，專以審判筆錄為證，原審審判期日之審判筆錄，並未載有檢察官到庭辯論之要旨，及命被告為最後之陳述，其所踐行之訴訟程序，顯與刑事訴訟法第282條、第283條規定相違背。

44年台非字第58號（判例）

第二審之審判，除有特別規定外，準用第一審審判之規定，故審判長調查證據完畢，應由檢察官被告及辯護人依次辯論，而此種關於審判期日之訴訟程序，是否依法踐行，並應以審判筆錄為證…原審本年1月19日審判筆錄，並未載審判長調查證據完畢後，命蒞庭之檢察官及被告依次辯論，即行宣示辯論終結，其所踐行之訴訟程序，顯有違誤。

第48條（審判筆錄內引用文件之效力）

條文

審判筆錄內引用附卷之文書或表示將該文書作為附錄者，其文書所記載之事項，與記載筆錄者，有同一之效力。

實務見解

83年台上字第1528號（最高法院刑事裁判）

某甲縱於81年5月18日，當庭提出書面證詞一份，惟原審審判筆錄並未引用其作為附錄，要難謂該書面證詞依刑事訴訟法第48條規定，與審判筆錄之記載有同一之效力。

相關法規：本法第44條之1。

第49條（辯護人攜同速記之許可）

辯護人經審判長許可，得於審判期日攜同速記到庭記錄。

第50條（裁判書之制作）

裁判應由推事制作裁判書。但不得抗告之裁定當庭宣示者，得僅命記載於筆錄。

第51條（裁判書之程式）

條文

裁判書除依特別規定外，應記載受裁判人之姓名、性別、年齡、職業、住所或居所；如係判決書，並應記載檢察官或自訴人並代理人、辯護人之姓名。

裁判書之原本，應由為裁判之推事簽名；審判長有事故不能簽名者，由資深推事附記其事由；推事有事故者，由審判長附記其事由。

相關法規：本法第454條。

第52條（裁判書、起訴書、不起訴處分書正本之制作）

條文

裁判書或記載裁判之筆錄之正本，應由書記官依原本制作之，蓋用法院之印，並附記證明與原本無異字樣。

前項規定，於檢察官起訴書及不起訴處分書之正本準用之。

實務見解

72年台抗字第518號（判例）

刑事判決正本送達後，發現原本錯誤，不得以裁定更正，如係正本記載之主文（包括主刑及從刑）與原本記載之主文不符，而影響全案情節及判決本旨者，亦不得以裁定更正，應重行繕印送達，上訴期間另行起算。至若正本與原本不符之情形如僅「顯係文字誤寫，而不影響於全案情節與判決本旨」者，始得以裁定更正。

第53條（非公務員自作文書之程式）

條文

文書由非公務員制作者，應記載年、月、日並簽名。其非自作者，應由本人簽名，不能簽名者，應使他人代書姓名，由本人蓋章或按指印。但代書之人，應附記其事由並簽名。

實務見解

70年台上字第7369號（判例）

本件自訴上訴人林某侵占一案，雖由自訴人代理人董律師以自訴人佳和事業股份有限公司法定代理人（實為代表人）陳某名義而提起，但該自訴狀上除律師董某簽名蓋章外，該公司及其代表人均未蓋章或簽名，按之刑事訴訟法第53條規定顯有未合。雖該公司及其代表人陳某對於律師董某有為第一審之自訴人代理人之委任，有委任狀附卷可按，惟此僅在訴訟合法成立後委任其代為訴訟行為，要不能謂該受任人有代理自訴之權。

69年台抗字第101號（判例）

抗告人因竊盜案件，經第一審判決後，於民國68年1月4日提出之上訴狀中，已列名為上訴人，自係不服原第一審判決，雖末頁具狀人欄漏未依刑事訴訟法第53條之規定簽名蓋章，但修正刑事訴訟法第367條對該等不合法定程式之上訴，已特別增設第二審法院審判長應定期先命補正之但書規定，此種情形，自非不可命其補正。

最高法院80年度第1次刑事庭庭長會議

原審之辯護人以上訴人名義提起第三審上訴，未於上訴狀表明係依刑事訴訟法第346條為被告利益而上訴，且上訴人亦未於上訴狀具狀人欄簽名

或蓋章者，應依同法第53條規定，定其命其補正。

第54條（卷宗之編訂與滅失之處理）

關於訴訟之文書，法院應保存者，由書記官編為卷宗。

卷宗滅失案件之處理，另以法律定之。

第六章　送　達

第55條（應受送達人與送達處所之陳明）

條文

被告、自訴人、告訴人、附帶民事訴訟當事人、代理人、辯護人、輔佐人或被害人為接受文書之送達，應將其住所、居所或事務所向法院或檢察官陳明。被害人死亡者，由其配偶、子女或父母陳明之。如在法院所在地無住所、居所或事務所者，應陳明以在該地有住所、居所或事務所之人為送達代收人。

前項之陳明，其效力及於同地之各級法院。

送達向送達代收人為之者，視為送達於本人。

實務見解

51年台上字第2323號（判例）

刑事訴訟法第55條第3項所稱送達，向送達代收人為之者，視為送達於本人，以經本人依法陳明者為限。

相關法規：海關緝私條例第46條、外國法院委託事件協助法第5條、公務員懲戒法第29條。

第56條（囑託送達）

條文

前條之規定，於在監獄或看守所之人，不適用之。

送達於在監獄或看守所之人，應囑託該監所長官為之。

實務見解

44年台抗字第3號（判例）

法院對於羈押監所之人送達文件，不過應囑託監所長官代為送達，而該項文件仍應由監所長官交與應受送達人收受，始生送達之效力。

相關法規：海關緝私條例第46條、外國法院委託事件協助法第5條、公務員懲戒法第29條。

第57條（郵寄送達）

應受送達人雖未為第五十五條之陳明，而其住所、居所或事務所為書記官所知者，亦得向該處送達之；並得將應送達之文書掛號郵寄。

第58條（對檢察官之送達）

條文

對於檢察官之送達，應向承辦檢察官為之；承辦檢察官不在辦公處所時，向首席檢察官為之。

示例

監察院司法及獄政委員會於2011年2月9日通過監察委員提案，糾正法務部。監察院表示，實務上若判決書送達時，承辦檢察官一時不能收受，均待其回辦公處所才收受，長時間差假則由代理人收受，未依本條規定，判決書對檢察官的送達，應向承辦檢察官為之；承辦檢察官不在辦公處所時，向檢察長為之。法務部多年來對檢察官收受判決書的方式及時點認定，未澈底解決，迭生爭議，顯然有違法失職之處，顯已侵害人民訴訟權益。

實務見解

76年台上字第4079號（判例）

檢察官得於所配置之管轄區域以外執行職務，但配置各級法院之檢察官其執行職務或行使職權，仍屬獨立並應依法院之管轄定其分際。故下級法院檢察官對於上級法院之判決，或上級法院檢察官對於下級法院之判決，均不得提起上訴。同級法院之檢察官，對於非其所配置之法院之判決亦無聲明不服提起上訴之權。甲法院檢察官移轉乙法院檢察官偵查後逕向甲法院起訴之案件，甲法院審理時，例由配置同院之檢察官到庭執

行職務，則第一審判決後，自應向同院到庭檢察官送達，如有不服，亦應由同院檢察官提起上訴。

73年台上字第4164號（判例）

刑事訴訟法第58條所稱之承辦檢察官，基於檢察一體之原則，應不限於原起訴之檢察官。本件第一審法院之判決，因原起訴之陳檢察官職務調動，將之送達於蔡檢察官收受，而蔡檢察官曾於第一審審判期日到庭執行職務實行公訴，自屬刑事訴訟法第58條規定之承辦檢察官，收受送達當為合法。

第59條（公示送達——事由）

條文

被告、自訴人、告訴人或附帶民事訴訟當事人，有左列情形之一者，得為公示送達：

一、住、居所、事務所及所在地不明者。

二、掛號郵寄而不能達到者。

三、因住居於法權所不及之地，不能以其他方法送達者。

實務見解

66年台非字第167號（判例）

…公示送達，以被告之住居所、事務所及所在地不明者，始得為之，如被告所在地甚明，不向其所在地送達，而逕以公示送達方式，以為送達，即不發生送達之效力，對於在軍隊服役之軍人為送達者，應向該管長官為之，此為民事訴訟法第129條所明定，依照刑事訴訟法第62條規定，並亦為刑事訴訟程序所應準用，既有此特別規定，自亦不能視為所在不明，倘逕以公示送達方式為送達，即不能發生送達之效力，從而此項方式所送達之判決，無由確定，自不得對之提起非常上訴。

第60條（公示送達——程式與生效期）

條文

公示送達應由書記官分別經法院或檢察長、首席檢察官或檢察官之許可，除將應送達之文書或其節本張貼於法院牌示處外，並應以其繕本登

載報紙，或以其他適當方法通知或公告之。

前項送達，自最後登載報紙或通知公告之日起，經三十日發生效力。

實務見解

41年台非字第6號（判例）

公示送達，依刑事訴訟法第60條第2項規定，自最後登載報紙或通知布告之日起，經30日發生效力，原審最後傳喚被告之傳票，係民國40年12月15日公示送達，指定同年月29日為審判期日，是此項傳票之送達，在審判期日尚未發生效力，乃於是日開庭審判，被告既非經有合法之傳喚，乃竟不待其到庭逕行判決，其訴訟程序自屬違誤。

第61條（送達人送達）

條文

送達文書由司法警察或郵政機關行之。

前項文書為判決、裁定、不起訴或緩起訴處分書者，送達人應作收受證書、記載送達證書所列事項，並簽名交受領人。

示例

刑事文書現多由郵局送達，若無人收受，則寄存於該轄區派出所，請受送達人前去領取。

實務見解

75年台上字第5951號（判例）

送達證書與收受證書，俱為送達之司法警察所製作，一在向命送達之機關陳明其送達之事實及時間，一在向收領人證明其為送達之事實與時間，以杜送達不正確之流弊，原應兩相符合。如有不符，或無送達證書可稽，而依收受證書之記載，已足以證明收領人收受文書之時間及事實，自應據以認定其送達之效力。

最高法院94年度第1次庭長、法官會議

院長提案一：

採甲說。寄存送達發生效力所應經十日期間，應自寄存日之翌日起算。

院長提案二：

採甲說。依民法第一百二十一條第一項規定：「以日、星期、月或年定期間者，以期間末日之終止，為期間之終止。」是寄存送達發生效力所應經之十日期間，係以其期間末日之終止，為十日期間之終止，此後即開始計算所應為訴訟行為之法定不變期間（例如對被告送達不利之判決書，於七月一日寄存送達，寄存日不算入，自七月二日計算十日期間，至七月十一日午後十二時發生送達效力，應自七月十二日零時計算其上訴不變期間）。公示送達之情形，亦同。

第62條（民事訴訟法送達規定之準用）

條文

送達文書，除本章有特別規定外，準用民事訴訟法之規定。

實務見解

82年台上字第2723號（判例）

送達於住居所、事務所或營業所不獲會晤應受送達人者，得將文書付與有辨別事理能力之同居人或受僱人，為民事訴訟法第137條前段所明文規定；此項規定依刑事訴訟法第62條於刑事訴訟程序，亦在準用之列。至所稱之「同居人」云者，雖不必有親屬關係，亦毋庸嚴格解釋為須以永久共同生活為目的而同居一家；然必係與應受送達人居住在一處，且繼續的為共同生活者，方為相當。

66年台非字第167號（判例）

非常上訴以對於確定判決，始得提起，此觀刑事訴訟法第441條規定自明，如判決尚未確定，則雖發見該案件之審判程序有所違背，儘可依通常上訴程序救濟，要不得提起非常上訴。公示送達，以被告之住居所、事務所及所在地不明者，始得為之，如被告所在地甚明，不向其所在地送達，而逕以公示送達方式，以為送達，即不發生送達之效力，對於在軍隊服役之軍人為送達者，應向該管長官為之，此為民事訴訟法第129條所明定，依照刑事訴訟法第62條規定，並亦為刑事訴訟程序所應準用，既有此特別規定，自亦不能視為所在不明，倘逕以公示送達方式為送達，即不能發生送達之效力，從而此項方式所送達之判決，無由確定，自不得對之提起非常上訴。

49年台抗字第33號（判例）

刑事送達文書，依刑事訴訟法第62條，除本章有特別規定外，固可準用民事訴訟法之規定，惟民事訴訟法第137條第1項所謂同居人，係指與應受送達人居在一處共同為生活者而言，代收某甲判決書之乙，係其房東之妻，並非同居人，倘未經陳明為送達代收人，其送達即非合法。

第七章　期日及期間

第63條（期日之傳喚通知義務）

條文

審判長、受命推事、受託推事或檢察官指定期日行訴訟程序者，應傳喚或通知訴訟關係人使其到場。但訴訟關係人在場或本法有特別規定者，不在此限。

相關法規：公務員懲戒法第29條。

第64條（期日之變更或延展）

條文

期日，除有特別規定外，非有重大理由，不得變更或延展之。

期日經變更或延展者，應通知訴訟關係人。

實務見解

83年台上字第3587號（最高法院刑事裁判）

上訴人等共同代理人評閱試卷期間自83年3月16日起至同年3月27日止，前後長達12日，可於上開辯論期日以外之辦公時間，隨時前往考選部評閱試卷，顯無非延展辯論期日不可之情形，原審既未認其具有重大理由，而通知變更或延展期日，上訴人等及其共同代理人既均已受合法傳喚或通知自應按原定審理期日到庭辯論。乃皆未於該期日到庭應訊辯論，原審認上訴人等經合法傳喚，無正當理由不到庭，而不待其陳述逕行判決，殊難謂為違法。

第65條（期間之計算）

條文

期間之計算，依民法之規定。

實務見解

59年台上字第469號（判例）

期間之計算，依民法之規定，刑事訴訟法第65條定有明文，而依民法第122條規定，於一定期間內，應為意思表示者，其期間之末日為星期日、紀念日或其他休息日時，以其休息日之次日代之，至每逢星期六下午，自經政府規定為休息時間，停止辦公後，倘適為上訴期間之末日，應以星期一上午代之，復經司法行政部會同本院於民國55年11月8日補充規定，通告在案，故上訴期間之末日如為星期六，而其上訴書狀遲至星期一上午始行到達法院者，尚難認其上訴逾期。

相關法規：民法第119-124條。

第66條（在途期間之扣除）

條文

應於法定期間內為訴訟行為之人，其住所、居所或事務所不在法院所在地者，計算該期間時，應扣除其在途之期間。

前項應扣除之在途期間，由司法行政最高機關定之。

實務見解

86年台抗字第80號（最高法院刑事裁判）

監所與法院間無在途期間可言，是上訴人或抗告人在監獄或看守所，如向該監所長官提出上訴或抗告書狀，因不生扣除在途期間之問題，故必在上訴或抗告期間內提出者，始可視為上訴或抗告期間內之上訴或抗告；如逾期始向該監所長官提出上訴或抗告書狀，即不得視為上訴、抗告期間內之上訴、抗告，雖監所長官即日將上訴、抗告書狀轉送法院收文，因無扣除在途期間之可言，其上訴、抗告仍屬已經逾期。

第67條（回復原狀—條件）

條文

非因過失，遲誤上訴、抗告或聲請再審之期間，或聲請撤銷或變更審判長、受命推事、受託推事裁定或檢察官命令之期間者，於其原因消滅後

五日內，得聲請回復原狀。

許用代理人之案件，代理人之過失，視為本人之過失。

實務見解

41年台抗字第20號（判例）

聲請回復原狀，應以當事人非因過失不能遵守期間者為限，在押於看守所之被告，應經看守所長提出上訴書狀，如不能自作書狀，亦可由看守所之公務員代作，其不依此項程序致誤上訴期限者，不能以因求人解釋判決內容以致逾期，謂非過失。

第68條（回復原狀—聲請之程序）

條文

因遲誤上訴或抗告或聲請再審期間而聲請回復原狀者，應以書狀向原審法院為之。其遲誤聲請撤銷或變更審判長、受命推事、受託推事裁定或檢察官命令之期間者，向管轄該聲請之法院為之。

非因過失遲誤期間之原因及其消滅時期，應於書狀內釋明之。

聲請回復原狀，應同時補行期間內應為之訴訟行為。

實務見解

84年台抗字第290號（最高法院刑事裁判）

當事人遲誤第二審之上訴期間回復原狀，依刑事訴訟法第68條第1項、第69條第1項規定，非經由原第一審法院認為應行許可，附具意見書，送交第二審法院後，第二審法院不得遽行裁判。當事人若因遲誤第二審之上訴期間聲請回復原狀，該項聲請狀，誤向第二審法院提出，該法院自應將其送交第一審法院，依照刑事訴訟法第69條所定之程序辦理，方屬正當，第二審法院違此程序，遽予駁回，於法即有未合。

第69條（回復原狀—聲請之裁判）

回復原狀之聲請，由受聲請之法院與補行之訴訟行為合併裁判之；如原審法院認其聲請應行許可者，應繕具意見書，將該上訴或抗告案件送由上級法院合併裁判。

受聲請之法院於裁判回復原狀之聲請前，得停止原裁判之執行。

第70條（回復原狀—聲請再議期間之回復）

遲誤聲請再議之期間者，得準用前三條之規定，由原檢察官准予回復原狀。

第八章　被告之傳喚及拘提

第71條（書面傳喚）

傳喚被告，應用傳票。

傳票，應記載左列事項：

一、被告之姓名、性別、年齡、籍貫及住所或居所。

二、案由。

三、應到之日、時、處所。

四、無正當理由不到場者，得命拘提。

被告之姓名不明或因其他情形有必要時，應記載其足資辨別之特徵。被告之年齡、籍貫、住所、或居所不明者，得免記載。

傳票，於偵查中由檢察官簽名，審判中由審判長或受命推事簽名。

第71條之1（到場詢問通知書）

條文

司法警察官或司法警察，因調查犯罪嫌疑人犯罪情形及蒐集證據之必要，得使用通知書，通知犯罪嫌疑人到場詢問。經合法通知，無正當理由不到場者，得報請檢察官核發拘票。

前項通知書，由司法警察機關主管長官簽名，其應記載事項，準用前條第二項第一款至第三款之規定。

例示

警察機關於調查詐騙集團相關案件時，發現某甲名下的帳戶被人利用作為被害人匯款之帳戶。為釐清案情，警察機關得依本條規定，通知某甲於特定期日至警察局說明。若某甲無正當理由不到場，警察機關得報請

檢察官核發拘票，拘提到案。

相關法規：本法第469條。

第72條（口頭傳喚）

條文

對於到場之被告，經面告以下次應到之日、時、處所及如不到場得命拘提，並記明筆錄者，與已送達傳票有同一之效力；被告經以書狀陳明屆期到場者，亦同。

例示

法院審理某甲之傷害案件，開庭時，諭知下次開庭期日、時、處所及如不到場得命拘提，並記明筆錄，依本條規定與已送達傳票有同一效力。

實務見解

63年台上字第2071號（判例）

自訴人之傳喚，依刑事訴訟法第327條第3項準用同法第72條規定，對於到場之自訴人必經面告以下次應到之日、時、處所，及如不到場得命拘提，並記明筆錄者，始與已送達傳票有同一之效力，核閱原審筆錄僅有「上訴人（按即自訴人）不另傳」字樣，並無如不到場得命拘提之記載，不能謂上訴人已受合法之傳喚。

第73條（對在監所被告之傳喚）

條文

傳喚在監獄或看守所之被告，應通知該監所長官。

實務見解

85年台上字第1829號（最高法院刑事裁判）

被告經合法傳喚，無正當之理由不到庭者，得不待其陳述，逕行判決，固為刑事訴訟法第371條所規定，但查傳喚在監獄或看守所之被告，應通知該監所長官。又送達於監獄或看守所之人，應囑託該監所長官為之，同法第73條、第56條第2項定有明文。

第74條（傳喚之效力—按時訊問）

被告因傳喚到場者，除確有不得已之事故外，應按時訊問之。

第75條（傳喚之效力—拘提）

條文

被告經合法傳喚，無正當理由不到場者，得拘提之。

例示

某市議長甲涉及賄選，經檢察官多次傳喚，無正當理由不到場，檢察官於議會未開會時，得以拘提方式使甲到案。

相關法規：引渡法第17條。

第76條（逕行拘提事由）

條文

被告犯罪嫌疑重大，而有左列情形之一者，得不經傳喚逕行拘提：

一、無一定之住所或居所者。

二、逃亡或有事實足認為有逃亡之虞者。

三、有事實足認為有湮滅、偽造、變造證據或勾串共犯或證人之虞者。

四、所犯為死刑、無期徒刑或最輕本刑為五年以上有期徒刑之罪者。

示例

某縣長甲因涉嫌貪汙遭聲押，批評者指摘地檢署「不傳即拘」、「司法不公」。對此地檢署辯稱，依本條規定，如犯罪嫌疑重大，「有事實足認為有湮滅、偽造、變造證據或勾串共犯或證人之虞者」、「所犯本刑五年以上有期徒刑者」均可拘提，故認為拘提並無不當。

相關法規：本法第88條之1、第469條，引渡法第17條、少年事件處理法第22條。

第77條（拘提—拘票）

條文

拘提被告，應用拘票。

拘票，應記載左列事項：

一、被告之姓名、性別、年齡、籍貫及住、居所。但年齡、籍貫、住、

　　居所不明者，得免記載。

二、案由。

三、拘提之理由。

四、應解送之處所。

第七十一條第三項及第四項之規定，於拘票準用之。

相關法規：本法第71條。

第78條（拘提—執行機關）

條文

　　拘提，由司法警察或司法警察官執行，並得限制其執行之期間。

　　拘票得作數通，分交數人各別執行。

相關法規：本法第178條。

第79條（拘提—執行程序）

條文

　　拘票應備二聯，執行拘提時，應以一聯交被告或其家屬。

相關法規：去氧核醣核酸採樣條例第7條。

第80條（拘提—執行後之處置）

條文

　　執行拘提後，應於拘票記載執行之處所及年、月、日、時；如不能執行者，記載其事由，由執行人簽名，提出於命拘提之公務員。

相關法規：本法第178條。

第81條（警察轄區外之拘提）

條文

　　司法警察或司法警察官於必要時，得於管轄區域外執行拘提，或請求該地之司法警察官執行。

相關法規：本法第13條、第103條、第178條。

第82條（囑託拘提）

條文

審判長或檢察官得開具拘票應記載之事項，囑託被告所在地之檢察官拘提被告；如被告不在該地者，受託檢察官得轉囑託其所在地之檢察官。

實務見解

（87）院仁文廉字第9117號

法院囑託被告或證人所在地之檢察官拘提被告或證人，檢察官不得拒絕。

第83條（對現役軍人之拘提）

被告為現役軍人者，其拘提應以拘票知照該管長官協助執行。

第84條（通緝—法定原因）
條文

被告逃亡或藏匿者，得通緝之。

示例

某甲於1992年擔任花蓮高分院法官時，收受詐欺案當事人30萬。本案歷經5次更審，最高法院2007年判決甲法官有期徒刑11年、褫奪公權6年確定。不料甲於判決確定前棄保偷渡至中國，遂被台北地檢署通緝。2010年11月5日凌晨，甲某在四川落網，同月12日晚間由刑事局與調查局派員從澳門將他押解回台，解送台北地檢署歸案。

相關法規：本法第469條。

第85條（通緝—通緝書）
條文

通緝被告，應用通緝書。

通緝書，應記載左列事項：

一、被告之姓名、性別、年齡、籍貫、住所或居所，及其他足資辨別之特徵。但年齡、籍貫、住所或居所不明者，得免記載。

二、被訴之事實。

三、通緝之理由。

四、犯罪之日、時、處所。但日、時、處所不明者，得免記載。

五、應解送之處所。

通緝書，於偵查中由檢察長或首席檢察官簽名，審判中由法院院長簽名。

示例

檢調於2010年7月13日清晨五時搜索前立委某甲住宅，甲趁隙逃逸，台北地檢署乃於7月15日發布通緝，期限至2031年5月15日。

第86條（通緝─方法）

條文

通緝，應以通緝書通知附近或各處檢察官、司法警察機關；遇有必要時，並得登載報紙或以其他方法公告之。

實務見解

法務部法律字第0920049069號

…本件內政部警政署擬將司法機關發布通緝之資料上網公告，其目的在於供民眾上網查詢，提供線索，協助查緝，核與刑事訴訟法第86條後段規定相符。故將該等資料上網公告，應符合電腦處理個人資料保護法第8條前段「於法令職掌必要範圍內為之，並與蒐集之特定目的相符」之情形…

相關法規：本法第87條。

第87條（通緝─效力及撤銷）

條文

通緝經通知或公告後，檢察官、司法警察官得拘提被告或逕行逮捕之。

利害關係人，得逕行逮捕通緝之被告，送交檢察官、司法警察官或請求檢察官、司法警察官逮捕之。

通緝於其原因消滅或已顯無必要時，應即撤銷。

撤銷通緝之通知或公告，準用前條之規定。

示例

甲打傷乙，經已向檢察官提出告訴，甲卻屢傳不到，檢察長乃對甲發佈通緝後，告訴人發現甲時，即得予以逮捕送交檢警。

相關法規：本法第86條。

第88條（現行犯與準現行犯）

條文

現行犯，不問何人得逕行逮捕之。

犯罪在實施中或實施後即時發覺者，為現行犯。

有左列情形之一者，以現行犯論：

一、被追呼為犯罪人者。

二、因持有兇器、贓物或其他物件、或於身體、衣服等處露有犯罪痕
　　跡，顯可疑為犯罪人者。

示例

甲男騎腳踏車飛奔，手上持有女用皮包，車後有一婦女追逐或高呼「搶
劫」，此種情形即該當於本條第2項第1款之準現行犯，任何人均可逮捕
之。

實務見解

釋字第90號

一、憲法上所謂現行犯係指刑事訴訟法第88條第2項之現行犯，及同條
第3項以現行犯論者而言。二、遇有刑事訴訟法第88條所定情形，不
問何人均得逕行逮捕之，不以有偵查權人未曾發覺之犯罪為限。三、
犯瀆職罪收受之賄賂，應認為刑事訴訟法第88條第3項第2款所稱之
贓物。賄賂如為通貨，依一般觀察可認為因犯罪所得，而其持有並顯
可疑為犯罪人者，亦有上述條款之適用。

44年台上字第150號（判例）

刑事訴訟法上所謂現行犯，係指違反刑罰法令之現行犯而言，其違反行
政法令者，不包括在內，而刑法第16條所謂自信其行為為法律所許可，
以有正當理由者為限。上訴人明知告訴人非違反刑罰法令，而竟加以逮
捕，其理由自難謂為正當，與該條之情形自有未符。

第88條之1（逕行拘提）

條文

檢察官、司法警察官或司法警察偵查犯罪，有左列情形之一而情況急迫
者，得逕行拘提之：

一、因現行犯之供述，且有事實足認為共犯嫌疑重大者。

二、在執行或在押中之脫逃者。

三、有事實足認為犯罪嫌疑重大，經被盤查而逃逸者。但所犯顯係最重本刑為一年以下有期徒刑、拘役或專科罰金之罪者，不在此限。

四、所犯為死刑、無期徒刑或最輕本刑為五年以上有期徒刑之罪，嫌疑重大，有事實足認為有逃亡之虞者。

前項拘提，由檢察官親自執行時，得不用拘票；由司法警察官或司法警察執行時，以其急迫情況不及報告檢察官者為限，於執行後，應即報請檢察官簽發拘票。如檢察官不簽發拘票時，應即將被拘提人釋放。

第一百三十條及第一百三十一條第一項之規定，於第一項情形準用之。但應即報檢察官。

檢察官、司法警察官或司法警察，依第一項規定程序拘提之犯罪嫌疑人，應即告知本人及其家屬，得選任辯護人到場。

立法說明

- 檢察官、司法警察官或司法警察偵查犯罪，對於脫逃或顯有犯罪嫌疑而情節重大情形急迫者，如不能立即拘提，對於日後犯罪偵查，顯有重大困難，並可能導致脫逃或犯罪嫌疑人危害社會行為之繼續擴大。因此增訂本條。

- 雖有事實足認為犯罪嫌疑重大，經被盤查而逃逸，但所犯顯係最重本刑為1年以下有期徒刑、拘役或專科罰金之罪者，犯罪情節輕微，尚無逕行拘提必要，特於本條第1項第3款設但書規定，以資限制。

- 依本法第77條第3項規定，檢察官有簽發拘票之權，因此增訂本條第2項，規定由檢察官執行本條第一項逕行拘提時，得不用拘票；由司法警察官或司法警察執行時，於執行後，應即報請檢察官簽發拘票，如檢察官不簽發拘票時，應即將被拘提人釋放，以示慎重。

- 為期司法警察官或司法警察有效執行本條第一項所定之逕行拘提，雖無搜索票，亦得逕行搜索身體、住宅或其他處所，因此於本條第三項明定準用第130條及第131條之規定，俾資配合應用。

相關法規：本法第76條。

第89條（拘捕之注意）

條文

執行拘提或逮捕，應注意被告之身體及名譽。

相關法規： 本法第103條、第178條、第230條之2。

第90條（強制拘捕）

條文

被告抗拒拘提、逮捕或脫逃者，得用強制力拘提或逮捕之。但不得逾必要之程度。

相關法規： 本法第103條、第178條、第230條之2。

第91條（拘捕被告之解送）

條文

拘提或因通緝逮捕之被告，應即解送指定之處所；如二十四小時內不能達到指定之處所者，應分別其命拘提或通緝者為法院或檢察官，先行解送較近之法院或檢察機關，訊問其人有無錯誤。

立法說明

本條原規定「3日」修正為「24小時」，以符合憲法意旨。拘提或因通緝逮捕之被告，如24小時內不能解送到達指定之處所者，明定分別視其命拘提或通緝者為法院或檢察官，以決定先行解送之處所，俾求明確。

相關法規： 本法第93條之1、第178條。

第92條（逮捕現行犯之解送）

條文

無偵查犯罪權限之人逮捕現行犯者，應即送交檢察官、司法警察官或司法警察。

司法警察官、司法警察逮捕或接受現行犯者，應即解送檢察官。但所犯最重本刑為一年以下有期徒刑、拘役或專科罰金之罪、告訴或請求乃論之罪，其告訴或請求已經撤回或已逾告訴期間者，得經檢察官之許可，不予解送。

對於第一項逮捕現行犯之人,應詢其姓名、住所或居所及逮捕之事由。

示例

某甲於捷運廁所偷拍女性上廁,被發現後逃跑時,為見義勇為之上班族乘客乙、丙制伏在地。此時、乙丙因無偵查犯罪權限,依本條第1項規定,應即送交警察處理,不得私下對甲拳打腳踢,否則將有觸犯傷害罪之虞。

立法說明

基於告訴乃論案件具備合法之告訴係屬訴訟條件,在司法警察機關之階段既然告訴已經撤回或已逾告訴期間者,自無再將人犯解送檢察官之必要,亦可使人犯之人身自由不受到不當之拘束,同時減輕檢察官訊問之負擔。因此修正本條第2項,增列所犯係告訴或請求乃論之罪其告訴或請求已經撤回或已逾告訴期間者,得不解送。

實務見解

法務部法檢字第0910804330號

檢察官於受理司法警察機關移送或報告案件時,對司法警察(官)依刑事訴訟法第92條第2項前段、第229條第2項前段之規定,隨案解送到署之現行犯及犯罪嫌疑人,應即時接受,不得以解到時間係深夜而予拒絕。對於司法警察(官)依刑事訴訟法第92條第2項但書及檢察官與司法警察機關執行職務聯繫辦法第7條規定,報請檢察官許可不予解送現行犯之請示,內勤檢察官應即時處理並給予指示,不得無故延宕。

相關法規:家庭暴力防治法第29條。

第93條(即時訊問及漏夜應訊之規定)

條文

被告或犯罪嫌疑人因拘提或逮捕到場者,應即時訊問。

偵查中經檢察官訊問後,認有羈押之必要者,應自拘提或逮捕之時起二十四小時內,敘明羈押之理由,聲請該管法院羈押之。

前項情形,未經聲請者,檢察官應即將被告釋放。但如認有第一百零一條第一項或第一百零一條之一第一項各款所定情形之一而無聲請羈押之必要者,得逕命具保、責付或限制住居;如不能具保、責付或限制住

居，而有必要情形者，仍得聲請法院羈押之。

前三項之規定，於檢察官接受法院依少年事件處理法或軍事審判機關依軍事審判法移送之被告時，準用之。

法院於受理前三項羈押之聲請後，應即時訊問。但至深夜仍未訊問完畢，或深夜始受理聲請者，被告、辯護人及得為被告輔佐人之人得請求法院於翌日日間訊問。法院非有正當理由，不得拒絕。

前項但書所稱深夜，指午後十一時至翌日午前八時。

立法說明

檢察官聲請羈押案件，常見檢察官雖於日間向法院提出聲請，惟因案件繁複，延至深夜仍未訊問完畢，或檢察官於深夜始聲請羈押，致被告漏夜應訊之情形。為尊重人權，確保被告於意識清楚情況下接受訊問，防杜深夜疲勞訊問之爭議，因此於第5項增訂但書明定法院於深夜處理聲請羈押案件，被告、辯護人及得為被告輔佐人之人得請求法院延至翌日日間為訊問。法院斟酌實際情況，若無正當理由，不得拒絕其請求。所稱於翌日日間訊問，係指於翌日日間之適當時間訊問，無不必要之遲延即屬之。

實務見解

臺灣高等法院暨所屬法院95年法律座談會刑事類提案第32號

法律問題：

被告某甲因涉犯貪污治罪條例第6條第1項第5款圖利罪嫌，檢察官於偵查中，經訊問後，認有羈押原因及必要，乃將被告某甲依法逮捕，並向第一審法院聲請羈押，經第一審法官裁定駁回，而將被告釋放。嗣檢察官對此聲押駁回裁定不服，提起抗告，經管轄第二審法院裁定撤銷，並將案件發回第一審法院更審。然第一審法院受理後，因被告某甲傳拘不到，致無法依刑事訴訟法第101條規定，對被告某甲為羈押之訊問，乃裁定駁回檢察官羈押聲請。檢察官不服，認為第一審法官，以被告某甲傳拘無著，而未通緝被告某甲，即駁回檢察官羈押聲請，顯有不當，乃提起抗告。試問檢察官抗告，是否有理？

討論意見：甲說：否定說。

（一）按被告或犯罪嫌疑人，因拘提或逮捕到場者，經檢察官訊問後，認

有第101條第1項各款或第101條之1第1項各款所定情形之一，且認有羈押之必要者，應自拘提或逮捕之時起24小時內，敘明羈押之理由，聲請該管法院羈押之，刑事訴訟法第93條第2項定有明文。又被告經傳喚、自首或自行到場者，檢察官於訊問後，認有第101條第1項各款或第101條之1第1項各款所定情形之一，且認有羈押之必要者，得予逮捕，並將逮捕所依據之事實告知被告後，聲請法院羈押之；刑事訴訟法第228條第4項，亦定有明文。是被告或犯罪嫌疑人，如認有羈押之原因及羈押之必要者，依上規定，顯均須先對被告或犯罪嫌疑人，為拘提或逮捕後，再經檢察官訊問，方得向該管法院為羈押之聲請，始得謂合法之羈押聲請。

（二）查本件被告某甲，經檢察官向第一審法院為羈押聲請，經第一審法院裁定駁回，檢察官不服提起抗告，經管轄第二審法院裁定撤銷，並諭知發回第一審法院重新審理，則本件關於被告某甲羈押聲請案件，顯已回復檢察官最初聲請第一審法院裁定羈押之狀態。嗣經第一審法院於更審時，對被告某甲依法傳拘，但未能拘獲，則依前揭刑事訴訟法第93條第2項及同法第228條第4項規定，自應由聲請人即檢察官，將所欲羈押被告某甲，先行拘提或逮捕到案，提交第一審法院依法進行訊問後（刑事訴訟法第101條第1項及第101條之1第1項規定參照），第一審法院始能審酌被告某甲有無羈押之原因及有無羈押之必要。

（三）又關於偵查中羈押被告之聲請，僅係檢察官於案件偵查中，欲對被告為羈押時，須經法院許可而已（刑事訴訟法第101條及第101條之1規定參照），非謂檢察官偵查中案件，因聲請羈押，而使該聲押案件即變成為起訴案件。故於檢察官偵查中案件，檢察官如認為被告有羈押之原因及必要，依法自可先行傳拘到案，加以逮捕，而向法院聲請羈押，倘如傳拘無著時，則檢察官亦可依法對被告發布通緝，俟通緝到案時，再向法院聲請羈押被告。

（四）茲被告某甲於第一審法院更審時，第一審法院既已傳拘無著，而聲請人即檢察官復未能就被告某甲，予以拘提或逮捕到案，以提交第一審法院審理，則檢察官對被告某甲羈押之聲請，於法即有不合。是本件第一審法院，既已無可能就檢察官所欲聲請羈押之對象進行訊問，俾決定被告某甲有無羈押之原因及必要。第一審法院因予裁定駁回檢察官對被告某甲羈押之聲請，即無不當。

（五）綜上所述，本件第一審法院以檢察官即聲請人所欲聲請羈押之對象即被告某甲，目前無法傳拘到案，致無法進行訊問，以決定被告某甲有無羈押之原因及羈押之必要，因而駁回檢察官對被告某甲羈押之聲請，並無不當。是檢察官抗告，以第一審法院應對被告某甲，施以最後手段，即發布通緝，以強制某甲到庭接受訊問，為無理由，應駁回抗告。

乙說：肯定說。下略。

研討結果：採甲說。

法檢決字第0920802369號

請各檢察機關檢察長注意監督所屬檢察事務官不得擅自為其具保、責付或限制住居等強制處分，於詢問證人時亦不得命其具結，並請於業務檢查發現類此程序瑕疵時，就個案提出糾正，以維護偵查程序之合法。

相關法規：本法第101條、第101條之1、第117條之1、第228條。

第93條之1（訊問不予計時之情形）

條文

第九十一條及前條第二項所定之二十四小時，有下列情形之一者，其經過之時間不予計入。但不得有不必要之遲延：

一、因交通障礙或其他不可抗力事由所生不得已之遲滯。

二、在途解送時間。

三、依第一百條之三第一項規定不得為詢問者。

四、因被告或犯罪嫌疑人身體健康突發之事由，事實上不能訊問者。

五、被告或犯罪嫌疑人因表示選任辯護人之意思，而等候其辯護人到場致未予訊問者。但等候時間不得逾四小時。其等候第三十一條第五項律師到場致未訊問或因精神障礙或其他心智缺陷無法為完全之陳述，因等候第三十五條第三項經通知陪同在場之人到場致未予訊問者，亦同。

六、被告或犯罪嫌疑人須由通譯傳譯，因等候其通譯到場致未予訊問者。但等候時間不得逾六小時。

七、經檢察官命具保或責付之被告，在候保或候責付中者。但候保或候責付時間不得逾四小時。

八、犯罪嫌疑人經法院提審之期間。

前項各款情形之經過時間內不得訊問。

因第一項之法定障礙事由致二十四小時內無法移送該管法院者，檢察官聲請羈押時，並應釋明其事由。

實務見解

法檢字第0990803215號

案由：司法警察拘提、逮捕被告、犯罪嫌疑人，於解送檢察官前，若有兩項以上法定障礙事由時，如何計算以適當排除於解送法院規定之「24小時」外（不予計入刑事訴訟法第91條及第93條第2項所定之24小時內）？

說明：

甲說（累計排除）：即將所生之數項障礙事由時間累計後排除於「24小時」之外。

乙說（擇長排除）：即就所生之數項障礙事由時間擇一最長者扣除於「24小時」之外。

丙說（區分說）：刑事訴訟法第93條之1第1項8款事由，有性質上可能併存者，有性質上不可能併存者。倘2項以上之法定障礙事由存在，而性質上併存者，應擇時間最長者，不予計入24小時內；若性質上不能併存者，應累計排除於24小時之外。

決議：以丙說為當。

相關法規：本法第158條之2，毒品危害防制條例第23條之1。

第九章　被告之訊問

第94條（人別訊問）

條文

訊問被告，應先詢其姓名、年齡、籍貫、職業、住所或居所，以查驗其人有無錯誤，如係錯誤，應即釋放。

示例

法院於第一次準備程序開庭，受命法官進行訊問時，應先依本條規定詢問

被告姓名、年齡、籍貫、職業、住所或居所，以確定出庭的被告是否即為本案之被告。

相關法規：本法第286條、第365條。

第95條（訊問被告應先告知事項）

條文

訊問被告應先告知下列事項：

一、犯罪嫌疑及所犯所有罪名。罪名經告知後，認為應變更者，應再告知。

二、得保持緘默，無須違背自己之意思而為陳述。

三、得選任辯護人。如為低收入戶、中低收入戶、原住民或其他依法令得請求法律扶助者，得請求之。

四、得請求調查有利之證據。

無辯護人之被告表示已選任辯護人時，應即停止訊問。但被告同意續行訊問者，不在此限。

示例

某嫌犯甲因涉嫌誹謗遭報警送辦，但由於警察機關偵訊時未依本條告知可行使緘默權、聘請律師等權利，導致她不知行使權利，自己一人面對警察的偵訊，而精神壓力過大，嗣後竟罹患憂鬱症，因此向士林地方法院提出民事訴訟，請求賠償精神慰撫金，法官判准。

立法說明

參考承認被告有緘默權之立法例，明定訊問被告時，應告以「無須違背自己之意思而為陳述」，以保障被告得自由陳述及保持緘默之權利。

相關法規：本法第158條之2、第287條。

第96條（訊問方法——罪嫌之辯明）

訊問被告，應與以辯明犯罪嫌疑之機會；如有辯明，應命就其始末連續陳述；其陳述有利之事實者，應命其指出證明之方法。

第97條（訊問方法——隔別訊問與對質）

條文

被告有數人時，應分別訊問之；其未經訊問者，不得在場。但因發見真實之必要，得命其對質。被告亦得請求對質。

對於被告之請求對質，除顯無必要者外，不得拒絕。

實務見解

95年台上字第6092號（最高法院刑事裁判）

所謂「對質」，是指被告與證人同時在場，面對面互為質問之意，而被告之對質權，係藉由對質程序，法院得以觀察其問答之內容與互動，親身感受而獲得心證，有助於真實發現，且屬憲法第8條第1項規定「非由法院依法定程序不得審問處罰」之正當法律程序所保障之基本人權及第16條保障之基本訴訟權，法院不得任意依職權予以剝奪。而刑事訴訟法第184條第2項規定，因發現真實之必要，得依被告之聲請，命與證人對質；同法第97條第2項復規定，對於被告之請求對質，除顯無必要者外，不得拒絕。是除待證事實已甚明確者外，在發現真實及維護被告利益下，法院不得拒絕被告對質之請求。

第98條（訊問之態度）

條文

訊問被告應出以懇切之態度，不得用強暴、脅迫、利誘、詐欺、疲勞訊問或其他不正之方法。

示例

檢察官某甲為取得在押被告某乙不利於其他共同被告之證詞，得知某乙篤信基督教，遂安排同屬教徒的檢查事務官某丙帶乙一起禱告，並刻意挑選「講實話」、「得救」的相關經文，企圖藉此取得不利證言。

第99條（訊問方法——通譯之使用）

條文

被告為聾或啞或語言不通者，得用通譯，並得以文字訊問或命以文字陳述。

例示

惡少甲、乙搶奪印尼籍勞工丙之財物。偵審時若被害人丙語言不通,得用通譯。

相關法規:本法第93條之1、第192條。

第100條(被告陳述之記載)

條文

被告對於犯罪之自白及其他不利之陳述,並其所陳述有利之事實與指出證明之方法,應於筆錄內記載明確。

實務見解

77年台上字第5958號(最高法院刑事裁判)

判決係採用上訴人在警訊中及原審審理中之自白,並非單採警訊中之自白,對於警訊中自白之指摘,自與審判中自白之合法性無涉,從而原審採用審判中自白,上訴意旨,既無如何違背法令之指摘,徒以自己之說詞,泛言原判決採證違法,僅為過失犯,即難謂有適法之第三審上訴理由。

第100條之1(錄音、錄影資料)

條文

訊問被告,應全程連續錄音;必要時,並應全程連續錄影。但有急迫情況且經記明筆錄者,不在此限。

筆錄內所載之被告陳述與錄音或錄影之內容不符者,除有前項但書情形外,其不符之部分,不得作為證據。

第一項錄音、錄影資料之保管方法,分別由司法院、行政院定之。

立法說明

- 司法警察官或司法警察之詢問筆錄,在訴訟程序中時有被告或辯解非其真意,或辯解遭受刑求,屢遭質疑。為建立詢問筆錄公信力,以擔保程序合法,因此詢問過程應全程連續錄音並錄影,並應於一定期間內妥為保存,偵審機關如認為有必要時即可調取勘驗,以期發現真實,並確保自白之任意性。

- 錄音及錄影之資料由所屬機關另行保管，避免由原承辦人員保管而易發生遺失或竄改等流弊。

相關法規：本法第44條之1。

第100條之2（本章之準用）

本章之規定，於司法警察官或司法警察詢問犯罪嫌疑人時，準用之。

第100條之3（准許夜間詢問之情形）

條文

司法警察官或司法警察詢問犯罪嫌疑人，不得於夜間行之。但有左列情形之一者，不在此限：

一、經受詢問人明示同意者。

二、於夜間經拘提或逮捕到場而查驗其人有無錯誤者。

三、經檢察官或法官許可者。

四、有急迫之情形者。

犯罪嫌疑人請求立即詢問者，應即時為之。

稱夜間者，為日出前，日沒後。

示例

甲到基隆市警局報案，先謊稱遭人強取財物，但經警員查證發現根本沒有報案所稱情形。隨後警員表示將進一步了解，但甲卻以「三字經」辱罵警員，結果遭依公然侮辱與妨害公務罪嫌逮捕，經上銬戒護時，甲又借酒裝瘋腳踹辦公室公文櫃，玻璃窗破碎毀損滿地。由於甲拒絕夜間詢問，只好待在拘留所留置一夜，等他酒醉清醒，警察機關訊後依妨害公務罪及毀損等罪嫌移送基隆地檢署偵辦。

立法說明

夜間乃休息時間，為尊重人權及保障程序之合法性，並避免疲勞詢問，因此增訂本條，但為配合實際情況，如受詢問人明示同意者、或於夜間拘提或逮捕到場而查驗其人有無錯誤者、或經檢察官或法官同意者、或有急迫之情形者，則不在此限。

相關法規：本法第93條之1、第146條、第158條之2。

第十章　被告之羈押

第101條（羈押─要件）

條文

被告經法官訊問後，認為犯罪嫌疑重大，而有左列情形之一，非予羈押，顯難進行追訴、審判或執行者，得羈押之：

一、逃亡或有事實足認為有逃亡之虞者。

二、有事實足認為有湮滅、偽造、變造證據或勾串共犯或證人之虞者。

三、所犯為死刑、無期徒刑或最輕本刑為五年以上有期徒刑之罪者。

法官為前項之訊問時，檢察官得到場陳述聲請羈押之理由及提出必要之證據。

第一項各款所依據之事實，應告知被告及其辯護人，並記載於筆錄。

示例

某甲強盜殺人後，馬上趕赴港區與漁民接洽偷渡事宜，及涉嫌本條逃亡之虞。

立法說明

羈押處分，剝奪人民身體自由，嚴重影響人民權益，過去條文規定羈押要件及羈押理由，尚嫌簡略，因此就羈押之要件及羈押之理由設更明確且嚴謹之規定。又為使被告於受訊問時，有辯護人到場，俾能對被告為適當之保障，增訂第2項明定應告知被告得選任辯護人到場，以資明確；另規定第1項所依據之事實，應告知被告及其辯護人，並記載於筆錄，以資周延。

實務見解

釋字第670號

受無罪判決確定之受害人，因有故意或重大過失行為致依刑事訴訟法第101條第1項或軍事審判法第102條第1項受羈押者，依冤獄賠償法第2條第3款規定，不得請求賠償，並未斟酌受害人致受羈押之行為，係涉嫌實現犯罪構成要件或係妨礙、誤導偵查審判，亦無論受害人致受羈押行為可歸責程度之輕重及因羈押所受損失之大小，皆一律排除全部之補償請

求，並非避免補償失當或浮濫等情事所必要，不符冤獄賠償法對個別人民身體之自由，因實現國家刑罰權之公共利益，受有超越一般應容忍程度之特別犧牲時，給予所規範之補償，以符合憲法保障人民身體自由及平等權之立法意旨，而與憲法第23條之比例原則有違，應自本解釋公布之日起至遲於屆滿2年時失其效力。

釋字第665號

…二、刑事訴訟法第101條第1項第3款規定，於被告犯該款規定之罪，犯罪嫌疑重大，且有相當理由認為有逃亡、湮滅、偽造、變造證據或勾串共犯或證人之虞，非予羈押，顯難進行追訴、審判或執行者，得羈押之。於此範圍內，該條款規定符合憲法第23條之比例原則，與憲法第八條保障人民身體自由及第16條保障人民訴訟權之意旨，尚無牴觸。…

相關法規：引渡法第17條。

第101條之1（羈押─要件）

條文

被告經法官訊問後，認為犯下列各款之罪，其嫌疑重大，有事實足認為有反覆實施同一犯罪之虞，而有羈押之必要者，得羈押之：

一、刑法第一百七十四條第一項、第二項、第四項、第一百七十五條第一項、第二項之放火罪、第一百七十六條之準放火罪。

二、刑法第二百二十一條之強制性交罪、第二百二十四條之強制猥褻罪、第二百二十四條之一之加重強制猥褻罪、第二百二十五條之乘機性交猥褻罪、第二百二十七條之與幼年男女性交或猥褻罪、第二百七十七條第一項之傷害罪。但其須告訴乃論，而未經告訴或其告訴已經撤回或已逾告訴期間者，不在此限。

三、刑法第三百零二條之妨害自由罪。

四、刑法第三百零四條之強制罪、第三百零五條之恐嚇危害安全罪。

五、刑法第三百二十條、第三百二十一條之竊盜罪。

六、刑法第三百二十五條、第三百二十六條之搶奪罪。

七、刑法第三百三十九條、第三百三十九條之三之詐欺罪。

八、刑法第三百四十六條之恐嚇取財罪。

前條第二項、第三項之規定，於前項情形準用之。

示例

甲、乙等五人，某日於汐止以機車阻擋小客車，予以攔下恐嚇取財，隔數日，又在南港施犯，再過些日，又在內湖施犯時被逮，即有反覆實施同一犯罪之虞。

第101條之2（羈押—要件）

條文

被告經法官訊問後，雖有第一百零一條第一項或第一百零一條之一第一項各款所定情形之一而無羈押之必要者，得逕命具保、責付或限制住居；其有第一百十四條各款所定情形之一者，非有不能具保、責付或限制住居之情形，不得羈押。

示例

某市議員候選人椿腳某甲涉嫌買票，經檢察官聲請羈押，法官認無羈押必要，得逕予交保。

立法說明

被告無羈押之必要，逕命具保、責付或限制住居者，其時間順序係在訊問之後，因此增訂為本條規定。

第102條（羈押—押票）

條文

羈押被告，應用押票。

押票，應按被告指印，並記載左列事項：

一、被告之姓名、性別、年齡、出生地及住所或居所。

二、案由及觸犯之法條。

三、羈押之理由及其所依據之事實。

四、應羈押之處所。

五、羈押期間及其起算日。

六、如不服羈押處分之救濟方法。

第七十一條第三項之規定，於押票準用之。

押票，由法官簽名。

相關法規：本法第71條。

第103條（羈押─執行）

條文

執行羈押，偵查中依檢察官之指揮：審判中依審判長或受命法官之指揮，由司法警察將被告解送指定之看守所，該所長官查驗人別無誤後，應於押票附記解到之年、月、日、時並簽名。

執行羈押時，押票應分別送交檢察官、看守所、辯護人、被告及其指定之親友。

第八十一條、第八十九條及第九十條之規定，於執行羈押準用之。

相關法規：本法第81條、第89條、第90條。

第103條之1（聲請變更羈押處所）

條文

偵查中檢察官、被告或其辯護人認有維護看守所及在押被告安全或其他正當事由者，得聲請法院變更在押被告之羈押處所。

法院依前項聲請變更被告之羈押處所時，應即通知檢察官、看守所、辯護人、被告及其指定之親友。

立法說明

關於羈押之處所，涉及被告防禦，看守所管理等問題，故增訂本條文，規定法院得依檢察官、被告或其辯護人聲請，將在押之被告移送其他看守所執行羈押。

第104條（刪除）

第105條（羈押之方法）

條文

管束羈押之被告，應以維持羈押之目的及押所之秩序所必要者為限。

被告得自備飲食及日用必需物品，並與外人接見、通信、受授書籍及其他物件。但押所得監視或檢閱之。

法院認被告為前項之接見、通信及受授物件有足致其脫逃或湮滅、偽造、變造證據或勾串共犯或證人之虞者,得依檢察官之聲請或依職權命禁止或扣押之。但檢察官或押所遇有急迫情形時,得先為必要之處分,並應即時陳報法院核准。

依前項所為之禁止或扣押,其對象、範圍及期間等,偵查中由檢察官;審判中由審判長或受命法官指定並指揮看守所為之。但不得限制被告正當防禦之權利。

被告非有事實足認為有暴行或逃亡、自殺之虞者,不得束縛其身體。束縛身體之處分,以有急迫情形者為限,由押所長官行之,並應即時陳報法院核准。

立法說明

- 羈押中被告之接見、通信、受授書籍及其他物件,押所雖得監視、檢閱,然有禁止或扣押之必要者,須由法院行之。但有急迫情形者,檢察官或押所得先為必要之處分,以因應實際需要,惟應即時陳報法院核准。

- 增訂本條第4項。明確規定其執行之主體偵查中檢察官對案情知之甚詳,具偵查利益.故依本條所為之禁止或扣押之對象、範圍及期間,宜由檢察官在法院許可範圍內,具體指定並指揮看守所為之;在審判中則逕由審判長或受命法官指定並指揮之。但均不得限制被告正當防禦之權利。

- 為落實保護被告之人權,規定被告非有事實「足」認有暴行或逃亡、自殺之虞者,不得束縛其身體,並增列束縛身體之處分「以有急迫情形者為限」。另刪除「或檢察官」四字,以符合司法院釋字第392號解釋意旨。

相關法規:羈押法第5條、第5條之1,第18條-第21條,本法第404條、第416條。

第106條(押所之視察)

條文

羈押被告之處所,檢察官應勤加視察,按旬將視察情形陳報主管長官,並通知法院。

相關法規：羈押法第4條。

第107條（羈押之撤銷）

條文

羈押於其原因消滅時，應即撤銷羈押，將被告釋放。

被告、辯護人及得為被告輔佐人之人得聲請法院撤銷羈押。檢察官於偵查中亦得為撤銷羈押之聲請。

法院對於前項之聲請得聽取被告、辯護人或得為被告輔佐人之人陳述意見。

偵查中經檢察官聲請撤銷羈押者，法院應撤銷羈押，檢察官得於聲請時先行釋放被告。

偵查中之撤銷羈押，除依檢察官聲請者外，應徵詢檢察官之意見。

相關法規：本法第110條、第121條。

第108條（羈押之期間）

條文

羈押被告，偵查中不得逾二月，審判中不得逾三月。但有繼續羈押之必要者，得於期間未滿前，經法院依第一百零一條或第一百零一條之一之規定訊問被告後，以裁定延長之。在偵查中延長羈押期間，應由檢察官附具體理由，至遲於期間屆滿之五日前聲請法院裁定。

前項裁定，除當庭宣示者外，於期間未滿前以正本送達被告者，發生延長羈押之效力。羈押期滿，延長羈押之裁定未經合法送達者，視為撤銷羈押。

審判中之羈押期間，自卷宗及證物送交法院之日起算。起訴或裁判後送交前之羈押期間算入偵查中或原審法院之羈押期間。

羈押期間自簽發押票之日起算。但羈押前之逮捕、拘提期間，以一日折算裁判確定前之羈押日數一日。

延長羈押期間，偵查中不得逾二月，以延長一次為限。審判中每次不得逾二月，如所犯最重本刑為十年以下有期徒刑以下之刑者，第一審、第二審以三次為限，第三審以一次為限。

案件經發回者，其延長羈押期間之次數，應更新計算。

羈押期間已滿未經起訴或裁判者，視為撤銷羈押，檢察官或法院應將被告釋放；由檢察官釋放被告者，並應即時通知法院。

依第二項及前項視為撤銷羈押者，於釋放前，偵查中，檢察官得聲請法院命被告具保、責付或限制住居。如認為不能具保、責付或限制住居，而有必要者，並得附具體理由一併聲請法院依第一百零一條或第一百零一條之一之規定訊問被告後繼續羈押之。審判中，法院得命具保、責付或限制住居；如不能具保、責付或限制住居，而有必要者，並得依第一百零一條或第一百零一條之一之規定訊問被告後繼續羈押之。但所犯為死刑、無期徒刑或最輕本刑為七年以上有期徒刑之罪者，法院就偵查中案件，得依檢察官之聲請；就審判中案件，得依職權，逕依第一百零一條之規定訊問被告後繼續羈押之。

前項繼續羈押之期間自視為撤銷羈押之日起算，以二月為限，不得延長。繼續羈押期間屆滿者，應即釋放被告。

第一百十一條、第一百十三條、第一百十五條、第一百十六條、第一百十六條之二、第一百十七條、第一百十八條第一項、第一百十九條之規定，於第八項之具保、責付或限制住居準用之。

示例

涉及集體收賄的高院法官甲、乙等6被告，於2010年7月14日被羈押後，台北地院認為共犯某丙及前法官某丁在逃，律師又建議證人偽證，及被告資金往來複雜，有待查證等情，認6被告不予羈押，恐仍有串證之虞，乃裁定延長羈押2個月。

實務見解

釋字第233號

按人民身體之自由應予保障，除現行犯之逮捕由法律另定外，非經司法或警察機關依法定程序，不得逮捕拘禁，憲法第8條第一項前段定有明文。人民因犯罪嫌疑經法院羈押者，為促使依法執行羈押人員審慎將事，刑事訴訟法第108條第1項就羈押期間設有限制，其有繼續羈押必要者，許法院於期間未滿前，以裁定延長之，即為貫徹前開憲法條文之意旨。

法務部法檢字第0910806323號

邇來有檢察官就偵查中之羈押被告未遵守刑事訴訟法第108條第7項於法律擬制撤銷羈押後，即時釋放被告之規定，致羈押逾期而遭懲處，請轉知所屬檢察機關檢察官於羈押被告時，應確實依前開刑事訴訟法之規定辦理。

相關法規： 刑事訴訟法施行法第4條。

第109條（羈押之撤銷—逾刑期）

條文

案件經上訴者，被告羈押期間如已逾原審判決之刑期者，應即撤銷羈押，將被告釋放。但檢察官為被告之不利益而上訴者，得命具保、責付或限制住居。

相關法規： 本法第121條。

第110條（具保聲請停止羈押）

條文

被告及得為其輔佐人之人或辯護人，得隨時具保，向法院聲請停止羈押。

檢察官於偵查中得聲請法院命被告具保停止羈押。

前二項具保停止羈押之審查，準用第一百零七條第三項之規定。

偵查中法院為具保停止羈押之決定時，除有第一百十四條及本條第二項之情形者外，應徵詢檢察官之意見。

示例

涉嫌內線交易案的某金控集團前投資長某甲，多次以重病為由，聲請具保停止羈押。法院裁定准予500萬元具保停止羈押，並限制出境。

實務見解

46年台抗字第21號（判例）

聲請停止羈押，除有刑事訴訟法第114條各款所列情形之一不得駁回者外，准許與否，該管法院有自由裁量之權，衡非被告所得強求。

相關法規： 監獄行刑法第58條。

第111條（許可具保停止羈押之條件）

條文

許可停止羈押之聲請者，應命提出保證書，並指定相當之保證金額。

保證書以該管區域內殷實之人所具者為限，並應記載保證金額及依法繳納之事由。

指定之保證金額，如聲請人願繳納或許由第三人繳納者，免提出保證書。

繳納保證金，得許以有價證券代之。

許可停止羈押之聲請者，得限制被告之住居。

相關法規：本法第108條。

第112條（保釋─保證金之限制）

條文

被告係犯專科罰金之罪者，指定之保證金額，不得逾罰金之最多額。

實務見解

（46）台令刑（五）字第4395號

查指定保證金額，原無法預以確定判決所認定之事實為標準，而係以停止羈押時所認定者為根據，如指定時所認定之事實係專科罰金之案件，依刑事訴訟法第112條規定，指定之保證金額，固不得逾罰金之最多額，否則自不受此限制，故具保人一經按指定之保證金額具保，除有刑事訴訟法第119條所定免除具保責任或退保之事由外，即應依保證書內容負其責任，縱令確定判決結果，所認定之事實變更為專科罰金之案件，原具保責任，並不因此而變更，刑事訴訟法第112條，不過就指定保證金額時應適用之標準而為規定，不能認為變更具保之責任。惟查罰金之執行，依刑事訴訟法第474條、第475條規定，應先就受刑人之財產執行，如經強制執行而無效果，始可依刑法第42條刑事訴訟法第484條第2項命易服勞役，倘受刑人有財產可供執行不得遽行沒入保證金。

第113條（保釋─生效期）

條文

許可停止羈押之聲請者，應於接受保證書或保證金後，停止羈押，將被告釋放。

相關法規：本法第108條。

第114條（駁回聲請停止羈押之限制）

條文

羈押之被告，有左列情形之一者，如經具保聲請停止羈押，不得駁回：

一、所犯最重本刑為三年以下有期徒刑、拘役或專科罰金之罪者。但累犯、常業犯、有犯罪之習慣、假釋中更犯罪或依第一百零一條之一第一項羈押者，不在此限。

二、懷胎五月以上或生產後二月未滿者。

三、現罹疾病，非保外治療顯難痊癒者。

示例

甲女犯毒品、竊盜、搶奪案，經警移送地檢署，因甲女已懷胎7個月，如具保聲請停止羈押，應予准許。

實務見解

61年台抗字第32號（判例）

刑事訴訟法第114條第3款規定羈押之被告，現罹疾病，非保外治療，顯難痊癒者，如經具保聲請停止羈押，不得駁回，係為重視人權而設，與被告犯罪之輕重無關。

相關法規：本法第110條、第116條之2、第467條。

第115條（停止羈押—責付）

條文

羈押之被告，得不命具保而責付於得為其輔佐人之人或該管區域內其他適當之人，停止羈押。

受責付者，應出具證書，載明如經傳喚應令被告隨時到場。

示例

甲涉嫌恐嚇取財，經警移送，檢察官得責付其家屬而停止羈押。

相關法規：本法第108條、第121條。

第116條（停止羈押—限制住居）

條文

羈押之被告,得不命具保而限制其住居,停止羈押。

示例

甲犯詐欺取財罪,檢察官得不命具保,逕予限制住居,以代替羈押。

相關法規:本法第108條、第121條。

第116條之1(有關法條之準用)

條文

第一百一十條第二項至第四項之規定,於前二條之責付、限制住居準用之。

立法說明

具保、責付或限制住居,均為停止羈押執行之方法,第110條第2項至第4項規定,於法院依第115條、第116條命責付或限制住居而停止羈押時宜予準用。

相關法規:本法第108條。

第116條之2(許可停止羈押時應遵守事項)

條文

法院許可停止羈押時,得命被告應遵守下列事項:

一、定期向法院或檢察官報到。

二、不得對被害人、證人、鑑定人、辦理本案偵查、審判之公務員或其配偶、直系血親、三親等內之旁系血親、二親等內之姻親、家長、家屬之身體或財產實施危害或恐嚇之行為。

三、因第一百十四條第三款之情形停止羈押者,除維持日常生活及職業所必需者外,未經法院或檢察官許可,不得從事與治療目的顯然無關之活動。

四、其他經法院認為適當之事項。

立法說明

因具保、責付、限制住居而停止羈押之被告,其羈押原因仍然存在,僅

因無羈押必要或不適宜羈押，而准其保釋在外，但其保釋期間之行為仍應受一定限制，以符合以具保、責付、限制住居替代羈押之目的，故應許法官於准許停止羈押時，斟酌個案之具體情形，命被告應遵守報到、不得實施危害或恐嚇行為及保外就醫者，未經許可，不得從事與治療目的顯然無關之活動等事項。

第117條（再執行羈押之事由）

條文

停止羈押後有下列情形之一者，得命再執行羈押：

一、經合法傳喚無正當之理由不到場者。

二、受住居之限制而違背者。

三、本案新發生第一百零一條第一項、第一百零一條之一第一項各款所定情形之一者。

四、違背法院依前條所定應遵守之事項者。

五、所犯為死刑、無期徒刑或最輕本刑為五年以上有期徒刑之罪，被告因第一百十四條第三款之情形停止羈押後，其停止羈押之原因已消滅，而仍有羈押之必要者。

偵查中有前項情形之一者，由檢察官聲請法院行之。

再執行羈押之期間，應與停止羈押前已經過之期間合併計算。

法院依第一項之規定命再執行羈押時，準用第一百零三條第一項之規定。

立法說明

- 所謂停止羈押後之「再執行羈押」，是本案原羈押原因存續中，因認為無羈押之必要故以具保等停止羈押之後，因再發生有關本案羈押必要之情事，判斷之結果，認為又有羈押被告之必要時，命再執行羈押。故與他案之另行聲請羈押，或本案撤銷羈押後之重新聲請羈押情形不同。因此於本條第1項第3款中列進「本案」，以與他案之另行依第101條之1規定另行聲請及決定羈押區別。

- 所犯為死刑、無期徒刑或最輕本刑為5年以上有期徒刑之重罪者，僅因第114條第3款情形停止羈押者，於停止羈押原因消滅後如任令仍能保釋在外，乃違反原停止羈押之目的，因此增列第1項第5款。

第117條之1（逕命具保、責付、限制居住等之準用）

條文

前二條之規定，於檢察官依第九十三條第三項但書或第二百二十八條第四項逕命具保、責付、限制住居，或法院依第一百零一條之二逕命具保、責付、限制住居之情形，準用之。

法院依前項規定羈押被告時，適用第一百零一條、第一百零一條之一之規定。檢察官聲請法院羈押被告時，適用第九十三條第二項之規定。

因第一項之規定執行羈押者，免除具保之責任。

立法說明

- 為強化羈押前逕命被告具保、責付、限制住居之約束力，仍宜比照停止羈押之規定，賦予檢察官及法院有命被告遵守一定事項之權限，並於被告違背該事項時，得成為撤銷原具保等處分改命羈押之事由，因此增列第1項。

- 有再命羈押之原因及必要時，因性質上與再執行羈押不同，係一新的羈押決定，因此於第2項前段明定，以與前條規定區別。又檢察官依第1項聲請法院羈押被告時，仍應適用第93條第2項關於「逮捕前置」及「24小時羈押留置期間限制」規定，以確保被告權益。

第118條（保證金之沒入）

條文

具保之被告逃匿者，應命具保人繳納指定之保證金額，並沒入之。不繳納者，強制執行。保證金已繳納者，沒入之。

前項規定，於檢察官依第九十三條第三項但書及第二百二十八條第四項命具保者，準用之。

示例

甲犯罪，好友某乙為具保人，後來甲交保後卻逃逸無蹤，法院依本條規定沒入保證金。

實務見解

法檢字第 0960802863 **號**

案由：保安處分執行法第18條第2項僅規定受保安處分人得予保外醫治，惟就可否以金錢具保？及違反保證情事時，可否沒入保證金？均未有明文。如受處分人保外醫治後逃匿，該保證金應如何處理？

說明：

甲說：不得逕予沒入。理由：依中央法規標準法第5條第2款關於人民權利義務之事項，應以法律定之。保安處分執行法第18條對於保外醫治之保證金，並無準用刑事訴訟法第118條有關沒入之規定，故保外就醫之保證金，不得逕予沒入。

乙說：得逕予沒入。理由略。

法務部研究意見：採甲說（即否定說）。

相關法規：監獄行刑法第58條、刑事訴訟法施行法第7條之2。

第119條（免除具保責任與退保）

條文

撤銷羈押、再執行羈押、受不起訴處分、有罪判決確定而入監執行或因裁判而致羈押之效力消滅者，免除具保之責任。

被告及具保證書或繳納保證金之第三人，得聲請退保，法院或檢察官得准其退保。但另有規定者，依其規定。

免除具保之責任或經退保者，應將保證書註銷或將未沒入之保證金發還。

前三項規定，於受責付者準用之。

立法說明

第1項原規定免除具保之責任，限於撤銷羈押、再執行羈押或因裁判而致羈押之效力消滅3種情形，惟第259條第1項亦有被告受不起訴處分而視為撤銷羈押規定，此時具保人具保之責任，亦應免除，原條文就此漏未規定，因此予增訂。

相關法規：監獄行刑法第58條。

第119條之1

條文

以現金繳納保證金具保者，保證金應給付利息，並於依前條第三項規定

發還時，實收利息併發還之。其應受發還人所在不明，或因其他事故不能發還者，法院或檢察官應公告之；自公告之日起滿十年，無人聲請發還者，歸屬國庫。

依第一百十八條規定沒入保證金時，實收利息併沒入之。

刑事保證金存管、計息及發還作業辦法，由司法院會同行政院定之。

民國 103 年 06 月 18 日 第 119-1 條 修訂理由

一、本條新增。

二、刑事保證金，係具保人為被告免予或停止羈押之目的而繳納，具保人繳納後，在未經依法沒入前，國家委由代理國庫之銀行加以保管，保證金仍屬具保人所有，於代理國庫之銀行保管期間，自得生有利息，且屬具保人所有，參照提存法第十二條之立法例，該保證金自應給付利息。於發還保證金時，應連同實收利息一併發還。惟應受發還人所在不明或因其他事故不能發還時，其通知之程序及歸屬，應明文規定，以杜爭議，爰增訂第一項。

三、具保乃為確保被告不致逃匿，若具保之被告逃匿而予以沒保，自不宜因代理國庫支付之利息而獲有利得，明定實收利息併沒入之，方符事理之平，爰增訂列為第二項。

四、偵查中經檢察官命具保而繳納之刑事保證金，係由各檢察機關依「檢察機關財務收支處理要點」之規定暫收並存放於國庫保管，有關開立機關專戶計息之細節，則涉及財政部主管之公庫法、國庫法、「財政部委託中央銀行代理國庫契約」及「中央銀行委託金融機構辦理國庫事務要點」等相關法令之規定，宜由司法院會同本部、財政部、中央銀行及行政院主計總處等行政院所屬機關就刑事保證金之存管、計息及發還等等細節性事項共同研商訂定法規命令供各法院及檢察機關共同遵循，爰增訂第三項「刑事保證金存管、計息及發還作業辦法，由司法院會同行政院定之。」。

第 120 條（刪除）

第121條（有關羈押各項處分之裁定或命令機關）

條文

第一百零七條第一項之撤銷羈押、第一百零九條之命具保、責付或限制住居、第一百十條第一項、第一百十五條及第一百十六條之停止羈押、第一百十八條第一項之沒入保證金、第一百十九條第二項之退保，以法院之裁定行之。

案件在第三審上訴中，而卷宗及證物已送交該法院者，前項處分、羈押及其他關於羈押事項之處分，由第二審法院裁定之。

第二審法院於為前項裁定前，得向第三審法院調取卷宗及證物。

檢察官依第一百十八條第二項之沒入保證金、第一百十九條第二項之退保及第九十三條第三項但書、第二百二十八條第四項命具保、責付或限制住居，於偵查中以檢察官之命令行之。

實務見解

44年台抗字第39號（判例）

被告聲請停止羈押，以案件未經判決確定前尚在羈押中者為限，此觀於刑事訴訟法第121條之規定，其義至明，抗告人之聲請具保停止羈押，已在該案判決確定之後，其聲請自屬於法不合。

相關法規： 監獄行刑法第58條、刑事訴訟法施行法第7條之2。

第十一章　搜索及扣押

第122條（搜索之客體）

條文

對於被告或犯罪嫌疑人之身體、物件、電磁紀錄及住宅或其他處所，必要時得搜索之。

對於第三人之身體、物件、電磁紀錄及住宅或其他處所，以有相當理由可信為被告或犯罪嫌疑人或應扣押之物或電磁紀錄存在時為限，得搜索之。

立法說明

本條將搜索之對象增列「犯罪嫌疑人」及「電磁紀錄」。並重新界定「被告」概念，將偵查中之「被告」正名為「犯罪嫌疑人」，跟審判中之「被告」加以區別。

相關法規： 本法第42條，稅捐稽徵法第31條。

第123條（搜索之限制——搜索婦女）

條文

搜索婦女之身體，應命婦女行之。但不能由婦女行之者，不在此限。

示例

警察機關逮捕當場進行毒品交易的女子某甲，除搜索其持有之物件外，亦有搜索其身體之必要。此時依本條規定，原則上應由女警為之，但若當時並無女警在場時，則仍得由男警進行搜索。

相關法規： 稅捐稽徵法第31條。

第124條（搜索之應注意事項）

條文

搜索應保守秘密，並應注意受搜索人之名譽。

相關法規： 稅捐稽徵法第31條。

第125條（證明書之付與）

經搜索而未發見應扣押之物者，應付與證明書於受搜索人。

第126條（扣押之限制——一般公物、公文書）

政府機關或公務員所持有或保管之文書及其他物件應扣押者，應請求交付。但於必要時得搜索之。

第127條（搜索之限制——軍事秘密處）

條文

軍事上應秘密之處所，非得該管長官之允許，不得搜索。

前項情形，除有妨害國家重大利益者外，不得拒絕。

立法說明

本條於2001年1月時增列第2項，除有關妨害國家重大利益者外，不得拒絕搜索。

第128條（搜索票）

條文

搜索，應用搜索票。

搜索票，應記載下列事項：

一、案由。

二、應搜索之被告、犯罪嫌疑人或應扣押之物。但被告或犯罪嫌疑人不明時，得不予記載。

三、應加搜索之處所、身體、物件或電磁紀錄。

四、有效期間，逾期不得執行搜索及搜索後應將搜索票交還之意旨。

搜索票，由法官簽名。法官並得於搜索票上，對執行人員為適當之指示。

核發搜索票之程序，不公開之。

立法說明

搜索時究係因何案由而搜索，應於搜索票中予以記載，始足以保障人權，因此予增訂，列為第2項第1款。此外，搜索票簽發後，究竟應於何時執行搜索，始具法律上效力，事關人權之保障，因此於本條第2項第4款增列。

相關法規：洗錢防制法第9條。

第128條之1（聲請核發搜索票）

條文

偵查中檢察官認有搜索之必要者，除第一百三十一條第二項所定情形外，應以書面記載前條第二項各款之事項，並敘述理由，聲請該管法院核發搜索票。

司法警察官因調查犯罪嫌疑人犯罪情形及蒐集證據，認有搜索之必要時，得依前項規定，報請檢察官許可後，向該管法院聲請核發搜索票。

前二項之聲請經法院駁回者，不得聲明不服。

立法說明

- 案件於偵查中，檢察官如認有搜索必要時，應以書面記載前條第2項各款之事項，並敘述搜索之理由，聲請管轄法院審核決定之，因此參本法第93條第2項關於檢察官聲請羈押之規定，增定第1項。
- 司法警察官亦有偵查犯罪之權責，如認有搜索之必要時，為爭取時效亦許其直接聲請法院核發搜索票，因此增定第2項。
- 為保障人權，明定對法院駁回羈押之聲請者，不得聲明不服。若檢察官仍認有羈押之必要者，本得檢附新事證，重新聲請羈押。因此增定第3項。

相關法規：本法第131條、稅捐稽徵法第31條。

第128條之2（搜索之執行）

條文

搜索，除由法官或檢察官親自實施外，由檢察事務官、司法警察官或司法警察執行。

檢察事務官為執行搜索，必要時，得請求司法警察官或司法警察輔助。

立法說明

檢察事務官為執行搜索，有請求司法警察官或司法警察輔助之可能與需要，因此增定第2項以求周延。

相關法規：本法第131條。

第129條（刪除）

第130條（附帶搜索）

條文

檢察官、檢察事務官、司法警察官或司法警察逮捕被告、犯罪嫌疑人或執行拘提、羈押時，雖無搜索票，得逕行搜索其身體、隨身攜帶之物件、所使用之交通工具及其立即可觸及之處所。

立法說明

依第87條、第88條規定，檢察官有逮捕被告之權，檢察事務官有執行拘提之職權，故於本條增列檢察官、檢察事務官之逕行搜索權。另司法警

察調查中逮捕、拘提對象稱犯罪嫌疑人，故於2001年1月本條修正時予以增列。另外，合法逮捕後之附帶搜索，除被告身體外，對於放在身旁之手提包，所坐之沙發，所開之車輛等，亦應納入盤點搜索範圍。

示例

甲於某夜店販售安非他命予乙之際，為警查獲並加以逮捕，此時，警察雖無搜索票，仍得逕行搜索其身體、隨身攜帶物品。

相關法規：稅捐稽徵法第31條。

第131條（逕行搜索）

條文

有左列情形之一者，檢察官、檢察事務官、司法警察官或司法警察，雖無搜索票，得逕行搜索住宅或其他處所：

一、因逮捕被告、犯罪嫌疑人或執行拘提、羈押，有事實足認被告或犯罪嫌疑人確實在內者。

二、因追躡現行犯或逮捕脫逃人，有事實足認現行犯或脫逃人確實在內者。

三、有明顯事實足信為有人在內犯罪而情形急迫者。

檢察官於偵查中確有相當理由認為情況急迫，非迅速搜索，二十四小時內證據有偽造、變造、湮滅或隱匿之虞者，得逕行搜索，或指揮檢察事務官、司法警察官或司法警察執行搜索，並層報檢察長。

前二項搜索，由檢察官為之者，應於實施後三日內陳報該管法院；由檢察事務官、司法警察官或司法警察為之者，應於執行後三日內報告該管檢察署檢察官及法院。法院認為不應准許者，應於五日內撤銷之。

第一項、第二項之搜索執行後未陳報該管法院或經法院撤銷者，審判時法院得宣告所扣得之物，不得作為證據。

示例

- 警察機關查獲某租書店涉嫌出租色情漫畫，並遭檢察官起訴，然而法官認為警察機關執行搜索時並未持有搜索票，乃員警恣意決定，違背程序情節嚴重，所扣押漫畫依本條規定宣告無證據力，判決負責人無罪。

甲竊取機車得手時，經警察發現追捕，甲乃躲入乙之住宅，警察雖無搜

索票，得逕入乙宅搜索、逮捕甲。

相關法規：本法第128條之1、第137條、稅捐稽徵法第31條。

第131條之1（同意搜索）

條文

搜索，經受搜索人出於自願性同意者，得不使用搜索票。但執行人員應出示證件，並將其同意之意旨記載於筆錄。

立法說明

「同意搜索」為各國刑事訴訟法所允許，我國實務亦行之多年，本條明文規定之。

相關法規：稅捐稽徵法第31條。

第132條（強制搜索）

抗拒搜索者，得用強制力搜索之。但不得逾必要之程度。

第132條之1（搜索結果之陳報）

條文

檢察官或司法警察官於聲請核發之搜索票執行後，應將執行結果陳報核發搜索票之法院，如未能執行者，應敘明其事由。

立法說明

執行搜索完畢後，聲請核發搜索票之人員，應以書面報告法院執行情形，以利查考。

第133條（扣押之客體）

條文

可為證據或得沒收之物，得扣押之。

對於應扣押物之所有人、持有人或保管人，得命其提出或交付。

實務見解

71年台上字第2360號（最高法院刑事裁判）

扣押係強制處分之一種，以扣押意思並實施扣押之執行，即生效果。因

此，扣押之意思表示於到達扣押物之持有人（包括所有人），並將應行扣押之物移入於公力支配下，其扣押之行為即屬完成，該扣押物於此時在法律上應認為已由國家機關占有中。至其於扣押後，該有權實施扣押之人員有無命他人在場見證或簽名，暨是否由該扣押人等搬運、保管，抑命持（所）有人或其他人員為適當之保管，要均為扣押完成後之處置方法，非屬實施扣押之生效要件。

相關法規：本法第42條，消費者保護法第34條。

第134條（扣押之限制─應守密之公物、公文書）
條文

政府機關、公務員或曾為公務員之人所持有或保管之文書及其他物件，如為其職務上應守秘密者，非經該管監督機關或公務員允許，不得扣押。前項允許，除有妨害國家之利益者外，不得拒絕。

實務見解

釋字第627號

總統依其國家機密特權，就國家機密事項於刑事訴訟程序應享有拒絕證言權，並於拒絕證言權範圍內，有拒絕提交相關證物之權。立法機關應就其得拒絕證言、拒絕提交相關證物之要件及相關程序，增訂適用於總統之特別規定。於該法律公布施行前，就涉及總統國家機密特權範圍內國家機密事項之訊問、陳述，或該等證物之提出、交付，是否妨害國家之利益，由總統釋明之。其未能合理釋明者，該管檢察官或受訴法院應審酌具體個案情形，依刑事訴訟法第134條第2項、第179條第2項及第183條第2項規定為處分或裁定。總統對檢察官或受訴法院駁回其上開拒絕證言或拒絕提交相關證物之處分或裁定如有不服，得依本解釋意旨聲明異議或抗告，並由前述高等法院或其分院以資深庭長為審判長之法官5人組成之特別合議庭審理之。特別合議庭裁定前，原處分或裁定應停止執行。其餘異議或抗告程序，適用刑事訴訟法相關規定。

相關法規：消費者保護法第34條、稅捐稽徵法第31條。

第135條（扣押之限制─郵電）

條文

郵政或電信機關，或執行郵電事務之人員所持有或保管之郵件、電報，有左列情形之一者，得扣押之：

一、有相當理由可信其與本案有關係者。

二、為被告所發或寄交被告者。但與辯護人往來之郵件、電報，以可認為犯罪證據或有湮滅、偽造、變造證據或勾串共犯或證人之虞，或被告已逃亡者為限。

為前項扣押者，應即通知郵件、電報之發送人或收受人。但於訴訟程序有妨害者，不在此限。

相關法規： 消費者保護法第34條、稅捐稽徵法第31條。

第136條（扣押之執行機關）

條文

扣押，除由法官或檢察官親自實施外，得命檢察事務官、司法警察官或司法警察執行。

命檢察事務官、司法警察官或司法警察執行扣押者，應於交與之搜索票內，記載其事由。

實務見解

69年台上字第2412號（判例）

刑事訴訟程序中之扣押，乃對物之強制處分，應由檢察官或推事親自實施，或由檢察官或推事簽發搜索票記載其事由，命由司法警察或司法警察官執行之，刑事訴訟法第136條定有明文，此乃法定程序，如有欠缺，其所實施之扣押，即非適法，司法警察或司法警察官並無逕以命令扣押之處分權限。

相關法規： 消費者保護法第34條、稅捐稽徵法第31條。

第137條（附帶扣押）

條文

檢察官、檢察事務官、司法警察官或司法警察執行搜索或扣押時，發現本案應扣押之物為搜索票所未記載者，亦得扣押之。

第一百三十一條第三項之規定，於前項情形準用之。

立法說明

執行搜索或扣押時，發現為搜索票所未記載之物而予扣押者，就該物品而言，與無搜索票而搜索之情形無異，仍應讓簽發搜索票之法院知悉，因此於2001年1月本條修正時明定準用第131條第3項規定。

第138條（強制扣押）

應扣押物之所有人、持有人或保管人無正當理由拒絕提出或交付或抗拒扣押者，得用強制力扣押之。

第139條（扣押後之處置—收據、封緘）
條文

扣押，應制作收據，詳記扣押物之名目，付與所有人、持有人或保管人。

扣押物，應加封緘或其他標識，由扣押之機關或公務員蓋印。

相關法規： 本法第143條、消費者保護法第34條、稅捐稽徵法第31條。

第140條（扣押後之處置—看守、保管、毀棄）
條文

扣押物，因防其喪失或毀損，應為適當之處置。

不便搬運或保管之扣押物，得命人看守，或命所有人或其他適當之人保管。

易生危險之扣押物，得毀棄之。

相關法規： 本法第143條、消費者保護法第34條、稅捐稽徵法第31條。

第141條（扣押後之處置—拍賣）
條文

得沒收之扣押物，有喪失毀損之虞或不便保管者，得拍賣之，保管其價金。

實務見解

82年台非字第25號（最高法院刑事裁判）

……依此規定拍賣所得之價金，係由得沒收之扣押物變換而來，即以保

存扣押物應得之原價代替原物之保存,兩者不失為同一性,如該扣押物依法應予沒收,因原物已因拍賣而喪失,自非不得沒收其保管之價金。野生動物保育法第41條第1項之沒收規定,乃屬必沒收,法院無斟酌餘地。茲被告因犯該法第32條之罪,其持有之野生動物已經死亡並予肢解,已有發臭毀損之虞,且不易保管其原物,經警依刑事訴訟法第141條規定予以拍賣。此項拍賣所得之款,應認與扣押之原物具有同一性,自應依法諭知沒收。

第142條(扣押物之發還)
條文
扣押物若無留存之必要者,不待案件終結,應以法院之裁定或檢察官命令發還之;其係贓物而無第三人主張權利者,應發還被害人。

扣押物因所有人、持有人或保管人之請求,得命其負保管之責,暫行發還。

相關法規: 本法第143條、第318條、消費者保護法第34條、稅捐稽徵法第31條。

第143條(留存物之準用規定)
條文
被告、犯罪嫌疑人或第三人遺留在犯罪現場之物,或所有人、持有人或保管人任意提出或交付之物,經留存者,準用前四條之規定。

立法說明
本條有關留存物準用前4條規定,於2001年1月本條修正時增列被告、犯罪嫌疑人或第三人遺留在犯罪現場之物。

第144條(搜索、扣押之必要處分)
條文
因搜索及扣押得開啟鎖扃、封緘或為其他必要之處分。

執行扣押或搜索時,得封鎖現場,禁止在場人員離去,或禁止前條所定之被告、犯罪嫌疑人或第三人以外之人進入該處所。

對於違反前項禁止命令者，得命其離開或交由適當之人看守至執行終了。

立法說明

為確保執行扣押或搜索之順利執行，本條於2001年1月修正時增列第3項，凡對於違反本條第2項規定者，得命其離開或交由適當之人看守至執行終了。

相關法規：消費者保護法第34條、稅捐稽徵法第31條。

第145條（搜索票之提示）

法官、檢察官、檢察事務官、司法警察官或司法警察執行搜索及扣押，除依法得不用搜索票之情形外，應以搜索票示第一百四十八條在場之人。

第146條（搜索或扣押時間之限制）

條文

有人住居或看守之住宅或其他處所，不得於夜間入內搜索或扣押。但經住居人、看守人或可為其代表之人承諾或有急迫之情形者，不在此限。

於夜間搜索或扣押者，應記明其事由於筆錄。

日間已開始搜索或扣押者，得繼續至夜間。

第一百條之三第三項之規定，於夜間搜索或扣押準用之。

實務見解

96年台上字第5508號（最高法院刑事裁判）

…基於人權之保障，為避免偵查機關實施強制處分之搜索、扣押時，侵害個人之隱私權及財產權，就刑事訴訟法關於搜索、扣押之規定，自不容許任意為擴張解釋，以確保實施刑事訴訟程序之公務員不致違背法定程序實施搜索、扣押，否則對人權之保障自有不周。是以該條第一項規定之「承諾」、「急迫情形」，均應為嚴格之解釋。而該項之「承諾」，亦應以當事人之自願且明示之同意為限，而不包括當事人未為反對表示之情形，亦不得因當事人未為反對之表示即擬制謂當事人係默示同意，否則在受搜索、扣押之當事人因不諳相關法律規定不知可否為拒絕之表示，而執行之公務員復未主動、明確告知所得主張之權利時，偵查機關即可藉此進行並擴大夜間搜索，變相侵害當事人之隱私權及財產權，該

規定之保護無異形同具文。

第147條（搜索、扣押之共同限制—例外）

左列處所，夜間亦得入內搜索或扣押：

一、假釋人住居或使用者。

二、旅店、飲食店或其他於夜間公眾可以出入之處所，仍在公開時間內者。

三、常用為賭博、妨害性自主或妨害風化之行為者。

第148條（搜索、扣押時之在場人）

在有人住居或看守之住宅或其他處所內行搜索或扣押者，應命住居人、看守人或可為其代表之人在場；如無此等人在場時，得命鄰居之人或就近自治團體之職員在場。

第149條（搜索、扣押時之在場人）

條文

在政府機關、軍營、軍艦或軍事上秘密處所內行搜索或扣押者，應通知該管長官或可為其代表之人在場。

示例

士林地檢署檢察官於2007年7月24日赴立法院搜索某立委位在立法院的研究室，創下立法院區遭搜索之第一例。依本條規定，在政府機關內進行搜索，應通知該長官或可為其代表之人在場，因此當天檢方先到立法院秘書長辦公室，該秘書長經通知後，趕回立法院，同意檢方搜索。

第150條（搜索、扣押時之在場人）

條文

當事人及審判中之辯護人得於搜索或扣押時在場。但被告受拘禁，或認其在場於搜索或扣押有妨害者，不在此限。

搜索或扣押時，如認有必要，得命被告在場。

行搜索或扣押之日、時及處所，應通知前二項得在場之人。但有急迫情形時，不在此限。

實務見解

94年台上字第4929號（判例）

當事人及審判中之辯護人得於搜索或扣押時在場。但被告受拘禁，或認其在場於搜索或扣押有妨害者，不在此限。刑事訴訟法第150條第1項定有明文。此規定依同法第219條，於審判中實施勘驗時準用之。此即學理上所稱之「在場權」，屬被告在訴訟法上之基本權利之一，兼及其對辯護人之倚賴權同受保護。示例實審法院行勘驗時，倘無法定例外情形，而未依法通知當事人及辯護人，使其有到場之機會，所踐行之訴訟程序自有瑕疵，此項勘驗筆錄，應認屬因違背法定程序取得之證據。

第151條（暫停搜索、扣押應為之處分）
條文
搜索或扣押暫時中止者，於必要時應將該處所閉鎖，並命人看守。

相關法規：本法第219條。

第152條（另案扣押）
實施搜索或扣押時，發現另案應扣押之物亦得扣押之，分別送交該管法院或檢察官。

第153條（囑託搜索或扣押）
條文
搜索或扣押，得由審判長或檢察官囑託應行搜索、扣押地之法官或檢察官行之。

受託法官或檢察官發現應在他地行搜索、扣押者，該法官或檢察官得轉囑託該地之法官或檢察官。

相關法規：本法第219條。

第十二章　證　據

第一節　通則

第154條（證據裁判主義）

條文

被告未經審判證明有罪確定前，推定其為無罪。

犯罪事實應依證據認定之，無證據不得認定犯罪事實。

立法說明

世界人權宣言第11條第1項規定：「凡受刑事控告者，在未經獲得辯護上所需的一切保證的公開審判而依法證實有罪以前，有權被視為無罪。」此乃揭示國際公認之刑事訴訟無罪推定基本原則，大陸法系國家或有將之明文規定於憲法者，我國憲法雖無明文，但本條規定原即蘊涵無罪推定之意旨，因此將世界人權宣言相關規定酌予修正，於2003年2月增訂為第1項，企圖導正社會上仍存有之預斷有罪舊念，並就刑事訴訟法保障被告人權提供其基礎，引為本法加重當事人進行主義色彩之基礎。基此，檢察官須善盡舉證責任，證明被告有罪，俾推翻無罪之推定。

實務見解

69年台上字第4913號（判例）

科刑判決所認定之事實，與所採之證據，不相適合，即屬證據上理由矛盾，其判決當然為違背法令。刑事訴訟法上所謂認定犯罪事實之證據，係指足以證明被告確有犯罪行為之積極證據而言，該項證據必須適合於被告犯罪事實之認定，始得採為斷罪之資料。

相關法規：外國法院委託事件協助法第6條。

第155條（自由心證主義）

條文

證據之證明力，由法院本於確信自由判斷。但不得違背經驗法則及論理法則。

無證據能力、未經合法調查之證據，不得作為判斷之依據。

立法說明

本法就證據之證明力，採自由心證主義，將證據之證明力，委由法官評價，即凡經合法調查之證據，由法官依經驗法則及論理法則以形成確信之心證。惟一般社會大眾對「自由」每多曲解，誤以為法官判斷證據之證明力，無須憑據，僅存乎一己，不受任何限制，故經常質疑判決結果。因此於2003年2月時修正本條第1項，以宣告法官判斷證據證明力係在不違背經驗法則、論理法則前提下，本於確信而自由判斷。

示例

甲涉嫌殺人罪，證人乙證稱親見甲持刀殺人，證人丙證稱當時甲在高雄丙處泡茶聊天。乙丙之證言何者可信，由法院自由心證，但不得有違經驗法則。

實務見解

74年台上字第1599號（判例）

告訴人、證人之陳述有部分前後不符，或相互間有所歧異時，究竟何者為可採，法院仍得本其自由心證予以斟酌，非謂一有不符或矛盾，即應認其全部均為不可採信；尤其關於行為動機、手段及結果等之細節方面，告訴人之指陳，難免故予誇大，證人之證言，有時亦有予渲染之可能；然其基本事實之陳述，若果與真實性無礙時，則仍非不得予以採信。

56年台上字第118號（判例）

刑事訴訟法係採真實發現主義，審理事實之刑事法院，應自行調查證據，以為事實之判斷，並不受民事判決之拘束，如當事人聲明之證據方法，與認定事實有重要關係，仍應予以調查，就其心證而為判斷，不得以民事確定判決所為之判斷，逕援為刑事判決之基礎。

54年台上字第1944號（判例）

證據之證明力，雖由法院自由判斷之，要必先有相當之調查，始有自由判斷之可言，故審理事實之法院，對於案內一切證據，如未踐行調查程序，即不得逕為被告有利或不利之認定。

臺灣高等法院暨所屬法院95年法律座談會刑事類提案第33號

法律問題：

檢察官起訴被告涉嫌重傷害，並於法院準備程序中指出證明被告涉嫌重傷害之證據有：

（一）告訴人A之警詢筆錄；（二）證人B之檢察官訊問筆錄（具結）；（三）現場照片5張；（四）扣案鋁棒1支。另卷內已存在之證據尚有證人C、D之警詢筆錄，惟檢察官未列為證明方法。被告同意上開（一）至（四）證據，均有證據能力，法院於審判期日合法調查上開證據，而未調查證人C、D之警詢筆錄。案件經辯論終結，法院為被告無罪判決，並於判決理由中引用證人C、D之警詢筆錄。法院無罪判決是否違反刑事訴訟法第155條第2項：「無證據能力、未經合法調查之證據，不得做為判斷之依據。」因而構成同法第379條第10款：「依本法應於審判期日調查之證據而未予調查」之判決當然違背法令之事由？

研討結果：採乙說（即違背法律說）。

蓋刑事訴訟法第155條第2項規定，未經合法調查之證據，不得作為判斷之依據。同法第164、165條又明定證物、卷宗內筆錄及其他文書可為證據者，審判長應向「當事人」等提示，使其辨認，或宣讀或告以要旨。C、D之警詢筆錄，既未經上揭調查程序，法院遽引為判斷之依據，自屬同法第379條第10款所定之違背法令。

相關法規：外國法院委託事件協助法第6條。

第156條（自白之證據能力、證明力與緘默權）

條文

被告之自白，非出於強暴、脅迫、利誘、詐欺、疲勞訊問、違法羈押或其他不正之方法，且與事實相符者，得為證據。

被告或共犯之自白，不得作為有罪判決之唯一證據，仍應調查其他必要之證據，以察其是否與事實相符。

被告陳述其自白係出於不正之方法者，應先於其他事證而為調查。該自白如係經檢察官提出者，法院應命檢察官就自白之出於自由意志，指出證明之方法。

被告未經自白，又無證據，不得僅因其拒絕陳述或保持緘默，而推斷其罪行。

立法說明

英美法例一般認為自白是否出於任意性，為先決之事實問題，法官應先予調查並決定之。大陸法系國家則認為自白之證據能力，本屬程序之事實，對此程序之事實，法院得依職權自由裁量而為審理調查之。而自白是否出於任意，係自白是否具有證據能力之要件，如有疑義，自宜先予查明，以免造成法官因具瑕疵之自白而產生不利於被告心證之結果。因此本條於2003年3月增訂「被告陳述其自白係出於不正之方法者，應先於其他事證而為調查」規定，以保障被告人權。

示例

甲涉殺人罪嫌或其他罪，警察詢問時，加以拷打，甲乃自白犯罪，該自白縱為事實，仍不得採為犯罪之證據。

實務見解

釋字第582號

憲法第16條保障人民之訴訟權，就刑事被告而言，包含其在訴訟上應享有充分之防禦權。刑事被告詰問證人之權利，即屬該等權利之一，且屬憲法第8條第1項規定「非由法院依法定程序不得審問處罰」之正當法律程序所保障之權利。為確保被告對證人之詰問權，證人於審判中，應依法定程序，到場具結陳述，並接受被告之詰問，其陳述始得作為認定被告犯罪事實之判斷依據。刑事審判上之共同被告，係為訴訟經濟等原因，由檢察官或自訴人合併或追加起訴，或由法院合併審判所形成，其間各別被告及犯罪事實仍獨立存在。故共同被告對其他共同被告之案件而言，為被告以外之第三人，本質上屬於證人，自不能因案件合併關係而影響其他共同被告原享有之上開憲法上權利。最高法院31年上字第2423號及46年台上字第419號判例所稱共同被告不利於己之陳述得採為其他共同被告犯罪（事實認定）之證據一節，對其他共同被告案件之審判而言，未使該共同被告立於證人之地位而為陳述，逕以其依共同被告身分所為陳述採為不利於其他共同被告之證據，乃否定共同被告於其他共同被告案件之證人適格，排除人證之法定調查程序，與當時有效施行中之中華民國24年1月1日修正公布之刑事訴訟法第273條規定牴觸，並已不當剝奪其他共同被告對該實具證人適格之共同被告詰問之權利，

核與首開憲法意旨不符。該二判例及其他相同意旨判例，與上開解釋意旨不符部分，應不再援用。刑事審判基於憲法正當法律程序原則，對於犯罪事實之認定，採證據裁判及自白任意性等原則。刑事訴訟法據以規定嚴格證明法則，必須具證據能力之證據，經合法調查，使法院形成該等證據已足證明被告犯罪之確信心證，始能判決被告有罪；為避免過分偏重自白，有害於真實發見及人權保障，並規定被告之自白，不得作為有罪判決之唯一證據，仍應調查其他必要之證據，以察其是否與事實相符。基於上開嚴格證明法則及對自白證明力之限制規定，所謂「其他必要之證據」，自亦須具備證據能力，經合法調查，且就其證明力之程度，非謂自白為主要證據，其證明力當然較為強大，其他必要之證據為次要或補充性之證據，證明力當然較為薄弱，而應依其他必要證據之質量，與自白相互印證，綜合判斷，足以確信自白犯罪事實之真實性，始足當之。最高法院30年上字第3038號、73年台上字第5638號及74年台覆字第10號三判例，旨在闡釋「其他必要之證據」之意涵、性質、證明範圍及程度，暨其與自白之相互關係，且強調該等證據須能擔保自白之真實性，俾自白之犯罪事實臻於確信無疑，核其及其他判例相同意旨部分，與前揭憲法意旨，尚無牴觸。

74年台覆字第10號（判例）

刑事訴訟法第156條第2項規定，被告雖經自白，仍應調查其他必要之證據，以察其是否與事實相符。立法目的乃欲以補強證據擔保自白之真實性；亦即以補強證據之存在，藉之限制自白在證據上之價值。而所謂補強證據，則指除該自白本身外，其他足資以證明自白之犯罪事實確具有相當程度真實性之證據而言。雖其所補強者，非以事實之全部為必要，但亦須因補強證據與自白之相互利用，而足使犯罪事實獲得確信者，始足當之。

70年台上字第537號（判例）

被告之自白，須非出於強暴、脅迫、利誘、詐欺或其他不正之方法，且與事實相符者，方得採為科刑之證據，刑事訴訟法第156條第1項規定甚明。原判決理由已敘明上訴人係被警員李某逮捕送至派出所後，先予毆打，然後再由該李某對之訊問並製作訊問筆錄，如筆錄所載上訴人之自白果係由於強暴脅迫之結果，則不問其自白之內容是否確與事實相符，

因其非係適法之證據，要不得採為判決之基礎。乃原審對此未予調查明確，即謂上訴人被毆打後在派出所應訊自白之筆錄「並無不實」云云，遽採該項可疑之自白，作為科刑之證據，顯與首開法條之規定有違。

53年台上字第771號（判例）

審判外之自白，固非不可採為證據，惟其自白，必須調查與事實是否相符，倘不經調查而逕予採用，即有刑事訴訟法有第270條第2項（舊）之違法。

相關法規：外國法院委託事件協助法第6條。

第157條（舉證責任之例外—公知事實）

條文

公眾週知之事實，無庸舉證。

實務見解

86年台上字第6213號（判例）

…「公眾週知之事實」係指具有通常知識經驗之一般人所通曉且無可置疑而顯著之事實而言，如該事實非一般人所知悉或並非顯著或尚有爭執，即與公眾週知事實之性質，尚不相當，自仍應舉證證明，始可認定，否則即有違認定事實應憑證據之法則。

第158條（舉證責任之例外—職務已知事實）

條文

事實於法院已顯著，或為其職務上所已知者，無庸舉證。

實務見解

73年台上字第1267號（判例）

依刑事訴訟法第157條及第158條規定，公眾週知之事實，及事實於法院已顯著或為其職務上所已知者，始毋庸舉證。原判決謂一般押票（即保證支票）之性質，有概括授權執票人填寫債權額於空白支票之交易習慣云云，而就此交易習慣是否符合上開規定，則未說明，乃未經調查證據，即依該交易習慣，逕行認定被告在空白支票上填寫金額及日期，不負偽造有價證券刑責，殊有認定事實不依證據之違誤。

第158條之1（無庸舉證—當事人意見陳述）

條文

前二條無庸舉證之事實，法院應予當事人就其事實有陳述意見之機會。

立法說明

何種事實無庸舉證，如未予當事人陳述意見機會，任由法院逕行認定，判決結果極易引起爭議，因此增訂本條。

實務見解

94年台上字第3074號（最高法院刑事裁判）

…行為人故意犯罪所生之結果，究係涵括於其主觀上之全部直接或間接故意範圍內？抑或僅就基本行為事實出於故意，而發生之結果於客觀上雖能預見，卻未在其主觀意欲之範圍內？攸關結果之故意犯或加重結果犯之法律適用，自應詳加究明；且上揭客觀上能預見者，縱屬公眾周知之事實，依刑事訴訟法第158條之1規定，亦應予當事人陳述意見之機會，再於判決內，依法認明記載其事實，並敘明其論斷之理由，始足為法律適用當否之準據。

第158條之2（不得作為證據之情事）

條文

違背第九十三條之一第二項、第一百條之三第一項之規定，所取得被告或犯罪嫌疑人之自白及其他不利之陳述，不得作為證據。但經證明其違背非出於惡意，且該自白或陳述係出於自由意志者，不在此限。

檢察事務官、司法警察官或司法警察詢問受拘提、逮捕之被告或犯罪嫌疑人時，違反第九十五條第二款、第三款之規定者，準用前項規定。

立法說明

- 憲法第8條所謂至遲於「24小時」內移送於該管法院審問之「24小時」，係指客觀上確得為偵查進行之時間。本法既於第93條之1第1項詳列法定障礙事由，並於同條第2項明定前開法定障礙事由經過時間內，不得訊問。因此若檢察官、檢察事務官、司法警察（官）罔顧規定，於前開法定障礙事由經過時間內進行訊問被告或犯罪嫌疑人之程序，顯然違背程序正義，不具合法性、正當性，所取得之被告或犯罪

嫌疑人之自白及其他不利之陳述,原則上不應賦予證據能力,不得作為證據。此外,夜間乃休息之時間,為尊重人權及保障程序合法性,並避免疲勞訊問,本法已於第100條之3規定除該條但書所列情形外,司法警察官或司法警察詢問犯罪嫌疑人時,不得於夜間為之。因此違背該條所取得之自白及其他不利陳述,原則上亦無證據能力,不得作為證據。

- 又實施刑事訴訟程序之公務員違背第93條之1第2項、第100條之3第1項規定,所取得之被告或犯罪嫌疑人之自白及其他不利之陳述,原則上雖無證據能力,但執行人員若能證明其違背上開法定程序非出於惡意,且所取得之自白或陳述係出於被告或犯罪嫌疑人之自由意志者,則不受證據強制排除之限制,因此於第1項設但書規定,以兼顧公共利益之維護及真實之發見。

- 為使檢察事務官、司法警察(官)確實遵守第95條第2款、第3款之權利告知義務,若其等詢問受拘提、逮捕之被告或犯罪嫌疑人,違反上述規定時,應準用第1項規定。

第158條之3(不得作為證據之情事)

條文

證人、鑑定人依法應具結而未具結者,其證言或鑑定意見,不得作為證據。

立法說明

證人、鑑定人依法應使其具結,以擔保證言係據實陳述或鑑定意見為公正誠實。若違背該等具結之規定,未令證人、鑑定人於供前或供後具結,該等證言、鑑定意見因欠缺程序方面之法定條件,即難認為係合法之證據資料。

實務見解

98年台上字第7866號(最高法院刑事裁判)

⋯所謂「依法應具結而未具結者」,係指檢察官或法官依同法第175條之規定,以證人身分傳喚被告以外之人到庭作證,或雖非以證人身分傳喚到庭,而於訊問調查過程中,轉換為證人身分為調查時,檢察官、法官

應依同法第186條之規定命證人供前或供後具結，其陳述始符合第158條之3之規定，而有證據能力。若檢察官或法官非以證人身分傳喚到庭訊問時，其身分既非證人或鑑定人，即與前述「依法應具結」之要件不合，縱未命其具結，仍不得以其陳述不符前開第758條之3之規定遽行排除其證據能力。而前揭不論係本案或他案在法官面前作成未經具結之陳述筆錄，係屬被告以外之人於審判外所為之陳述，本質上屬於傳聞證據，基於保障被告在憲法上之基本訴訟權，除有同法第159條之3所列各款之情形外，如嗣後已經法院傳喚到庭具結而為陳述，前揭非以證人身分而未經具結之陳述筆錄，除顯有不可信之情況者外，仍非不得作為證據。

97年台上字第2882號（最高法院刑事裁判）

…刑事訴訟法第158條之3規定：「證人、鑑定人依法應具結而未具結者，其證言或鑑定意見，不得作為證據」，其立法理由乃在擔保該證言或鑑定意見，係據實陳述或公正誠實之可信性，故未依法具結者，依證據絕對排除法則，當然無證據能力，而不得作為證據，自不得因當事人於審判程序之同意，遽認該未經具結之證言或鑑定意見，亦得作為證據，此於適用同法條（第159條之5）第2項所定「視為有前項之同意」之情形者，亦應受上揭第158條之3規定之限制。

第158條之4（證據排除法則）

條文

除法律另有規定外，實施刑事訴訟程序之公務員因違背法定程序取得之證據，其有無證據能力之認定，應審酌人權保障及公共利益之均衡維護。

立法說明

- 按刑事訴訟重在發見實體真實，使刑法得以正確適用，形成公正裁判，是以認定事實、蒐集證據即成為刑事裁判最基本課題。當前證據法則之發展，係朝基本人權保障與社會安全保障兩個理念相調和方向進行，期能保障個人基本人權，又能兼顧真實之發見，而達社會安全之維護。因此，探討違背法定程序取得證據是否具有證據能力，亦不能悖離此方向。另供述證據與非供述證據之性質不同，一般認為供述證據之採取過程如果違法，即係侵害了個人自由意思，故而應嚴格禁

止，而蒐集非供述證據之過程如果違背法定程序，則因證物之型態並未改變，尚不生不可信之問題。為求周延，並兼顧人權保障及公共利益維護，因此增訂本條，使其他違背法定程序所取得之證據，其有無證據能力之認定，有一衡平規定，避免因為排除法則之普遍適用，致使許多與事實相符之證據，無可例外地被排除。

- 至於如何衡平人權保障及公共利益之均衡維護，因各國國情不同，學說亦是紛歧，依實務所見，一般而言違背法定程序取得證據之情形，常因個案之型態、情節、方法而有差異，法官於個案權衡時允宜斟酌：（一）違背法定程序之情節。（二）違背法定程序時之主觀意圖。（三）侵害犯罪嫌疑人或被告權益之種類及輕重。（四）犯罪所生之危險或實害。（五）禁止使用證據對於預防將來違法取得證據之效果。（六）偵審人員如依法定程序有無發現該證據之必然性及（七）證據取得之違法對被告訴訟上防禦不利益之程度等各種情形，以為認定證據能力有無之標準，俾能兼顧理論與實際，而應需要。

實務見解

97年台非字第549號（最高法院刑事裁判）

實施刑事訴訟程序之公務員，依通訊保障及監察法規定對被告或犯罪嫌疑人實施之通訊監察，係為確保國家安全、維持社會秩序之目的所為截取他人通訊內容之強制處分。依該法修正前、後第5、6、11條規定以觀，通訊監察之內容原則上固應針對通訊監察書記載之特定犯罪嫌疑之罪名，惟實施通訊監察時，因無法預期及控制實際監察所得之通訊內容及範圍，在通訊監察過程中，不免會發生得知在本案通訊監察目的範圍以外之通訊內容（有稱之為「另案監聽」、「他案監聽」者），此種監察所得與本案無關之通訊內容，如涉及受監察人是否另有其他犯罪嫌疑時，得否容許作為另案之證據使用，法無明文規定。此種情形因屬於本案依法定程序實施通訊監察時，偶然附隨取得之證據，並非實施刑事訴訟程序之公務員因違背法定程序取得之證據，自無刑事訴訟法第158條之4規定之適用

96年台上字第4177號（最高法院刑事裁判）

…學理上所謂毒樹果實理論，乃指先前違法取得之證據，有如毒樹，本

於此而再行取得之證據，即同毒果，為嚴格抑止違法偵查作為，原則上絕對排除其證據能力，係英美法制理念，我國並未引用。我刑事訴訟法第158條之4所定：「除法律另有規定外，實施刑事訴訟程序之公務員因違背法定程序取得之證據，其有無證據能力之認定，應審酌人權保障及公共利益之均衡維護。」是為法益權衡原則，採相對排除理論，以兼顧被告合法權益保障與發現真實之刑事訴訟目的。是除法律另有特別規定不得為證據，例如同法第100條之1第2項、第158條之2、第158條之3等類者外，先前違法取得之證據，應逕依該規定認定其證據能力，固勿論矣！其嗣後衍生再行取得之證據，倘仍屬違背程序規定者，亦應依上揭規定處理；若為合乎法定程序者，因與先前之違法情形，具有前因後果之直接關聯性，則本於實質保護之法理，當同有該相對排除規定之適用。惟如後來取得之證據，係由於個別獨立之合法偵查作為，既與先前之違法程序不生前因後果關係，非惟與上揭毒樹果實理論無關，亦不生應依法益權衡原則定其證據能力之問題⋯

96年台上字第3102號（最高法院刑事裁判）

⋯按刑事訴訟法第158條之4規定：除法律另有規定外，實施刑事訴訟程序之公務員因違背法定程序取得之證據，其有無證據能力之認定，應審酌人權保障及公共利益之均衡維護。因此，實施刑事訴訟程序之公務員因違背法定程序取得之證據，其證據能力之認定，如法律另有規定，即應依其規定，必法律未另有規定，始應審酌人權保障及公共利益之均衡維護認定之。又被告之自白，非出於強暴、脅迫、利誘、詐欺、疲勞訊問、違法羈押或其他不正之方法，且與事實相符者，方得採為證據，此觀刑事訴訟法第156條第1項之規定自明。故該項自白，如係出於上列之不正方法，即無論其是否與事實相符，根本上已失其證據能力，不得採為判斷事實之證據資料。

第159條（傳聞法則之適用及例外）

條文

被告以外之人於審判外之言詞或書面陳述，除法律有規定者外，不得作為證據。

前項規定，於第一百六十一條第二項之情形及法院以簡式審判程序或簡易判決處刑者，不適用之。其關於羈押、搜索、鑑定留置、許可、證據保全及其他依法所為強制處分之審查，亦同。

示例

甲乙為竊盜罪之共同被告。甲於警詢時做出不利於乙之證述。係屬被告以外之人於審判外之言詞陳述，若乙及其辯護人不同意作為證據，且無本法第159條之1至第159條之5等例外得作為證據之情形時，此部分證據自不得作為認定乙本案犯罪事實存否之證據。

立法說明

- 本條原條文僅規定證人於審判（按指廣義之審判，即包含準備程序與言詞辯論程序）外之陳述（含言詞陳述與書面陳述），除法律有規定者外，不得作為證據。但實務上共同被告（指於一個訴訟關係中，同為被告之人）、共犯、被害人等，非必即屬訴訟法上之「證人」，其等審判外之陳述，性質上亦屬傳聞證據，得否作為證據，不免引起爭議；另對於被告審判外之陳述，應無保護其反對詰問權之問題，因此參考日本刑事訴訟法第320條第1項規定，修正本條第1項，即除法律有規定者外，「被告以外之人」審判外之「言詞或書面」陳述，原則上均不得作為證據，而將共同被告、共犯、被害人等審判外之陳述，同列入傳聞法則之規範，不以證人審判外之陳述為限。

- 此外，本法第161條第2項有關起訴審查規定，係法院於第一次審判期日前，斟酌檢察官起訴或移送併辦意旨及全案卷證資料，依客觀之經驗法則與論理法則，從客觀上判斷被告是否顯無成立犯罪之可能；另關於搜索、鑑定留置、許可、證據保全及其他依法所為強制處分之審查，除偵查中特重急迫性及隱密性，應立即處理且審查內容不得公開外，其目的僅在判斷有無實施證據保全或強制處分之必要，因上開審查程序均非認定被告有無犯罪之實體審判程序，其證據法則毋須嚴格證明，僅以自由證明為已足，因此一併於第2項明定其不適用傳聞法則規定，避免實務運作發生爭執。

實務見解

98年台上字第4219號（最高法院刑事裁判）

…被告以外之人於審判外之言詞或書面陳述，為傳聞證據，依同法第159條之1第1項規定，除符合法律規定之例外情形，原則上無證據能力。該等傳聞證據，在第一審程序中，縱因當事人、辯護人有同法第159條之5第2項規定擬制同意作為證據而例外取得證據能力之情形，然在第二審程序調查證據時，當事人或辯護人非不得重新就其證據能力予以爭執或聲明異議，此時，第二審法院即應重新審認其證據能力之有無，否則即難謂為適法。

97年台上字第6313號（最高法院刑事裁判）

刑事訴訟法第159條第1項被告以外之人於審判外之言詞或書面陳述，除法律有規定者外，不得作為證據之規定。係為保障被告之反對詰問權，並符合直接審理主義之要求，被告以外之人於審判外之言詞或書面陳述，原則上屬於傳聞證據，除法律另有規定外，無證據能力，不得作為證據使用。而同法第159條之4對於具有高度特別可信之文書，雖屬傳聞證據，例外容許作為證據使用，此為傳聞法則之例外情形。被告以外之人就其親自見聞之事項而為之書面陳述，因屬被告以外之人於審判外之書面陳述，為保障被告之反對詰問權，固應於審判中傳喚到庭依法詰問，而不得逕認其有證據能力。然如其人確有無法於審判中到庭之情形，其書面陳述又合於刑事訴訟法第159條之4第3款所定具有可信之特別情形，則應例外容許其有證據能力。

97年台上字第6153號（最高法院刑事裁判）

…傳聞法則主要之作用在確保當事人之反對詰問權。由於傳聞證據有悖直接審理主義及言詞審理主義諸原則，影響程序正義之實現，應予排斥以保障被告之反對詰問權。刑事訴訟法第159條第1項規定，被告以外之人於審判外之言詞或書面陳述，除法律另有規定外，不得作為證據。係屬傳聞法則之規定。同法第159條之1至第159條之5則屬傳聞法則之例外規定。上開傳聞法則及其例外之規定係規範供述證據之證據能力。至於以文書之物理外觀作為證據，則屬物證之範圍，並無上開傳聞法則規定之適用問題，如該文件非出於違法取得，並已經依法踐行調查程序，即不能謂其無證據能力。至其證明力如何，則由法院於不違背經驗法則及論理法則之前提下，本於確信自由判斷。

97年台上字第3854號（最高法院刑事裁判）

⋯所謂「被告以外之人於審判外之言詞或書面陳述」，並不包含「非供述證據」在內。按照相機拍攝之照片，係依機器之功能，攝錄實物形貌而形成之圖像，除其係以人之言詞或書面陳述為攝取內容，並以該內容為證據外，照片所呈現之圖像，並非屬人類意思表達之言詞或書面陳述，當不在上引規定「被告以外之人於審判外之言詞或書面陳述」之範圍內，其有無證據能力，自應與一般物證相同，端視其取得證據之合法性及已否依法踐行證據之調查程序，以資認定。

70年台上字第3864號（判例）

證人並未親身到庭，僅提出書面以代陳述者，顯與刑事訴訟法係採直接審理主義及言詞審理主義之本旨有違，依該法第159條規定，自不得採為認定事實之證據。原判決採為認定上訴人對外販賣洋煙酒事實之重要證據，乃係買受人李某所出具代替到庭陳述之書面文件一紙，依首開說明，該證人此項代替到庭陳述之書面文件，顯無證據能力，是其採證自屬違法。

相關法規：本法第273條之2、第455條之11。

第159條之1（傳聞法則之適用）

條文

被告以外之人於審判外向法官所為之陳述，得為證據。

被告以外之人於偵查中向檢察官所為之陳述，除顯有不可信之情況者外，得為證據。

立法說明

檢察官職司追訴犯罪，必須對於被告之犯罪事實負舉證之責。就審判程序之訴訟構造來說，檢察官係屬與被告相對立之當事人一方，是故偵查中對被告以外之人所為之偵查筆錄，或被告以外之人向檢察官所提之書面陳述，性質上均屬傳聞證據，且常為認定被告有罪之證據，自理論來說，如未予被告反對詰問、適當辯解之機會，一律准其為證據，似與當事人進行主義之精神不無扞格之處，對被告之防禦權亦有所妨礙；然而現階段刑事訴訟法規定檢察官代表國家偵查犯罪、實施公訴，依法其有

訊問被告、證人及鑑定人之權，證人、鑑定人且須具結，為兼顧理論與實務，因此於第2項明定被告以外之人於偵查中向檢察官所為陳述，除顯有不可信情況者外，得為證據。

實務見解

98年台上字第4923號（最高法院刑事裁判）

刑事訴訟法第158條之3規定：「證人、鑑定人依法應具結而未具結者，其證言或鑑定意見，不得作為證據」，此所謂「依法應具結而未具結者」，係指檢察官或法官依同法第175條之規定，以證人身分傳喚被告以外之人到庭作證，或雖非以證人身分傳喚到庭，而於訊問調查過程中，轉換為證人身分為調查時，檢察官、法官應依同法第186條之規定命證人供前或供後具結，其陳述始符合第158條之3之規定，而有證據能力。若檢察官或法官非以證人身分傳喚到庭訊問時，其身分既非證人或鑑定人，即與前述「依法應具結」之要件不合，縱未命其具結，純屬檢察官或法官調查證據職權之適法行使，當無違法可言。而前揭不論係本案或他案在檢察官面前作成未經具結之陳述筆錄，係屬被告以外之人於偵查中向檢察官所為之陳述，本質上屬於傳聞證據，基於保障被告在憲法上之基本訴訟權，除在客觀上有不能傳喚該被告以外之人到庭陳述之情形外，如嗣後已經法院傳喚到庭具結而為陳述，前揭非以證人身分在檢察官面前未經具結之陳述筆錄，除顯有不可信之情況者外，仍非不得作為證據。

98年台上字第3799號（最高法院刑事裁判）

…刑事訴訟法第159條之1所規定被告以外之人於偵查中向檢察官所為之陳述，除顯有不可信之情況者外，得為證據。其立法理由係以偵查中對被告以外之人所為之偵查筆錄，或被告以外之人向檢察官所提之書面陳述，性質上均屬傳聞證據，且常為認定被告有罪之證據，自理論上言，如未予被告反對詰問、適當辯解之機會，一律准其為證據，似與當事人進行主義之精神不無扞格之處，對被告之防禦權亦有所妨礙，然刑事訴訟法規定檢察官代表國家偵查犯罪、實行公訴，依法有訊問被告、證人、鑑定人之權，且實務運作時，偵查中檢察官向被告以外之人所取得

之陳述，原則上均能遵守法律規定，不致違法取供，其可信性甚高，為兼顧理論與實務，而對被告以外之人於偵查中向檢察官所為之陳述，除顯有不可信之情況者外，得為證據。乃同法第159條第1項所謂得作為證據之「法律有規定者」之一，為有關證據能力之規定，係屬於證據容許性之範疇。而被告之反對詰問權係指訴訟上被告有在公判庭當面詰問證人，以求發現真實之權利，此與證據能力係指符合法律所規定之證據適格，而得成為證明犯罪事實存在與否之證據資格，性質上並非相同。否則，如被告以外之人於本案審判中所為之陳述，與其先前在檢察官偵查中所為之陳述不符時，即謂後者無證據能力，依同法第155條第2項規定，悉予摒除不用，僅能採取其於本案審判中之陳述作為判斷之依據，按之現行刑事訴訟法關於傳聞證據例外容許之規定，殊難謂為的論。

示例

證人於檢察官訊問時所為之結證，原則上得為證據。

相關法規：外國法院委託事件協助法第6條。

第159條之2（傳聞法則之適用）

條文

被告以外之人於檢察事務官、司法警察官或司法警察調查中所為之陳述，與審判中不符時，其先前之陳述具有較可信之特別情況，且為證明犯罪事實存否所必要者，得為證據。

示例

證人於檢察官訊問時所為之結證，原則上得為證據。

立法說明

被告以外之人於審判中所為陳述與其在檢察事務官、司法警察（官）調查中所為陳述有所不符時，如其在檢察事務官、司法警察（官）調查中所為陳述較審判中之陳述更具有可信之特別情況，且為證明犯罪事實之存否所必要者，可否採為證據，現行法並無明文，為發見真實起見，因此規定前述可信性及必要性兩種要件兼備之被告以外之人於檢察事務官、司法警察（官）調查中所為陳述，得採為證據。

第159條之3（傳聞法則之適用及例外）

條文

被告以外之人於審判中有下列情形之一，其於檢察事務官、司法警察官或司法警察調查中所為之陳述，經證明具有可信之特別情況，且為證明犯罪事實之存否所必要者，得為證據：

一、死亡者。

二、身心障礙致記憶喪失或無法陳述者。

三、滯留國外或所在不明而無法傳喚或傳喚不到者。

四、到庭後無正當理由拒絕陳述者。

立法說明

被告以外之人於檢察事務官、司法警察（官）調查中之陳述（含言詞陳述及書面陳述），性質上屬傳聞證據，且一般而言，其等多未作具結，所為之供述，得否引為證據，素有爭議。惟依本法第228條第2項，法院組織法第66條之3規定，檢察事務官有調查犯罪及蒐集證據與詢問告訴人、告發人、被告、證人或鑑定人之權限；第229條至第231條之1亦規定司法警察官、司法警察具有調查犯罪嫌疑人犯罪情形及蒐集證據等職權，若其等所作之筆錄毫無例外地全無證據能力，當非所宜。再者，如被告以外之人於檢察事務官、司法警察（官）調查中之陳述，係在可信之特別情況下所為，且為證明犯罪事實之存否所必要，而於審判程序中，發生事實上無從為直接審理之原因時，仍不承認該陳述之證據適格，即有違背實體真實發見之訴訟目的。立法者為補救採納傳聞法則，實務上所可能發生蒐證困難問題，因此增訂本條，於本條所列各款情形下，承認該等審判外陳述，得採為證據。

實務見解

98年台上字第3011號（最高法院刑事裁判）

…所謂「具有較可信之特別情況」係指被告以外之人於檢察事務官、司法警察官或司法警察調查中所為之陳述，從客觀上之環境或條件等情況加以觀察，有足以取代審判中反對詰問之可信性保證者而言；與一般供述證據必須具備任意性之證據能力要件有別，二者不可混為一談，且此

係屬證據能力之規定，非屬證據證明力之問題，故法院應依審判中及審判外各陳述外部附隨之環境或條件等情況，比較前後之陳述，客觀的加以觀察，並於判決理由內詳述其採用先前不一致之陳述的心證理由，始為適法。

98年台上字第2248號（最高法院刑事裁判）

…刑事訴訟法第159條之2規定：被告以外之人於檢察事務官、司法警察官或司法警察調查中所為之陳述，與審判中不符時，其先前之陳述具有較可信之特別情況，且為證明犯罪事實存否所必要者，得為證據。其所謂「具有較可信之特別情況」，係指其陳述係在特別可信為真實之情況下所為者而言。例如被告以外之人出於自然之發言、臨終前之陳述，或違反自己利益之陳述等特別情形均屬之。蓋被告以外之人在類此特別情況下所為之陳述，通常而言，其虛偽之可能性偏低，可信之程度較高，若該項陳述為證明犯罪事實存否所必要，依上規定，自得構成傳聞法則之例外，而承認其證據能力。上開規定所指「具有較可信之特別情況」，係屬傳聞證據例外取得證據能力之特別要件，與一般供述證據必須具備任意性之證據能力要件有別，二者不可混為一談。故被告以外之人於檢察事務官、司法警察官或司法警察調查中所為與審判中不符之陳述，縱係出於自由意思，仍應具備「具有較為可信之特別情況」及「證明犯罪事實存否所必要」之要件，始能採為證據。不能僅以被告以外之人在檢察事務官、司法警察官或司法警察調查中所為與審判中不符之陳述係出於其自由意思，即謂具有特別可信之情況，而採為犯罪之證據。

第159條之4（傳聞證據）

條文

除前三條之情形外，下列文書亦得為證據：
一、除顯有不可信之情況外，公務員職務上製作之紀錄文書、證明文書。
二、除顯有不可信之情況外，從事業務之人於業務上或通常業務過程所須製作之紀錄文書、證明文書。
三、除前二款之情形外，其他於可信之特別情況下所製作之文書。

立法說明

- 公務員職務上製作之紀錄文書、證明文書如被提出於法院，用以證明文書所載事項真實者，性質上亦不失為傳聞證據，但立法者認為因該等文書係公務員依其職權所為，與其責任、信譽攸關，若有錯誤、虛偽，公務員可能因此負擔刑事及行政責任，從而其正確性高，且該等文書經常處於可受公開檢查之狀態，設有錯誤，甚易發現而糾正，是以除顯有不可信情況外，其真實之保障極高。因此增訂本條第1款規定。

- 從事業務之人在業務上或通常業務過程所製作之紀錄文書、證明文書，因係於通常業務過程不間斷、有規律而準確之記載，通常有會計人員或記帳人員等校對其正確性，大部分紀錄係完成於業務終了前後，無預見日後可能會被提供作為證據之偽造動機，其虛偽之可能性小，何況如讓製作者以口頭方式於法庭上再重現過去之事實或數據亦有困難，因此其亦具一定程度之不可代替性，除非該等紀錄文書或證明文書有顯然不可信情況，否則有承認其為證據之必要。因此增訂本條第2款。

- 另除前二款之情形外，與公務員職務上製作之文書及業務文件具有同等程度可信性之文書，例如：官方公報、統計表、體育紀錄、學術論文、家譜…等，基於前開相同理由，亦應准其有證據能力，因此增訂本條第3款。

實務見解

98年台上字第3258號（最高法院刑事裁判）

…刑事訴訟法第159條之4第1款規定：除顯有不可信之情況外，公務員職務上製作之紀錄文書、證明文書，亦得為證據。係因該等文書為公務員依其職權所製作，且經常處於可受公開檢查之狀態，符合例行性、公示性原則，正確性甚高，雖屬傳聞證據，仍例外容許為證據。本件原判決採為判斷依據之檢驗報告書、相驗屍體證明書、內政部警政署刑事警察局鑑驗書、法務部法醫研究所解剖報告書、鑑定報告書、彰化縣警察局現場勘察報告等證據資料，或係鑑定機關依檢察官囑託而為之書面鑑定報告，或係檢察官、檢驗員、司法警察（官）針對本件具體個案，於調查證據及犯罪情形時，對屍體及犯罪場所實施之勘驗、勘察等作為所

製作，不具備例行性、公示性之要件，自非刑事訴訟法第159條之4第1款所指公務員職務上製作之紀錄文書、證明文書，亦非同條第3款規定與上述公文書具有同等程度可信性之文書。上開各證據資料有無證據能力，應分別依其性質、種類，視其是否符合相關之法律規定而定。乃原判決竟認上述檢驗報告書、相驗屍體證明書、內政部警政署刑事警察局鑑驗書、法務部法醫研究所解剖報告書、鑑定報告書、彰化縣警察局現場勘察報告等證據資料，依刑事訴訟法第159條之4第1款規定，有證據能力云云，適用法則自有不當。

97年台上字第4315號（最高法院刑事裁判）

…本條規定之「特信性文書」，乃基於對公務機關高度客觀性之信賴（如同條第1款之公文書），或係出於通常業務過程之繼續性、機械性而為準確之記載（如同條第2款之業務文書），或與前述公文書及業務文書同具有高度之信用性及必要性（如同條第3款之其他具有可信性之文書），雖其本質上屬傳聞證據，亦例外賦予其證據能力，而容許作為證據使用。

96年台上字第3701號（最高法院刑事裁判）

…刑事訴訟法第159條之4第1款固規定：除顯有不可信之情況外，公務員職務上製作之紀錄文書、證明文書，亦得為證據。賦予公文書具有證據適格之能力，作為傳聞證據之除外規定，但其前提要件係「除顯有不可信之情況外」，並以「紀錄」或「證明」文書作為限制，亦即該公文書須係得作為被告或犯罪嫌疑人所涉犯罪事實嚴格證明之紀錄或證明者，始克當之，倘不具此條件，即無證據適格可言。前項警員依據通訊監察內容製作之通訊監察案件譯文表，係將通訊監察錄音帶內容以文字方式呈現，雖係公務員即警員職務上製作之文書，但仍屬被告以外之人於審判外所為之書面陳述。是該通訊譯文，是否警員製作之「紀錄」文書、「證明」文書？有無「顯有不可信之情況」？是否符合刑事訴訟法第159條之4第1款傳聞例外之情形？此與該譯文表有無證據能力、得否作為論處被告犯行之證據攸關，原判決未予說明即遽作為論罪之依據，亦有判決不載理由之違法。

第159條之5（傳聞證據之能力）

條文

被告以外之人於審判外之陳述，雖不符前四條之規定，而經當事人於審判程序同意作為證據，法院審酌該言詞陳述或書面陳述作成時之情況，認為適當者，亦得為證據。

當事人、代理人或辯護人於法院調查證據時，知有第一百五十九條第一項不得為證據之情形，而未於言詞辯論終結前聲明異議者，視為有前項之同意。

例示

某竊盜案件審理時，對於證人於審判外之言詞及書面陳述，雖屬傳聞證據，然而若被告及其選任辯護人、檢察官等於審判期日，對本案全部證據之證據能力均不爭執，且於審判期日就法院所調查之證據均未主張有刑事訴訟法第159條不第1項得為證據之情形，且均表示「無異議」、「沒有意見」，倘若法院認為適當者，依前開規定，這些傳聞證據亦均有證據能力。

立法說明

- 按傳聞法則的重要理論依據，在於傳聞證據未經當事人之反對詰問予以核實，乃予排斥。惟若當事人已放棄對原供述人之反對詰問權，於審判程序表明同意該等傳聞證據可作為證據，基於證據資料愈豐富，愈有助於真實發見之理念，此時，法院自可承認該傳聞證據之證據能力。

- 由於此種同意制度係根據當事人的意思而使本來不得作為證據之傳聞證據成為證據之制度，乃確認當事人對傳聞證據有處分權之制度。為加重當事人進行主義精神，固宜採納此同意制度作為配套措施。然而我國尚非徹底之當事人進行主義，故而法院如認該傳聞證據欠缺適當性時，仍可予以斟酌而不採為證據，因此增設本條第1項。

- 至於當事人、代理人或辯護人於調查證據時，知有本法第159條不得為證據情形，卻表示「對於證據調查無異議」、「沒有意見」等意思，而未於言詞辯論終結前聲明異議者，為求與前開同意制度理論一貫，且強化言詞辯論主義，確保訴訟當事人到庭實行攻擊防禦，使訴訟程

序進行、順暢，應視為已有將該等傳聞證據採為證據之同意，因此增訂本條第2項。

實務見解

97年台上字第4096號（最高法院刑事裁判）

…刑事訴訟法第159條之5第1項「被告以外之人於審判外之陳述，雖不符前四條之規定，而經當事人於審判程序同意作為證據，法院審酌該言詞陳述或書面陳述作成時之情況，認為適當者，亦得為證據」之規定，係以被告以外之人於審判外之陳述不符合同法第159條之1至第159條之4有關傳聞法則例外規定之情形，且該陳述須經法院審酌作成時之情況，認為適當時，始有其適用。此所謂「審酌該陳述作成時之情況，認為適當」者，係指依各該審判外供述證據製作當時之過程、內容、功能等情況，是否具備合法可信之適當性保障，加以綜合判斷而言；倘法院審酌結果，認為該違背法定程序屬證據相對排除法則，但其情節重大，或其可信度明顯過低之情事者，即應認其欠缺適當性，仍不具證據能力，而不得作為證據。

94年台上字第5830號（最高法院刑事裁判）

…刑事訴訟法第159條之5第1項「被告以外之人於審判外之陳述，雖不符前四條之規定，而經當事人於審判程序同意作為證據，法院審酌該言詞陳述或書面陳述作成時之情況，認為適當者，亦得為證據」之規定，係以被告以外之人於審判外之陳述不符合同法第159條之1至第159條之4有關傳聞證據例外規定之情形，經當事人於審判程序同意作為證據，且該陳述須經法院審酌作成時之情況，認為適當時，始有其適用。此於適用同條第2項所定「當事人、代理人、或辯護人於法院調查證據時，知有第159條第1項不得為證據之情形，而未於言詞辯論終結前聲明異議者，視為有前項之同意」之情形者，亦應以該陳述經法院審酌作成時之情況，認為適當時，始得作為證據。

第160條（不得作為證據）

條文

證人之個人意見或推測之詞，除以實際經驗為基礎者外，不得作為證據。

立法說明

美國聯邦證據規則第7章對於意見及專家證言著有規定，其中第701條係針對普通證人之意見證言為規定，認證人非以專家身分作證時，其意見或推論形式之證言，以該項意見或推論係合理的基於證人之認知，並有助於其證言之清楚了解或爭執事實之決定者為限，得為證據。日本刑事訴訟法第156條第1項亦許可證人供述根據實際經驗過之事實所推測出來之事項，無妨其作為證據之能力。為解決證人作證時，事實與意見不易區分所可能造成必要證言採證之困擾，因此參考前開立法例，將證人之個人意見或推測之詞，係以實際經驗為基礎者，修正為可採為證據，以擴大證據容許性範圍，至於其餘證人之個人意見或推測之詞，則仍不得作為證據。

實務見解

97年台上字第6288號（最高法院刑事裁判）

供述證據，依其內容性質之不同，可分為體驗供述與意見供述。前者，係指就個人感官知覺作用直接體驗之客觀事實而為陳述，屬於「人證」之證據方法，因證人就其親身體驗事實所為之陳述具有不可替代性，依法自有證據能力。後者，則係指就某種事項陳述其個人主觀上所為之判斷意見（即「意見證據」），因非以個人經歷體驗之事實為基礎，為避免流於個人主觀偏見與錯誤臆測之危險，自無證據能力。是刑事訴訟法第160條規定：「證人之個人意見或推測之詞，除以實際經驗為基礎者外，不得作為證據。」惟若證人以其直接體驗之事實為基礎，所為之意見或推測，而具備客觀性、不可替代性者，因並非單純之意見或推測，自可容許為判斷依據。因而，一般證人所為陳述，苟屬意見供述之性質時，自應先予究明是否以陳述人個人實際經驗為基礎、有無與體驗事實具有不可分離關係，且其陳述方式有無可替代性，而可理解係證言之一部分之情形，作為決定其證言有無證據能力之依據。

95年台上字第4737號（最高法院刑事裁判）

…證人之證言，依內容可分為體驗之供述與意見之供述，前者係就親身體驗之客觀事實所為之供述，原則上具有證據能力；後者則供述其個人判斷某事項之意見，因一般證人對該事項未必具備專門知識經驗，與鑑

定人或鑑定證人係本其專業而提供判斷意見之情形有別,其意見之判斷,自不免生個人主觀偏見與錯誤臆測之危險,刑事訴訟法乃於第160條明定:證人之個人意見或推測之詞,除以實際經驗為基礎者外,不得作為證據。此即學理上所稱之意見法則。但證人於供證時,常就其體驗事實與個人判斷意見參雜不分,一併供述,事實審法院自應將其中無證據能力之屬於證人個人意見部分予以排除,僅得就證人體驗之供述,為證據價值之判斷。

第161條(檢察官之舉證責任)

條文

檢察官就被告犯罪事實,應負舉證責任,並指出證明之方法。

法院於第一次審判期日前,認為檢察官指出之證明方法顯不足認定被告有成立犯罪之可能時,應以裁定定期通知檢察官補正;逾期未補正者,得以裁定駁回起訴。

駁回起訴之裁定已確定者,非有第二百六十條各款情形之一,不得對於同一案件再行起訴。

違反前項規定,再行起訴者,應諭知不受理之判決。

立法說明

鑑於我國刑事訴訟法制之設計係根據無罪推定原則,以檢察官立於當事人之地位,對於被告進行追訴,則檢察官對於被告之犯罪事實,自應負提出證據及說服之實質舉證責任,修正第1項。另外,為確實促使檢察官負舉證責任及防止其濫行起訴,基於保障人權之立場,允宜慎重起訴,以免被告遭受不必要之訟累,並節約司法資源,因此設計一中間審查制度之機制,增訂第2項。

實務見解

99年台上字第4054號(最高法院刑事裁判)

…刑事訴訟法第161條第1項明文課以檢察官就被告犯罪事實,應負舉證責任,並指出證明之方法,以使法院形成確信心證之責任;同法第161條之1所謂被告得就被訴事實指出有利之證明方法,則係相對應於第96條規定訊問被告時,就其陳述有利之事實者,應命其指出證明之方法而設,將

被告實施防禦之權利，由被動化為主動，使其訴訟權之維護更臻週全，並非在法律上課加被告義務之責任規定，自不因被告未能提出反證即令負擔不利益判決之後果。至若被告就檢察官起訴所舉證之犯罪事實，抗辯爭執其不真實或主張有法律上阻卻犯罪成立之原因事實，主動向法院指出足以阻斷其不利益心證形成之證明方法，以維護其訴訟權益者，法院自應盡能事踐行調查程序，為必要之論斷及說明，否則即難謂無應於審判期日調查之證據未予調查及判決不備理由之違背法令。

97年台上字第5601號（最高法院刑事裁判）

…審理事實之法院，對於案內與待證事項有關之一切證據，除認為不必要者外，均應詳為調查，然後基於調查所得之心證以為判斷之基礎。故證據雖已調查，而尚有其他必要部分並未調查，仍難遽為被告有利或不利之認定。又刑事訴訟法第161條第1項規定：「檢察官就被告犯罪事實，應負舉證責任，並指出證明之方法。」明定檢察官舉證責任之內涵，為「提出證據」，並「指出其證明之方法」，用以說服法院，使法官「確信」被告犯罪構成事實之存在。該所謂「指出其證明之方法」，即係包括指出調查之途徑，與待證事實之關聯及證據之證明力等事項而言。

95年台上字第2828號（最高法院刑事裁判）

…檢察官就被告犯罪事實，應負舉證責任，並指出證明之方法，刑事訴訟法第161條第1項定有明文。因此，檢察官對於起訴之犯罪事實，應負提出證據及說服之實質舉證責任。倘其所提出之證據，不足為被告有罪之積極證明，或其指出證明之方法，無從說服法院以形成被告有罪之心證，基於無罪推定之原則，自應為被告無罪之諭知。本件原判決對於檢察官所提出之證據，以及其所提出之證明方法，已詳予調查審酌，逐一剖析，仍無從獲得有罪之心證，因而維持第一審諭知被告無罪之判決，於法自屬有據。

92年台上字第128號（判例）

刑事訴訟法第161條已於民國91年2月8日修正公布，其第一項規定：檢察官就被告犯罪事實，應負舉證責任，並指出證明之方法。因此，檢察官對於起訴之犯罪事實，應負提出證據及說服之實質舉證責任。倘其所提出之證據，不足為被告有罪之積極證明，或其指出證明之方法，無從

說服法院以形成被告有罪之心證，基於無罪推定之原則，自應為被告無罪判決之諭知。本件原審審判時，修正之刑事訴訟法關於舉證責任之規定，已經公布施行，檢察官仍未提出適合於證明犯罪事實之積極證據，並說明其證據方法與待證事實之關係；原審對於卷內訴訟資料，復已逐一剖析，參互審酌，仍無從獲得有罪之心證，因而維持第一審諭知無罪之判決，於法洵無違誤。

相關法規：本法第159條、第307條。

第161條之1（被告之舉證責任）

條文

被告得就被訴事實指出有利之證明方法。

立法說明

刑事被告固無為不利於己陳述之義務，亦不負舉證責任，但有提出證據及指出有利之證明方法以實施防禦之權利，現行法於證據通則內，並未規定被告得就被訴事實主動指出有利之證明方法，雖於第96條規定訊問被告時，就其陳述有利之事實者，應命其指出證明之方法，但此規定對被告而言，僅處於被動地位，尚嫌保護欠週，為配合第161條之修正，及貫徹當事人對等原則，宜於證據通則內增訂本條，賦予被告得就其被訴事實，主動向法院指出有利證明方法之權利，以維護被告之訴訟權益。

實務見解

99年台上字第4054號（最高法院刑事裁判）

…刑事訴訟法第161條第1項明文課以檢察官就被告犯罪事實，應負舉證責任，並指出證明之方法，以使法院形成確信心證之責任；同法第161條之1所謂被告得就被訴事實指出有利之證明方法，則係相對應於第96條規定訊問被告時，就其陳述有利之事實者，應命其指出證明之方法而設，將被告實施防禦之權利，由被動化為主動，使其訴訟權之維護更臻週全，並非在法律上課加被告義務之責任規定，自不因被告未能提出反證即令負擔不利益判決之後果。至若被告就檢察官起訴所舉證之犯罪事實，抗辯爭執其不真實或主張有法律上阻卻犯罪成立之原因事實，主動向法院指出足以阻斷其不利益心證形成之證明方法，以維護其訴訟權益者，法院自應盡能

事踐行調查程序，為必要之論斷及說明，否則即難謂無應於審判期日調查之證據未予調查及判決不備理由之違背法令。

98年台上字第7014號（最高法院刑事裁判）

…刑事被告固無為不利於己陳述之義務，亦不負舉證責任，但依刑事訴訟法第161條之1：「被告得就被訴事實指出有利之證明方法」之規定，則有提出證據及指出有利之證明方法以實施防衛之權利。故被告就被訴事實，為維護其訴訟權益，主動向法院指出有利之證明方法，並聲請調查之證據，若於證明事實確有重要關係，足以阻斷不利於被告心證之形成，而又非不易調查，或不能調查，則為明瞭案情起見，自應盡能事踐行調查程序，否則縱經以裁定駁回其聲請，或於判決理由內有所說明，仍係審判期日應行調查之證據未予調查，其判決即難謂非違法。

第161條之2（證據調查提出意見）

條文

當事人、代理人、辯護人或輔佐人應就調查證據之範圍、次序及方法提出意見。

法院應依前項所提意見而為裁定；必要時，得因當事人、代理人、辯護人或輔佐人之聲請變更之。

立法說明

當事人進行主義之訴訟程序，其進行係以當事人之主張、舉證為中心，法院基於當事人之主張及舉證進行調查、裁判。我國刑事訴訟制度修正後加重當事人進行主義色彩，對當事人聲請調查證據之權利，應予更多保障，且為切實把握當事人進行主義之精神，關於證據調查之取捨，不能完全取決於法院，當事人之意見應予尊重。從而當事人、代理人、辯護人或輔佐人自應提出該項聲明，由法院裁定其調查證據之範圍、次序及方法，並得於訴訟程序進行中依案情之發展，於必要時，隨時因當事人、代理人、辯護人或輔佐人之聲請，變更前所決定調查證據之範圍、次序及方法。因此增訂本條規定。

相關法規：本法第273條之2。

第161條之3（被告自白之調查）

條文

法院對於得為證據之被告自白，除有特別規定外，非於有關犯罪事實之其他證據調查完畢後，不得調查。

立法說明

被告對於犯罪事實之自白，僅屬刑事審判所憑證據之一種，為防止法官過分依賴該項自白而形成預斷，因此對於得為證據之自白，其調查之次序應予限制，因此增訂本條。

相關法規：本法第273條之2。

第162條（刪除）

第163條（職權調查證據）

條文

當事人、代理人、辯護人或輔佐人得聲請調查證據，並得於調查證據時，詢問證人、鑑定人或被告。審判長除認為有不當者外，不得禁止之。

法院為發見真實，得依職權調查證據。但於公平正義之維護或對被告之利益有重大關係事項，法院應依職權調查之。

法院為前項調查證據前，應予當事人、代理人、辯護人或輔佐人陳述意見之機會。

立法說明

- 凡與被告利益有重大關係事項，法院仍應依職權調查。至於如何衡量及其具體範圍，此即委諸司法實務運作及判例累積形成。因此將本條原第1項，法院因發見真實之必要，「應」修正為「得」，移列為第2項，並增列但書規定。又為充分保障當事人、代理人、辯護人或輔佐人於調查證據時之詢問證人、鑑定人或被告之權利，因此於原條文第1項增列後段文字。

- 在強化當事人進行色彩後之刑事訴訟架構中，法院依職權調查證據僅具補充性、輔佐性，因此在例外地依職權進行調查證據之情況下，為確保超然、中立立場，法院於調查證據前，應先給予當事人陳述意見

機會。增列第3項。

實務見解

95年台上字第3712號（最高法院刑事裁判）

…法院為發見真實，得依職權調查證據，但於公平正義之維護或對被告之利益有重大關係事項，法院應依職權調查之，此觀刑事訴訟法第163條第2項之規定自明，故法院於當事人主導之證據調查完畢後，認為事實未臻明白，而卷內復有其他足認為有助於發見真實又足以影響判決結果之證據存在，且有調查之可能者，即得依職權調查證據，其於公平正義之維護或對被告之利益有重大關係事項，法院尤應依職權調查證據，以為認定事實之依據。所謂公平正義之維護之重大事項，應參酌法律精神、立法目的，依據社會之情形及實際需要，予以具體化之價值補充，以求實質之妥當。如案件攸關國家、社會或個人重大法益之保護，或牽涉整體法律目的之實現及國民法律感情之維繫者，均屬之。法院於依職權調查證據前，倘遇檢察官對不利於被告之證據，表示不予調查，而法院竟不予調查，逕行判決者，如其係法院應依職權調查之證據，而有補充介入調查之義務時，此項義務，並不因檢察官陳述不予調查之意見，而得豁免不予調查之違誤。

刑事訴訟法第163條第2項但書所指法院應依職權調查之「公平正義之維護」事項，依目的性限縮之解釋，應以利益被告之事項為限，否則即與檢察官應負實質舉證責任之規定及無罪推定原則相牴觸，無異回復糾問制度，而悖離整體法律秩序理念。」，因而最高法院101年度第2次刑事庭會議一次修正最高法院九十一年度第四次刑事庭會議決議及一〇〇年度第四次刑事庭會議決議。

92年台上字第4387號（最高法院刑事裁判）

…被告、共犯或其他共同被告之自白，及證人之證詞，均屬供述證據之一種，而供述證據具有其特殊性，與物證或文書證據具有客觀性及不變性並不相同。蓋人類對於事物之注意及觀察，有其能力上之限制，未必如攝影機或照相機般，對所發生或經歷的事實能機械式無誤地捕捉，亦未必能洞悉事實發生過程之每一細節及全貌。且常人對於過往事物之記憶，隨時日之間隔而漸趨模糊或失真，自難期其如錄影重播般地將過往

事物之原貌完全呈現。此外，因個人教育程度、生活經驗、語言習慣之不同，其表達意思之能力與方式，亦易產生差異。故供述證據每因個人觀察角度、記憶能力、表達能力、誠實意願、嚴謹程度及利害關係之不同，而有對相同事物異其供述之情形發生，而其歧異之原因，未必絕對係出於虛偽所致。是以共同被告或共犯間之自白，遇有前後不一，或彼此互相齟齬之情形，事實審法院為發現真實起見，應就其全盤供述之意旨，佐以卷內證據為綜合判斷，並依據經驗法則及論理法則，詳予剖析其供述異、同之情形，並依91年2月8日修正公布，同月10日施行之刑事訴訟法第163條第2項所定「法院為發見真實，得依職權調查證據，但於公平正義之維護或對被告之利益有重大關係事項，法院應依職權調查之」，調查其他必要之證據，以去瑕存真，定其取捨，若足認其關於基本事實之陳述，果於真實性無礙時，即非不得予以採信。苟不為上開調查研析，僅以共同被告或共犯間之自白稍有不符或矛盾，即認其全部陳述均與事實不符，而悉予摒棄不採，對供述相同之處又俱不斟酌，則法官依經驗法則、論理法則判斷事理之功能盡廢，其採證認事之職權行使與自由心證暨證據法則之運用，均難認為適法。

相關法規：本法第167條之7、第208條。

第163條之1（調查證據之程式）

條文

當事人、代理人、辯護人或輔佐人聲請調查證據，應以書狀分別具體記載下列事項：

一、聲請調查之證據及其與待證事實之關係。

二、聲請傳喚之證人、鑑定人、通譯之姓名、性別、住居所及預期詰問所需之時間。

三、聲請調查之證據文書或其他文書之目錄。若僅聲請調查證據文書或其他文書之一部分者，應將該部分明確標示。

調查證據聲請書狀，應按他造人數提出繕本。法院於接受繕本後，應速送達。

不能提出第一項之書狀而有正當理由或其情況急迫者，得以言詞為之。

前項情形，聲請人應就第一項各款所列事項分別陳明，由書記官製作筆

錄；如他造不在場者，應將筆錄送達。

立法說明

- 在加重當事人進行主義色彩，淡化職權進行主義之刑事訴訟制度下，證據調查為整個審判程序之核心，其中當事人間互為攻擊、防禦更為法庭活動中調查證據程序之重點所在。為使證據之調查集中而有效率、訴訟程序之進行順利而迅速，聲請調查證據之方式，應予明定，始克有成。是以，當事人、代理人、辯護人或輔佐人向法院聲請調查證據時，不論於審判期日或準備程序，均應以書狀分別具體記載：請求之各項證據及其與待證事實之關係、證人等年籍資料及預定詰問時間、文書證據之目錄及標明欲請求調查的特定部分，使爭點集中，當事人得以預測攻擊、防禦之方法，法院亦得適當行使對調查證據之訴訟指揮權，因此增訂本條第一項。

- 在以當事人互相攻擊、防禦為法庭活動主軸之調查證據程序中，任何調查證據之聲請及主張，應讓他造當事人充分明瞭，使其得於期日前，預為充分準備，並調整攻擊、防禦的態勢，使審判程序公開化。因此增訂第2項應提出、送達調查證據聲請狀繕本予他造當事人之規定，俾便審理集中而有效率，避免不必要的程序拖延，達到審理集中化、透明化的目標。

- 調查證據之聲請以書狀為之，固較為明瞭，然若聲請人有正當理由或情況急迫無法提出書狀，例如於審判期日或訊問時，依案件進行之情形，若未當場調查某項證據，該證據容有逸失或無法再調查之可能，或被告未聘律師，亦不識字，無人得以代撰聲請狀等情形，此時若仍堅持調查證據之聲請，一律須以書狀為之，恐緩不濟急，反而有可能造成程序之拖延，對於被告防禦權之保障亦不周延。因此增訂本條第3、4項，規定得以言詞代書狀聲請之情形，及筆錄送達之規定，以彈性處理審判程序中之各種聲請調查證據情狀。

第163條之2（聲請調查證據之駁回）

條文

當事人、代理人、辯護人或輔佐人聲請調查之證據，法院認為不必要者，得以裁定駁回之。

下列情形，應認為不必要：

一、不能調查者。

二、與待證事實無重要關係者。

三、待證事實已臻明瞭無再調查之必要者。

四、同一證據再行聲請者。

立法說明

- 依本法第163條規定，當事人、代理人、辯護人或輔佐人得聲請法院調查證據，惟若其等聲請調查之證據，法院認為不必要時，應如何處理？原條文僅規定當事人、辯護人之聲請，法院認為不必要者，得以裁定駁回，而未言及代理人及輔佐人部分，因此於2003年2月修法時修正增列。

- 當事人、代理人、辯護人或輔佐人聲請調查之證據，有無調查之必要，雖屬法院自由裁量權行使範疇，惟何種情形始認為不必要，法無明文，為免爭議，因此一併增訂第2項。

實務見解

94年台上字第1998號（判例）

合議庭審判長之職權係存在於訴訟程序之進行或法庭活動之指揮事項，且以法律明文規定者為限，此外則屬法院之職權，依法院組織法第一百零一條規定，必須經由合議庭內部評議，始得形成法院之外部意思決定，並以判決或裁定行之，不得僅由審判長單獨決定。從而刑事訴訟法第163條之2第1項規定：「當事人、代理人、辯護人或輔佐人聲請調查之證據，法院認為不必要者，得以裁定駁回之。」即以證據是否應予調查，關乎待證事實是否於案情具有重要性，甚或影響相關證據之價值判斷，已非純屬審判長調查證據之執行方法或細節及法庭活動之指揮事項，故應由法院以裁定行之，並非審判長所得單獨決定處分。至同法第288條之3第1項規定：「當事人、代理人、辯護人或輔佐人對於審判長或受命法官有關證據調查或訴訟指揮之處分不服者，除有特別規定外，得向法院聲明異議。」其中所稱之「調查證據處分」，係專指調查證據之執行方法或細節（包括積極不當行為及消極不作為）而言，二者顯然有別，不容混淆。

第164條（普通物證之調查）

條文

審判長應將證物提示當事人、代理人、辯護人或輔佐人，使其辨認。

前項證物如係文書而被告不解其意義者，應告以要旨。

立法說明

本條於2003年2月將原本條前段文字「證物應示被告令其辨認」，修正為「審判長應將證物提示當事人、代理人、辯護人或輔佐人，使其辨認」，並作為第1項另外，證物如係文書，而被告不解其意義者，審判長仍應告以要旨，亦一併於第2項規定。

實務見解

97年台上字第4052號（最高法院刑事裁判）

…刑事訴訟法第164條規定：「審判長應將證物提示當事人、代理人、辯護人或輔佐人，使其辨認。」、「前項證物如係文書而被告不解其意義者，應告以要旨。」第165條第1項規定：「卷宗內之筆錄及其他文書可為證據者，審判長應向當事人、代理人、辯護人或輔佐人宣讀或告以要旨。」第288條之1第1項規定：「審判長每調查一證據畢，應詢問當事人有無意見。」第288條之2規定：「法院應予當事人、代理人、辯護人或輔佐人，以辯論證據證明力之適當機會。」其立法意旨除仍寓有保護被告之訴訟防禦權外，要係在調整為改良式當事人進行主義原則下，期使事實審法院本於直接審理及言詞辯論方式，經由當事人等之法庭活動而獲得心證，以實現公平法院之理想。倘與待證事實直接相關之證物，未顯出於公判庭，無異剝奪當事人等辨認、表示意見及辯論其證明力之權利與機會，不符公平法院必須透過程序正義之嚴格遵守，而使實質正義具體實現之要求，自不能以該證據作為判斷嚴格事實之基礎，否則即有採證違背證據法則之違法。

97年台上字第3872號（最高法院刑事裁判）

…刑事訴訟法第164條第1項明定，審判長應將證物提示當事人、代理人、辯護人或輔佐人，使其辨認，旨在使採為判決基礎之證據資料，開示於審判庭，符合直接審理主義之意義，令物證之同一性及真實性透過

調查程序檢驗之，一則建立當事人攻擊、防禦之公平基礎，再則期待真實發見。是以，縱當事人對於扣押物之同一性無爭議，審判長亦應踐行提示扣押清單或其他足以顯現物證內容之資料。倘採為判罪資料，於審判期日漏未踐行此項物證開示程序，即難謂無應於審判期日調查證據而未調查之違背法令。

80年台上字第4672號（判例）

金融機構為防制犯罪，裝置錄影機以監視自動付款機使用情形，其錄影帶所錄取之畫面，全憑機械力拍攝，未經人為操作，未伴有人之主觀意見在內，自有證據能力。法院如以之為物證，亦即以該錄影帶之存在或形態為證據資料，其調查證據之方法，固應依刑事訴訟法第164條之規定，提示該錄影帶，命被告辨認；如係以該錄影帶錄取之畫面為證據資料，而該等畫面業經檢察官或法院實施勘驗，製成勘驗筆錄，則該筆錄已屬書證，法院調查此項證據，如已依同法第165條第1項之規定，就該筆錄內容向被告宣讀或告以要旨，即無不合。縱未將該錄影帶提示於被告，亦不能謂有同法第379條第10款所稱應於審判期日調查之證據未予調查之違法。

46年台上字第472號（判例）

證物應示被告，令其辨認，刑事訴訟法第271條設有明文，此項規定，依同法第356條，為第二審審判所準用，獲案之臺灣通運公司第三戰區福建省軍民合作指導處證明書、福建松溪縣田賦糧食管理處委令，既係上訴人共同使用以申請復審，即屬證物，自應於審判期日提示上訴人，令其辨認，乃原審並未履行此項程序，遽採為斷罪資料，其判決自屬違背法令。

臺灣高等法院暨所屬法院98年法律座談會刑事類臨時提案第1號

法律問題：對於違反槍砲彈藥刀械管制條例案件所查扣之彈藥，尤其土製手榴彈、改造子彈等爆裂物，因其結構不穩定，具有爆裂之危險性，能否比照現行違反毒品危害防制條例之扣案毒品（獲案毒品處理流程管制作業要點第2、6點參照），將查扣之彈藥等爆裂物，均交由鑑識單位保管，而鑑識單位僅須將鑑定結果及實物照片，送交偵審機關即可？

討論意見：甲說：肯定說。

現行刑事訴訟法採直接審理主義，證物應以「實物提示」，且同法第164條第1項，亦明定「審判長應將證物提示當事人、代理人、辯護人或輔佐人，使其辨認」，即物證必須透過調查證據程序，以實物顯現於審判庭，使當事人、代理人、辯護人或輔佐人辨認，始得採為判決之基礎。因此，扣案證物應以「實物提示」為原則；然扣案證物倘具有危險性（例如：彈藥等爆裂物）或不適合實物提示（例如：扣案山貓一輛），且於「有無證物存在」或「證物之同一性」（identification）復無所爭議時，自得以其他替代實物之證據型態，提示於審判庭，應非法所不許（97年度台上字第1355號刑事判決參照）。次按，可為證據或得沒收之物，得扣押之，刑事訴訟法第133條第1項固有明文。然不便保管之扣押物，得命其他適當之人保管，刑事訴訟法第140條第2項定有明文。且「易生危險之扣押物」，依法甚至得予毀棄（刑事訴訟法第140條第3項參照）。再參酌檢察機關辦理扣押槍砲彈藥應行注意事項第7點規定：移送之彈藥，如具有危險性者，應囑移送機關送交有關機關代為處理及保管，取具保管證隨案移送，並拍攝照片送案。據此，題示扣案之彈藥，為避免發生危險，偵審機關自得認為係屬「不便保管之扣押物」，而命鑑識單位保管扣案之彈藥，鑑識單位僅須將鑑定報告及實物照片送至偵審機關即可。

乙說：否定說，理由下略。

研討結果：採甲說。

相關法規：本法第379條第10款。

第165條（書證之調查）

條文

卷宗內之筆錄及其他文書可為證據者，審判長應向當事人、代理人、辯護人或輔佐人宣讀或告以要旨。

前項文書，有關風化、公安或有毀損他人名譽之虞者，應交當事人、代理人、辯護人或輔佐人閱覽，不得宣讀；如被告不解其意義者，應告以要旨。

立法說明

- 第一項後段文字於2003年2月修正為「審判長」應向「當事人、代理

人、辯護人或輔佐人」宣讀或告以要旨，以明「審判長」為書證調查主體，並使當事人、代理人、辯護人或輔佐人均能於調查證據程序進行時知悉書證內容。

- 前項修正後，如該文書有關風化、公安或有毀損他人名譽之虞者，應交當事人、代理人、辯護人或輔佐人閱覽，不得宣讀，如被告不解其意義，仍應告以要旨，以維其權益。

實務見解

47年台上字第109號（判例）

卷宗內之筆錄及其他文書可為證據者，應向被告宣讀或告以要旨，為刑事訴訟法第272條第1項所明定，此項規定，依同法第356條為第二審審判所準用，該項宣讀或告以要旨，應向被告為之，使其明白辯論之機會，自非向被告以外之人宣讀，即足認已履行公開審理日期所應調查之程序。

44年台上字第263號（判例）

卷宗內之筆錄及其他文書可為證據者，應向被告宣讀或告以要旨，刑事訴訟法第272條（舊）規定甚明，原審未於民國43年12月31日審判期日，將卷宗內之筆錄，向上訴人宣讀或告以要旨，即係應於審判期日調查之證據未予調查，遽採為斷罪資料，其判決當然為違背法令。

第165條之1（新型態證據之調查）

條文

前條之規定，於文書外之證物有與文書相同之效用者，準用之。

錄音、錄影、電磁紀錄或其他相類之證物可為證據者，審判長應以適當之設備，顯示聲音、影像、符號或資料，使當事人、代理人、辯護人或輔佐人辨認或告以要旨。

立法說明

隨著現代科學技術之進步與發展，不同於一般物證和書證之新型態證據，例如科技視聽及電腦資料已應運而生，我國刑事訴訟法原規定之證據種類中，並未包含此類科技視聽及電腦資料在內，因此增訂準文書得為證據方法及其開示、調查方法，以規範將來可能新生的各種新型態證

據。

實務見解

97年台上字第1357號（最高法院刑事裁判）

…刑事訴訟法第165條之1第2項明定：「錄音、錄影、電磁紀錄或其他相類之證物可為證據者，審判長應以適當之設備，顯示聲音、影像、符號或資料，使當事人、代理人、辯護人或輔佐人辨認或告以要旨。」「勘驗過程錄影光碟」若欲作為證據，須於審判期日踐行以適當之設備顯示聲音、影像並使當事人、代理人、辯護人或輔佐人辨認或告以要旨之調查證據程序，始告適法。卷查原審並未於審判期日踐行此調查證據程序，證據即屬未經合法調查，依同法第155條第2項規定，應屬無證據能力，不得作為判斷之依據。

96年台上字第6127號（最高法院刑事裁判）

…以錄音帶之存在狀態作為證據，審判時固可以提示錄音帶以供當事人辨認作為調查證據之方法，惟倘以錄音帶之電磁紀錄內容（即該證物所錄存之聲音內容）為證據方法，若非勘驗該錄音帶之內容，則難認僅以提示錄音帶外表即能達到供當事人辨認內容之合法調查目的；刑事訴訟法第165條之1第2項即明定錄音、錄影、電磁紀錄或其他相類之證物可為證據者，審判長應以適當之設備，顯示聲音、影像、符號或資料，使當事人、代理人、辯護人或輔佐人辨認或告以要旨；是倘僅以提示錄音帶外表之方法，代替檢證錄音帶之內容，即難謂已經合法之調查。

第166條（對證人、鑑定人之詰問）

條文

當事人、代理人、辯護人及輔佐人聲請傳喚之證人、鑑定人，於審判長為人別訊問後，由當事人、代理人或辯護人直接詰問之。被告如無辯護人，而不欲行詰問時，審判長仍應予詢問證人、鑑定人之適當機會。

前項證人或鑑定人之詰問，依下列次序：

一、先由聲請傳喚之當事人、代理人或辯護人為主詰問。

二、次由他造之當事人、代理人或辯護人為反詰問。

三、再由聲請傳喚之當事人、代理人或辯護人為覆主詰問。

四、再次由他造當事人、代理人或辯護人為覆反詰問。

前項詰問完畢後，當事人、代理人或辯護人，經審判長之許可，得更行詰問。

證人、鑑定人經當事人、代理人或辯護人詰問完畢後，審判長得為訊問。

同一被告、自訴人有二以上代理人、辯護人時，該被告、自訴人之代理人、辯護人對同一證人、鑑定人之詰問，應推由其中一人代表為之。但經審判長許可者，不在此限。

兩造同時聲請傳喚之證人、鑑定人，其主詰問次序由兩造合意決定，如不能決定時，由審判長定之。

立法說明

- 為落實當事人進行主義精神，審判程序之進行應由當事人扮演積極主動角色，而以當事人間之攻擊、防禦為主軸，因此有關證人、鑑定人詰問之次序、方法、限制、內容，即為審判程序進行之最核心部分。然而依本法第166條規定，有關證人、鑑定人之調查，未區分其係由當事人聲請或由法院依職權調查，一律均由審判長直接並主導訊問，實務上能確實運用當事人交互詰問之情形並不多見。因此，本條第1項之規定允宜修正，使由當事人、代理人、辯護人或輔佐人等聲請傳喚之證人、鑑定人，在審判長依本法第185條、第197條為人別訊問後，即由當事人、代理人或辯護人直接運作交互詰問之訴訟程序。又於被告無辯護人之情形下，如其不知行使詰問權或行使詰問權有障礙時，審判長仍應予被告詢問證人、鑑定人之適當機會。至於由法院依職權傳喚證人、鑑定人之情形，則另行規定於第166條之6。

- 交互詰問制度設計之主要目的，在辯明供述證據之真偽，以發見實體之真實，而由當事人一造聲請傳喚之證人、鑑定人，此造對於該證據最為關心及瞭解，自應先由該當事人、代理人或辯護人為主詰問，次由他造之當事人、代理人或辯護人反詰問，再由先前之一造當事人、代理人或辯護人為覆主詰問，再次由他造當事人等為覆反詰問，交叉為之以示公平，並有助訴訟程序之順利進行，因此修正本條第2、3項，明定詰問證人、鑑定人之次序及經審判長許可，得更行詰問之規定。

- 再者，本條第2項所規定之詰問次序，與第一項同屬有關詰問權之規定，而非義務性之規定，審判長不得任意予以剝奪，本條第三項之詰問，則係針對原證人、鑑定人而言，故乃稱為「更行詰問」。在加強當事人進行主義色彩之刑事訴訟架構下，法院依職權調查證據係居於補充性、輔佐性之地位及因發見真實之必須而為之，既如前述。於此，證人、鑑定人在經當事人、代理人或辯護人詰問後，審判長即可為補充性地訊問證人、鑑定人，因此增訂本條第4項，以確實落實當事人進行主義之精神，並與本法第163條之修正相呼應，彰顯法院依職權調查證據之輔助性質。

- 同一被告、自訴人有二位以上代理人、辯護人時，為節省法庭時間，避免不必要之重複詰問，該被告之代理人、辯護人或自訴人之代理人對同一證人、鑑定人之詰問，應推由其中一人代表為之，經審判長許可者，始不受此限。因此於第5項規定之。

- 基於尊重當事人進行之精神，兩造若同時聲請傳喚某證人或鑑定人，關於主詰問之次序，宜由兩造合意決定，如不能合意決定時，則由審判長定之，因此增訂第6項。

第166條之1（主詰問之範圍及誘導詰問之例外）
條文

主詰問應就待證事項及其相關事項行之。

為辯明證人、鑑定人陳述之證明力，得就必要之事項為主詰問。

行主詰問時，不得為誘導詰問。但下列情形，不在此限：

一、未為實體事項之詰問前，有關證人、鑑定人之身分、學歷、經歷、與其交游所關之必要準備事項。

二、當事人顯無爭執之事項。

三、關於證人、鑑定人記憶不清之事項，為喚起其記憶所必要者。

四、證人、鑑定人對詰問者顯示敵意或反感者。

五、證人、鑑定人故為規避之事項。

六、證人、鑑定人為與先前不符之陳述時，其先前之陳述。

七、其他認有誘導詰問必要之特別情事者。

立法說明

- 本條於第1項明定主詰問範圍，此所稱「待證事項」不以重要關係之事項為限，而係以英美法所稱「關聯性法則」定之。至於第2項則明定在主詰問階段，為辯明證人、鑑定人記憶及陳述之正確性，或證人、鑑定人之憑信性等，得就必要事項為詰問。

- 誘導詰問乃指詰問者對供述者暗示其所希望之供述內容，而於「問話中含有答話」之詰問方式。就實務經驗而言，由當事人、代理人、辯護人或輔佐人聲請傳喚之證人、鑑定人，一般是有利於該造當事人之友性證人。因此，若行主詰問者為誘導詰問，證人頗有可能迎合主詰問者之意思，而做非真實之供述。故原則上在行主詰問時不得為誘導詰問，惟為發見真實之必要或無導出虛偽供述之危險時，則例外允許於行主詰問時，為誘導詰問。因此依本法第167條第1項規定，於本條第3項明定行主詰問時，不得為誘導詰問，並以但書列舉其例外情形，同時規定概括條款以資適用。

第166條之2（反詰問之範圍）

條文

反詰問應就主詰問所顯現之事項及其相關事項或為辯明證人、鑑定人之陳述證明力所必要之事項行之。

行反詰問於必要時，得為誘導詰問。

立法說明

- 反詰問之作用乃在彈劾證人、鑑定人供述之憑信性，及引出在主詰問時未揭露或被隱瞞之另一部分事實，而達發見真實之目的，因此依本法第167條第1項，於本條第1項規範反詰問之詰問範圍，以資明確。

- 行反詰問時，因證人、鑑定人通常非屬行反詰問一造之友性證人，較不易發生證人、鑑定人附和詰問者而為非真實供述之情形，故允許為誘導詰問。再者，從另一角度觀察，經由反對詰問程序而發現證人、鑑定人於主詰問時之供述是否真實，透過誘導詰問，更能發揮推敲真實之效果。然而，行反詰問時，證人、鑑定人亦有迎合或屈服於詰問者意思之可能或遭致羞辱之危險。因此，對於反詰問之誘導詰問亦應

有適當之規範，即於必要時，始得為之。因此增訂本條第2項，以資適用。至於何種情形為「必要時」，則由審判長裁量。

第166條之3（對新事項之詰問權）

條文

行反詰問時，就支持自己主張之新事項，經審判長許可，得為詰問。

依前項所為之詰問，就該新事項視為主詰問。

立法說明

按反詰問之範圍，以修正後本法第166條之2規定為原則，然同一證人、鑑定人亦可能知悉、支持行反詰問者主張之事項，為發見真實，經審判長許可，宜使行反詰問者，就支持自己主張之新事項為詰問，此時就該新事項言，則產生程序之更新，該種詰問，性質上為主詰問，而非反詰問。而對造之當事人、代理人及辯護人對該新事項則自然取得反詰問權，因此增訂本條。

第166條之4（覆主詰問之範圍及行覆主詰問之方式）

條文

覆主詰問應就反詰問所顯現之事項及其相關事項行之。

行覆主詰問，依主詰問之方式為之。

前條之規定，於本條準用之。

立法說明

原條文第166條第2項但書，原即規定覆問之範圍為「因他造詰問所發見之事項」，亦即限於因反詰問所發見之事項，惟因反詰問所發見之事項，包含反詰問時所發見之事項及主詰問時已發見，並在反詰問時有所詰問之事項，因此將覆主詰問之範圍規定為反詰問所顯現之事項與其相關事項，以資明確。另外，行覆主詰問，應依主詰問之方式為之，例如：原則上不得誘導詰問，於法定例外之情況下始得為誘導詰問。另為發見真實，經審判長許可，亦宜使行覆主詰問者，就支持自己主張之新事項為詰問，因此增訂本條。

第166條之5（覆反詰問之範圍及行覆反詰問之方式）

條文

覆反詰問，應就辯明覆主詰問所顯現證據證明力必要之事項行之。

行覆反詰問，依反詰問之方式行之。

立法說明

為避免詰問事項不當擴張，浪費法庭時間，因此於本條第1項規定覆反詰問應就覆主詰問所顯現證據證明力必要之事項行之。

第166條之6（詰問次序及續行訊問）

條文

法院依職權傳喚之證人或鑑定人，經審判長訊問後，當事人、代理人或辯護人得詰問之，其詰問之次序由審判長定之。

證人、鑑定人經當事人、代理人或辯護人詰問後，審判長得續行訊問。

立法說明

依第163條第2項前段之規定，法院為發見真實，得依職權調查證據。因此，於法院依職權傳喚證人、鑑定人時，該證人、鑑定人具有何種經驗、知識，所欲證明者為何項待證事實，自以審判長最為明瞭，應由審判長先為訊問，此時之訊問相當於主詰問之性質，而當事人、代理人及辯護人於審判長訊問後，接續詰問之，其性質則相當於反詰問。至於當事人、代理人及辯護人間之詰問次序，則由審判長本其訴訟指揮，依職權定之。為發見真實，證人、鑑定人經當事人、代理人或辯護人詰問後，審判長仍得續行訊問，因此增訂本條，以與第166條規定作一區別。

第166條之7（詰問之限制）

條文

詰問證人、鑑定人及證人、鑑定人之回答，均應就個別問題具體為之。

下列之詰問不得為之。但第五款至第八款之情形，於有正當理由時，不在此限：

一、與本案及因詰問所顯現之事項無關者。

二、以恫嚇、侮辱、利誘、詐欺或其他不正之方法者。

三、抽象不明確之詰問。

四、為不合法之誘導者。

五、對假設性事項或無證據支持之事實為之者。

六、重覆之詰問。

七、要求證人陳述個人意見或推測、評論者。

八、恐證言於證人或與其有第一百八十條第一項關係之人之名譽、信用或財產有重大損害者。

九、對證人未親身經歷事項或鑑定人未行鑑定事項為之者。

十、其他為法令禁止者。

立法說明

- 對於證人、鑑定人之詰問及證人、鑑定人之回答，應以何種方式為之，在英美法庭多見一問一答方式；而我國現行條文第190條則規定「訊問」證人，應命證人就訊問事項之始末而連續陳述。衡諸實際，以一問一答之方式為之，較為明確，但易受暗示之影響，且耗時較久；而以連續陳述之方式，亦有可能因證人之疏忽或不小心而遺漏重要事實，有時二者甚或不易區別。因此增訂詰問及證人、鑑定人回答之方式均應就個別問題具體為之。當然所謂「就個別問題具體為之」，亦非純粹屬一問一答，或答「是」或「不是」的簡潔問題。例如：當事人可能詰問證人：「關於本案件，請將你在某年、某月、某日所見之事實陳述一遍」等。從而，以此修正之方式規定，或較能綜合問答方式及連續陳述方式等各種情況，而賦予詰問較彈性之空間，至於何種方式較為具體妥適，則委諸實務運作。

- 為免無秩序、不當的詰問，浪費時間，延滯訴訟程序，甚或導致虛偽陳述，影響真實之發見，因此將現行條文第191條規定移列於本條第2項，並加以補充，以禁止不當之詰問。

- 詰問之目的在於發見真實，在某些有正當理由之情況下，例如證人基於實驗過之事實而做之推測或個人意見，自然比未經實驗過之推測或個人意見可靠，此時要求證人陳述個人意見或推測，宜認其有正當理由，而寬認該詰問方式之正當性。因此於本條第2項明定第5款至第8款情形，於有正當理由時，仍得為詰問。

第167條（限制或禁止詰問）

條文

當事人、代理人或辯護人詰問證人、鑑定人時，審判長除認其有不當者外，不得限制或禁止之。

立法說明

詰問為當事人、代理人及辯護人之權利，原則上不得予以禁止，故將本條修正為反面規定，以闡明審判長訴訟指揮權之行使，原則上需尊重當事人之詰問權，然而審判程序之進行以兩造之攻擊、防禦為主軸後，為防止詰問權之濫用，導致不必要及不當之詰問，使審判程序遲滯，審判長為維持法庭秩序、有效發見真實，仍得適當限制、禁止詰問之方式、時間。

第167條之1（聲明異議權）

條文

當事人、代理人或辯護人就證人、鑑定人之詰問及回答，得以違背法令或不當為由，聲明異議。

立法說明

詰問制度之設計，在於使當事人、代理人或辯護人在審判程序中積極參與，為使訴訟程序合法、妥適，當事人、代理人或辯護人，對於他造向證人、鑑定人所為之詰問及證人、鑑定人對於他造當事人等詰問之回答，均得聲明異議，以防不當或違法之詰問及證人、鑑定人恣意之回答，影響審判之公平、公正，或誤導事實，因此增訂本條。

第167條之2（聲明異議之處理）

條文

前條之異議，應就各個行為，立即以簡要理由為之。

審判長對於前項異議，應立即處分。

他造當事人、代理人或辯護人，得於審判長處分前，就該異議陳述意見。

證人、鑑定人於當事人、代理人或辯護人聲明異議後，審判長處分前，應停止陳述。

立法說明

- 聲明異議必須附理由，實務上常先以「審判長，有異議」，喚起法院
  之注意，然後再說明簡要理由，例如：「辯護人之詰問顯然為誘導詰
  問，請命令停止」，而此處所謂之聲明異議係針對證人、鑑定人詰問、
  回答之行為、內容或方式為之，因此增訂本條第1項。

- 當事人、代理人或辯護人聲明異議時，審判長應即時作出處分，惟在
  作成處分前，宜賦予相對人得陳述對於該異議之意見之機會，而證
  人、鑑定人於審判長處分前，亦應先暫時停止陳述，俾訴訟進行有
  秩序，並避免損及異議人權益，以示公平、公正，因此增訂本條第2
  項、第3項及第4項，以資適用。

第167條之3（聲明異議之處理—駁回）

條文

審判長認異議有遲誤時機、意圖延滯訴訟或其他不合法之情形者，應以
處分駁回之。但遲誤時機所提出之異議事項與案情有重要關係者，不在
此限。

立法說明

採交互詰問之調查證據方式，通常過程緊湊，不宜中斷或遲延，因此若
當事人、代理人或辯護人一發現對證人、鑑定人之詰問或證人、鑑定人
之回答有所偏差時，應立刻聲明異議，對於已經遲誤時機、意圖延滯訴
訟或其他不合法之聲明異議，原則上不應准許，而應予處分駁回。但若
遲誤時機之聲明異議事項，與案情有重要關係，顯足以影響判決內容或
審判公平時，則應不受提出時機之限制，至於何種事項與案情有重要關
係，宜依個案具體情形決定之，而由實務累積經驗，因此增訂本條。

第167條之4（聲明異議之處理—異議無理由）

條文

審判長認異議無理由者，應以處分駁回之。

立法說明

參考日本刑事訴訟規則第205條之5規定增訂本條。而有關審判長處分之

事項，應由書記官載明於筆錄，以便查考，並供日後審查。

第167條之5（聲明異議之處理─異議有理由）

條文

審判長認異議有理由者，應視其情形，立即分別為中止、撤回、撤銷、變更或其他必要之處分。

立法說明

參考日本刑事訴訟規則第205條之6規定增訂本條。至於如何情況而應為中止、撤回、撤銷、變更或其他必要之處分，因情況各異，難以盡書，有賴實務運作以累積判例，以資遵循。

第167條之6（異議之處分不得聲明不服）

條文

對於前三條之處分，不得聲明不服。

立法說明

為避免當事人反覆爭執，延宕訴訟程序，對於審判長依前三條規定所為之處分，不許再聲明不服，因此增訂本條。

第167條之7（詢問之準用規定）

條文

第一百六十六條之七第二項、第一百六十七條至第一百六十七條之六之規定，於行第一百六十三條第一項之詢問準用之。

立法說明

為使詢問程序之進行順暢、有序，因此增訂本條，明定其所應準用之規定，以資規範。

第168條（證人、鑑定人之在庭義務）

證人、鑑定人雖經陳述完畢，非得審判長之許可，不得退庭。

第168條之1（當事人在場權）

條文

當事人、代理人、辯護人或輔佐人得於訊問證人、鑑定人或通譯時在場。
前項訊問之日、時及處所，法院應預行通知之。但事先陳明不願到場
者，不在此限。

立法說明

- 為保障當事人反對詰問權，使交互詰問制度得以充分落實，以期發見
  真實，當事人、代理人、辯護人及輔佐人於訊問證人、鑑定人或通譯
  時允宜賦予在場機會，此即學理上所稱「在場權」。原條文第276條第
  3項對於前開當事人之在場權，雖已有規定，但該條第1、2項係規定
  審判期日前之訊問證人或鑑定人，此種編排方式極易使人誤會原條文
  之當事人在場權，僅限於審判期日之前，而不及於審判期日。因此將
  有關當事人在場權規定，移列於證據章通則部分，以彰顯落實保障訴
  訟當事人權益之精神。
- 為保障當事人之在場權，訊問之日、時及處所，法院固應預行通知
  之，以方便當事人、代理人、辯護人及輔佐人出席。惟當事人、代理
  人、辯護人或輔佐人基於己身原因考量，自願放棄其在場權，而預先
  表明不願到場者，法院得不再預行通知，以免浪費有限之司法資源，
  因此增訂本條但書。

第169條（被告在庭權之限制）

條文

審判長預料證人、鑑定人或共同被告於被告前不能自由陳述者，經聽取
檢察官及辯護人之意見後，得於其陳述時，命被告退庭。但陳述完畢
後，應再命被告入庭，告以陳述之要旨，並予詰問或對質之機會。

立法說明

原條文內容職權主義之色彩較濃，在刑事訴訟法朝加強當事人進行主義
色彩之方向修正後，是否進行隔別訊問，自宜聽取檢察官及辯護人之意
見，不宜任由審判長自己逕行決定。再者，被告之反對詰問權為被告之
防禦權，應予保障，因此，於隔別訊問後，再命被告入庭，除告以陳述
之要旨外，仍應賦予被告詰問之機會，訴訟程序之設計始為周延，因此
修訂本條。

相關法規：本法第171條、第273條之2。

第170條（陪席法官之訊問）

條文

參與合議審判之陪席法官，得於告知審判長後，訊問被告或準用第一百六十六條第四項及第一百六十六條之六第二項之規定，訊問證人、鑑定人。

立法說明

本法第166條第4項增訂證人、鑑定人在經當事人、代理人或辯護人詰問完畢後，審判長得為訊問，另本法第166條之6第2項亦規定證人、鑑定人經當事人、代理人或辯護人詰問後，審判長得續行訊問。因此，本條關於陪席法官於告知審判長後，欲訊問證人、鑑定人之規定，亦應秉此原則，因此為文字修正，以資呼應。

第171條（審判期日前訊問之準用規定）

條文

法院或受命法官於審判期日前為第二百七十三條第一項或第二百七十六條之訊問者，準用第一百六十四條至第一百七十條之規定。

立法說明

本法改採行集中審理制後，法院或受命法官於準備程序中，原則上即不再從實質之證據調查，但如預料證人不能於審判期日到場，或須於審判期日前命鑑定人先為鑑定者，為便利審判程序之順利進行，仍應許於審判期日前訊問之。是本條所謂於審判期日前訊問被告或證人、鑑定人者，即指處理第273條第1項各款所規定事項或第276條對證人、鑑定人所為之訊問，乃修正明定之。

第172條（刪除）

第173條（刪除）

第174條（刪除）

第二節　人證

第175條（傳喚證人之傳票）
條文

傳喚證人，應用傳票。

傳票，應記載下列事項：

一、證人之姓名、性別及住所、居所。

二、待證之事由。

三、應到之日、時、處所。

四、無正當理由不到場者，得處罰鍰及命拘提。

五、證人得請求日費及旅費。

傳票，於偵查中由檢察官簽名，審判中由審判長或受命法官簽名。

傳票至遲應於到場期日二十四小時前送達。但有急迫情形者，不在此限。

相關法規：刑事訴訟法施行法第7條之2、公務員懲戒法第29條。

第176條（監所證人之傳喚與口頭傳喚）

第七十二條及第七十三條之規定，於證人之傳喚準用之。

第176條之1（作證義務）
條文

除法律另有規定者外，不問何人，於他人之案件，有為證人之義務。

立法說明

刑事訴訟係採實質的真實發見主義，欲認定事實，自須賴證據以證明。而證人係指在他人之訴訟案件中，陳述自己所見所聞具體事實之第三人，為證據之一種，故凡居住於我國領域內，應服從我國法權之人，無分國籍身分，均有在他人為被告之案件中作證之義務，俾能發見事實真相。此外，本法第178條明文規定證人經合法傳喚，無正當理由不到場者，得科以罰鍰；證人不到場者，亦得予以拘提，益見除法律另有規定者外，不問何人，於他人之案件均有為證人之義務，因此予以增訂以期明確。

相關法規：本法第179-182條。

第176條之2（聲請調查證據人促使證人到場之責任）

條文

法院因當事人、代理人、辯護人或輔佐人聲請調查證據，而有傳喚證人之必要者，為聲請之人應促使證人到場。

立法說明

審判程序的核心在於調查證據，而有關證人的訊問與詰問更是調查證據之重點，因此，證人是否到場，影響審判程序之進行至鉅，因此明定當事人、代理人、辯護人或輔佐人聲請調查證據，而有傳喚證人之必要時，該聲請之人應促使其證人到場，以利案件之進行，並斟酌於第176條之1關於作證義務規定後，增訂本條。

第177條（就訊證人）

條文

證人不能到場或有其他必要情形，得於聽取當事人及辯護人之意見後，就其所在或於其所在地法院訊問之。

前項情形，證人所在與法院間有聲音及影像相互傳送之科技設備而得直接訊問，經法院認為適當者，得以該設備訊問之。

當事人、辯護人及代理人得於前二項訊問證人時在場並得詰問之；其訊問之日時及處所，應預行通知之。

第二項之情形，於偵查中準用之。

立法說明

- 隨著現代科技之進步與發展，資訊之傳遞更為快速而準確，訊問證人之方式，除傳統之當庭訊問或就地訊問外，若有科技設備而得直接訊問者與證人親自到庭以言詞陳述，無甚差別，且避在押人犯之提解戒護之安全問題，增訂第2項。
- 為確實保障當事人之反對詰問權及律師依賴權，當事人、代理人及辯護人自得於依前開方式訊問證人時在場，並行使反對詰問權，而且其訊問之日、時及處所，應預行通知之，俾其知而有行使權利之機會並預為準備。因此增訂本條第3項。

第178條（證人之到場義務及制裁）

條文

證人經合法傳喚，無正當理由而不到場者，得科以新臺幣三萬元以下之罰鍰，並得拘提之；再傳不到者，亦同。

前項科罰鍰之處分，由法院裁定之。檢察官為傳喚者，應聲請該管法院裁定之。

對於前項裁定，得提起抗告。

拘提證人，準用第七十七條至第八十三條及第八十九條至第九十一條之規定。

立法說明

原條文對證人無故不到場之處罰過輕，立法者認為不足以約束證人到庭。因此參酌民事訴訟法第303條規定，於2002年2月修正提高有關證人不到場之罰鍰數額，並改以新台幣作為單位。

示例

職棒選手某甲在職棒假球案中獲不起訴處分，其後板橋地院兩度傳喚某甲出庭作證，但都未到庭，且都在開庭後請假，不符合請假規定。法院開庭時，先進行簡單的人別訊問，除說明因為兩次傳喚他作證，但未出庭，所以拘提到案。並告知下次若再傳喚未到庭，依本條規定，可處3萬元罰款，法院亦可逕行科處罰款。

實務見解

釋字第249號

告發人為刑事訴訟當事人以外之第三人，法院如認為有命其作證之必要時，自得依刑事訴訟法第178條關於證人之規定傳喚之，無正當理由而不到場者，並得加以拘提，強制其到場作證，以達發見真實之目的。基此，本院院字第47號解釋，認對告發人得適用當時之刑事訴訟法第九十五條即現行刑事訴訟法第178條規定辦理，與憲法並無牴觸。

92年台非字第135號（最高法院刑事裁判）

…傳喚證人，應用傳票。證人經合法傳喚，無正當理由而不到場者，得科以新台幣3萬元以下之罰鍰，並得拘提之，再傳不到者，亦同，同法第175條第1項、第178條第1項固有明定，但以該證人經合法傳喚，又無正

當理由而不到場者，始符合處罰之要件，苟未經合法傳喚，即不得依上開規定科以罰鍰。

第179條（拒絕證言－公務員）

條文

以公務員或曾為公務員之人為證人，而就其職務上應守秘密之事項訊問者，應得該管監督機關或公務員之允許。

前項允許，除有妨害國家之利益者外，不得拒絕。

實務見解

釋字第627號

總統依其國家機密特權，就國家機密事項於刑事訴訟程序應享有拒絕證言權，並於拒絕證言權範圍內，有拒絕提交相關證物之權。立法機關應就其得拒絕證言、拒絕提交相關證物之要件及相關程序，增訂適用於總統之特別規定。於該法律公布施行前，就涉及總統國家機密特權範圍內國家機密事項之訊問、陳述，或該等證物之提出、交付，是否妨害國家之利益，由總統釋明之。其未能合理釋明者，該管檢察官或受訴法院應審酌具體個案情形，依刑事訴訟法第134條第2項、第179條第2項及第183條第2項規定為處分或裁定。總統對檢察官或受訴法院駁回其上開拒絕證言或拒絕提交相關證物之處分或裁定如有不服，得依本解釋意旨聲明異議或抗告，並由前述高等法院或其分院以資深庭長為審判長之法官5人組成之特別合議庭審理之。特別合議庭裁定前，原處分或裁定應停止執行。其餘異議或抗告程序，適用刑事訴訟法相關規定。

第180條（拒絕證言－身分關係）

條文

證人有下列情形之一者，得拒絕證言：

一、現為或曾為被告或自訴人之配偶、直系血親、三親等內之旁系血親、二親等內之姻親或家長、家屬者。

二、與被告或自訴人訂有婚約者。

三、現為或曾為被告或自訴人之法定代理人或現由或曾由被告或自訴人為其法定代理人者。

對於共同被告或自訴人中一人或數人有前項關係，而就僅關於他共同被告或他共同自訴人之事項為證人者，不得拒絕證言。

立法說明

為儘量縮小具有拒絕證言權人之範圍，以免妨害司法權之健全運作，而有助於真實之發見，因此檢討現時之人際社會關係，於2003年2月修正本條第1項第1款。

第181條（拒絕證言──身分與利害關係）

條文

證人恐因陳述致自己或與其有前條第一項關係之人受刑事追訴或處罰者，得拒絕證言。

示例

台北地方法院2007年7月審理力霸案時，以證人身分提訊在押的東森集團董事長甲，訊問其有無協助掏空另一公司，某甲恐因證言致自己被追訴，依本條得拒絕作證。

相關法規：外國法院委託事件協助法第6條、公務員懲戒法第29條。

第181條之1（不得拒絕證言之事項）

條文

被告以外之人於反詰問時，就主詰問所陳述有關被告本人之事項，不得拒絕證言。

立法說明

按為發見真實，並保障被告之反對詰問權，被告以外之人於反詰問（包含覆反詰問）時，就主詰問（包含覆主詰問）所陳述有關被告本人之事項，不得拒絕證言。

第182條（拒絕證言──業務關係）

條文

證人為醫師、藥師、助產士、宗教師、律師、辯護人、公證人、會計師或其業務上佐理人或曾任此等職務之人，就其因業務所知悉有關他人秘

密之事項受訊問者，除經本人允許者外，得拒絕證言。

立法說明

藥師法，已將「藥劑師」一語修正為「藥師」，原本條前段「藥劑師」一語因此於2003年2月配合修正，並刪除原條文「藥商」，限縮有拒絕證言權人之範圍，以利真實發見。

第183條（拒絕證言原因之釋明）

條文

證人拒絕證言者，應將拒絕之原因釋明之。但於第一百八十一條情形，得命具結以代釋明。

拒絕證言之許可或駁回，偵查中由檢察官命令之，審判中由審判長或受命法官裁定之。

實務見解

釋字第627號

總統依其國家機密特權，就國家機密事項於刑事訴訟程序應享有拒絕證言權，並於拒絕證言權範圍內，有拒絕提交相關證物之權。立法機關應就其得拒絕證言、拒絕提交相關證物之要件及相關程序，增訂適用於總統之特別規定。於該法律公布施行前，就涉及總統國家機密特權範圍內國家機密事項之訊問、陳述，或該等證物之提出、交付，是否妨害國家之利益，由總統釋明之。其未能合理釋明者，該管檢察官或受訴法院應審酌具體個案情形，依刑事訴訟法第134條第2項、第179條第2項及第183條第2項規定為處分或裁定。總統對檢察官或受訴法院駁回其上開拒絕證言或拒絕提交相關證物之處分或裁定如有不服，得依本解釋意旨聲明異議或抗告，並由前述高等法院或其分院以資深庭長為審判長之法官五人組成之特別合議庭審理之。特別合議庭裁定前，原處分或裁定應停止執行。其餘異議或抗告程序，適用刑事訴訟法相關規定。

相關法規：刑事訴訟法施行法第7條之2。

第184條（證人之隔別訊問與對質）

條文

證人有數人者，應分別訊問之；其未經訊問者，非經許可，不得在場。

因發見真實之必要，得命證人與他證人或被告對質，亦得依被告之聲請，命與證人對質。

立法說明

證人有數人者，分別證明不同之事實，尚未訊問之證人在場，於發見真實是否會受影響，宜由審判長裁量，視在場情形決定未經訊問之證人可否在場，以求適用上之彈性，並免訴訟程序發生違法情事，因此於2003年2月於第1項未經訊問者下增列「非經許可」，以切實際，並凸顯未經訊問之證人不得在場，係為原則。

第185條（證人之人別訊問）

條文

訊問證人，應先調查其人有無錯誤及與被告或自訴人有無第一百八十條第一項之關係。

證人與被告或自訴人有第一百八十條第一項之關係者，應告以得拒絕證言。

實務見解

最高法院90年度第6次刑事庭會議

29年上字第1011號判例：刑事訴訟法第167條第1項第1款（現行同法第180條第1項第1款），係規定證人現為或曾為被告或自訴人之配偶、五親等內之血親、三親等內之姻親或家長、家屬者，得拒絕證言，至證人與告訴人具有該款所載之關係者，不在適用之列，法院訊問該證人時，當然不應為同法第172條第2項（現行同法第185條第2項）之告知。

第186條（具結義務與不得令具結事由）

條文

證人應命具結。但有下列情形之一者，不得令其具結：

一、未滿十六歲者。

二、因精神障礙，不解具結意義及效果者。

證人有第一百八十一條之情形者，應告以得拒絕證言。

示例

甲乙夫妻有一9歲就讀小學3年的女兒丙，某日甲於賭博後返家與乙發生口角，動手毆傷乙，丙全程目睹，乙對甲提起傷害罪告訴，法院傳喚丙作證時，依本條規定不得令丙具結。

實務見解

63年台上字第3501號（判例）

證人年尚未滿8歲，其所為證言乃無具結能力之人之證言，雖非絕對無證據能力，然其證言是否可信，審理事實之法院，仍應為其他證據之調查，以為取捨之依據。

相關法規：本法第158條之3、第193條。

第187條（具結程序）

條文

證人具結前，應告以具結之義務及偽證之處罰。

對於不令具結之證人，應告以當據實陳述，不得匿、飾、增、減。

相關法規：本法第197條、第210條。

第188條（具結時期）

具結應於訊問前為之。但應否具結有疑義者，得命於訊問後為之。

第189條（結文之作成）

條文

具結應於結文內記載當據實陳述，決無匿、飾、增、減等語；其於訊問後具結者，結文內應記載係據實陳述，並無匿、飾、增、減等語。

結文應命證人朗讀；證人不能朗讀者，應命書記官朗讀，於必要時並說明其意義。

結文應命證人簽名、蓋章或按指印。

證人係依第一百七十七條第二項以科技設備訊問者，經具結之結文得以電信傳真或其他科技設備傳送予法院或檢察署，再行補送原本。

第一百七十七條第二項證人訊問及前項結文傳送之辦法，由司法院會同

行政院定之。

立法說明

為確保證人陳述真實無偽，除法律另有規定外，原則上應命證人具結，惟因證人所在與法院存有空間上之距離，傳統具結之方式不敷運用，為配合現代科技發展，因此於2003年2月增訂本條第4項，規定經具結之結文得以電信傳真或其他科技設備傳送予法院或檢察署，再行補送原本，以資完備。

相關法規：刑事訴訟法施行法第7條之2、公務員懲戒法第29條。

第190條（訊問證人之方式—連續陳述）

條文

訊問證人，得命其就訊問事項之始末連續陳述。

立法說明

為調和我國審判中向來命證人連續陳述之訊問習慣與外國詰問實務以提問具體個別問題為主之作法，因此保留得由證人為連續陳述之訊問方式。至於原條文第2項規定，係為使證人之陳述明確或為判斷真偽，而再為補充訊問。然而證人之陳述若有不明確或真偽不明之情形，透過交互詰問之過程，已可達辯明之目的，本條第2項已無繼續適用必要，因此於2003年2月修法時予以刪除。

第191條（刪除）

第192條（訊問證人之準用規定）

條文

第七十四條及第九十九條之規定，於證人之訊問準用之。

實務見解

85年台上字第4888號（最高法院刑事裁判）

證人之訊問，依刑事訴訟法第192條準用同法第98條規定，應出以懇切之態度，不得以強暴、脅迫、利誘、詐欺及其他不正之方法。如違反此項程序禁止之規定，其陳述缺乏信用性，不認有證據能力。

第193條（拒絕具結或證言及不實具結之處罰）

條文

證人無正當理由拒絕具結或證言者，得處以新臺幣三萬元以下之罰鍰，於第一百八十三條第一項但書情形為不實之具結者，亦同。

第一百七十八條第二項及第三項之規定，於前項處分準用之。

示例

甲為檳榔攤老闆，目睹某車禍過程，經法院傳喚作證。倘若甲無正當理由拒絕作證或不具結，法院得對甲處3萬元以下罰鍰。

第194條（證人請求日費及旅費之權利）

證人得請求法定之日費及旅費。但被拘提或無正當理由，拒絕具結或證言者，不在此限。

前項請求，應於訊問完畢後十日內，向法院為之。但旅費得請求預行酌給。

第195條（囑託訊問證人）

條文

審判長或檢察官得囑託證人所在地之法官或檢察官訊問證人；如證人不在該地者，該法官、檢察官得轉囑託其所在地之法官、檢察官。

第一百七十七條第三項之規定，於受託訊問證人時準用之。

受託法官或檢察官訊問證人者，與本案繫屬之法院審判長或檢察官有同一之權限。

立法說明

受託訊問證人之法官或檢察官於證人不能到場或其他必要之情形，非至證人所在地無從訊問時，或使用科技設備訊問時，仍有預先通知當事人、代理人及辯護人到場之日、時、處所之必要，以確保其在場權，因此於2003年2月增訂第2項準用第177條第3項規定，使受託訊問程序周延。

第196條（再行傳訊之限制）

條文

證人已由法官合法訊問，且於訊問時予當事人詰問之機會，其陳述明確別無訊問之必要者，不得再行傳喚。

立法說明

將原條文中「證人在偵查中或審判中，已經合法訊問」等文字於2003年2月修正為「證人已由法官合法訊問」，以明白揭示證人惟有在法官已經合法訊問之前提下，始得不再行傳喚，以與傳聞法則理論相符。另外證人雖已由法官合法訊問，惟為求實體真實之發見、貫徹本法第166條詰問意旨，及保障當事人之反對詰問權，自應賦予當事人詰問機會，故於上開前提要件中予以增列，以求周延。

第196條之1（證人通知及詢問之準用規定）

條文

司法警察官或司法警察因調查犯罪嫌疑人犯罪情形及蒐集證據之必要，得使用通知書通知證人到場詢問。

第七十一條之一第二項、第七十三條、第七十四條、第一百七十五條第二項第一款至第三款、第四項、第一百七十七條第一項、第三項、第一百七十九條至第一百八十二條、第一百八十四條、第一百八十五條及第一百九十二條之規定，於前項證人之通知及詢問準用之。

立法說明

本法第159條之3既規定被告以外之人於司法警察官或司法警察調查中所為陳述符合一定要件時，得為證據，即已明示司法警察官、司法警察於調查犯罪情形時，得詢問證人。因此將偵查及審判中訊問證人之有關規定，於司法警察官、司法警察可以準用者一一列明，以為準據。

第三節　鑑定及通譯

第197條（鑑定事項之準用規定）

條文

鑑定，除本節有特別規定外，準用前節關於人證之規定。

實務見解

40年台上字第71號（判例）

鑑定人之鑑定，雖足為證據資料之一種，但鑑定報告顯有疑義時，審理事實之法院，仍應調查其他必要之證據，以資認定，不得專憑不實不盡之鑑定報告，作為判決之唯一證據。

第198條（鑑定人之選任）

條文

鑑定人由審判長、受命法官或檢察官就下列之人選任一人或數人充之：

一、就鑑定事項有特別知識經驗者。

二、經政府機關委任有鑑定職務者。

相關法規：外國法院委託事件協助法第6條、刑事訴訟法施行法第7條之2、公務員懲戒法第29條。

第199條（拘提之禁止）

鑑定人，不得拘提。

第200條（聲請拒卻鑑定人之原因及時期）

當事人得依聲請法官迴避之原因，拒卻鑑定人。但不得以鑑定人於該案件曾為證人或鑑定人為拒卻之原因。

鑑定人已就鑑定事項為陳述或報告後，不得拒卻。但拒卻之原因發生在後或知悉在後者，不在此限。

第201條（拒卻鑑定人之程序）

拒卻鑑定人，應將拒卻之原因及前條第二項但書之事實釋明之。

拒卻鑑定人之許可或駁回，偵查中由檢察官命令之，審判中由審判長或受命法官裁定之。

第202條（鑑定人之具結義務）

條文

鑑定人應於鑑定前具結，其結文內應記載必為公正誠實之鑑定等語。

實務見解

69年台上字第2710號（判例）

鑑定人應於鑑定前具結，其結文內應記載必為公正誠實之鑑定等語，為刑事訴訟法第202條所明定，卷查會計師俞某原審係以證人之身分傳喚其到庭陳述其查帳情形，而所具之結文，亦為證人結文，該會計師提出查帳報告，原審未命履行鑑定人具結程序，其在程序上既欠缺法定條件，即難認為合法之證據資料，原判決竟以該會計師之查帳報告據為被告無罪之判決基礎，自屬於法有違。

51年台上字第1987號（判例）

鑑定人除刑事訴訟法第195條第1項所列者外，應於鑑定前具結。

第203條（於法院外為鑑定）

條文

審判長、受命法官或檢察官於必要時，得使鑑定人於法院外為鑑定。

前項情形，得將關於鑑定之物，交付鑑定人。

因鑑定被告心神或身體之必要，得預定七日以下之期間，將被告送入醫院或其他適當之處所。

立法理由

避免鑑定留置期間漫無限制，因此參考精神衛生法第21條第3項之規定，於2003年2月修正本條第3項，規定鑑定留置期間以7日為限，以保人權。

第203條之1（鑑定留置票）

條文

前條第三項情形，應用鑑定留置票。但經拘提、逮捕到場，其期間未逾二十四小時者，不在此限。

鑑定留置票，應記載下列事項：

一、被告之姓名、性別、年齡、出生地及住所或居所。

二、案由。

三、應鑑定事項。

四、應留置之處所及預定之期間。

五、如不服鑑定留置之救濟方法。

第七十一條第三項之規定，於鑑定留置票準用之。

鑑定留置票，由法官簽名。檢察官認有鑑定留置必要時，向法院聲請簽發之。

立法說明

- 將被告送入醫院或其他適當之處所鑑定，影響人身自由，應依令狀執行，以保護人權，防止濫用，因此於本條第1項前段規定「前條第3項之情形，應用鑑定留置票。」另於第2項規定留置票所應記載之事項。

- 又案件於偵查中，被告如因拘提或逮捕到場，其期間自拘提或逮捕時起算未逾24小時者，依本法第91條至第93條規定，檢察官仍有留置被告予以偵訊之權利，故在上開期間內，檢察官認有鑑定被告心神或身體之必要時，應無庸聲請簽發鑑定留置票，因此於本條第一項設但書之規定。

- 檢察官已無羈押之強制處分權，鑑定留置既與羈押處分同對於人身自由加以限制，除第一項但書所列情形外，於偵查期間之鑑定留置票，同理亦應由檢察官向法院聲請，而由法官簽名於鑑定留置票上，不再準用第71條第4項有關檢察官簽發鑑定留置票之規定，因此增訂本條第3、4項。

第203條之2（鑑定留置之執行）

條文

執行鑑定留置，由司法警察將被告送入留置處所，該處所管理人員查驗人別無誤後，應於鑑定留置票附記送入之年、月、日、時並簽名。

第八十九條、第九十條之規定，於執行鑑定留置準用之。

執行鑑定留置時，鑑定留置票應分別送交檢察官、鑑定人、辯護人、被告及其指定之親友。

因執行鑑定留置有必要時，法院或檢察官得依職權或依留置處所管理人員之聲請，命司法警察看守被告。

立法說明

- 鑑定留置既須簽發鑑定留置票，則應由何人執行，自應予以明定，又鑑定留置之日數，依本法第203條之4規定，既視為羈押之日數，則為求明確，以利折抵日數之計算，因此增訂本條第1項，以資適用。
- 司法警察執行鑑定留置時，應注意被告之身體及名譽，免受不必要之損害，斯為當然之理；再者被告若抗拒司法警察鑑定留置之執行，為落實鑑定之目的，司法警察自得使用強制力為之，但應以必要之程度為限。因此增訂本法第89條、第90條規定，於執行鑑定留置準用之規定。
- 由於鑑定留置影響人身自由，因此，於將被告送鑑定時，自應將鑑定留置票送交檢察官、鑑定人、辯護人、被告或其指定之親友，使其等明瞭被告之下落及受如何之處置，因此增訂本條第3項。
- 為防止被告於鑑定留置時逃逸或有其他安全上之顧慮，因此規定於必要時，法院或檢察官得依職權或依聲請，命令司法警察看守鑑定留置中之被告，以符實際需要。

第203條之3（鑑定留置期間及處所）
條文
鑑定留置之預定期間，法院得於審判中依職權或偵查中依檢察官之聲請裁定縮短或延長之。但延長之期間不得逾二月。

鑑定留置之處所，因安全或其他正當事由之必要，法院得於審判中依職權或偵查中依檢察官之聲請裁定變更之。

法院為前二項裁定，應通知檢察官、鑑定人、辯護人、被告及其指定之親友。

立法說明

- 鑑定留置期間，乃為達鑑定目的而必要之時間，因鑑定事項之內容、檢查之方法、種類及難易程度等而有所不同，審判長、受命法官及檢察官初始所預定之時間，與實際所需之時間未必全然一致，為求彈性處理，因此審判中由法院依職權；偵查中由檢察官向法院聲請而裁定縮短或延長之，自有必要，因此增訂本條第1項，以資適用。惟為保障人權，避免延長期間過長，乃設但書，規定延長期間不得逾2月。

- 鑑定留置之執行，非全然或全程派有司法警察看守，若發生安全上之顧慮，或有其他正當事由之必要，自應許由法院斟酌情形，裁定變更鑑定留置處所，較為妥適，因此增訂本條第2項。
- 鑑定留置之預定時間及處所均為鑑定留置票之應記載事項，若經法院裁定變更，自應再行通知檢察官、鑑定人、辯護人、被告及其指定之親友，以保障鑑定留置人之權利，因此參考本法第103條之1第2項規定，增訂本條第3項。

第203條之4（鑑定留置期日數視為羈押日數）

條文

對被告執行第二百零三條第三項之鑑定者，其鑑定留置期間之日數，視為羈押之日數。

立法說明

鑑定留置影響人身自由，與羈押同為對被告之一種強制處分，因而對被告執行鑑定留置者，其留置期間之日數自應視為羈押之日數，俾被告於執行時得折抵刑期。因此增訂本條，以資適用。

第204條（鑑定之必要處分）

條文

鑑定人因鑑定之必要，得經審判長、受命法官或檢察官之許可，檢查身體、解剖屍體、毀壞物體或進入有人住居或看守之住宅或其他處所。

第一百二十七條、第一百四十六條至第一百四十九條、第二百十五條、第二百十六條第一項及第二百十七條之規定，於前項情形準用之。

立法說明

- 鑑定人因鑑定之必要，有時須進入有人住居或看守之住宅或其他處所為鑑定，為使鑑定人為前開行為時，有法律上之依據，因此增訂經審判長、受命法官或檢察官之許可後得進入該等處所為鑑定之規定。
- 鑑定人既得進入有人住居或看守之住宅或其他處所，因此增訂準用第127條、第146條至第149條規定，以保障軍事處所之秘密及人民之居住安寧。

- 又被告以外之人並非案件當事人，欲對其為檢查身體之鑑定，自應以有相當理由可認為於調查犯罪情形時有必要者為限，俾避免侵害人權。此外，若係檢查婦女身體，亦應命醫師或婦女行之，以保障人權。因此增訂準用第215條之規定。

第204條之1（鑑定許可書）

條文

前條第一項之許可，應用許可書。但於審判長、受命法官或檢察官前為之者，不在此限。

許可書，應記載下列事項：

一、案由。

二、應檢查之身體、解剖之屍體、毀壞之物體或進入有人住居或看守之住宅或其他處所。

三、應鑑定事項。

四、鑑定人之姓名。

五、執行之期間。

許可書，於偵查中由檢察官簽名，審判中由審判長或受命法官簽名。

檢查身體，得於第一項許可書內附加認為適當之條件。

立法說明

- 鑑定人因鑑定之必要，依前條規定，得經審判長、受命法官或檢察官之許可，檢查身體、解剖屍體，毀壞物體或進入有人住居或看守之住宅或其他處所，因此，為求適用上之明確，實有設計許可書制度之必要。因此增訂本條第1項至第3項。

- 檢查身體之方式，宜視情形於許可書內附加認為適當之條件，俾防止鑑定人有過度之處置，因此增訂本條第4項。

第204條之2（出示許可書及證明文件）

條文

鑑定人為第二百零四條第一項之處分時，應出示前條第一項之許可書及可證明其身分之文件。

許可書於執行期間屆滿後不得執行，應即將許可書交還。

立法說明

- 鑑定人員不同於法官、檢察官或司法警察人員，故鑑定人為第204條第1項處分時，依前條修正條文第1項規定既須用許可書，自應出示許可書及證明其身分之文件，以免誤會。
- 許可書依前條第2項規定，既記載執行期間，則鑑定應在有效期間內開始執行，一旦執行期間屆滿，無論是否已完成鑑定，均不得繼續執行，以免發生弊端，因此增訂本條第2項。

第204條之3（無正當理由拒絕鑑定）

條文

被告以外之人無正當理由拒絕第二百零四條第一項之檢查身體處分者，得處以新臺幣三萬元以下之罰鍰，並準用第一百七十八條第二項及第三項之規定。

無正當理由拒絕第二百零四條第一項之處分者，審判長、受命法官或檢察官得率同鑑定人實施之，並準用關於勘驗之規定。

立法說明

- 按司法權之健全運作，須賴人民之配合，因此增訂本條第1項無正當理由拒絕檢查身體者，得科以罰鍰，並準用第178條規定，使其得對裁定提起抗告，俾有救濟之機會。
- 對於鑑定人之鑑定處分無正當理由拒絕者，允宜賦予一定之強制力，俾使國家之司法權得以適當行使，而實現正義，因此予明定審判長、受命法官或檢察官得率同鑑定人實施之，並準用關於勘驗之規定，以達成執行鑑定之目的，並利認定事實資料之取得。

第205條（鑑定之必要處分）

鑑定人因鑑定之必要，得經審判長、受命法官或檢察官之許可，檢閱卷宗及證物，並得請求蒐集或調取之。

鑑定人得請求訊問被告、自訴人或證人，並許其在場及直接發問。

第205條之1（鑑定之必要處分—採取分泌物等之許可）

條文

鑑定人因鑑定之必要，得經審判長、受命法官或檢察官之許可，採取分泌物、排泄物、血液、毛髮或其他出自或附著身體之物，並得採取指紋、腳印、聲調、筆跡、照相或其他相類之行為。

前項處分，應於第二百零四條之一第二項許可書中載明。

示例

某槍擊案員警於現場採得數個沾有唾液的煙頭，研判為某甲涉有重嫌。鑑定人經檢察官之許可得採集被告某甲之分泌物或毛髮等，藉以比對是否吻合。

立法說明

- 依目前各種科學鑑定之實際需要，鑑定人實施鑑定時，往往有必要採取被鑑定人之分泌物、排泄物、血液、毛髮或其他出自或附著身體之物，或採取指紋、腳印、聲調、筆跡、照相或為其他相類之行為，為應實務之需要，兼顧人權之保障，因此於本條第1項明定鑑定人得經審判長、受命法官或檢察官之許可而為之，以資適用。

- 鑑定人實施鑑定時，所為本條第1項行為，屬審判長、受命法官或檢察官之處分，故明定應於本法第204條之1第2項許可書中載明，以求明確，並免爭議。

實務見解

法檢字第0960802062號

案由：妨害婚姻及家庭罪章之通姦罪，通姦人與相姦人生下子女，當欠缺其他積極證據之情況下，可否強制採取通姦人、相姦人及子女之唾液、毛髮等物，鑑定比對其DNA以證實通姦、相姦行為之存在？

說明：

甲說：可強制採取。理由：1、去氧核醣核酸採樣條例第5條之規定係指那些人應接受採樣，而非指檢察官只能對那些人採樣，亦即其規範的目不在限制檢察官只能對特定犯罪類型之被告採樣。2、依刑事訴訟法第205條之1之規定：「鑑定人因鑑定之必要，得經審判

長、受命法官或檢察官之許可，採取分泌物、排洩物、血液、毛髮或其他出自或附著身體之物，並得採取指紋、腳印、聲調、筆跡、照相或其他相類之行為。」，檢察官既得許可鑑定人採取，且未限定只能針對被告採取，則檢察官於偵查犯罪時，自亦得對被告或被告以外之人採取，採取上述出自或附著身體之物之意義，乃因出自或附著身體之物含有DNA，且如同指紋一樣，人人各不相同，因此採取出自或附著身體之物，其目的應包括藉DNA之檢驗鑑定而作為證據使用，否則即失去採取之目的。另刑事訴訟法關於鑑定之規定（刑事訴訟法第197條以下），亦未限定檢察官只能對特定犯罪之被告或被告以外之人採樣。

乙說：不可強制採取。理由：略

法務部研究意見：同意臺灣高等法院檢察署意見，採甲說。

第205條之2（調查及蒐證之必要處分—採取指紋等）

條文

檢察事務官、司法警察官或司法警察因調查犯罪情形及蒐集證據之必要，對於經拘提或逮捕到案之犯罪嫌疑人或被告，得違反犯罪嫌疑人或被告之意思，採取其指紋、掌紋、腳印，予以照相、測量身高或類似之行為；有相當理由認為採取毛髮、唾液、尿液、聲調或吐氣得作為犯罪之證據時，並得採取之。

立法說明

檢察事務官、司法警察（官）、依法有調查犯罪嫌疑人犯罪情形及蒐集證據之權限，則其等於有必要或有相當理由時，對於經拘提或逮捕到案之犯罪嫌疑人或被告，得否違反犯罪嫌疑人或被告之意思，予以照相、測量身高或類似之行為，並採取其指紋、掌紋、腳印、毛髮、唾液、尿液、聲調或吐氣？事關偵查程序之順利進行與否，及能否有效取得認定事實之證據，因此增訂本條，以為執法之規範。

實務見解

法檢字第0920049492號

「平衡測試」若係要求犯罪嫌疑人配合需平衡感之一般人可為之動作，而無穿刺性之身體侵入行為，應屬與採取犯罪嫌疑人指紋、掌紋、腳印，予以照相、測量身高等之類似行為，為調查犯罪之情形及蒐集證據之必要，自得依刑事訴訟法第二百零五條之二命經拘提或逮捕到案之犯罪嫌疑人或被告為之。惟是否具證據能力，仍應於個案審理時由法官認定之。

第206條（鑑定報告）

鑑定之經過及其結果，應命鑑定人以言詞或書面報告。

鑑定人有數人時，得使其共同報告之。但意見不同者，應使其各別報告。

以書面報告者，於必要時得使其以言詞說明。

第206條之1（行鑑定時當事人之在場權）

條文

行鑑定時，如有必要，法院或檢察官得通知當事人、代理人或辯護人到場。

第一百六十八條之一第二項之規定，於前項情形準用之。

立法說明

- 為期發見真實，當事人在場之機會允宜適度設計予以保障，且衡諸實際，於法院或檢察官命行鑑定時，鑑定結果可能於事實之認定生重大影響，斯時，如能賦予當事人、代理人或辯護人到場之機會，當能藉著鑑定程序之透明化及意見之適時、適切表達，減少不必要之疑慮或澄清相關爭點。惟進行鑑定時，因經常需要較長時間，並涉及特殊之鑑定技術及方法，宜由法官、檢察官斟酌個案具體情狀，於必要時，通知當事人、代理人或辯護人到場，因此增訂本條第1項。
- 為保障當事人在場之機會權，鑑定之日、時及處所，應預行通知之，以方便當事人、代理人或辯護人到場。惟當事人、代理人或辯護人基於己身原因考量，自願放棄其在場之機會，而預先表明不願到場者，法院得不再預行通知，以免浪費有限之司法資源。因此增訂本條第2項。

第207條（鑑定人之增加或變更）

鑑定有不完備者，得命增加人數或命他人繼續或另行鑑定。

第208條（機關鑑定）

條文

法院或檢察官得囑託醫院、學校或其他相當之機關、團體為鑑定，或審查他人之鑑定，並準用第二百零三條至第二百零六條之一之規定；其須以言詞報告或說明時，得命實施鑑定或審查之人為之。

第一百六十三條第一項、第一百六十六條至第一百六十七條之七、第二百零二條之規定，於前項由實施鑑定或審查之人為言詞報告或說明之情形準用之。

立法說明

- 本法除選任自然人充當鑑定人外，另設有機關鑑定制度，即法院或檢察官得囑託醫院、學校或其他相當機關為鑑定，或審查他人之鑑定，其鑑定程序並準用第203條至第206條規定。另於實務運作，亦有囑託法人或非法人之團體為鑑定之情形，例如囑託職業公會為鑑定。有鑑於目前受囑託從事鑑定之機關或團體，常有採行合議制情形，為探求真實及究明鑑定經過，法院或檢察官應得命實際實施鑑定或審查之人到場報告或說明。再者，本法第206條之1規定於囑託機關或團體為鑑定或審查他人鑑定時，亦有準用必要，因此於2003年2月將原本條第1項及第2項規定之文字予以修正，並增列所應準用之規定後，同列為第1項，以資規範。
- 前項實際實施鑑定或審查之人以言詞報告或說明其鑑定經過或結果時，其身分與鑑定人相當，應有具結之義務，且當事人、代理人、辯護人或輔佐人亦得詢問或詰問之，以助於真實之發見，因此一併就所應準用規定於第2項列明。

實務見解

75年台上字第5555號（判例）

囑託機關鑑定，並無必須命實際為鑑定之人為具結之明文，此觀同法第208條第2項，已將該法第202條之規定排除，未在準用之列，不難明

瞭。原審綜合卷內相關證據為判斷，縱未命該醫院實際為鑑定之人簽名蓋章及具結，仍不得任意指為採證違背法則。

第209條（鑑定人之費用請求權）

條文

鑑定人於法定之日費、旅費外，得向法院請求相當之報酬及預行酌給或償還因鑑定所支出之費用。

立法說明

鑑定人為鑑定時，往往必須墊付因鑑定所支出費用，若遇費用過大時，有時不願墊付而藉詞無法鑑定，造成案件處理之困擾，因此於2003年2月增訂得預行酌給，俾鑑定人得向法院請求，以應實務需要。

第210條（鑑定證人）

條文

訊問依特別知識得知已往事實之人者，適用關於人證之規定。

實務見解

74年台上字第5369號（判例）

證人陳述與其體驗事實有不可分離或相關聯之推測事項，則其推測係依其特別知識經驗者，即兼具鑑定性質，應認有證據能力。此與證人之單純個人意見或推測之詞，無證據能力者有別。證人蘇某就其測繪現場所體驗之事實，依其從事交通警察處理車禍多年之特別知識及經驗，推斷當時上訴人之公車速度甚快，且不可能係機車撞倒被害人之腳踏車使其衝入公車右輪下被輾斃，自係一種鑑定證言而有證據能力。

第211條（通譯準用本節規定）

本節之規定，於通譯準用之。

第四節　勘驗

第212條（勘驗之機關及原因）

條文

法院或檢察官因調查證據及犯罪情形，得實施勘驗。

實務見解

82年台上字第167號（最高法院刑事裁判）

履勘現場與否，乃事實審法院得本於職權裁量之事項，原判決綜合證據已可為事實之判斷，雖未依被告聲請履勘現場，非可認係刑事訴訟法第379條第10款應於審判期日調查之證據而未予調查之違背法令。

第213條（勘驗之處分）

條文

勘驗，得為左列處分：
一、履勘犯罪場所或其他與案情有關係之處所。
二、檢查身體。
三、檢驗屍體。
四、解剖屍體。
五、檢查與案情有關係之物件。
六、其他必要之處分。

實務見解

94年台上字第5265號（最高法院刑事裁判）

勘驗之目的在於檢查證據，或為物證之實驗，藉以發現證據及犯罪情形，以作為證據資料。法院或檢察官因調查證據及犯罪情形，而實施勘驗時，依刑事訴訟法第213條第1款規定，固得履勘犯罪場所或其他與案情有關係之處所。惟刑事被告事後於法院或檢察官履勘犯罪場所所為之犯罪現場模擬重演，並非當然即可視為係案發當時之實際行為，其性質仍屬被告之自白範疇。故其現場模擬重演所為不利於其他共同被告或共犯之陳述，仍應調查其他必要之證據，以察其是否與事實相符，亦即仍須有補強證據以擔保其陳述之真實性，始得採為斷罪之依據。若不為補強證據之調查，即專憑此項供述據為其他共同被告或共犯犯罪事實之認定，於法即屬有違。

第214條（勘驗時之到場人）

條文

行勘驗時，得命證人、鑑定人到場。

檢察官實施勘驗，如有必要，得通知當事人、代理人或辯護人到場。

前項勘驗之日、時及處所，應預行通知之。但事先陳明不願到場或有急迫情形者，不在此限。

立法說明

- 勘驗時有關當事人、代理人、辯護人在場機會之保護，審判中依第219條準用搜索規定，當事人、辯護人得以在場；惟偵查中檢察官實施勘驗，當事人、代理人或辯護人之在場機會應如何保障？則法無明文，允宜增訂，俾利適用。但斟酌檢察官調查犯罪事實之實際需要，若無論任何情形均准當事人、代理人或辯護人在場，也許有妨害真實發見之可能，因此如何而為適當，自宜賦予檢察官裁量之權。

- 為保障當事人之在場機會，檢察官實施勘驗之日、時及處所，應預行通知之，以方便當事人、代理人或辯護人到場。惟當事人、代理人或辯護人基於己身原因考量，自願放棄其在場權，而預先表明不願到場者，或檢察官因案情調查之程度認有勘驗之必要而情況急迫者，得不預行通知，以免浪費有限之司法資源或妨害偵查。因此亦一併增訂本條第3項。

第215條（檢查身體處分之限制）

條文

檢查身體，如係對於被告以外之人，以有相當理由可認為於調查犯罪情形有必要者為限，始得為之。

行前項檢查，得傳喚其人到場或指定之其他處所，並準用第七十二條、第七十三條、第一百七十五條及第一百七十八條之規定。

檢查婦女身體，應命醫師或婦女行之。

立法說明

法院或檢察官檢查被告之身體，固得傳喚被告；如被告無正當理由不到場者，得拘提之，惟法院或檢察官欲檢查被告以外之人之身體時，可否

傳喚或拘提之，並無明文規定，實務上由於傳喚證人之原因並無限制，故經常以傳喚證人之變通方式傳喚被告以外之人到場予以檢查其身體，惟就理論上言，有關檢查身體之處分與調查人證之性質究不相同，自以另作規定較妥。又被告以外之人應受身體檢查，經合法傳喚，無正當理由，而未到庭者，是否得予科處罰鍰或拘提？法亦無明文，容有疑義，為發見真實，因此於2003年2月增訂第2項，以資明確。

第216條（檢驗或解剖屍體處分）

條文

檢驗或解剖屍體，應先查明屍體有無錯誤。

檢驗屍體，應命醫師或檢驗員行之。

解剖屍體，應命醫師行之。

實務見解

（83）法檢字第27804號

凡可疑與預防接種有關之死亡相驗案件，於進行解剖鑑定時，應通知臺灣高等法院檢察署法醫中心派員參與；臺灣高等法院檢察署法醫中心應於相關案件偵查終結，並經徵得承辦檢察官之同意後，將鑑定報告副本送請行政院衛生署參考。承辦檢察官除有正當理由外，應予同意。

第217條（檢驗或解剖屍體處分）

因檢驗或解剖屍體，得將該屍體或其一部暫行留存，並得開棺及發掘墳墓。

檢驗或解剖屍體及開棺發掘墳墓，應通知死者之配偶或其他同居或較近之親屬，許其在場。

第218條（相驗）

條文

遇有非病死或可疑為非病死者，該管檢察官應速相驗。

前項相驗，檢察官得命檢察事務官會同法醫師、醫師或檢驗員行之。但檢察官認顯無犯罪嫌疑者，得調度司法警察官會同法醫師、醫師或檢驗員行之。

依前項規定相驗完畢後，應即將相關之卷證陳報檢察官。檢察官如發現有犯罪嫌疑時，應繼續為必要之勘驗及調查。

立法說明

- 由於法院組織法已增設檢察事務官，用以協助檢察官偵查犯罪，而相驗既為偵查之開端，檢察官亦得指揮檢察事務官行之，因此於2002年2月增訂第2項前段；又檢察官對於死因明確，顯無犯罪嫌疑之案件或重大災難事故所引起之死亡案件，如均要逐案事必躬親，將使檢察官人力無法為適當之分配及運用，同時增訂第2項後段。

- 檢察事務官或司法警察官依檢察官命令或調度實施相驗，相驗完畢後，應立即將相關之卷證陳報檢察官審核，以收監督效能，檢察官如發現有犯罪嫌疑時，應繼續為必要之勘驗及調查，因此亦一併增訂第3項。

第219條（勘驗準用之規定）

條文

第一百二十七條、第一百三十二條、第一百四十六條至第一百五十一條及第一百五十三條之規定，於勘驗準用之。

實務見解

94年台上字第4929號（判例）

當事人及審判中之辯護人得於搜索或扣押時在場。但被告受拘禁，或認其在場於搜索或扣押有妨害者，不在此限。刑事訴訟法第150條第1項定有明文。此規定依同法第219條，於審判中實施勘驗時準用之。此即學理上所稱之「在場權」，屬被告在訴訟法上之基本權利之一，兼及其對辯護人之倚賴權同受保護。示例實審法院行勘驗時，倘無法定例外情形，而未依法通知當事人及辯護人，使其有到場之機會，所踐行之訴訟程序自有瑕疵，此項勘驗筆錄，應認屬因違背法定程序取得之證據。

第五節　證據保全

第219條之1（證據保全之聲請）

條文

　告訴人、犯罪嫌疑人、被告或辯護人於證據有湮滅、偽造、變造、隱匿或礙難使用之虞時，偵查中得聲請檢察官為搜索、扣押、鑑定、勘驗、訊問證人或其他必要之保全處分。

　檢察官受理前項聲請，除認其為不合法或無理由予以駁回者外，應於五日內為保全處分。

　檢察官駁回前項聲請或未於前項期間內為保全處分者，聲請人得逕向該管法院聲請保全證據。

立法說明

- 依刑事訴訟法之規定，檢察官為偵查之主體，並負有偵查及追訴犯罪之義務，為發見真實及保障告訴人、犯罪嫌疑人或被告之權益，於證據有湮滅、偽造、變造、隱匿或礙難使用之虞時，告訴人、犯罪嫌疑人、被告或辯護人於偵查中應得直接請求檢察官實施搜索、扣押、勘驗、鑑定、訊問證人或其他必要之保全處分，因此於本條第1項規定。

- 因證據保全均有一定時效或急迫性，檢察官受理聲請後，除認聲請為不合法或無理由予以駁回者外，應於5日內為保全處分，因此於本條第2項予以規定。

- 為確保告訴人、犯罪嫌疑人及被告之訴訟權益，檢察官受理證據保全之聲請後逾法定期間未為保全處分或駁回聲請時，聲請人得直接向該管法院聲請保全證據，以尋求救濟，因此於本條第3項規定之。

第219條之2（聲請證據保全之裁定）

條文

　法院對於前條第三項之聲請，於裁定前應徵詢檢察官之意見，認為不合法律上之程式或法律上不應准許或無理由者，應以裁定駁回之。但其不合法律上之程式可以補正者，應定期間先命補正。

　法院認為聲請有理由者，應為准許保全證據之裁定。

　前二項裁定，不得抗告。

立法說明

- 法院受理前條第3項聲請，應審核其是否符合法定程式及要件。又因

檢察官對於犯罪證據之蒐集及偵查之進展均知之甚詳，且負有對被告有利證據應一併注意之客觀義務，法院判斷告訴人、被告、犯罪嫌疑人或辯護人聲請保全證據是否合法及有無理由之前，自應斟酌檢察官之意見，如不合法律上之程式而可以補正者則應定期先命補正，因此於本條第1規定之。

- 對前項聲請，法院如認為不合法或無理由時，固應以裁定駁回之，而法院認為聲請有理由者，為使聲請人及檢察官知悉准許之意旨，亦應為准許保全證據之裁定，因此於第2規定。而為掌握時效，並使證據保全之法律效果儘速確定，就法院對於證據保全聲請所為之裁定，無論准駁，均不許提出抗告，因此於第3規定。

第219條之3（聲請證據保全之管轄機關）

條文

第二百十九條之一之保全證據聲請，應向偵查中之該管檢察官為之。但案件尚未移送或報告檢察官者，應向調查之司法警察官或司法警察所屬機關所在地之地方法院檢察署檢察官聲請。

立法說明

偵查程序之證據保全，往往具有緊急性，為求事權統一，並避免延誤，案件業經移送或報告檢察官偵辦者，告訴人、被告或辯護人向該管檢察官提出證據保全之聲請，應較為妥適。但案件仍在司法警察官或司法警察調查中，未移送或報告檢察官偵辦者，則應向該司法警察官或司法警察所屬警察機關所在地之地方法院檢察署檢察官聲請之。

第219條之4（聲請證據保全之期日）

條文

案件於第一審法院審判中，被告或辯護人認為證據有保全之必要者，得在第一次審判期日前，聲請法院或受命法官為保全證據處分。遇有急迫情形時，亦得向受訊問人住居地或證物所在地之地方法院聲請之。

檢察官或自訴人於起訴後，第一次審判期日前，認有保全證據之必要者，亦同。

第二百七十九條第二項之規定，於受命法官為保全證據處分之情形準用

之。

法院認為保全證據之聲請不合法律上之程式或法律上不應准許或無理由者，應即以裁定駁回之。但其不合法律上之程式可以補正者，應定期間先命補正。

法院或受命法官認為聲請有理由者，應為准許保全證據之裁定。

前二項裁定，不得抗告。

立法說明

- 案件於第一審之第一次審判期日前，基於發見真實與保障被告防禦及答辯權，亦應賦予被告或辯護人向該管法院聲請保全證據之權利，至於第一次審判期日後，仍有保全證據之必要者，則於審判期日聲請法院調查證據已足。若遇有急迫情形時，則許被告或辯護人得逕向受訊問人住居地或證物所在地之地方法院聲請之，因此增訂本條第1項，以資適用。

- 檢察官、自訴人於審判程序同為當事人，檢察官於起訴後，就本案無逕行決定實施強制處分之權力，自訴人亦同，於有保全證據之必要時，於第一次審判期日前，自應容許其等向法院聲請之，因此於第2項規定。

- 審判期日前之證據保全固為防止證據滅失或發生難以使用情形之緊急措施，惟其仍具有於準備程序蒐集證據之性質。為助於審判進行，且因應實際需要，因此於本條第3項明定第279條第2項規定，於受命法官為保全證據處分之情形準用之。

- 法院受理保全證據之聲請，認為聲請不合法律上程式或法律上不應准許或無理由者，應即以裁定駁回之。但其不合法律上之程式可以補正者，應定期間先命補正，因此於第4項規定之。

- 法院或受命法官認為保全證據之聲請有理由時，應以裁定准許之，因此於第5項予以規定。

- 法院對於證據保全聲請所為之裁定，其性質上屬訴訟程序之裁定，為求相關法律效果儘速確定，故不許提出抗告，因此於本條第6項規定之。

第219條之5（聲請保全證據書狀）

條文

聲請保全證據，應以書狀為之。

聲請保全證據書狀，應記載下列事項：

一、案情概要。

二、應保全之證據及保全方法。

三、依該證據應證之事實。

四、應保全證據之理由。

前項第四款之理由，應釋明之。

立法說明

因證據有滅失或礙難使用之虞時，始有聲請檢察官或法院實施保全之必要。為慎重其程序，且使檢察官或法院明悉案情及應保全證據之內容與方式，聲請保全證據應以書狀為之，書狀除應記載：案情概要、應保全證據及其保全之方法、依該證據應證之事實、應保全之理由等事項外，就聲請保全證據之理由亦應提出釋明。因此於本條明定聲請保全證據之程式。

第219條之6（犯罪嫌疑人於實施保全證據時之在場權）

條文

告訴人、犯罪嫌疑人、被告、辯護人或代理人於偵查中，除有妨害證據保全之虞者外，對於其聲請保全之證據，得於實施保全證據時在場。

保全證據之日、時及處所，應通知前項得在場之人。但有急迫情形致不能及時通知，或犯罪嫌疑人、被告受拘禁中者，不在此限。

立法說明

- 告訴人、犯罪嫌疑人、被告或辯護人於偵查中，得聲請檢察官或法院保全證據，屬新創之規定，故犯罪嫌疑人等得否在場，宜有明確規範。為因應實際之需要，便於進行保全證據，因此於本條第1項明定告訴人、犯罪嫌疑人、被告、辯護人或代理人於偵查中，除有妨害證據保全之虞者外，對於其聲請保全之證據，得於實施保全證據時在場。
- 實施保全證據之日、時及處所，應預先通知前項得在場之人，以確保其等在場之權利，此為基本原則，因此於第2項前段規定之。惟有時保全證據有其急迫性，亦應考慮未及通知亦須立即實施之情形，因此

於第2項設但書規定，以資兼顧。

第219條之7（保全之證據之保管機關）

條文

保全之證據於偵查中，由該管檢察官保管。但案件在司法警察官或司法警察調查中，經法院為准許保全證據之裁定者，由該司法警察官或司法警察所屬機關所在地之地方法院檢察署檢察官保管之。

審判中保全之證據，由命保全之法院保管。但案件繫屬他法院者，應送交該法院。

立法說明

- 偵查中之案件因尚未繫屬於法院，且檢察官有蒐集及調查相關證據之權責，故不論在司法警察（官）先行調查階段或已由檢察官指揮偵查者，檢察官因實施保全處分所得之證據資料，均應由該檢察官保管之。而案件經司法警察機關移送、報告，或移轉管轄予他檢察官偵辦後，前開證據資料即應移交予承辦檢察官，此無待明文規定。至於案件於檢察官偵查中，由法院裁定命為保全者，亦應由法院送交該管檢察官保管。但案件若於司法警察官或司法警察調查中，經法院裁定准許保全證據者，因尚無本案之承辦檢察官，法院實施保全所得之證據資料，應送交該司法警察官或司法警察所屬機關所在地之地方法院檢察署檢察官保管，因此於第1項規定之，以為處理之準據。
- 至於審判中，法院實施保全所得之證據，則直接由命保全之法院保管。惟訴訟繫屬於他法院者，為保全之法院應不待受訴法院調取，應即送交該法院，因此於本條第2項規定。

第219條之8（證據保全之準用規定）

條文

證據保全，除有特別規定外，準用本章、前章及第二百四十八條之規定。

立法說明

案件於偵查中或第一審之第一次審判期日前，由檢察官、法院或受命法官為搜索、扣押、鑑定、勘驗、訊問證人或其他必要之保全證據處分，仍具有蒐集證據之性質，故有關證據保全之程序，除有特別規定外，仍

須依其實施方法準用第一編第11章「搜索及扣押」、第12章「證據」，與第248條關於訊問證人、鑑定人等證據調查方法規定，因此於本條明定之。

第十三章　裁　判

第220條（法院意思表示之方式）

條文

裁判，除依本法應以判決行之者外，以裁定行之。

例示

法院發現某竊盜判決之判決正本內文字有誤寫、誤繕或脫漏之情形，惟不影響判決之本旨，則法院得依檢察官之聲請，以裁定更正裁判主文記載。

實務見解

80年台上字第2007號（判例）

訴訟程序中，於其應為訴訟行為而使訴訟狀態為一定之推移後，固發生一定之確定狀態；然此一確定狀態是否應賦予絕對性之效力，其有錯誤是否亦不得更正，則須就法的安定性與具體的妥當性兩者予以適當之衡量而定之，非可一概而論。蓋刑事訴訟重在國家刑罰權之實現，訴訟程序係對於判決目的之手段，於某一程度上，其手段自應隸屬於目的。以裁判之更正言，倘將更正之訴訟行為視為有效，反較視之為無效，更能符合訴訟整體之利益，且對被告亦不致發生不當之損害者，為求訴訟之合目的性，自不能僅因訴訟狀態之確定，即不許其為更正。司法院大法官會議釋字第43號解釋所謂，不影響於全案情節與判決之本旨云者，亦即此意。

第221條（言詞辯論主義）

條文

判決，除有特別規定外，應經當事人之言詞辯論為之。

實務見解

78年台上字第665號（最高法院刑事裁判）

刑事訴訟法第221條明定，判決除有特別規定外，應經當事人之言詞辯論為之。本件原審經傳喚上訴人某甲不到庭，而依刑事訴訟法第371條規定，逕行判決，惟上訴人稱其於77年9月2日前，尚在監獄執行。則原審未經合法傳喚上訴人，不待其到庭應訊逕行判決，即有刑事訴訟法第379條第6款情形之違背法令。

第222條（裁定之審理）

裁定因當庭之聲明而為之者，應經訴訟關係人之言詞陳述。

為裁定前有必要時，得調查事實。

第223條（裁判之理由敘述）

條文

判決應敘述理由，得為抗告或駁回聲明之裁定亦同。

實務見解

78年台上字第1443號（最高法院刑事裁判）

程序上之判決，原不應涉及實體上之問題，原判決理由內雖亦就實體上之問題有所論述，既未另行諭知實體上之判決，其實體上之論述係屬贅文，甚為明顯。

第224條（應宣示之裁判）

條文

判決應宣示之。但不經言詞辯論之判決，不在此限。

裁定以當庭所為者為限，應宣示之。

實務見解

44年台上字第1424號（判例）

判決，除不經言詞辯論為之者外，應宣示之，刑事訴訟法第203條第1項定有明文，而此種應於審判期日所為訴訟程序，是否依法踐行，專以審判筆錄為證，又為同法第47條所明定，本件原審於經言詞辯論後所為之

判決，並無依法宣示之筆錄附卷，雖其曾經送達，不能認為無效，但既未合法宣示，要難謂其訴訟程序為非違背法令。

第225條（裁判之宣示方法）

宣示判決，應朗讀主文，說明其意義，並告以理由之要旨。

宣示裁定，應告以裁定之意旨；其敘述理由者，並告以理由。

前二項應宣示之判決或裁定，於宣示之翌日公告之，並通知當事人。

第226條（裁判書之製作）

條文

裁判應制作裁判書者，應於裁判宣示後，當日將原本交付書記官。但於辯論終結之期日宣示判決者，應於五日內交付之。

書記官應於裁判原本記明接受之年、月、日並簽名。

立法說明

配合第311條宣示判決期限已修正酌予延長，為兼顧當事人權益，俾能早日將裁判正本送達當事人，因此於1997年12月修正第1項，規定應於裁判宣示後，當日即須將裁判書原本交付書記官。然於辯論終結之期日宣示判決者，判決原本往往不及於當日作成，特增列但書規定。又裁判書應由法官製作，第50條已有明定，原本作成後，自當交付書記官，因此就第1項併為文字修正。

第227條（裁判正本之送達）

條文

裁判制作裁判書者，除有特別規定外，應以正本送達於當事人、代理人、辯護人及其他受裁判之人。

前項送達，自接受裁判原本之日起，至遲不得逾七日。

實務見解

84年台上字第1095號（最高法院刑事裁判）

第一審判決正本縱未合法送達，然檢察官對於第一審判決不服已提起上訴，上訴人在原審曾到庭應訊及辯論，已足以行使其訴訟上之權利，其審級利益並未被剝奪而受影響，此項訴訟程序之違背縱屬實在，亦於判決主旨不生影響，自不得據為適法之第三審上訴理由。

第二編 第一審

第一章 公　訴

第一節　偵查

第228條（偵查之發動）

條文

犯檢察官因告訴、告發、自首或其他情事知有犯罪嫌疑者，應即開始偵查。

前項偵查，檢察官得限期命檢察事務官、第二百三十條之司法警察官或第二百三十一條之司法警察調查犯罪情形及蒐集證據，並提出報告。必要時，得將相關卷證一併發交。

實施偵查非有必要，不得先行傳訊被告。

被告經傳喚、自首或自行到場者，檢察官於訊問後認有第一百零一條第一項各款或第一百零一條之一第一項各款所定情形之一而無聲請羈押之必要者，得命具保、責付或限制住居。但認有羈押之必要者，得予逮捕，並將逮捕所依據之事實告知被告後，聲請法院羈押之。第九十三條第二項、第三項、第五項之規定於本項之情形準用之。

示例

無論報章雜誌披載之事項或道聽途說，只要檢察官知其涉有犯罪嫌疑，即得開始偵查。

實務見解

法務部法檢決字第0930800687號

檢察官依刑事訴訟法第228條第2項規定辦理發交案件時，應具體指示受發交 單位應調查之事項及指定調查期限，不得不附具體指示，逕命司法警察機關就 該案自為調查；於發交調查時並應通知該案之告訴人或告發人，俾便其知悉偵辦進度。

相關法規：本法第 93 條、第 117 條之 1。

第 229 條（協助檢察官偵查之司法警察官）

條文

下列各員，於其管轄區域內為司法警察官，有協助檢察官偵查犯罪之職權：

一、警政署署長、警察局局長或警察總隊總隊長。

二、憲兵隊長官。

三、依法令關於特定事項，得行相當於前二款司法警察官之職權者。

前項司法警察官，應將調查之結果，移送該管檢察官；如接受被拘提或逮捕之犯罪嫌疑人，除有特別規定外，應解送該管檢察官。但檢察官命其解送者，應即解送。

被告或犯罪嫌疑人未經拘提或逮捕者，不得解送。

立法說明

- 於 1997 年 12 月時，依司法院釋字第 392 號解釋意旨，憲法第 8 條第 2 項之 24 小時，檢警應同受約束，因此將「應於 24 小時內移送該管檢察官」修正為「應解送該管檢察官」；另為保障人權，對非現行犯、通緝犯或拘提到案之人犯，規定不得解送檢察官處理。

- 為免遺漏，於 2003 年 2 月在本法第 1 項增列第 3 款，明定依法令關於特定事項，得行相當於前二款司法警察官之職權者，亦屬本條之司法警察官，以資概括。

相關法規：調度司法警察條例第 2 條。

第 230 條（聽從檢察官指揮之司法警察官）

條文

下列各員為司法警察官，應受檢察官之指揮，偵查犯罪：

一、警察官長。

二、憲兵隊官長、士官。

三、依法令關於特定事項，得行司法警察官之職權者。

前項司法警察官知有犯罪嫌疑者，應即開始調查，並將調查之情形報告該管檢察官及前條之司法警察官。

實施前項調查有必要時，得封鎖犯罪現場，並為即時之勘察。

實務見解

45年台上字第1209號（判例）

刑事訴訟法第209條之司法警察官，並無羈押刑事被告之權。

相關法規：調度司法警察條例第3條

第231條（司法警察）

條文

下列各員為司法警察，應受檢察官及司法警察官之命令，偵查犯罪：

一、警察。

二、憲兵。

三、依法令關於特定事項，得行司法警察之職權者。

司法警察知有犯罪嫌疑者，應即開始調查，並將調查之情形報告該管檢察官及司法警察官。

實施前項調查有必要時，得封鎖犯罪現場，並為即時之勘察。

說明

2001年1月增訂本條第3項。實施調查有必要時，得封鎖犯罪現場，並為即時之勘察。

相關法規：調度司法警察條例第4條、第5條

第231-1條（案件之補足或調查）

條文

檢察官對於司法警察官或司法警察移送或報告之案件，認為調查未完備者，得將卷證發回，命其補足，或發交其他司法警察官或司法警察調查。司法警察官或司法警察應於補足或調查後，再行移送或報告。

對於前項之補足或調查，檢察官得限定時間。

立法說明

本條賦予檢察官得限期命警察再行調查或移回自行偵察之立案審查權。

第232條（被害人之告訴權）

條文

犯罪之被害人，得為告訴。

示例

某甲打傷某乙，某乙為傷害罪的被害人，依本條得提出告訴。

實務見解

72年台上字第629號（判例）

被害人雖係未成年人，祇須有意思能力，即得告訴；而與同法第233條所規 定之法定代理人之獨立告訴權，暨民法第76條、第78條所規定私法行為之法定代理，互不相涉。原判決認被害人之法定代理人撤回告訴，與被害人之告訴，乃屬二事，並不影響被害人之告訴。

58年台上字第2576號（判例）

刑事訴訟法第232條關於被害人告訴之規定，不包含國家在內，鹽務機關緝獲 私鹽犯，函送偵查，仍係告發，而非告訴，對於不起訴處分不得聲請再議，不得聲請再議之人，所為再議之聲請為不合法，原不起訴處分，並不因此而阻止 其確定。

第233條（獨立及代理告訴人）

條文

被害人之法定代理人或配偶，得獨立告訴。

被害人已死亡者，得由其配偶、直系血親、三親等內之旁系血親、二親等內之姻親或家長、家屬告訴。但告訴乃論之罪，不得與被害人明示之意思相反。

示例

某甲騎機車，在十字路口撞傷19歲之某乙，某乙之父或母得依本條規定，獨 立提出告訴。

實務見解

臺灣高等法院暨所屬法院98年法律座談會刑事類提案第37號 法律問題：丙對甲犯刑法第277條第1項普通傷害罪，被害人甲於其告訴期間

屆滿後始另娶配偶乙，嗣其配偶乙再提告訴，試問乙之告訴是否合法？

討論意見：

甲說：肯定說，理由下略。

乙說：否定說。

（一）肯定說之見解固與刑事訴訟法第 233 條第 1 項獨立告訴權意旨相符，惟若使被害人縱於本身之告訴期間屆滿後，仍可藉由另娶配偶之機會，使其配偶可 以行使告訴權，不受告訴期間 6 個月之限制，則被告處於隨時被訴追之危險，不僅有害法律秩序之安定，亦與刑事訴訟法第 237 條設告訴期間之立法意旨不 符。應將肯定說之見解限縮於被害人本身之告訴期間尚未屆滿時始另娶之配 偶，始得行使獨立告訴權。

（二）依刑事訴訟法第 237 條第 1 項規定，告訴乃論之罪，其告訴自得為告訴之 人知悉犯人之時起，於 6 個月內為之。而本件甲之告訴期間既已屆滿，則其於 告訴期間屆滿後始另娶之配偶之告訴，亦應受被害人本人告訴期間之限制。是 本件乙提起告訴時，甲之告訴期間既已屆滿，則乙之告訴自不合法。 研討結果：採乙說。

第 234 條（專屬告訴人）

條文

刑法第二百三十條之妨害風化罪，非左列之人不得告訴：

一、本人之直系血親尊親屬。

二、配偶或其直系血親尊親屬。

刑法第二百三十九條之妨害婚姻及家庭罪，非配偶不得告訴。

刑法第二百四十條第二項之妨害婚姻及家庭罪，非配偶不得告訴。

刑法第二百九十八條之妨害自由罪，被略誘人之直系血親、三親等內之旁系血親、二親等內之姻親或家長、家屬亦得告訴。

刑法第三百十二條之妨害名譽及信用罪，已死者之配偶、直系血親、三親等內 之旁系血親、二親等內之姻親或家長、家屬得為告訴。

示例

甲、乙為夫妻，甲與人通姦，唯妻乙得提告訴。

實務見解

司法院釋字第 569 號

憲法第 16 條明定人民有訴訟之權,旨在確保人民權益遭受不法侵害時,有權 訴請司法機關予以救濟。惟訴訟權如何行使,應由法律規定;法律於符合憲法第 23 條意旨之範圍內,對於人民訴訟權之實施自得為合理之限制。刑事訴訟法第 321 條規定,對於配偶不得提起自訴,係為防止配偶間因自訴而對簿公堂,致影響夫妻和睦及家庭和諧,乃為維護人倫關係所為之合理限制,尚未逾 越立法機關自由形成之範圍;且人民依刑事訴訟法相關規定,並非不得對其配 偶提出告訴,其憲法所保障之訴訟權並未受到侵害,與憲法第 16 條及第 23 條 之意旨尚無牴觸。刑事訴訟法第 321 條規定固限制人民對其配偶之自訴權,惟 對於與其配偶共犯告訴乃論罪之人,並非不得依法提起自訴。本院院字第 364 號及院字第 1844 號解釋相關部分,使人民對於與其配偶共犯告訴乃論罪之人 亦不得提起自訴,並非為維持家庭和諧及人倫關係所必要,有違憲法保障人民 訴訟權意旨,應予變更;最高法院 29 年上字第 2333 號判例前段及 29 年非字第 15 號判例,對人民之自訴權增加法律所無之限制,應不再援用。

第 235 條（特定犯罪人之獨立告訴人）

條文

被害人之法定代理人為被告或該法定代理人之配偶或四親等內之血親、三親等內之姻親或家長、家屬為被告者,被害人之直系血親、三親等內之旁系血親、二親等內之姻親或家長、家屬得獨立告訴。

實務見解

80 年台上字第 2126 號（最高法院刑事裁判）

上訴人係被害人之法定代理人某甲之胞弟,屬三親等之血親,而某乙為被害人之直系血親,依法自得獨立告訴,不因與某甲離婚而有所改變。

第236條（代行告訴人）

條文

告訴乃論之罪,無得為告訴之人或得為告訴之人不能行使告訴權者,該管檢察官得依利害關係人之聲請或依職權指定代行告訴人。

第二百三十三條第二項但書之規定,本條準用之。

示例

甲 18 歲，患有嚴重之精神分裂症，甲之父親為植物人，母親與甲患同病而無 辦事能力，又無其他得為告訴之人，檢察官即得依財產或精神上有利害關係者 之聲請或依職權指定代行告訴人。

實務見解

90 年台上字第 1113 號（最高法院刑事裁判）

告訴乃論之罪，其告訴應自得為告訴之人知悉犯人，並得為告訴時起，於 6 個月內為之。若被害人已死亡，而死亡時已逾告訴期間者，其直系血親，固不得再行告訴；惟被害人死亡時，尚在告訴期間之內者，其直系血親依刑事訴訟法 第 233 條第 2 項規定，得為告訴。倘該直系血親因欠缺意思能力，致不能行使告訴權時，該管檢察官得依利害關係人之聲請，或依職權指定代行告訴人。於 此情形，其告訴期間，應自該直系血親得為告訴，即檢察官指定代行告訴人時起，於 6 個月內為之，方符合立法本旨。

第 236 條之 1（委任告訴代理人）

條文

告訴，得委任代理人行之。但檢察官或司法警察官認為必要時，得命本人到場。

前項委任應提出委任書狀於檢察官或司法警察官，並準用第二十八條及第 三十二條之規定。

立法說明

- 關於告訴之代理，於刑事訴訟法並無明文之規定。為因應實際需要，並協 助偵查之實施，因此增訂本條第 1 項前段，以資適用。至於檢察官或司法警察官為偵查犯罪所必要，認應由告訴人本人親自到場時，仍得命其到場，因此於第 1 項但書規定。

- 偵查中委任告訴代理人係訴訟行為之一種，為求意思表示明確，並有所憑 據，自應提出委任書狀於檢察官或司法警察官。另告訴代理人之人數應有 所限制，參照本法第 28 條、第 30 條有關被告選任辯護人、委任代理人或自 訴人委任代理人之規定，告訴之代理人亦限制不得逾三人，而代理人有數 人時，其文書應分別送達，因此於本條第 2 項規

定委任告訴代理人之程式及所應準用之規定。

- 犯罪於偵查階段，係由檢察官擔當偵查之主體，告訴之代理人僅為告訴及偵查之輔助，本不以具備律師資格者為限。又本條為關於偵查中代理告訴之規定，亦無於審判中檢閱、抄錄或攝影卷宗、證物之問題。因此本法第29條、第33條規定均無準用之必要。

相關法條：本法第 271 條之 1

第 236 條之 2（代行告訴人）

條文

前條及第二百七十一條之一之規定，於指定代行告訴人不適用之。

立法說明

代行告訴人之指定具有公益之性質，且檢察官於指定代行告訴人時亦已考量受指定人之資格及能力，自不許受指定代行告訴之人再委任代理人，前條及第271條之1有關告訴代理規定於指定代行告訴人無適用之餘地，因此於本條規定。

第 237 條（告訴乃論之告訴期間）

條文

告訴乃論之罪，其告訴應自得為告訴之人知悉犯人之時起，於六個月內為之。

得為告訴人之有數人，其一遲誤期間者，其效力不及於他人。

示例

行人甲遭機車騎士乙不慎撞擊成輕傷，倘若甲不於6個月內對乙提出過失傷害罪之告訴，則告訴期間一旦經過，甲即無法就本案提起刑事告訴，僅能尋求民事途徑求償。

第 238 條（告訴乃論之撤回告訴）

條文

告訴乃論之罪，告訴人於第一審辯論終結前，得撤回其告訴。

撤回告訴之人，不得再行告訴。

示例

甲因買賣糾紛而對乙公然咒罵「三字經」，乙憤而提起公然侮辱罪之告訴，檢 察官經調查後旋即起訴。倘若在一審法院審理期間，甲乙已達成民事上和解，則乙可依本條規定撤回其告訴。

第 239 條（告訴不可分原則）

條文

告訴乃論之罪，對於共犯之一人告訴或撤回告訴者，其效力及於其他共犯。但刑法第二百三十九條之罪，對於配偶撤回告訴者，其效力不及於相姦人。

第 240 條（權利告發）

條文

不問何人知有犯罪嫌疑者，得為告發。

示例

選舉期間，某民意代表候選人帶領大批支持者，至地檢署按鈴告發縣政府某公 共工程有官商勾結及公務員涉及刑事不法之情事。

第 241 條（義務告發）

條文

公務員因執行職務知有犯罪嫌疑者，應為告發。

示例

台北市訴願會於審議某案件訴願過程中，發現某知名整形醫師有手術記錄紀載 不實情形，認有涉刑法第 215 條規定業務上文書登載不實罪嫌疑，因此遂依本條規定移請北檢偵辦。

第 242 條（告訴之方式）

條文

告訴、告發，應以書狀或言詞向檢察官或司法警察官為之；其以言詞為之者，應製作筆錄。為便利言詞告訴、告發，得設置申告鈴。

檢察官或司法警察官實施偵查，發見犯罪事實之全部或一部係告訴乃論

之罪而未經告訴者，於被害人或其他得為告訴之人到案陳述時，應訊問其是否告訴，記明筆錄。

第四十一條第二項至第四項及第四十三條之規定，於前二項筆錄準用之。

實務見解

73 年台上字第 4314 號（判例）

告訴乃論之罪，被害人未向檢察官或司法警察官告訴，在法院審理中，縱可補 為告訴，仍應向檢察官或司法警察官為之，然後再由檢察官或司法警察官將該 告訴狀或言詞告訴之筆錄補送法院，始得謂為合法告訴。如果被害人不向檢察 官或司法警察官提出告訴，而逕向法院表示告訴，即非合法告訴。本件被害人 於偵查中就上訴人過失傷害部分，迄未向檢察官或司法警察官提出告訴，迨第一審法院審理中，始當庭以言詞向該法院表示告訴，依前開說明，本件告訴自非合法。上訴人所犯過失傷害部分，尚欠缺訴追要件，即非法院所得受理審判。

第 243 條（請求之程序）

刑法第一百十六條及第一百十八條請求乃論之罪，外國政府之請求，得經外交 部長函請司法行政最高長官令知該管檢察官。

第二百三十八條及第二百三十九條之規定，於外國政府之請求準用之。

第 244 條（自首準用告訴之程序）

自首向檢察官或司法警察官為之者，準用第二百四十二條之規定。

第 245 條（偵查不公開原則）

條文

偵查，不公開之。

被告或犯罪嫌疑人之辯護人，得於檢察官、檢察事務官、司法警察官或司法警察訊問該被告或犯罪嫌疑人時在場，並得陳述意見。但有事實足認其在場有妨害國家機密或有湮滅、偽造、變造證據或勾串共犯或證人或妨害他人名譽之虞，或其行為不當足以影響偵查秩序者，得限制或禁止之。

檢察官、檢察事務官、司法警察官、司法警察、辯護人、告訴代理人或

其他於偵查程序依法執行職務之人員，除依法令或為維護公共利益或保護合法權益有必要者外，偵查中因執行職務知悉之事項，不得公開或揭露予執行法定職務必要範圍以外之人員。

偵查中訊問被告或犯罪嫌疑人時，應將訊問之日、時及處所通知辯護人。但情形急迫者，不在此限。

第一項偵查不公開作業辦法，由司法院會同行政院定之。

立法說明

- 2000年6月修正本條第2項賦予偵查中在場之辯護人陳述意見之機會，以強化被告或犯罪嫌疑人之防禦權，並示區別偵查中之表示意見與審理中之辯論有所不同。

- 為配合法院組織法第66條之2、第66條之3之增訂，於第2項、第3項增列檢察事務官為執行偵查職務之人員。

- 修正增訂第3項，規定於偵查程序依法執行職務之人員除依法令或為維護公共利益或保護合法權益有必要者外，不得公開揭露偵查中執行職務知悉之事項，藉以折衷調和。

- 參與偵查程序之人無故洩漏偵查程序中所知悉之事項者，刑法第132條、第346條分別定有處罰明文，爰刪除原第3項。

實務見解

法務部法律決字第 0970018451 號

…火災原因調查報告書內容如不涉及何人涉有公共危險或其他犯罪情形者，自與刑事偵查無涉；反之，自有刑事訴訟法第245條偵查不公開原則及政府資訊公開法上開規定之適用。準此，火災原因調查報告書之起火戶、起火處及起火原因等個案具體內容，是否應限制公開或不予提供，宜由偵查主體之檢察官判斷。

第 246 條（就地訊問被告）

條文

遇被告不能到場，或有其他必要情形，得就其所在訊問之。

示例

被告某甲患重病，無法行動。檢察官得到被告所在處所訊問。

第 247 條（偵查之輔助－該管機關）

關於偵查事項，檢察官得請該管機關為必要之報告。

第 248 條（人證之訊問及詰問）

訊問證人、鑑定人時，如被告在場者，被告得親自詰問；詰問有不當者，檢察官得禁止之。

預料證人、鑑定人於審判時不能訊問者，應命被告在場。但恐證人、鑑定人於被告前不能自由陳述者，不在此限。

第 248 條之 1（被害人受訊問之陪同人員）

條文

被害人於偵查中受訊問時，得由其法定代理人、配偶、直系或三親等內旁系血親、家長、家屬、醫師或社工人員陪同在場，並得陳述意見。於司法警察官或司法警察調查時，亦同。

立法說明

刑事訴訟程序多忽視被害人受害後心理、生理、工作等急待重建之特殊性，在未獲重建前便因需獨自面對被告、辯護人之攻擊，偵、審之調查等而再受傷害，因此規定由一定資格或關係之人陪同，俾減少二度傷害。

第 249 條（偵查之輔助－軍民）

條文

實施偵查遇有急迫情形，得命在場或附近之人為相當之輔助。檢察官於必要時，並得請附近軍事官長派遣軍隊輔助。

相關法規調度司法警察條例第 6 條、第 7 條

第 250 條（無管轄權時之通知與移送）

檢察官知有犯罪嫌疑而不屬其管轄或於開始偵查後認為案件不屬其管轄者，應即分別通知或移送該管檢察官。但有急迫情形時，應為必要之處分。

第 251 條（公訴之提起）

條文

檢察官依偵查所得之證據，足認被告有犯罪嫌疑者，應提起公訴。

被告之所在不明者，亦應提起公訴。

示例

甲於公開場合毆打乙。乙對甲提出傷害罪告訴，本案不但有多數證人目擊，且 亦有街頭監視器紀錄可做為證據。由於本案被告與證據相當明確，檢察官應依 本條規定提起公訴。

相關法規：本法第 253 條之 1

第 252 條（絕對不起訴處分）

條文

案件有左列情形之一者，應為不起訴之處分：

一、曾經判決確定者。

二、時效已完成者。

三、曾經大赦者。

四、犯罪後之法律已廢止其刑罰者。

五、告訴或請求乃論之罪，其告訴或請求已經撤回或已逾告訴期間者。

六、被告死亡者。

七、法院對於被告無審判權者。

八、行為不罰者。

九、法律應免除其刑者。

十、犯罪嫌疑不足者。

示例

- 立委某甲控告某乙涉嫌妨害名譽案，高雄地檢署於2010年11月偵查終結，認為某乙指該立委涉「加油添醋、搧風點火」等言論，屬可受公評或言論自由，乃予以不起訴處分。
- 某地院庭長某甲，多次以公開言論或媒體投書方式，批評某地院偵辦審理某案之不當，立委某乙乃告發某甲涉嫌「侮辱官署罪」，檢察官偵查後，認為某甲是針對特定事件表達個人之看法，非惡意謾罵，予以不起訴處分。

實務見解

釋字第 53 號

檢察官發見原告訴人為誣告者，固得逕就誣告起訴，毋庸另對被誣告人為不起 訴處分，但原告訴人對原告訴事件如有聲請時，檢察官仍應補為不起訴處分 書。

第 253 條（相對不起訴案件）

條文

第三百七十六條所規定之案件，檢察官參酌刑法第五十七條所列事項，認為以不起訴為適當者，得為不起訴之處分。

立法說明

有關本條原第 2 項至第 4 項規定，由於在本法第 253 條之 1 已有規定，為免適用 上疑義，並釐清「微罪不舉」及「緩起訴」之區分，因此於 2002 年 2 月刪除第 2 項至第 4 項。

相關法規：刑法第 61 條

第 253 條之 1（緩起訴處分之適用範圍及期間）

條文

被告所犯為死刑、無期徒刑或最輕本刑三年以上有期徒刑以外之罪，檢察官參 酌刑法第五十七條所列事項及公共利益之維護，認以緩起訴為適當者，得定一年以上三年以下之緩起訴期間為緩起訴處分，其期間自緩起訴處分確定之日起算。

追訴權之時效，於緩起訴之期間內，停止進行。

刑法第八十三條第三項之規定，於前項之停止原因，不適用之。

第三百二十三條第一項但書之規定，於緩起訴期間，不適用之。

示例

涉及跨國詐欺洗錢案的嫌犯某甲，於地檢署偵訊時表示願將收受的千萬元佣金 交出以換取緩起訴。

立法說明

為使司法資源有效運用，填補被害人之損害、有利被告或犯罪嫌疑人之再社會 化及犯罪之特別預防等目的，因此增訂緩起訴處分制度，其適用之範圍以被告 所犯為死刑、無期徒刑或最本刑為 3 年以上有期待刑以外之罪者，始有適用，其猶豫期間為 1 年以上 3 年以下。

實務見解

94 年台非字第 215 號（判例）

刑事訴訟法為配合由職權主義調整為改良式當事人進行主義，乃採行起訴猶豫制度，於同法增訂第 253 條之 1，許由檢察官對於被告所犯為死刑、無期徒刑或最輕本刑 3 年以上有期徒刑以外之罪之案件，得參酌刑法第 57 條所列事項及公共利益之維護，認為適當者，予以緩起訴處分，期間為 1 年以上 3 年以下，以觀察犯罪行為人有無施以刑法所定刑事處罰之必要，為介於起訴及微罪職權不起訴間之緩衝制度設計。其具體效力依同法第 260 條規定，於緩起訴處分期滿未經撤銷者，非有同條第 1 款或第 2 款情形之一，不得對於同一案件再行起訴，即學理上所稱之實質確定力。足見在緩起訴期間內，尚無實質確定力可言。且依第 260 條第 1 款規定，於不起訴處分確定或緩起訴處分期滿未經撤銷者，仍得以發現新事實或新證據為由，對於同一案件再行起訴。本於同一法理，在緩起訴期間內，倘發現新事實或新證據，而認已不宜緩起訴，又無同法第 253 條之 3 第 1 項所列得撤銷緩起訴處分之事由者，自得就同一案件逕行起訴，原緩起訴處分並因此失其效力。復因與同法第 260 條所定應受實質確定力拘束情形不同，當無所謂起訴程序違背規定之可言。

法檢字第 0960802397 號

案由：甲公司總經理 A 為標得某鄉公所採購案，乃向乙公司負責人 B、丙公司 負責人 C 借得乙、丙公司之證照、大小章等，作為圍標之用，經調查局查獲 後，將 A、B、C 及甲、乙、丙均列被告移送地檢署偵辦。檢察官認 A 犯政府採 購法第 87 條第 5 項前段罪嫌，B、C 係犯同項後段罪嫌，甲、乙、丙則應依同 法第 92 條處以 87 條第 5 項所定罰金刑。惟 A、B、C 三人均無前科，工程金額 亦不高，檢察官如認以緩起訴為適當，可否對全體被告（包括自然人、法人）均處分緩起訴並均命履行一定行為？

說明：

肯定說：對自然人、法人被告均得同為緩起訴處分。 否定說：對法人、自然人被告均不得為緩起訴處分 折衷說；對法人不得為緩起訴處分，但對自然人仍得為之。 法務部研究意見：刑事訴訟法第253條之1關於緩起訴處分之規定，並未將法 人被告排除在外，因此於法律有兩罰規定之明文而使法人與自然人同列被告 時，如認對自然人被告以緩起訴處分為適當，自可依法為之，惟基於兩罰規定之意旨，對法人被告部分應為一致之處理，自應一併對法人被告為緩起訴處 分。另將來是否應依法撤銷緩起訴處分，其有無撤銷事由存在，應就各被告分別認定，如其中一被告撤銷緩起訴，其效力不當然及於其他被告。

相關法規：刑法第 74 條

第 253 條之 2（緩起訴得命被告履行規定）

條文

檢察官為緩起訴處分者，得命被告於一定期間內遵守或履行下列各款事項：

一、向被害人道歉。

二、立悔過書。

三、向被害人支付相當數額之財產或非財產上之損害賠償。

四、向公庫支付一定金額，並得由該管檢察署依規定提撥一定比率補助相關公益團體或地方自治團體。

五、向該管檢察署指定之政府機關、政府機構、行政法人、社區或其他符合公 益目的之機構或團體提供四十小時以上二百四十小時以下之義務勞務。

六、完成戒癮治療、精神治療、心理輔導或其他適當之處遇措施。

七、保護被害人安全之必要命令。

八、預防再犯所為之必要命令。

檢察官命被告遵守或履行前項第三款至第六款之事項，應得被告之同意；第三款、第四款並得為民事強制執行名義。

第一項情形，應附記於緩起訴處分書內。

第一項之期間，不得逾緩起訴期間。

第一項第四款提撥比率、收支運用及監督管理辦法，由行政院會同司法院另定之。

立法說明

- 基於個別預防、鼓勵被告自新及復歸社會之目的，允宜賦予檢察官於「緩起訴」時，得命被告遵守一定之條件或事項之權力，增列第1項。
- 第1項第3款至第6款之各應遵守事項，因課以被告履行一定負擔之義務，人身自由及財產將遭拘束，且產生未經裁判即終局處理案件之實質效果，自應考慮被告之意願，增列第2項前段；又為求檢察官處分得以貫徹及有效執行，自宜使第1項第3款、第4款會被告為一定給付之處分得為民事強制執行之執行名義，以符合公平，增列第2項後段。
- 為杜爭議，且明執行範圍，因此於本條第3項增定「緩起訴」附應遵守事項時，應附記於「緩起訴」處分書內。
- 檢察官為緩起訴處分時，命被告遵守一定事項，其期限若逾緩起訴期間，有違緩起訴制度精神，因此增訂第4項。

一〇三年六月四日修正理由

一、配合預算法，建議收支納入國庫，爰修正第一項第四款，明訂向公庫支付一定金額，並得由該管檢察署視需要提撥一定比率補助相關公益團體或地方自治團體。

二、第二項至第4項未修正。

三、增訂第五項授權行政院會同司法院另訂收支運用及監督管理辦法。

實務見解

法務部法保字第0910046013號

被告向貴會（財團法人臺灣更生保護會）支付一定金額之款項，係履行檢察官為緩起訴處分，命應履行之事項，性質上屬處分金，而非捐贈款。

相關法規：刑法第74條

第253條之3（緩起訴處分之撤銷）

條文

被告於緩起訴期間內，有左列情形之一者，檢察官得依職權或依告訴人

之聲請撤銷原處分，繼續偵查或起訴：

一、於期間內故意更犯有期徒刑以上刑之罪，經檢察官提起公訴者。
二、緩起訴前，因故意犯他罪，而在緩起訴期間內受有期徒刑以上刑之宣告者。
三、違背第二百五十三條之二第一項各款之應遵守或履行事項者。
　　檢察官撤銷緩起訴之處分時，被告已履行之部分，不得請求返還或賠償。

立法說明

- 第1項明定檢察官得依職權或依告訴人之聲請，將被告緩起訴處分撤銷之情形。
- 若被告對檢察官所命應遵守事項已履行全部或部分後，嗣緩起訴處分經依法撤銷，已履行部分如何處理，易生疑義，因此增訂第2項。

實務見解

法檢字第 0960802396 號

案由：

　　甲被告之竊盜案件經檢察官於91年7月17日為緩起訴處分，同時諭知緩起訴期間為3年，經依職權送請臺灣高等法院檢察署再議後，於91年8月13日經臺灣高等法院檢察署駁回再議而確定。詎被告於91年7月26日酒後駕車觸犯公共危險案件，經檢察官於91年12月17日聲請簡易判決處刑，法院於92年1月25日判決罰金16,000元，則本案被告後案涉犯公共危險案件，是否構成刑事訴訟法253條之3第1項第1款「緩起訴期間內故意更犯有期徒刑以上刑之罪，經檢察官提起公訴」或同條項第2款「緩起訴前，因故意犯他罪，而在緩起訴期間內受有期徒刑以上刑之宣告者」之撤銷緩起訴處分之理由？

說明：

　　甲說：否定說，第1款「緩起訴期間內」及第2款「緩起訴前」均以緩起訴處分確定時區分，不構成撤銷緩起訴處分之理由。受有期徒刑以上之罪才構成撤銷緩起訴之事由。

　　乙說：肯定說，第1款「緩起訴期間內」及第2款「緩起訴前」均以檢察官作成緩起訴處分時區分，構成撤銷緩起訴處分之理由。

丙說：否定說，第 253 條之 1 第 1 項第 1 款「緩起訴期間內」以緩起訴處
　　　分確 定時起算，同條項第 2 款「緩起訴前」則以檢察官作成緩起
　　　訴處分時區 分，不構成撤銷緩起訴處分之理由。

法務部研究意見：同意臺灣高等法院檢察署研究意見，採否定說（即丙
　　　說）。

相關法規：刑法第 75 條、第 75 條之 1

第 254 條（相對不起訴處分－於執行刑無實益）

條文

被告犯數罪時，其一罪已受重刑之確定判決，檢察官認為他罪雖行起
訴，於應 執行之刑無重大關係者，得為不起訴之處分。

示例

甲先後犯殺人罪、竊盜罪，若殺人罪經判處無期徒刑確定，由於竊盜罪
部分即 便起訴，對於應執行之刑已無重大關係，檢察官得依本條規定為
不起訴處分。

第 255 條（不起訴處分之程序）

條文

檢察官依第二百五十二條、第二百五十三條、第二百五十三條之一、
第 二百五十三條之三、第二百五十四條規定為不起訴、緩起訴或撤銷緩
起訴或因其他法定理由為不起訴處分者，應製作處分書敘述其處分之理
由。但處分前經 告訴人或告發人同意者，處分書得僅記載處分之要旨。
前項處分書，應以正本送達於告訴人、告發人、被告及辯護人。緩起訴
處分書，並應送達與遵守或履行行為有關之被害人、機關、團體或社區。
前項送達，自書記官接受處分書原本之日起，不得逾五日。

立法說明

檢察官之處分書應同時送達與遵守或履行行為有關之被害人、機關、團
體或社 區，以利被告遵守及各該機關、團體或社區之執行，因此 2002 年
2 月於本條第 2 項後段增訂相關推定。

實務見解

釋字第 48 號

…告訴不合法之案件，經檢察官為不起訴處分後，如另有告訴權人合法告訴者，得更行起訴，不受刑事訴訟法第239條之限制。

第256條（再議之聲請及期間）

條文

告訴人接受不起訴或緩起訴處分書後，得於七日內以書狀敘述不服之理由，經原檢察官向直接上級法院檢察署檢察長或檢察總長聲請再議。但第二百五十三條、第二百五十三條之一之處分曾經告訴人同意者，不得聲請再議。

不起訴或緩起訴處分得聲請再議者，其再議期間及聲請再議之直接上級法院檢察署檢察長或檢察總長，應記載於送達告訴人處分書正本。

死刑、無期徒刑或最輕本刑三年以上有期徒刑之案件，因犯罪嫌疑不足，經檢察官為不起訴之處分，或第二百五十三條之一之案件經檢察官為緩起訴之處分者，如無得聲請再議之人時，原檢察官應依職權逕送直接上級法院檢察署檢察長或檢察總長再議，並通知告發人。

立法說明

- 2002年1月於本條第1項、第2項增列對於「緩起訴」處分得聲請再議之規定，以保障告訴人之訴訟權。
- 此外，鑑於案件因犯罪嫌疑不足，經檢察官為不起訴或緩起訴處分，如有告訴人得聲請再議，當尊重其意見決定是否再議，但如屬告發之案件，無得聲請再議之人時，為免一經檢察官為不起訴或緩起訴處分，即告確定，自宜慎重，增訂第3項。

示例

甲打傷乙，經乙提出告訴，若檢察官對甲為不起訴處分，如乙不服，得依本條第1項規定聲請再議。

實務見解

58 年台上字第 2576 號（判例）

刑事訴訟法第 232 條關於被害人告訴之規定，不包含國家在內，鹽務機

關緝獲 私鹽犯，函送偵查，仍係告發，而非告訴，對於不起訴處分不得聲請再議，不得聲請再議之人，所為再議之聲請為不合法，原不起訴處分，並不因此而阻止 其確定。

相關法規：本法第 270 條

第 256 條之 1（聲請再議－撤銷緩起訴處分）

條文

被告接受撤銷緩起訴處分書後，得於七日內以書狀敘述不服之理由，經原檢察 官向直接上級法院檢察署檢察長或檢察總長聲請再議。

前條第二項之規定，於送達被告之撤銷緩起訴處分書準用之。

立法說明

案件因犯罪嫌疑不足，經檢察官為不起訴或緩起訴處分，如有告訴人得聲請再 議，當尊重其意見決定是否再議，但如屬告發之案件，無得聲請再議之人時，為免一經檢察官為不起訴或緩起訴處分即告確定，自宜慎重，因此於 2002 年 2 月增訂本條第 3 項規定。

第 257 條（聲請再議－原檢察官或首席）

條文

再議之聲請，原檢察官認為有理由者，應撤銷其處分，除前條情形外，應繼續 偵查或起訴。

原檢察官認聲請為無理由者，應即將該案卷宗及證物送交上級法院檢察署檢察 長或檢察總長。

聲請已逾前二條之期間者，應駁回之。原法院檢察署檢察長認為必要時，於依第二項之規定送交前，得親自或命令他 檢察官再行偵查或審核，分別撤銷或維持原處分；其維持原處分者，應即送交。

立法說明

被告不服撤銷「緩起訴」之處分，而聲請再議時，如原檢察官撤銷其處分，使 回復至原來「緩起訴」之狀態，因無繼續偵查或起訴之問題，故 2002 年 2 月於 本條第 1 項設除外之規定。

第 258 條（聲請再議－上級首席）

條文

上級法院檢察署檢察長或檢察總長認再議為無理由者，應駁回之；認為有理由 者，第二百五十六條之一之情形應撤銷原處分，第二百五十六條之情形應分別 為左列處分：

一、偵查未完備者，得親自或命令他檢察官再行偵查，或命令原法院檢察署檢察官續行偵查。

二、偵查已完備者，命令原法院檢察署檢察官起訴。

立法說明

上級法院檢察書檢察長或檢察總長如認被告之再議為有理由，應撤銷原處分，使其回復至原來「緩起訴」之狀態，因無續行偵查或起訴之問題，故與第256條之情形分別規定。另外為加強二審檢察官之監督及偵查功能，於2002年2月修正本條第1款，以減少案件多次發回續行偵查之累，避免案件久懸未決。

實務見解

釋字第140號

案經起訴繫屬法院後，復由檢察官違法從實體上予以不起訴處分，經告訴人合法聲請再議，上級法院首席檢察官或檢察長，應將原不起訴處分撤銷。

第258條之1（不服駁回處分之聲請交付審判）

條文

告訴人不服前條之駁回處分者，得於接受處分書後十日內委任律師提出理由狀，向該管第一審法院聲請交付審判。

律師受前項之委任，得檢閱偵查卷宗及證物並得抄錄或攝影。但涉及另案偵查不公開或其他依法應予保密之事項，得限制或禁止之。

第三十條第一項之規定，於前二項之情形準用之。

立法說明

- 有關交付審判之聲請，告訴人須委任律師向法院提出理由書狀，而為使律師了解案情，應准許其檢閱偵查卷宗及證物。但如涉及另案偵查不公開或其他依法應予保密之事項時，檢察官仍得予以限制或禁止，

因此增訂本條第2項，以應實務之需要。

- 委任律師聲請法院將案件交付審判，應向法院提出委任書狀，受委任之律師聲請檢閱偵查卷宗及證物，亦應向該管檢察署檢察官提出委任書狀，以便查考，因此增訂第3項，明定第30條第1項規定，於本條前2項情形準用之。

相關法規：本法第270條

第258條之2（撤回交付審判之聲請）

條文

交付審判之聲請，於法院裁定前，得撤回之，於裁定交付審判後第一審辯論終結前，亦同。

撤回交付審判之聲請，書記官應速通知被告。

撤回交付審判聲請之人，不得再行聲請交付審判。

立法說明

告訴人聲請交付審判，法院裁定前，或於法院裁定交付審判後第一審辯論終結前，若聲請人已無不服，自得准其撤回，增訂第1項。撤回交付審判之聲請，關係被告之權益甚鉅，故於第2項規定書記官應速通知被告。但為免案件久懸未決，復於第三項規定撤回之人，不得再為交付審判之聲請，以資慎重。

第258條之3（聲請交付審判之裁定）

條文

聲請交付審判之裁定，法院應以合議行之。法院認交付審判之聲請不合法或無理由者，應駁回之；認為有理由者，應為交付審判之裁定，並將正本送達於聲請人、檢察官及被告。

法院為前項裁定前，得為必要之調查。

法院為交付審判之裁定時，視為案件已提起公訴。

被告對於第二項交付審判之裁定，得提起抗告；駁回之裁定，不得抗告。

立法說明

- 聲請交付審判之裁定，為求慎重，法院應以合議方式為之，增訂第1

項。告訴人向法院聲請交付審判，法院若認聲請係無理由或有理由者之處置，則於第2項明定。

- 法院為明再議駁回之案件，是否確有裁定交付審判之必要，允宜賦予得調查證據之職權，因此增訂第3項。
- 基於「無訴即無裁判」之刑事訴訟法基本原理，應認交付審判之裁定，視為該案件已提起公訴，因此於第4項明定之。
- 法院駁回聲請交付審判之裁定或裁定准予交付審判，性質上均屬程序事項之裁定，為免訴訟關係久懸未決，因此於本條第5項明定。

相關法規：本法第258條

第258條之4（交付審判程序之準用）
條文

交付審判之程序，除法律別有規定外，適用第二編第一章第三節之規定。

立法說明

依第258條之規定，法院為交付審判之裁定時，視為案件已提起公訴。因此有關交付審判後之訴訟程序，宜與檢察官起訴之程序同，因此予明定之。

第259條（不起訴處分對羈押之效力）
條文

羈押之被告受不起訴或緩起訴之處分者，視為撤銷羈押，檢察官應將被告釋放，並應即時通知法院。

為不起訴或緩起訴之處分者，扣押物應即發還。但法律另有規定、再議期間內、聲請再議中或聲請法院交付審判中遇有必要情形，或應沒收或為偵查他罪或他被告之用應留存者，不在此限。

立法說明

- 偵查中羈押之被告，受緩起訴之處分者，應與被告受不起訴處分者同，其羈押原因已消滅，而視為撤銷羈押，因此2002年2月時於本條第1項修正增列。此外，第259條之1增訂不起訴或緩起訴處分，扣押物沒收之相關規定，因此配合於本條第2項增列「法律另有規定」等

文字，並將聲請法院交付審判中，遇有必要應留存扣押物之情形，一併增列於但書。

第 259 條之 1（宣告沒收之申請）

條文

檢察官依第二百五十三條或第二百五十三條之一為不起訴或緩起訴之處分者，對供犯罪所用、供犯罪預備或因犯罪所得之物，以屬於被告者為限，得單獨聲 請法院宣告沒收。

立法說明

為免扣押物無法適當處置，導致檢察官因此減低依職權不起訴或緩起訴之意 願，因此於本條明定供犯罪所用或供犯罪預備及因犯罪所得之物，以屬於被告 者為限，檢察官得單獨聲請宣告沒收之規定。

實務見解

臺灣高等法院暨所屬法院 98 年法律座談會刑事類提案第 39 號 法律問題：被告某甲於 95 年 7 月 2 日因犯賭博罪，經為緩起訴處分期滿後，檢察官針對該案所扣當場賭博之器具，依刑事訴訟法第 259 條之 1 規定，認係供 被告犯罪所用之物，聲請宣告沒收，法官受理該案後，應如何處理？

討論意見：

甲說：依刑事訴訟法第 259 條之 1 規定，視該器具是否為被告所有，決定是否 宣告沒收。下略。

乙說：聲請駁回。下略。

丙說：更正檢察官聲請條文沒收之。

檢察官依法為不起訴或緩起訴處分確定後，若本得基於違禁物或專科沒收物之 相關規定聲請法院單獨宣告沒收，卻誤引（未援引各該相關規定）或贅引（已 援引各該相關規定）刑事訴訟法第 259 條之 1 作為聲請依據時，因該等物品本 即屬應宣告沒收且得單獨聲請法院宣告沒收之物，法院此時仍得裁定宣告沒收（銷燬）之，並自行援引適當之規定，不受檢察官聲請書所載法條之限制。

初步研討結果：採丙說。

審查意見：採丙說。

第 260 條（不起訴處分或緩起訴處分之效力－再行起訴）

條文

不起訴處分已確定或緩起訴處分期滿未經撤銷者，非有左列情形之一，不得對於同一案件再行起訴：

一、發現新事實或新證據者。

二、有第四百二十條第一項第一款、第二款、第四款或第五款所定得為再審原因之情形者。

立法說明

對於檢察官之起訴裁量權已有適當之內部及外部監督，對於不起訴處分已確定或緩起訴期滿未經撤銷者主管機關，自宜賦予實質之確定力，2002年1月愛修訂「緩起訴處分期滿未經撤銷者」之規定。

實務見解

69 年台上字第 1139 號（判例）

依刑事訴訟法第260條第1款規定，不起訴處分已確定者，非發見新事實或新證據，不得對於同一案件，再行起訴，所謂發見新事實或新證據，係指於不起訴處分前，未經發見，至其後始行發見者而言，若不起訴處分前，已經提出之證據，經檢察官調查斟酌者，即非前述條款所謂發見之新證據，不得據以再行起訴，本件上訴人因過失致人於死案件，先經台中區汽車肇事鑑定委員會鑑定結果，認上訴人不負過失責任，經檢察官予以不起訴處分確定，嗣經台灣省交通處汽車肇事鑑定案件覆議小組覆議結果，認上訴人應負過失責任，兩者所憑事證，完全相同，要不因前後確定意見之不同，即可視後之鑑定意見為新事實或新證據之發見，而再行起訴。

57 年台上字第 1256 號（判例）

…所謂發見新事實或新證據者，係指於不起訴處分前未經發現至其後始行發現者而言，若不起訴處分前，已經提出之證據，經檢察官調查斟酌者，即非該條款所謂發見之新證據，不得據以再行起訴。

53年台上字第450號（判例）刑法案件不起訴處分已經確定，如有刑事訴

訟法第239條(舊)各款情事之一,得對同一案件再行起訴者,乃公訴制度特設之規定,非自訴所得準用。

52年台上字第1048號(判例)

刑事訴訟法第239條(舊)所謂同一案件,指同一訴訟物體,即被告及犯罪事實均相同者而言,不以起訴或告訴時所引用之法條或罪名為區分標準。

45年台非字第43號(判例)

同一案件曾為不起訴處分,而違背刑事訴訟法第239條之規定再行起訴者,固應諭知不受理之判決,惟所謂曾為不起訴處分,係指檢察官就該案偵查結果,認為應不起訴,制作處分書經送達確定者而言,若雖經不起訴處分,而有聲請再議權之人已聲請再議,則該不起訴處分即屬未經確定,迨後續行偵查起訴,究與刑事訴訟法第295條第4款所謂曾為不起訴處分而違背同法第239條之規定再行起訴之情形不合。

44年台上字第467號(判例)

刑事訴訟法第239條第1款所謂之新事實新證據,祇須為不起訴處分以前未經發現,且足認被告有犯罪嫌疑者為已足,並不以確能證明犯罪為必要,既經檢察官就其發現者據以提起公訴,法院即應予以受理,為實體上之裁判。

法檢字第0960804551號

案由:對於無管轄權案件,可否以犯罪嫌疑不足之實體原因作不起訴處分?

說明:

甲說(否定說):理由:

1.刑事訴訟法第二章第4條以下訂有「法院之管轄」,其內容包括事物管轄、土地管轄、相牽連案件之管轄、指定管轄、移轉管轄等,並就第13條、第14條法院於轄區外行使職務及無管轄權法院在轄區內之必要處分等情形,於第16條特設「檢察官行偵查時準用之」之規定,參酌法院組織法第62條規定「檢察官於其所屬檢察署管轄區域內執行職務」,均明示檢察官於偵查中亦應遵守前揭管轄之規定。

2.檢察官之偵查既應遵守管轄權之規定,則依「先程序,後實體」之原則,自宜先從程序上確認就承辦之偵查案件有管轄權後,再為實體偵

查，且通常無管轄權案件須進行調查之人、事、地、物均不在本署轄區，貿然進行實體偵查常有增加勞費之嫌（如當事人需長途奔波應訊或檢察官需跋涉轄外勘驗）。3.檢察官以犯嫌不足所為之不起訴處分，刑事訴訟法第260條賦予相當程度之確定力，即除發現新事實或新證據，或有得為再審原因之情形外，不得對同一案件再行起訴。若認檢察官偵查中之案件得不受管轄權有無之拘束，逕以犯嫌不足為不起訴處分，易衍生當事人得任意選擇檢察署之風險及弊端。乙說（肯定說）：理由下略。法務部研究意見：同意臺灣高等法院檢察署研究意見，採甲說。

相關法規：刑法第76條

第 261 條（停止偵查－民事訴訟終結前）
條文

犯罪是否成立或刑罰應否免除，以民事法律關係為斷者，檢察官應於民事訴訟終結前，停止偵查。

相關法規：本法第 297 條、第 333 條

第 262 條（終結偵查之限制）
條文

犯人不明者，於認有第二百五十二條所定之情形以前，不得終結偵查。

實務見解

（41）台指刑字第 4995 號

本條之設原在促使檢察官對犯罪案件之注意，不得藉故擱置，即在不知犯罪者為何人之場合，仍應繼續偵查，以期迅速破案。如歷經調查，仍無法判明犯罪者為何人時，可暫以其他作結，惟以其他作結僅係內部處理之權宜措施，尚難與終結同視，尤不得將案卷率行歸檔，終結偵查。

第 263 條（起訴書之送達）

第二百五十五條第二項及第三項之規定，於檢察官之起訴書準用之。

第二節　起訴

第264條（起訴之程式與起訴書應記載事項）

條文

提起公訴，應由檢察官向管轄法院提出起訴書為之。

起訴書，應記載左列事項：

一、被告之姓名、性別、年齡、籍貫、職業、住所或居所或其他足資辨別之特徵。

二、犯罪事實及證據並所犯法條。

起訴時，應將卷宗及證物一併送交法院。

實務見解

64年台非字第142號（判例）

被告所犯之法條，起訴書中雖應記載，但法條之記載，究非起訴之絕對必要條件，若被告有兩罪，起訴書中已載明其犯罪事實而僅記載一個罪名之法條，其他一罪雖未記載法條，亦應認為業經起訴。

相關法規：本法第320條

第265條（追加起訴之期間、限制及方式）

條文

於第一審辯論終結前，得就與本案相牽連之犯罪或本罪之誣告罪，追加起訴。

追加起訴，得於審判期日以言詞為之。

實務見解

87年台上字第540號（判例）

追加自訴係就與已經自訴之案件無單一性不可分關係之相牽連犯罪，在原自訴案件第一審辯論終結前，加提獨立之新訴，俾便及時與原自訴案件合併審判，以收訴訟經濟之效，此觀刑事訴訟法第343條準用同法第265條自明；如追加自訴之犯罪，經法院審理結果，認定與原自訴案件之犯罪有實質上或裁判上一罪之單一性不可分關係，依同法第343條準用第267條，既為原自訴效力所及，對該追加之訴，自應認係就已經提起自訴

之案件，在同一法院重行起訴，依同法第343條準用第303條第2款，應
於判決主文另為不受理之諭知，始足使該追加之新訴所發生之訴訟關係
歸於消滅，而符訴訟(彈劾)主義之法理。

83年台抗字第270號（判例）

…所謂「相牽連之犯罪」係指同法第7條所列之相牽連之案件，且必為可
以獨立之新訴，並非指有方法與結果之牽連關係者而言。

第266條（起訴對人的效力）

條文

起訴之效力，不及於檢察官所指被告以外之人。

示例

甲、乙、丙三人犯強盜罪，檢察官如只對甲提起公訴，其效力不及乙、
丙兩人。

實務見解

70年台上字第101號（判例）

起訴書所記載之被告姓名，一般固與審判中審理對象之被告姓名一致，
惟如以偽名起訴，既係檢察官所指為被告之人，縱在審判中始發現其真
名，法院亦得對之加以審判，並非未經起訴。

第267條（起訴對事的效力－公訴不可分）

條文

檢察官就犯罪事實一部起訴者，其效力及於全部。

實務見解

88年台上字第4382號（判例）

檢察官就被告之全部犯罪事實以實質上或裁判上一罪起訴者，因其刑罰
權單一，在審判上為一不可分割之單一訴訟客體，法院自應就全部犯罪
事實予以合一審判，以一判決終結之，如僅就其中一部分加以審認，而
置其他部分於不論，即屬刑事訴訟法第379條第12款所稱「已受請求之
事項未予判決」之違法；此與可分之數罪如有漏判，仍可補判之情形，

迥然有別。

69 年台上字第 1442 號（判例）

已受請求之事項未予判決者，其判決當然為違背法令，刑事訴訟法第 379 條第 12 款定有明文。本件係檢察官及被告均不服第一審對於被告殺害王某未遂之單一犯罪事實所為同一判決，向原審提起上訴，審判之範圍應與訴之範圍，互相 一致。乃原審未待檢察官陳述上訴要旨，即行辯論終結宣判，而原判決亦未列檢察官為上訴人，對其上訴予以裁判，自有對於已受請求之事項未予判決之違 法。

41 年台上字第 113 號（判例）

傷害致死罪，係屬結果加重罪之一種，檢察官既就其傷害罪起訴，依刑事訴訟 法第 246 條規定，其效力及於全部，法院自得加以審判。

第 268 條（不告不理）

條文

法院不得就未經起訴之犯罪審判。

示例

甲犯竊盜、恐嚇兩罪，若檢察官僅起訴竊盜罪，法院不得就恐嚇罪部分審判。

實務見解

70 年台上字第 2348 號（判例）

法院不得就未經起訴之犯罪事實審判，而諭知科刑之判決，得變更檢察官所引 應適用之法條者，亦應以起訴之事實為限。本件檢察官係以上訴人違反票據法之犯罪事實提起公訴，第一審亦以違反票據法罪判處罰金，原審竟就其未起訴 之偽造有價證券事實，自行認定，而加以審判，並變更起訴法條，論處上訴人 以偽造有價證券罪刑，於法顯有未合。

48 年台上字第 228 號（判例）

…本件檢察官僅就被告共同走私之犯罪事實提起公訴，原審竟就其未起訴之竊 盜事實，自行認定而加以審判，並變更起訴法條，論處被告以竊盜罪刑，於法 顯有未合。

48 年台上字第 73 號（判例）

陸海空軍刑法第 78 條第 1 項之盜賣與第 2 項之買受，犯意、行為均不相同，罪 名亦屬各別，上訴人以買受盜賣之軍用品被訴，而原審乃以幫助盜賣行為論處 罪刑，不得謂非對未經起訴之犯罪審判，顯與刑事訴訟法第247條之規定有違。

45 年台上字第 472 號（判例）

…第一審檢察官對被告意圖姦淫和誘有配偶之人脫離家庭部分，並未提起公 訴，第一審認該部分與已起訴之犯罪無審判上不可分之關係，而予以單獨論處罪刑，原審以被告該部分犯罪不能證明，將第一審判決撤銷，另為諭知無罪之 判決，於法均有未合。

45 年台上字第 287 號（判例）

刑事訴訟法第247條所謂法院不得就未經起訴之犯罪審判，係指犯罪完全未經起 訴者而言，如僅起訴事實中敘述被告犯罪之時間、地點略有錯誤，法院於判決時予以校正，或起訴之事實並無瑕疵，而法院判決認定犯罪之時地稍有出入，均係判決實體上是否妥適之問題，要無就未經起訴之犯罪審判之程序違法可言。

第 269 條（撤回起訴之時期、原因及方式）

檢察官於第一審辯論終結前，發見有應不起訴或以不起訴為適當之情形者，得撤回起訴。

撤回起訴，應提出撤回書敘述理由。

第 270 條（撤回起訴之效力）

撤回起訴與不起訴處分有同一之效力，以其撤回書視為不起訴處分書，準用第 二百五十五條至第二百六十條之規定。

第三節　審判

第 271 條（審判期日之傳喚及通知）

條文

審判期日，應傳喚被告或其代理人，並通知檢察官、辯護人、輔佐人。

審判期日，應傳喚被害人或其家屬並予陳述意見之機會。但經合法傳喚

無正當理由不到場，或陳明不願到場，或法院認為不必要或不適宜者，不在此限。

實務見解

49 年台上字第 1356 號（判例）

…上訴人等在原審既曾委任律師為共同辯護人，乃原審並未於審判期日通知該 辯護人到庭辯護，而逕行判決，其所踐行之訴訟程序，自屬於法有違。

第 271 條之 1（委任告訴代理人之準用）

條文

告訴人得於審判中委任代理人到場陳述意見。但法院認為必要時，得命本人到場。

前項委任應提出委任書狀於法院，並準用第二十八條、第三十二條及第三十三條之規定。但代理人為非律師者於審判中，對於卷宗及證物不得檢閱、抄錄或攝影。

立法說明

告訴人委任律師為代理人，因律師具備法律專業知識，且就業務之執行須受律師法有關律師倫理、忠誠及信譽義務之規範，於立法政策上，允宜準用第 33 條規定，賦予其閱卷之權利，除方便代理人了解案件進行，以維護告訴人權益外，更可藉由閱卷而提供檢察官有關攻擊防禦之資料，因此於本條第 2 項明定告訴人於審判中委任代理人之程式及相關準用規定。至於告訴人委任非律師為代理人者，因就其處理事務，尚乏類似律師法之執業規範及監督懲戒機制，仍不宜賦予其閱卷權，因此於本條第 2 項但書規定其對卷宗及證物不得檢閱、抄錄或攝影。

相關法規：本法第 236 條之 1

第 272 條（第一次審判期日傳票送達期間）

條文

第一次審判期日之傳票，至遲應於七日前送達；刑法第六十一條所列各罪之案件至遲應於五日前送達。

實務見解

69年台上字第2623號（判例）

就審期間，以第一次審判期日之傳喚為限，刑事訴訟第272條規定甚明。原審第一次68年11月20日審判期日之傳票，早於同月9日送達上訴人收受，屆期上訴人未到庭，再傳同年12月4日審判，已無就審期間之可言。

78年台非字第181號（判例）

…第一次審判期日之傳票，刑法第61條所列各罪之案件，至遲應於5日前送達，此於刑事訴訟法第272條後段定有明文，此項規定，依同法第364條，又為第二審所準用。既云至遲應於5日前送達，依文義解釋，自不包括5日之本數在內，本件被告所犯賭博罪，係屬刑法第61條所列之罪之案件，傳票至遲應於5日前送達。　.被告收受第一次審判期日之傳票恰僅五日，並非在至遲應於五日前送達，即於法定審判期日之猶豫期間不合，不能認為已經合法傳喚，其竟率行缺席判決，依前開說明，其所踐行之訴訟程序顯有違誤。

55年台上字第1915號（判例）

原審55年6月30日審判期日之傳票，遲至審理前2日方送達上訴人收受，其訴訟程序雖不無違誤，第上訴人既已到庭陳述，參與辯論，顯然於判決無影響。

44年台上字第783號（判例）

第一次審判期日之傳票，除刑法第61條所列各罪之案件外，至遲應於3日前送達，此於刑事訴訟法第251條訂有明文，此項規定依同法第356條，第二審審判自應有其適用，本件第二審首次制發上訴人定於44年4月13日上午11時28分審理之傳票，遲至審期前一日即同年月12日方經某某地方法院飭警送達，自難謂其傳喚程序之為合法，乃原審竟予援引刑事訴訟法第363條，不待上訴人到庭陳述，逕為駁回上訴，即屬與法令相違背。

第273條（準備程序中應處理之事項及訴訟行為欠缺程式之定期補正）

條文

法院得於第一次審判期日前，傳喚被告或其代理人，並通知檢察官、辯護人、輔佐人到庭，行準備程序，為下列各款事項之處理：

一、起訴效力所及之範圍與有無應變更檢察官所引應適用法條之情形。
二、訊問被告、代理人及辯護人對檢察官起訴事實是否為認罪之答辯，及決定可否適用簡式審判程序或簡易程序。
三、案件及證據之重要爭點。
四、有關證據能力之意見。
五、曉諭為證據調查之聲請。
六、證據調查之範圍、次序及方法。
七、命提出證物或可為證據之文書。
八、其他與審判有關之事項。

於前項第四款之情形，法院依本法之規定認定無證據能力者，該證據不得於審判期日主張之。

前條之規定，於行準備程序準用之。

第一項程序處理之事項，應由書記官製作筆錄，並由到庭之人緊接其記載之末行簽名、蓋章或按指印。

第一項之人經合法傳喚或通知，無正當理由不到庭者，法院得對到庭之人行準備程序。

起訴或其他訴訟行為，於法律上必備之程式有欠缺而其情形可補正者，法院應定期間，以裁定命其補正。

立法說明

- 刑事審判之集中審理制，既要讓訴訟程序密集而不間斷地進行，則於開始審判之前，即應為相當之準備，始能使審判程序密集、順暢。爰參考日本刑事訴訟規則第194條之3規定，除修正、組合本條第1項、第2項之文字內容外，並將準備程序中應處理之事項，增列其中，以資適用。

- 依本法第264條第1項第2款規定，檢察官之起訴書固應記載被告之犯罪事實及所犯法條，惟如記載不明確或有疑義，事關法院審判之範圍及被告防禦權之行使，自應於準備程序中，經由訊問或闡明之方式，先使之明確，故首先於第一款定之。惟此一規定，其目的僅在釐清法

院審判之範圍，並便於被告防禦權之行使，應無礙於法院依本法第267條規定對於案件起訴效力所為之判斷。其次，案件如符合第273條之1或第449條第2項之規定時，即可嘗試瞭解有無適用簡式審判程序或簡易程序之可能，以便儘早開啟適用之契機，避免耗費不必要之審判程序，故有第2款之規定。另當事人於準備程序中，經由起訴及答辯意旨之提出，必能使案件及證據重要爭點浮現，此時再加以整理，當有助於案情之釐清，故為第3款之規定。又當事人對於卷內已經存在之證據或證物，其證據能力如有爭執，即可先予調查，倘法院依本法之規定，認定該證據無證據能力者，即不得於審判期日主張之，是有第4款及第2項之規定，以節省勞費。第1項第5款、第6款則係於曉諭當事人或辯護人為調查證據之聲請時，於整理證據後，就證據之調查範圍、次序及方法所為之規定。又如當事人有提出證物或可為證據之文書必要時，即應命其提出，俾供調查、審判之用，以免臨時無法提出，影響審判之進行，故為第7款之規定。法院於準備程序中應為之事項，常隨案件而異，其他例如有無第302條至第304條所定應為免訴、不受理或管轄錯誤判決之情形，均可一併注意之，故除前述7款之外，另於第8款就其他與審判有關之事項為概括之規定，以求周延。

- 準備程序既為案件重要事項之處理，亦應予當事人或辯護人適當之準備期間，故其傳喚或通知應於期日前相當時間送達，以利程序之進行，爰增訂第3項準用第272條之規定。

- 準備程序之處理，攸關案件程序之進行，為杜爭議，爰參考日本刑事訴訟規則第194條之5第2項及本法第42條第4項之規定，增訂第四項應製作筆錄之規定。

- 第一項之人經合法傳喚或通知，如無正當理由不到庭，應許法院視情況，得對到庭之人行準備程序，以免延宕，爰增訂第5項之規定。

示例

某地方法院審理某件內線交易案，由於被告眾多且法律爭點複雜，故由受命法官傳喚被告或其代理人，並通知檢察官、辯護人、輔佐人到庭行準備程序，處理本條第1項各款情事。

第273條之1（進行簡式審判程序之裁定）

條文

除被告所犯為死刑、無期徒刑、最輕本刑為三年以上有期徒刑之罪或高等法院管轄第一審案件者外，於前條第一項程序進行中，被告先就被訴事實為有罪之陳述時，審判長得告知被告簡式審判程序之旨，並聽取當事人、代理人、辯護人及輔佐人之意見後，裁定進行簡式審判程序。

法院為前項裁定後，認有不得或不宜者，應撤銷原裁定，依通常程序審判之。

前項情形，應更新審判程序。但當事人無異議者，不在此限。

立法說明

刑事案件之處理，視案件之輕微或重大，或視被告對於起訴事實有無爭執，而異其審理之訴訟程序或簡化證據之調查，一方面可減輕法院審理案件負擔，以達訴訟經濟之要求；另一方面亦可使訴訟儘速終結，讓被告免於訟累。

第273條之2（簡式審判程序之證據調查）

條文

簡式審判程序之證據調查，不受第一百五十九條第一項、第一百六十一條之二、第一百六十一條之三、第一百六十三條之一及第一百六十四條至第一百七十條規定之限制。

立法說明

簡式審判程序，貴在審判程序之簡省便捷，故調查證據之程序宜由審判長便宜行事，以適當方法行之即可，又因被告對於犯罪事實並不爭執，可認定被告亦無行使反對詰問權之意，因此有關傳聞證據之證據能力限制規定無庸予以適用。再者，簡式審判程序中證據調查之程序亦予簡化，關於證據調查之次序、

方法之預定、證據調查請求之限制、證據調查方法，證人、鑑定人詰問方式等，均不須強制適用。

第274條（期日前證物之調取）

條文

法院於審判期日前,得調取或命提出證物。

立法說明

- 法院於準備程序中,應不得傳喚證人、鑑定人或通譯到庭,而僅就其調查之範圍、次序及方法決定之,即為已足,因此於2003年2月刪除原條文此部分規定。至當事人、辯護人聲請傳喚證人、鑑定人或通譯之權利,依第163條第1項規定,則仍不受影響。
- 案件有關之證物,如由當事人占有中,固可依第273條第1項第7款規定命其提出,但該等證物亦可能由訴訟關係人或第三人占有,其所在不一而足,而調取或提出常需若干時間,為使審判順利進行,應許法院於審判期日前,即得調取或命提出該證物,以供在審判程序中調查之用,是仍保留該部分規定。

第275條(期日前之舉證權利)

條文

當事人或辯護人,得於審判期日前,提出證據及聲請法院為前條之處分。

示例

甲開車撞傷乙,乙對甲提起傷害罪自訴,為求釐清案情,乙的委任律師某丙得於審判期日前,聲請法院調閱當時馬路周邊監視器影帶,作為裁判之重要證據。

第276條(期日前人證之訊問)

條文

法院預料證人不能於審判期日到場者,得於審判期日前訊問之。

法院得於審判期日前,命為鑑定及通譯。

實務見解

93年台上字第5185號(判例)

…「預料證人不能於審判期日到場」之原因,須有一定之客觀事實,可認其於 審判期日不能到場並不違背證人義務,例如因疾病即將住院手術治療,或行將 出國,短期內無法返國,或路途遙遠,因故交通恐將阻絕,或其他特殊事故,於審判期日到場確有困難者,方足當之。必以此從嚴之

限制，始符合集中審理 制度之立法本旨，不得僅以證人空泛陳稱：「審判期日不能到場」，甚或由受 命法官逕行泛詞諭知「預料該證人不能於審判期日到庭」，即行訊問或詰問證 人程序，為實質之證據調查。

第 277 條（期日前物之強制處分）

法院得於審判期日前，為搜索、扣押及勘驗。

第 278 條（期日前公署之報告）

法院得於審判期日前，就必要之事項，請求該管機關報告。

第 279 條（受命法官之指定及其權限）

條文

行合議審判之案件，為準備審判起見，得以庭員一人為受命法官，於審判期日前，使行準備程序，以處理第二百七十三條第一項、第二百七十四條、第 二百七十六條至第二百七十八條規定之事項。

受命法官行準備程序，與法院或審判長有同一之權限。但第一百二十一條之裁 定，不在此限。

立法說明

- 為配合採行改良式當事人進行主義，法官僅以中立、公正立場，從事調查證據職責為已足，不應再負主動蒐集證據義務，因此於2003年2月將有關蒐集證據規定刪除之。
- 受命法官於準備程序中，既不再從事實質之證據調查，因此將有關「訊問被告及調查證據」之文字修正為「使行準備程序」。另第274條、第276條、第277條、第278條關於調查證據規定，常有助於審判之進行，且有其必要，乃併規定亦為受命法官得處理之事項。
- 受命法官於準備程序中，既不再主動蒐集證據及進行證據之實質調查，而依第273條第1項規定行準備程序時，已可訊問被告，因此將第2項「關於訊問被告，及蒐集或調查證據」等字，修正為「行準備程序」。

實務見解

93 年台上字第 2033 號（判例）

依刑事訴訟法第279條第1項規定，準備程序處理之事項，原則上僅限於訴訟資料之聚集及彙整，旨在使審判程序能密集而順暢之進行預作準備，不得因此而取代審判期日應踐行之直接調查證據程序。調查證據乃刑事審判程序之核心，改良式當事人進行主義之精神所在；關於證人、鑑定人之調查、詰問，尤為當事人間攻擊、防禦最重要之法庭活動，亦為法院形成心證之所繫，除依同法第276條第1項規定，法院預料證人不能於審判期日到場之情形者外，不得於準備程序訊問證人，致使審判程序空洞化，破壞直接審理原則與言詞審理原則。

第280條（審判庭之組織）
條文
審判期日，應由推事、檢察官及書記官出庭。
相關法規：軍事審判法第155條

第281條（被告到庭之義務）
條文
審判期日，除有特別規定外，被告不到庭者，不得審判。
許被告用代理人之案件，得由代理人到庭。
實務見解
72年台上字第4816號（最高法院刑事裁判）
第一審法院除刑事訴訟法第302條至第304條之判決外，非經言詞辯論不得為判決。本件第一審法院雖於71年11月25日定期於同年12月6日審理，屆期因自訴人代理人及被告等均未到庭，僅訊問證人，並未行言詞辯論，乃竟於同年12月13日逕行判決，其判決殊難謂無違法。
相關法規：本法第306條、307條

第282條（在庭之身體自由）
條文
被告在庭時，不得拘束其身體。但得命人看守。
示例

甲因殺人罪嫌被羈押於看守所。開庭時,須將手銬、腳鐐等戒具解開,讓其無拘無束自由陳述。

第283條（被告之在庭義務）

被告到庭後,非經審判長許可,不得退庭。

審判長因命被告在庭,得為相當處分。

第284條（強制辯護案件辯護人之到庭）

條文

第三十一條第一項所定之案件無辯護人到庭者,不得審判。但宣示判決,不在此限。

實務見解

95年台上字第3731號（最高法院刑事裁判）

原審於審判期日曾指定公設辯護人某甲為上訴人辯護,該指定辯護人於95年4月4日上午11時審判期日到庭,有該審判筆錄可稽。但全卷並未發見該辯護人所提出之「辯護書」在卷,是上訴人與未經辯護無異　第二審法院逕行判決,即有同法第379條第7款「依本法應用辯護人之案件或已經指定辯護人之案件,辯護人未經到庭辯護而逕行審判者」情形,其判決當然違背法令。

第284條之1（合議審判原則）

條文

除簡式審判程序、簡易程序及第三百七十六條第一款、第二款所列之罪之案件外,第一審應行合議審判。

立法說明

在第二審仍維持覆審制之架構下,將屬輕微案件,一般而言案情亦較為單純之第376條第1款、第2款案件修正為可由法官獨任審判,而讓第一審法官對於該類案件可行獨任審判,其將更能投注心力在案情較為重大複雜案件之審判工作,對於司法資源將可作更合理、有效之分配,因此修正本條規定。至於行通常審判程序之第376條第1款、第2款所列之罪案件,其案情如確屬繁雜,且法官認為有必要時,亦得行合議審判。

相關法規：本法第 376 條、第 455 條之 11

第 285 條（審判開始－朗讀案由）

審判期日，以朗讀案由為始。

第 286 條（人別訊問與起訴要旨之陳述）

條文

審判長依第九十四條訊問被告後，檢察官應陳述起訴之要旨。

相關法規：本法第 94 條

第 287 條（訊問被告應先告知）

條文

檢察官陳述起訴要旨後，審判長應告知被告第九十五條規定之事項。

立法說明

- 為加強當事人進行主義色彩，審判程序之進行應由當事人扮演積極主動角色，而以當事人間之攻擊、防禦為主軸，舊法條文規定檢察官陳述起訴要旨後，審判長即應就被訴事實訊問被告，與前開修法精神不合，且與交互詰問之訴訟程序進行亦有扞格之處，是檢察官陳述起訴要旨後，審判長就被訴事實訊問被告之次序應予調整，因此於2003年2月將本條後段部分先予刪除，為文字修正後，挪移於第288條第2項後段。
- 為保障被告之防禦權，本法已增訂第95條告知罪名之相關規定，因此於本條後段，增訂審判長應告知第95條事項規定，俾相呼應。

第287條之1（共同被告之調查證據、辯論程序之分離或合併）

條文

法院認為適當時，得依職權或當事人或辯護人之聲請，以裁定將共同被告之調查證據或辯論程序分離或合併。

前項情形，因共同被告之利害相反，而有保護被告權利之必要者，應分離調查證據或辯論。

立法說明

法院認為適當時，得依職權或當事人或辯護人之聲請，以裁定將共同被告之調查證據或辯論程序分離或合併。若各共同被告之利害相反，而有保護被告權利之必要者，則應分離調查證據或辯論，因此參考日本刑事訴訟法第313條規定，增訂本條。

第 287 條之 2（共同被告之準用規定）

條文

法院就被告本人之案件調查共同被告時，該共同被告準用有關人證之規定。

立法說明

法院就被告本人之案件調查共同被告時，該共同被告對於被告本人之案件具證人之適格，自應準用有關人證之規定。

第 288 條（調查證據）

條文

調查證據應於第二百八十七條程序完畢後行之。

審判長對於準備程序中當事人不爭執之被告以外之人之陳述，得僅以宣讀或告以要旨代之。但法院認有必要者，不在此限。

除簡式審判程序案件外，審判長就被告被訴事實為訊問者，應於調查證據程序之最後行之。

審判長就被告科刑資料之調查，應於前項事實訊問後行之。

立法說明

- 有關訴訟程序之進行，以採當事人間互為攻擊、防禦之型態為基本原則，法院不立於絕對主導之地位，亦即法院依職權調查證據，退居於補充、輔助之性質。因此在通常情形下，法院應係在當事人聲請調查之證據全部或主要部分均已調查完畢後，始補充進行，是以原條文有關訊問被告後，審判長應調查證據之規定，應予修正。
- 審判長對於當事人準備程序中不爭執之被告以外之人之陳述，為節省勞費，得僅以宣讀或告以要旨之方式代替證據之調查，但法院如認為有必要，則例外仍應調查之，為免爭議，因此增訂本條第2項。

- 為避免法官於調查證據之始，即對被告形成先入為主之偏見，且助於導正偵審實務過度偏重被告自白之傾向，並於理念上符合無罪推定原則，因此本條增訂第3項，要求審判長就被告被訴事實為訊問者，原則上應於調查證據程序之最後行之。至於適用簡式審判程序之案件，因審判長須先訊問被告以確認其對於被訴事實另外，是否為有罪陳述，乃能決定調查證據之方式，故於第3項併設除外規定，避免適用時發生扞格。
- 由於我國刑事訴訟不採陪審制，認定犯罪事實與科刑均由同一法官為之，為恐與犯罪事實無關之科刑資料會影響法官認定事實的心證，則該等科刑資料應不得先於犯罪事實之證據而調查，乃明定審判長就被告科刑資料之調查，應於其被訴事實訊問後行之，因此增訂第4項規定。

第288條之1（陳述意見權及提出有利證據之告知）
條文
審判長每調查一證據畢，應詢問當事人有無意見。

審判長應告知被告得提出有利之證據。

立法說明
2003年2月條次變更，由原條文第162條移列。

第288條之2（證據證明力之辯論）
條文
法院應予當事人、代理人、辯護人或輔佐人，以辯論證據證明力之適當機會。

立法說明
法院就被告本人之案件調查共同被告時，該共同被告對於被告本人之案件具證人之適格，自應準用有關人證之規定，因此於2003年2月增訂本條。

第288條之3（聲明異議權）

條文

當事人、代理人、辯護人或輔佐人對於審判長或受命法官有關證據調查或訴訟指揮之處分不服者，除有特別規定外，得向法院聲明異議。

法院應就前項異議裁定之。

立法說明

- 原條文僅限於「行合議審判之案件」，當事人或辯護人始有聲明異議之權，對於獨任審判案件之當事人或辯護人聲明異議權之保障，尚有不週，因此將原條文第1項前段之「合議審判」條件限制予以刪除，並一併賦予代理人、輔佐人聲明異議之權利，以維護當事人訴訟權益。

- 當事人或辯護人異議權之對象，應僅限於「不法」之處分，而不包括「不當」之處分，原條文第2項規定法院應就異議之「當否」裁定之，容易誤導認為得聲明異議之對象包括「不當之處分」，因此刪除「當否」二字，以資明確。

第 289 條（言詞辯論）

條文

調查證據完畢後，應命依下列次序就事實及法律分別辯論之：

一、檢察官。

二、被告。

三、辯護人。

已辯論者，得再為辯論，審判長亦得命再行辯論。

依前二項辯論後，審判長應予當事人就科刑範圍表示意見之機會。

立法說明

按犯罪事實有無之認定與應如何科刑，均同等重要，其影響被告之權益甚鉅，實務上，無論在調查或辯論程序，二者常混同進行，茲既區分認定事實與量 刑程序，除增訂第 288 條第 4 項，明定科刑資料之調查次序外，並於辯論程序 中，增訂第3項，規定當事人與辯護人就事實及法律辯論之後，審判長應予當 事人就科刑範圍表示意見之機會，使量刑更加精緻、妥適。至於辯論事項之次 序如何安排，則由審判長依其訴訟指揮決定之。

實務見解

48 年台上字第 1134 號（判例）

審判期日之訴訟程序，專以審判筆錄為證，原審審判期日之審判筆錄，並未載 有檢察官到庭辯論之要旨，及命被告為最後之陳述，其所踐行之訴訟程序，顯 與刑事訴訟法第 282 條、第 283 條規定相違背。

44 年台非字第 58 號（判例）

第二審之審判，除有特別規定外，準用第一審審判之規定，故審判長調查證據 完畢，應由檢察官被告及辯護人依次辯論，而此種關於審判期日之訴訟程序是否依法踐行，並應以審判筆錄為證，刑事訴訟法第 356 條、第 282 條、第 47 條定有明文，原審 審判筆錄，並未載審判長調查證據完畢後，命蒞庭之檢察 官及被告依次辯論，即行宣示辯論終結，其所踐行之訴訟程序，顯有違誤。

第 290 條（被告最後陳述）

條文

審判長於宣示辯論終結前，最後應詢問被告有無陳述。

相關法條：本法第 379 條第 11 款

第 291 條（再開辯論）

條文

辯論終結後，遇有必要情形，法院得命再開辯論。

示例

某傷害案件法院已辯論終結，法官如認為有事實尚待查證時，得再開辯論。

第292 條（更新審判事由）

審判期日，應由參與之推事始終出庭；如有更易者，應更新審判程序。

參與審判期日前準備程序之推事有更易者，毋庸更新其程序。

第293 條（連續開庭與更新審判事由）

審判非一次期日所能終結者，除有特別情形外，應於次日連續開庭；如

下次開庭因事故間隔至十五日以上者，應更新審判程序。

第 294 條（停止審判－心神喪失與一造缺席判決）

條文

被告心神喪失者，應於其回復以前停止審判。

被告因疾病不能到庭者，應於其能到庭以前停止審判。

前二項被告顯有應諭知無罪或免刑判決之情形者，得不待其到庭，逕行判決。

許用代理人案件委任有代理人者，不適用前三項之規定。

相關法規：本法第 298 條、第 305 條、第 306 條、第 331 條、第 332 條，社會秩序維護法第 8 條、第 10 條

第 295 條（停止審判－相關之他罪判決）

條文

犯罪是否成立以他罪為斷，而他罪已經起訴者，得於其判決確定前，停止本罪之審判。

相關法規：本法第 298 條

第 296 條（停止審判－無關之他罪判決）

條文

被告犯有他罪已經起訴應受重刑之判決，法院認為本罪科刑於應執行之刑無重大關係者，得於他罪判決確定前停止本罪之審判。

實務見解

46 年台上字第 772 號（判例）

刑事訴訟法第 289 條所謂法院得於他罪判決確定前停止本罪之審判者，係指已經起訴之他罪與本罪各自獨立，他罪應受重刑之判決，本罪科刑於應執行之刑無重大關係者而言，若被告係以概括之意思，犯同一罪質之罪名，縱令涉及數個法條，而其較輕之罪名在法律上已包含於重罪之內，既應就較重者以連續犯論，即無適用上開法條將輕罪停止審判之餘地。

第 297 條（停止審判－民事判決）

條文

犯罪是否成立或刑罰應否免除，以民事法律關係為斷，而民事已經起訴者，得於其程序終結前停止審判。

示例

甲男、乙女正因婚姻是否有效訴訟中，乙女得知甲男與丙女合意性交，於是對 甲、丙提出通姦罪告訴。該罪是否成立，應視甲、乙婚姻是否有效為斷，所以 法院裁定通姦罪停止審判。

相關法規：本法第 298 條

第 298 條（停止審判之回復）

條文

第二百九十四條第一項、第二項及第二百九十五條至第二百九十七條停止審判 之原因消滅時，法院應繼續審判，當事人亦得聲請法院繼續審判。

相關法規：本法第 294—297 條

第 299 條（科刑或免刑判決）

條文

被告犯罪已經證明者，應諭知科刑之判決。但免除其刑者，應諭知免刑之判決。

依刑法第六十一條規定，為前項免刑判決前，並得斟酌情形經告訴人或自訴人 同意，命被告為左列各款事項：

一、向被害人道歉。

二、立悔過書。

三、向被害人支付相當數額之慰撫金。

前項情形，應附記於判決書內。第二項第三款並得為民事強制執行名義。

相關法規：刑法第 61 條

第 300 條（變更法條）

條文

前條之判決，得就起訴之犯罪事實，變更檢察官所引應適用之法條。

示例

甲以刀劃傷乙，檢察官以殺人未遂罪法條起訴，法院審理結果認為甲無殺人之犯意，而屬於傷害行為，因此遂依本條規定改以傷害罪處斷。

實務見解

47 年台上字第 41 號（判例）

告訴乃論之罪，告訴人於第一審辯論終結前得撤回其告訴，原判決既認被告拾 刀砍傷左前臂並無殺人故意，變更檢察官起訴法條，改依刑法第277 條第 1 項
之傷害罪處斷，該條項之罪，依同法第 287 條上段規定須告訴乃論，既經告訴 人於檢察官偵查中具狀撤回告訴，自應諭知不受理之判決，原審竟從實體上判 處罪刑，顯屬於法有違。

43 年台上字第 62 號（判例）

有罪之判決，祇得就起訴之犯罪事實，變更起訴法條，為刑事訴訟法第292 條 所明定，本件起訴書認定之事實，為被告見被害人右手帶有金手鍊，意圖搶
奪，拉其右手，同時取出剪刀，欲將金手鍊剪斷奪取等情，顯與原判決認定被 告強制猥褻之犯罪事實兩歧，其另行認定事實，而變更起訴書所引應適用之法 條，自屬於法有違。

40 年台特非字第 4 號（判例）

檢察官以被告係犯特種刑事法令上之罪嫌而起訴之案件，經法院審理結果，認 係觸犯普通刑法上之罪名者，即應變更起訴法條，依普通刑法論科，要難以起
訴程序違背法令，諭知不受理之判決。

第 301 條（無罪判決）

條文

不能證明被告犯罪或其行為不罰者應諭知無罪之判決。

依刑法第十八條第一項或第十九條第一項其行為不罰，認為有諭知保安處分之必要者，並應諭知其處分及期間。

示例

甲因偷接他人有線電視訊號而遭檢察官以竊盜罪提起公訴。然而基於罪刑法定 主義，偷接他人有線電視訊號尚不仍認為屬於刑法準竊盜罪之範疇，是以法官對本案應諭知無罪判決。

實務見解

48 年台上字第 587 號（判例）

被告向警察派出所呈遞陳情書，其目的既在求將上訴人等使用中，屬於被告之私章、店印、發票及購買證收回，且謂上訴人等占有工廠，係由於合夥關係，則上訴人等並不犯侵占罪名，至其要求交還工廠，又屬民事糾紛，上訴人更無受刑事處分之危險，自難論被告以誣告之罪。原審維持第一審諭知被告無罪之判決，按之刑事訴訟法第293條第1項並無違誤。

相關法規：本法第307條

第 302 條（免訴判決）

條文

案件有左列情形之一者，應諭知免訴之判決：
一、曾經判決確定者。
二、時效已完成者。
三、曾經大赦者。
四、犯罪後之法律已廢止其刑罰者。

實務見解

44 年台上字第 820 號（判例）

司法警察官對於所接受或逮捕之犯罪嫌疑人，認有羈押之必要，即應依刑事訴 訟法第 208 條第 2 項規定，於 24 小時內移送該管檢察官處置，若別無正當理由逾時並不移送，自難解免私禁之罪責。本件被告之刑事責任，在於逾時未將拘 留中之嫌疑犯某乙等移送該管檢察官辦理，與發羈押命令之為誰無關，原審對於逾時未經移送之責任，及有無正當理由，全未注意調查，而僅以嫌疑犯之羈 押，已經局長核准，為被告解免刑責之理由，自嫌未合。

最高法院 82 年度第 4 次刑事庭會議（一）

決議：採甲說。

甲說：應至宣判之日。理由：按刑事訴訟法第302條第1款規定，案件曾經判決確定者，應為免訴之判決，係以同一案件，已經法院為實體上之確定判決，該被告應否受刑事制裁，既因前次判決而確定，不能更為其他有罪或無罪之實體上裁判，此項原則，關於實質上一罪或裁判上一罪，其一部事實已經判決確定者，對於構成一罪之其他部分，固亦均應適用，但此種事實係因審判不可分之關係在審理事實之法院，就全部犯罪事實，依刑事訴訟法第267條規定，本應予以審判，故其確定判決之既判力自應及於全部之犯罪事實，惟若在最後審理事實法院宣示判決後始行發生之事實，既非該法院所得審判，即為該案判決之既判力所不能及…，是既判力對於時間效力之範圍應以最後審理事實法院之宣示判決日為判斷之標準，而上開判例稱「最後審理事實法院」而非謂「最後事實審」，顯然不限於二審判決，因而在未經上訴於二審法院之判決，亦屬相同，否則，如認判決在一審確定者，其既判力延伸至確定之時則於第一審法院宣示判決後因被告逃匿無法送達延宕確定日期，在此期間，被告恣意以概括之犯意連續為同一罪名之犯行，而受免訴判決，其有違公平正義原則，實非確當。

第303條（不受理判決）

條文

案件有下列情形之一者，應諭知不受理之判決：

一、起訴之程序違背規定者。

二、已經提起公訴或自訴之案件，在同一法院重行起訴者。

三、告訴或請求乃論之罪，未經告訴、請求或其告訴、請求經撤回或已逾告訴期間者。

四、曾為不起訴處分、撤回起訴或緩起訴期滿未經撤銷，而違背第二百六十條之規定再行起訴者。

五、被告死亡或為被告之法人已不存續者。

六、對於被告無審判權者。

七、依第八條之規定不得為審判者。

立法說明

- 依本法第260條規定，緩起訴期滿未經撤銷者，具有實質確定力，若無同條各款規定情形之一者，不得對於同一案件再行起訴。若檢察官違反該條規定再行起訴時，法院自應諭知不受理之判決，2003年1月爰於本條第4款增列「緩起訴期滿未經撤銷」之事由，以資適用。

- 為被告之法人人格消滅時，審判之對象即不存在，其情形與自然人之被告死亡者相同，爰參考日本刑事訴訟法第339條第1項第4款之立法例，修訂本條第5款規定，當作為被告之法人已不存續時，法院亦應諭知不受理之判決。

示例

苗栗縣男子某甲沉迷電玩，不顧父親重度肢障，涉嫌偷走母親的 13 萬多元，全都花在電玩店；其母親某乙痛心報警究辦。案經苗栗地檢署起訴，但審理時某甲卻燒炭自殺。由於被告已死亡，苗栗地院遂依本條規定判決不受理。

實務見解

釋字第 168 號 已經提起公訴或自訴之案件，在同一法院重行起訴者，應諭知不受理之判決，刑事訴訟法第 303 條第 2 款，定有明文。縱先起訴之判決，確定在後，如判決 時，後起訴之判決，尚未確定，仍應就後起訴之判決，依非常上訴程序，予以 撤銷，諭知不受理。

74 年台非字第 224 號（判例）

刑事訴訟法第 303 條第 5 款所謂之被告死亡，專指事實上死亡而言，並不包括 宣告死亡之情形在內。

63 年台上字第 1178 號（判例）

原判決既認被告所犯係刑法第 304 條第 2 項之罪，不屬於少年事件處理法第 27 條第 1 項第 1 款之案件，依同法第 65 條規定，自不得對之追訴及處罰，其未依 刑事訴訟法第 303 條第一款規定，諭知不受理之判決，不無違誤。

61 年台上字第 387 號（判例）

刑事訴訟法第 303 條第 2 款所謂已經提起公訴或自訴之案件在同一法院重行起 訴者，必須先起訴之案件係合法者始足當之，若先起訴之案件係不合法，則後 起訴之案件，自無適用本條款規定之餘地。

60 年台非字第 173 號（判例）

刑事訴訟法第 303 條第 2 款規定已經提起公訴或自訴之案件，在同一法院重行 起訴者，應諭知不受理之判決，係以已經提起公訴或自訴之同一案件尚未經實體上判決確定者為限。如果已經實體上判決確定，即應依同法第三百零二條第一款諭知免訴之判決，而無諭知不受理之可言。

55 年台非字第 176 號（判例）

一事不再理為刑事訴訟法上一大原則，蓋對同一被告之一個犯罪事實，祇有一 個刑罰權，不容重複裁判，故檢察官就同一事實無論其為先後兩次起訴或在一 個起訴書內重複追訴，法院均應依刑事訴訟法第 295 條第 2 款(舊) 就重行起訴 部分諭知不受理之判決。

48 年台非字第 27 號（判例）

現役軍人在戰時犯陸海空軍刑法或其特別法以外之罪者，依軍事審判法之規定追訴審判，軍事審判法第 1 條第 1 項已有明文，故在戰時之現役軍人，雖犯刑法上之罪，普通法院仍無審判權，應依刑事訴訟法第 395 條第 6 款諭知不受理之判決。

44 年台非字第 91 號（判例）

電業法第 115 條所定電匠違反第 77 條第 2 項規定者，科 100 元以下罰鍰並得勒令停止工作，係屬行政罰而非刑罰，法院殊無審判之權，被告甲、乙二人係電工學徒，尚未考驗合格，擅自為人承裝電器，雖據檢察官依上開法條聲請以命令處刑，要非原審法院所得審判，乃其不依刑事訴訟法第 295 條第 6 款對此無審判權之案件為不受理之諭知，而竟以處刑命令將被告等各處罰鍰 20 元，並諭知勒令停止工作，自難謂非違法。

第 304 條（管轄錯誤判決）

條文

無管轄權之案件，應諭知管轄錯誤之判決，並同時諭知移送於管轄法院。

相關法規：本法第 307 條

第305條（一造缺席判決）

被告拒絕陳述者，得不待其陳述逕行判決；其未受許可而退庭者亦同。

第306條（一造缺席判決）

條文

法院認為應科拘役、罰金或應諭知免刑或無罪之案件，被告經合法傳喚無正當理由不到庭者，得不待其陳述逕行判決。

實務見解

71年台非字第116號（判例）

刑事訴訟法第306條規定，法院認為應科拘役罰金或應諭知免刑或無罪之案件，被告經合法傳喚無正當理由不到庭者，得不待其陳述，逕行判決，係以被告經合法傳喚無正當理由不到庭者為限。本件被告違反票據法甲、乙、丙三案件，原審以其遷址不明，經就其甲案審判期日之傳票為公示送達。但其乙、丙兩案並未定審判期日傳喚，竟逕行併案審理。關於乙、丙兩案件部分，既未經合法傳喚，被告自無從到庭應訊，原審率依首開規定，不待被告陳述，對於該兩案併予逕行判決，其訴訟程序自難謂無刑事訴訟法第379條第6款之違法。

第307條（言詞審理之例外）

條文

第一百六十一條第四項、第三百零二條至第三百零四條之判決，得不經言詞辯論為之。

立法說明

第161條第4項之不受理判決，亦屬形式判決，應許法院不經言詞辯論為之，因此2003年2月修正本條規定，以資適用。

實務見解

59年台上字第2142號（判例）

刑事訴訟法第307條所定得不經言詞辯論而為之判決，既不以被告到庭陳

述為必要，原不發生傳喚合法與否問題，上訴人指被告未經合法傳喚，原審不待其到庭陳述逕行判決為不當，殊難認為有理由。

相關法規：刑事訴訟法施行法第7條之2

第308條（判決書之內容）

條文

判決書應分別記載其裁判之主文與理由；有罪之判決書並應記載犯罪事實，且得與理由合併記載。

立法說明

- 刑事有罪判決所應記載之事實應係賦予法律評價而經取捨並符合犯罪構成要件之具體社會事實。因此2004年6月時立法者將原條文後段所定「並應記載事實」修正為「並應記載犯罪事實」，以臻明確。
- 本法並未明文規定有罪判決之犯罪事實與理由必須分欄記載，惟實務運作慣例，係將原條文後段「並應記載事實」一語解釋為事實與理由必須分欄記載，乃致判決理由論述時，須重複敘及犯罪事實，造成判決書冗贅，因此2004年6月亦一併修正本條後段，凡有罪判決所應記載之犯罪事實得與理由合併記載，使法官能斟酌案情繁簡而彈性運用。

第309條（有罪判決書之主文記載）

條文

有罪之判決書，應於主文內載明所犯之罪，並分別情形，記載下列事項：

一、諭知之主刑、從刑或刑之免除。

二、諭知有期徒刑或拘役者，如易科罰金，其折算之標準。

三、諭知罰金者，如易服勞役，其折算之標準。

四、諭知易以訓誡者，其諭知。

五、諭知緩刑者，其緩刑之期間。

六、諭知保安處分者，其處分及期間。

實務見解

最高法院85年度第18次刑事庭會議

第二審認被告有常業重利之事實，因而維持第一審依刑法第345條之規

定，論處被告「常業重利」之罪刑，被告不服，提起第三審上訴，其上訴理由為：第一審判決主文未諭知：「乘他人急迫(輕率或無經驗)貸以金錢，而取得與原本顯不相當之重利為常業」，為違背法令，原審竟不予撤銷改判，應屬違法。上訴是否有理由？有甲、乙、丙三說：

甲說：上訴有理由，應予以撤銷改判。理由略。

乙說：上訴無理由，應予駁回。理由略。

丙說：上訴不合法，應以判決駁回之。理由：按有罪之判決書，應於主文內載明所犯之罪，為刑事訴訟法第三百零九條所明定。但罪名如何記載，始堪謂為載明，法無明文。實務上，有罪判決書主文欄關於罪名之記載，固以與論罪科刑法條所揭示之罪名相一致為必要。惟若無礙於罪名之區別，簡省若干文字，自亦無妨。其論罪之用語不當，或欠周全，如於全案情節與判決本旨並無影響，且亦無礙於罪名之區別者，亦不能指為違法而據為第三審上訴之理由。刑法第345條之罪，法文係規定：「以犯前條之罪為常業者，處……。」所稱之前條即第344條，則規定：「乘他人急迫、輕率或無經驗，貸以金錢或其他物品，而取得與原本顯不相當之重利者，處……。」是犯刑法第345條之罪者，判決書主文內關於罪名之記載，固以揭示：「乘他人急迫(輕率或無經驗)貸以金錢(或其他物品)，而取得與原本顯不相當之重利為常業」；或「以犯重利罪為常業」，為完備正確。其僅揭示「常業重利」者，雖欠周全而有不當，但判決書如已明確認定記載被告犯刑法第345條之罪之事實，並說明其理由及援用該法條，即於全案情節與判決本旨並無影響，不能指為違法。題設之第二審判決，與第一審判決同，既已明確認定記載被告犯刑法第345條常業重利之事實(設並已說明其理由及援用該法條)，雖第一審判決主文記載被告之罪名僅揭示「常業重利」，有欠周全，但既於全案情節與判決本旨並無影響，第二審未予撤銷改判而予維持，不能指為違法而據為第三審上訴之理由。應認上訴為不合法，予以駁回。

決議：採丙說。

第 310 條（有罪判決書之理由記載）

條文

有罪之判決書，應於理由內分別情形記載左列事項：

一、認定犯罪事實所憑之證據及其認定之理由。

二、對於被告有利之證據不採納者，其理由。

三、科刑時就刑法第五十七條或第五十八條規定事項所審酌之情形。

四、刑罰有加重、減輕或免除者，其理由。

五、易以訓誡或緩刑者，其理由。

六、諭知保安處分者，其理由。

七、適用之法律。

實務見解

63 年台上字第 3220 號（判例）

判決不載理由者當然為違背法令，所謂判決不載理由，係指依法應記載於判決 理由內之事項不予記載，或記載不完備者而言，此為刑事訴訟法第 379 條第 14 款上段之當然解釋，而有罪之判決書，對於被告有利之證據不採納者，應說明 其理由，復為刑事訴訟法第 310 條第 2 款所明定，故有罪判決書對於被告有利之證據，如不加以採納，必須說明其不予採納之理由，否則即難謂非判決不備 理由之違法。

48 年台上字第 1348 號（判例）

刑法第26條前段僅為未遂犯之處罰得按既遂犯之刑減輕之原則規定，至於應否減輕，尚有待於審判上之衡情斟酌，並非必須減輕，縱予減輕，仍應依刑法第57條審酌一切情狀以為科刑輕重之標準，並應依刑事訴訟法第302條第2款之規定，於判決理由內記明其審酌之情形，並非一經減輕即須處以最低度之刑。

第310條之1（有罪判決之記載）

條文

有罪判決，諭知六月以下有期徒刑或拘役得易科罰金、罰金或免刑者，其判決書得僅記載判決主文、犯罪事實、證據名稱、對於被告有利證據不採納之理由及應適用之法條。

前項判決，法院認定之犯罪事實與起訴書之記載相同者，得引用之。

立法說明

有罪判決中諭知免刑或緩刑、或科處罰金、6月以下有期徒刑或拘役得易科罰金者，當事人常均甘服而無爭，其判決書之記載宜予以簡化，而節省法官之時間、精力。

第310條之2（適用簡式審判程序之有罪判決書製作）

條文

適用簡式審判程序之有罪判決書之製作，準用第四百五十四條之規定。

立法說明

簡式審判程式之適用，係以被告所犯為死刑、無期徒刑、最輕本刑3年以上有期徒刑以外之罪，且非屬高等法院管轄第一審之案件，又被告已就被訴事實為有罪之陳述為前提。故行簡式審判程式之案件，被告所犯均非重罪，當事人對犯罪事實之認定及應適用之處罰法律亦無爭執。為紓減法院製作裁判書負擔，凡適用簡式審判程式之有罪判決，其判決書應準用第454條有關簡易判決之規定。

相關法規：本法第454條

第311條（宣示判決之時期）

條文

宣示判決，應自辯論終結之日起十四日內為之。

立法說明

為使法院能詳為評議，受命法官或獨任審判之法官可詳細製作判決書原本，俾求增進裁判品質，於1997年12月將宣示判決期限自辯論終結之日起7日內為之，修正為14日內為之。

第312條（宣示判決－被告不在庭）

宣示判決，被告雖不在庭亦應為之。

第313條（宣示判決－主體）

條文

宣示判決，不以參與審判之推事為限。

實務見解

89年台上字第940號（最高法院刑事裁判）高等法院審判案件，以法官三人合議行之，固為法院組織法第3條第2項所明定，但宣示判決不過將已成立之判決宣示於外部，為判決成立後之程序，自不以參與審判之法官三人全體合議行之為必要(刑事訴訟法第313條參照)。依卷附宣判筆錄之記載，原判決雖僅由審判長某甲及法官某乙二人出席宣示，仍與刑事訴訟法第379條第1款所稱法院組織不合法之違背法令情形並不相當。

第314條（得上訴判決之宣示及送達）

條文

判決得為上訴者，其上訴期間及提出上訴狀之法院，應於宣示時一併告知，並應記載於送達被告之判決正本。

前項判決正本，並應送達於告訴人及告發人，告訴人於上訴期間內，得向檢察官陳述意見。

相關法規：本法第337、455條

第314條之1（判決正本附錄論罪法條全文）

條文

有罪判決之正本，應附記論罪之法條全文。

立法說明

現行刑事審判實務對於有罪判決，均於其判決正本附錄論罪法條全文，因此配合修正條文第309條刪除有罪判決主文罪名記載之規定，增訂本條，俾使當事人明瞭論罪科刑之實體法依據。至於裁判上一罪之情形，其判決正本所應附記之論罪法條全文包含所有成立犯罪之各罪之處罰條文。

第315條（判決書之登報）

條文

犯刑法偽證及誣告罪章或妨害名譽及信用罪章之罪者，因被害人或其他

有告訴權人之聲請，得將判決書全部或一部登報，其費用由被告負擔。

實務見解

釋字第159號

刑事訴訟法第315條所定：「將判決書全部或一部登報，其費用由被告負擔」之處分，法院應以裁定行之。如被告延不遵行，由檢察官準用同法第470條及第471條規定執行。本院院字第1744號解釋，應予補充。

第316條（判決對羈押之效力）

條文

羈押之被告，經諭知無罪、免訴、免刑、緩刑、罰金或易以訓誡或第三百零三條第三款、第四款不受理之判決者，視為撤銷羈押。但上訴期間內或上訴中，得命具保、責付或限制住居；如不能具保、責付或限制住居，而有必要情形者，並得繼續羈押之。

相關法規：本法第303條

第317條（判決後扣押物之處分）

條文

扣押物未經諭知沒收者，應即發還。但上訴期間內或上訴中遇有必要情形，得繼續扣押之。

實務見解

95年台抗字第34號（最高法院刑事裁判）

扣押物未經諭知沒收者，應即發還；而扣押物若無留存之必要者，應以法院之裁定或檢察官命令發還之，且扣押物之所有人、持有人或保管人亦得請求發還保管，刑事訴訟法第317條、第142條第1項、第2項分別定有明文。本件原確定判決事實欄認定，系爭扣押物379萬元係某乙委託第三人交付予某甲，準備用以供匯款之用者，且卷內台北市政府警察局大安分局扣押物品目錄表扣押物「所有人持有人保管人」欄內，亦填載某甲之姓名，並由某甲在備考欄內簽名按捺指印。據此等事證以觀，該系爭款項，某甲縱非所有人，亦應為持有人、或保管人。且原確定判決理由欄內亦論述系爭款項係某甲另欲供匯款所用之物，與本案無關，不予

宣告沒收等情，法院自無扣押或留存之必要。則某甲以持有人或保管人身分請求發還系爭款項，何以不能准許，原裁定亦未說明其理由，徒以不能證明系爭款項係某甲所有，其自無權請求發還云云，而駁回本件聲明異議，見解尚屬可議。

第318條（贓物之處理）

條文

扣押之贓物，依第一百四十二條第一項應發還被害人者，應不待其請求即行發還。

依第一百四十二條第二項暫行發還之物無他項諭知者，視為已有發還之裁定。

相關法規：本法第142條

第二章 自 訴

第319條（適格之自訴人及審判不可分原則）

條文

犯罪之被害人得提起自訴。但無行為能力或限制行為能力或死亡者，得由其法定代理人、直系血親或配偶為之。

前項自訴之提起，應委任律師行之。

犯罪事實之一部提起自訴者，他部雖不得自訴亦以得提起自訴論。但不得提起自訴部分係較重之罪，或其第一審屬於高等法院管轄，或第三百二十一條之情形者，不在此限。

立法說明

採強制委任律師為代理人之自訴制度，其目的在於保護被害人權益，求其刑事訴訟改以「改良式當事人進行主義」為原則後，在強調自訴人舉證責任同時，若任由無相當法律知識之被害人自行提起自訴，無法為適當之陳述，極易敗訴，因此立於平等及保障人權之出發點，自訴採強制律師代理制度。本此意旨，增訂本條第2項，規定自訴應委任律師提起。

實務見解

釋字第 297 號

人民有訴訟之權，憲法第16條固定有明文，惟訴訟如何進行，應另由法律定之，業經本院釋字第170號解釋於解釋理由書闡明在案。刑事訴訟乃實現國家刑罰權之程序，刑事訴訟法既建立公訴制度，由檢察官追訴犯罪，又於同法第319條規定：「犯罪之被害人得提起自訴」，其所稱「犯罪之被害人」，法律並未明確界定其範圍，自得由審判法院依具體個別犯罪事實認定之，最高法院70年臺上字第1799號判例所表示之法律上見解，尚難認與憲法有何牴觸。

75 年台上字第 742 號（判例）

…所謂犯罪之被害人以因犯罪而直接被害之人為限，司法院院字1306號解釋有案，刑法第129條第2項抑留或剋扣應發給之款物罪，其直接被害者為公務機關之公信，亦即國家之法益，至於得受領該項應發給之款項、物品之人，雖亦因此受有損害，但乃間接被害人，依上開解釋，自不得提起自訴。

68 年台上字第 214 號（判例）

刑事訴訟法上所稱之犯罪被害人，係指因犯罪而直接受害之人而言。上訴人所訴之事縱然屬實，其直接被害人係屬士心企業有限公司，而非該公司負責人之上訴人，上訴人依法不得提起自訴，原審因認第一審就上訴人提起之自訴諭知不受理之判決為無不合，而駁回上訴人之上訴，尚無違誤。

56 年台上字第 2361 號（判例）

…此之所謂被害人，係指犯罪當時之直接被害人而言，其非犯罪當時之直接被害人，依法既不得提起自訴，縱使嗣後因其他原因，致犯罪時所侵害之法益歸屬於其所有，要亦不能追溯其當時之自訴為合法。

54 年台上字第 246 號（判例）

刑法第124條之枉法裁判罪，係侵害國家法益之罪，縱裁判結果於個人權益不無影響，但該罪既為維護司法權之正當行使而設，是其直接受害者究為國家，並非個人，個人即非因犯罪而同時被害者，自不得提起自訴。

47 年台上字第 1292 號（判例）

犯罪事實之一部提起自訴者，他部雖不得自訴，亦以得提起自訴論。但不得提起自訴部分係較重之罪，或其第一審屬於高等法管轄，或第313條之情形者，不在此限，刑事訴訟法第311條第2項有明文規定。準此而論，如不得自訴之罪較得自訴之罪為輕或輕重相等時，自得提起自訴。

第320條（自訴狀）

條文

自訴，應向管轄法院提出自訴狀為之。

自訴狀應記載下列事項：

一、被告之姓名、性別、年齡、住所或居所，或其他足資辨別之特徵。

二、犯罪事實及證據並所犯法條。

前項犯罪事實，應記載構成犯罪之具體事實及其犯罪之日、時、處所、方法。

自訴狀應按被告之人數，提出繕本。

立法說明

自訴既採強制律師代理，為便於法院審理及被告行使防禦權，因此於2003年2月比修訂本條第2項第2款；原條文第4項、第5項規定予以刪除。另增訂第3項規定。

實務見解

釋字第134號

自訴狀應按被告人數提出繕本，其未提出而情形可以補正者，法院應以裁定限期補正，此係以書狀提起自訴之法定程序，如故延不遵，應諭知不受理之判決。惟法院未將其繕本送達於被告，而被告已受法院告知自訴內容，經為合法之言詞辯論時，即不得以自訴狀繕本之未送達而認為判決違法。本院院字第1320號解釋之(2)應予補充釋明。

70年台上字第3317號（判例）

上訴人之自訴狀未依刑事訴訟法第320條第1項第1款規定記載被告之年齡、住居所或其他足資辨別之特徵，且經第一審裁定限期補正，而上訴人又未依限

補正，是其起訴之程序顯屬違背規定，上訴人雖於第二審上訴後，又提

出被告等之戶籍謄本，以補正被告之年籍住所，但究不能追溯其在第一審判決前之起訴程序未曾違背。原審維持第一審諭知不受理判決，自無不合。

相關法條：本法第264條

第321條（自訴之限制－親屬）

條文

對於直系尊親屬或配偶，不得提起自訴。

示例

父或母打傷子女，子女不得自訴。子女打傷父或母，父或母得提起自訴。

實務見解

釋字第569號

刑事訴訟法第321條規定，對於配偶不得提起自訴，係為防止配偶間因自訴而對簿公堂，致影響夫妻和睦及家庭和諧，乃為維護人倫關係所為之合理限制，尚未逾越立法機關自由形成之範圍；且人民依刑事訴訟法相關規定，並非不得對其配偶提出告訴，其憲法所保障之訴訟權並未受到侵害，與憲法第十六條及第23條之意旨尚無牴觸。刑事訴訟法第321條規定固限制人民對其配偶之自訴權，惟對於與其配偶共犯告訴乃論罪之人，並非不得依法提起自訴。本院院字第364號及院字第1844號解釋相關部分，使人民對於與其配偶共犯告訴乃論罪之人亦不得提起自訴，並非為維持家庭和諧及人倫關係所必要，有違憲法保障人民訴訟權之意旨，應予變更；最高法院29年上字第2333號判例前段及29年非字第15號判例，對人民之自訴權增加法律所無之限制，應不再援用。

第322條（自訴之限制－不得告訴請求者）

條文

告訴或請求乃論之罪，已不得為告訴或請求者，不得再行自訴。

實務見解

84年台非字第178號（最高法院刑事裁判）

三親等內之姻親之間犯詐欺罪者，依刑法第343條準用同法第324條第2

項規定，須告訴乃論，而告訴乃論之罪，其告訴應自得為告訴之人知悉犯人之時起，於6個月內為之，再告訴或請求乃論之罪，已不得為告訴或請求者，不得再行自訴，不得提起自訴而提起者，應諭知不受理之判決

40年台上字第176號（判例）

…所謂告訴乃論之罪，已不得為告訴者，不得再行自訴，係指自訴人於得為告訴期間內，未經合法告訴，或其告訴經撤回者而言，若已於法定期間內告訴，在偵查終結前，自得隨時提起自訴。

第323條（自訴之限制－偵查終結）

條文

同一案件經檢察官依第二百二十八條規定開始偵查者，不得再行自訴。但告訴乃論之罪，經犯罪之直接被害人提起自訴者，不在此限。

於開始偵查後，檢察官知有自訴在先或前項但書之情形者，應即停止偵查，將案件移送法院。但遇有急迫情形，檢察官仍應為必要之處分。

立法說明

立法者基於為避免被害人利用自訴程序干擾檢察官偵查犯罪，或利用告訴，再改提自訴，以恫嚇被告，同一案件既經檢察官開始偵查，告訴人或被害人之權益當可獲保障，因此於2000年2月時修正第1項檢察官「依第228條規定開始偵查」，並增列但書，明定告訴乃論之罪之除外規定。

實務見解

92年台上字第2260號（最高法院刑事裁判）

自訴是否合法，係以提起時之法律規定為準；其提起時為法所准許者，既屬合法之自訴，自不因嗣後法律修正對自訴權更有所限制而受影響。刑事訴訟法第323條原規定「同一案件經檢察官終結偵查者，不得再行自訴。在偵查終結前檢察官知有自訴者，應即停止偵查，將案件移送法院。」雖於89年2月9日修正為「同一案件經檢察官依第二百二十八條規定開始偵查者，不得再行自訴。」但於該修正前提起之自訴，如合乎原規定，既屬合法，自不受該修正之影響，除有其他訴訟條件之變化外，自應以實體判決終結之。至於所謂「程序從新原則」，就上開法條之修正

而言，因該法條係規定在起訴程序(與同編第一章之「公訴」平行)，而非審判程序，自指檢察官之偵查而言，而非指審判程序；亦即在該法條修正後，同一案件於檢察官開始偵查後，除知有自訴在先或有第一項但書之情形外，不受任何在後自訴之影響，應一直偵查至終結為止，毋須停止偵查。

第324條（自訴之效力－不得再行告訴、請求）

條文

同一案件經提起自訴者，不得再行告訴或為第二百四十三條之請求。

實務見解

71年台上字第4199號（最高法院刑事裁判）所謂同一案件，乃指前後案件之被告及犯罪事實俱相同者而言，至於告訴人是否相同，則非所問。

第325條（自訴人之撤回自訴）

條文

告訴或請求乃論之罪，自訴人於第一審辯論終結前，得撤回其自訴。

撤回自訴，應以書狀為之。但於審判期日或受訊問時，得以言詞為之。

書記官應速將撤回自訴之事由，通知被告。

撤回自訴之人，不得再行自訴或告訴或請求。

示例

某甲因車禍案件對乙提出過失傷害自訴，於一審辯論終結前，雙方就賠償金額達成合意，甲得撤回自訴。但不得再就本案向法院提出自訴或告訴之請求。

實務見解

56年台上字第78號（判例）

刑事訴訟法第317條第4項(舊)所謂撤回自訴之人，不得再行自訴，係指自訴人於撤回自訴後，就同一事實另行提起自訴而言，如果自訴人對於依法不得撤回之案件狀請撤回，嗣又請求究辦，僅屬自訴人於同一訴訟行為中，不同意思表示，不能認其後狀之表示為另行提起自訴，自無上開規定之適用。

相關法條：本法第334條

第326條（曉諭撤回自訴或裁定駁回自訴）

條文

法院或受命法官，得於第一次審判期日前，訊問自訴人、被告及調查證據，於發現案件係民事或利用自訴程序恫嚇被告者，得曉諭自訴人撤回自訴。

前項訊問不公開之；非有必要，不得先行傳訊被告。

第一項訊問及調查結果，如認為案件有第二百五十二條、第二百五十三條、第二百五十四條之情形者，得以裁定駁回自訴，並準用第二百五十三條之二第一項第一款至第四款、第二項及第三項之規定。

駁回自訴之裁定已確定者，非有第二百六十條各款情形之一，不得對於同一案件再行自訴。

立法說明

- 本法於2003年2月修正後採行改良式當事人進行主義，當事人就證據之提出及調查有主導權，限於第163條第2項但書所示情形，法院始應依職權調查證據，本條第1項因此於2004年6月配合修正，刪除「或蒐集」等文字，以符合改良式當事人進行主義之訴訟架構。

- 法院或受命法官根據本條第1項規定為訊問及調查後，若發現案件有絕對不起訴或相對不起訴之事由者，得以裁定駁回自訴。至於自訴案件有以緩起訴為適當之情形者，依現行本條第3項規定，法院固得以裁定駁回自訴，惟對於檢察官之緩起訴處分，因有撤銷緩起訴、繼續偵查或起訴之制度以資配合，適用上並無問題，但法院駁回自訴之裁定一旦確定後，本案即告終結，該駁回自訴之確定裁定且具有實質之確定力，縱令被告違背應遵守或應履行之事項，法院亦無從撤銷已確定之駁回自訴裁定，從而就第253條之1第1項所定情形，以不賦予法院裁量駁回自訴之權限為當，本條第3項一併予以修正，以符合自訴程式運作之機制。

第327條（自訴人之傳喚）

條文

命自訴代理人到場，應通知之；如有必要命自訴人本人到場者，應傳喚之。

第七十一條、第七十二條及第七十三條之規定，於自訴人之傳喚準用之。

立法說明

由於自訴改採強制委任律師代理制度，期日自應通知自訴代理人到場，惟如有命自訴人本人到場之必要者，則應傳喚之，於2003年1月將第1項予以修正。

示例

某甲乃公司老闆，對狗仔記者某乙提起毀謗罪之自訴，但必須委任律師為代理人到場，若法官認為有命某甲本人到場之必要，應為傳喚某甲。

實務見解

63年台上字第2071號（判例）

自訴人之傳喚，依刑事訴訟法第327條第3項準用同法第72條之規定，對於到場之自訴人必經面告以下次應到之日、時、處所，及如不到場得命拘提，並記明筆錄者，始與已送達傳票有同一之效力，核閱原審筆錄僅有「上訴人(按即自訴人)不另傳」字樣，並無如不到場得命拘提之記載，不能謂上訴人已受合法之傳喚。

第328條（自訴狀繕本之送達）

條文

法院於接受自訴狀後，應速將其繕本送達於被告。

立法說明

為使被告於期日前先行作防禦之準備，法院於接受自訴狀後，自應速將繕本送達於被告，俾其得悉被訴內容，因此於2000年2月時將但書刪除。

第329條（諭知不受理判決－未委任代理人）

條文

檢察官於審判期日所得為之訴訟行為，於自訴程序，由自訴代理人為之。自訴人未委任代理人，法院應定期間以裁定命其委任代理人；逾期

仍不委任者，應諭知不受理之判決。

立法說明

本法既改採自訴強制律師代理制度，如自訴人未委任代理人，其程式即有未合，法院應先定期命其補正。如逾期仍不委任代理人，足見自訴人濫行自訴或不重視其訴訟，法院自應諭知不受理之判決。因所諭知之不受理判決並非實體判決，自訴人仍可依法為告訴或自訴，不生失權效果，對其訴訟權尚無影響。縱然所訴之罪屬告訴乃論，檢察官在接受自訴不受理之判決後，認為應提起公訴者，仍得開始偵查，尚毋須另行告訴，不致產生告訴逾期之疑慮。

相關法條：本法第37條、第319條

第330條（檢察官之協助）

法院應將自訴案件之審判期日通知檢察官。

檢察官對於自訴案件，得於審判期日出庭陳述意見。

第331條（諭知不受理判決－代理人無正當理由不到庭）

條文

自訴代理人經合法通知無正當理由不到庭，應再行通知，並告知自訴人。

自訴代理人無正當理由仍不到庭者，應諭知不受理之判決。

立法說明

- 本法改採自訴強制律師代理制度，如非必要不須傳喚自訴人到庭，自訴人縱不到庭或到庭不為陳述，於訴訟已無大影響，不宜有失權效果規定。
- 為落實自訴強制律師代理制度，於自訴代理人經合法通知，無正當理由不到庭時，法院應改期審理，再行通知自訴代理人，並同時告知自訴人，以便自訴人決定是否另行委任代理人。如自訴代理人無正當理由，仍不到庭者，可見其不重視自訴或濫行訴訟，法院自應諭知不受理判決，終結自訴程序，惟此屬形式判決，仍不影響自訴人實質之訴訟權。

第332條（承受或擔當訴訟與一造缺席判決）

條文

自訴人於辯論終結前，喪失行為能力或死亡者，得由第三百十九條第一項所列得為提起自訴之人，於一個月內聲請法院承受訴訟；如無承受訴訟之人或逾期不為承受者，法院應分別情形，逕行判決或通知檢察官擔當訴訟。

實務見解

87年台上字第3465號（最高法院刑事裁判）

…自訴人謝OO於85年10月22日第一審辯論終結前之同年7月2日死亡，並無人承受其訴訟或擔當訴訟，第一審竟僅將審判期日傳票送達其生前之代理人，而為審理並列其為當事人(自訴人)之一而為實體判決，於法顯有不合。又自訴人謝OO既於第一審判決前已死亡，則對於第一審之判決自無從提起上訴甚明，雖自訴人陳OO等對第一審之判決提起上訴之上訴狀併列謝OO為上訴人，惟謝OO既已死亡，其為訴訟主體之資格消滅，訴訟程序之效力不應發生，即難認謝OO有提起第二審之上訴，原判決併列其為上訴人，而為實體之判決，自屬違法。

第333條（停止審判－民事判決）

條文

犯罪是否成立或刑罰應否免除，以民事法律關係為斷，而民事未起訴者，停止審判，並限期命自訴人提起民事訴訟，逾期不提起者，應以裁定駁回其自訴。

實務見解

87年台上字第1493號（最高法院刑事裁判）犯罪是否成立或刑罰應否免除，以民事法律關係為斷，而民事已經起訴者，得於其程序終結前停止審判，刑事訴訟法第297條定有明文，是否停止審判，審理刑事案件之法院固有斟酌之權，惟如業經裁定停止審判，俟該民事訴訟確定後，刑事法院對該民事法律關係，卻任持與民事確定判決相異之見解，復未詳敘其理由，即難謂合。

第334條（不受理判決）

條文

不得提起自訴而提起者，應諭知不受理之判決。

示例

甲提起自訴後經撤回，旋再提起自訴，法院應諭知不受理之判決。

實務見解

80年台上字第1515號（最高法院刑事裁判）

刑法第125條第1項第3款之瀆職罪，係侵害國家之審判權，直接受害者為國家法益，自訴人並非直接被害人，依上開說明，已不得提起自訴，自訴人竟提起本件自訴，尚非合法。

第335條（管轄錯誤判決）

條文

諭知管轄錯誤之判決者，非經自訴人聲明，毋庸移送案件於管轄法院。

實務見解

78年台上字第160號（最高法院刑事裁判）

…上訴人既未聲明移送第一審因而未為移送之諭知，原審予以駁回上訴，自無不合。

相關法條：本法第304條

第336條（自訴判決書之送達與檢察官之處分）

條文

自訴案件之判決書，並應送達於該管檢察官。

檢察官接受不受理或管轄錯誤之判決書後，認為應提起公訴者，應即開始或續行偵查。

實務見解

91年台上字第5374號（最高法院刑事裁判）

…所稱應即開始或續行偵查之情形，係指檢察官接到此類判決書後，未提起上訴亦無其他有上訴權人提起上訴之情形而言，否則，如檢察官一面提起上訴，使自訴案件仍繫屬於法院，一面又開始或續行偵查，即與刑事訴訟法第323條第2項前段所規定：於開始偵查後，檢察官知有自訴

在先或第1項但書之情形者，應即停止偵查，將案件移送法院(修正前之規定：在偵查終結前檢察官知有自訴者，應即停止偵查，將案件移送法院。)之意旨違背。

第337條（得上訴判決宣示方法之準用）

第三百十四條第一項之規定，於自訴人準用之。

第338條（提起反訴之要件）

條文

提起自訴之被害人犯罪，與自訴事實直接相關，而被告為其被害人者，被告得於第一審辯論終結前，提起反訴。

立法說明

2000年2月明定提起反訴應以「與自訴事實直接相關」為限，以防濫訴。

實務見解

74年台上字第5952號（最高法院刑事裁判）

刑事訴訟法第338條規定係為便利審判程序而設，即自訴案件之被告，於自訴程序對於自訴人提起反訴。故提起反訴，以訴訟主體同一為要件，即反訴與自訴之當事人，必須互為被害人，互為被告。如非對於自訴人提起反訴，而對於案外之第三人有所訴追者，則訴訟主體各別，自屬另一訴訟關係，要與反訴性質不同。

第339條（反訴準用自訴程序）

反訴，準用自訴之規定。

第340條（刪除）

第341條（反訴與自訴之判決時期）

反訴應與自訴同時判決。但有必要時，得於自訴判決後判決之。

第342條（反訴之獨立性）

自訴之撤回，不影響於反訴。

第343條（自訴準用公訴程序）

條文

自訴程序，除本章有特別規定外，準用第二百四十六條、第二百四十九條及前章第二節、第三節關於公訴之規定。

實務見解

87年台上字第540號（判例） 追加自訴係就與已經自訴之案件無單一性不可分關係之相牽連犯罪(指刑事訴訟法第七條所列案件)，在原自訴案件第一審辯論終結前，加提獨立之新訴，俾便及時與原自訴案件合併審判，以收訴訟經濟之效，此觀刑事訴訟法第343條準用同法第265條自明；如追加自訴之犯罪，經法院審理結果，認定與原自訴案件之犯罪有實質上或裁判上一罪之單一性不可分關係，依同法第343條準用第267條，既為原自訴效力所及，對該追加之訴，自應認係就已經提起自訴之案件，在同一法院重行起訴，依同法第343條準用第303條第2款，應於判決主文另為不受理之諭知，始足使該追加之新訴所發生之訴訟關係歸於消滅，而符訴訟(彈劾)主義之法理。

53年台上字第450號

刑法案件不起訴處分已經確定，如有刑事訴訟法第239條(舊)各款情事之一，得對同一案件再行起訴者，乃公訴制度特設之規定，非自訴所得準用。

第三編　上訴

第一章　通　則

第344條（上訴權人—當事人）

條文

當事人對於下級法院之判決有不服者，得上訴於上級法院。

自訴人於辯論終結後喪失行為能力或死亡者，得由第三百十九條第一項所列得為提起自訴之人上訴。

告訴人或被害人對於下級法院之判決有不服者，亦得具備理由，請求檢察官上訴。

檢察官為被告之利益，亦得上訴。

宣告死刑或無期徒刑之案件，原審法院應不待上訴依職權逕送該管上級法院審判，並通知當事人。

前項情形，視為被告已提起上訴。

示例

- 新北市民某甲於1993年持刀搶奪雜貨店香菸，並砍傷老闆，一審被判處無期徒刑即入監服刑，2006年底監獄審查其假釋案時，發現法官居然未依職權上訴，因此某甲雖已服刑13年，但判決事實上仍未確定，最後改判8年定讞，國賠530萬元，承辦之法官、檢察官均被求償，本案遂被媒體譏為「法界奇聞」。

實務見解

76年台上字第4079號（判例）

檢察官得於所配置之管轄區域以外執行職務，但配置各級法院之檢察官其執行職務或行使職權，仍屬獨立並應依法院之管轄定其分際。故下級法院檢察官對於上級法院之判決，或上級法院檢察官對於下級法院之判

決，均不得提起上訴。同級法院之檢察官，對於非其所配置之法院之判決亦無聲明不服提起上訴之權。甲法院檢察官移轉乙法院檢察官偵查後逕向甲法院起訴之案件，甲法院審理時，例由配置同院之檢察官到庭執行職務，則第一審判決後，自應向同院到庭檢察官送達，如有不服，亦應由同院檢察官提起上訴。

71年台上字第3409號（判例）

刑事訴訟法第344條第4項固規定宣告死刑或無期徒刑之案件，原審法院應不待上訴，依職權逕送該管上級法院審判並通知當事人，但同條第五項既規定前項情形，視為被告已提起上訴，則上訴審之訴訟程序，仍應依法踐行。又第二審之審判長於訊問被告後應命上訴人陳述上訴之要旨，同法第365條亦著有明文。本件上訴楊某殺人毀屍案件，經第一審判處死刑後，依職權送由原審審判，依照前開說明，原審自應悉依上訴程序辦理。核閱原審筆錄，審判長於訊問上訴人後即行調查證據，並未命其陳述上訴要旨，所踐行之訴訟程序自屬違法。

62年台上字第1286號（判例）

不服下級法院判決得向上級法院提起上訴者，原以當事人或被告之法定代理人或配偶，或被告在原審依法委任之代理人或辯護人為限，若自訴人之配偶為自訴人提起上訴者，則非以自訴人於辯論終結後喪失行為能力或死亡者不得為之，刑事訴訟法第344條至第346條分別定有明文。本件上訴人僅為自訴人之配偶，雖經自訴人在原審委任其為代理人，但既非首開法條所列得以獨立或代為提起上訴之人，又無得為自訴人提起上訴之情形，即不得提起上訴，茲竟以其自己名義提起上訴，自屬不應准許。

第345條（上訴權人－獨立上訴）
條文
被告之法定代理人或配偶，得為被告之利益獨立上訴。
實務見解
83年台上字第2374號（最高法院刑事裁判）

刑事訴訟法第345條所謂被告之法定代理人得為被告之利益獨立上訴，係

以被告無行為能力或限制行為能力為前提要件。本件被告黃〇芳雖係民國65年11月21日出生，尚未成年，但已於80年4月26日與李〇〇結婚，是被告既已結婚，依民法第13條第3項之規定，即有行為能力，又未經宣告禁治產，則上訴人黃〇蘭雖為被告之養母已無法定代理人之身分，即無獨立提起上訴之權，其上訴殊非法之所許。

81年台上字第3996號（最高法院刑事裁判）

…被告之父母以法定代理人之資格為被告利益獨立上訴，必以被告係無行為能力人或限制行為能力人為前提要件。被告洪〇〇業已成年且非禁治產人，其父既無法定代理人之資格，自無獨立上訴之權限。

62年台上字第1286號（判例）

不服下級法院判決得向上級法院提起上訴者，原以當事人或被告之法定代理人或配偶，或被告在原審依法委任之代理人或辯護人為限，若自訴人之配偶為自訴人提起上訴者，則非以自訴人於辯論終結後喪失行為能力或死亡者不得為之，刑事訴訟法第344條至第346條分別定有明文。本件上訴人僅為自訴人之配偶，雖經自訴人在原審委任其為代理人，但既非首開法條所列得以獨立或代為提起上訴之人，又無得為自訴人提起上訴之情形，即不得提起上訴，茲竟以其自己名義提起上訴，自屬不應准許。

第346條（上訴權人－代理上訴）

條文

原審之代理人或辯護人，得為被告之利益而上訴。但不得與被告明示之意思相反。

實務見解

釋字第306號

本院院解字第3027號解釋及最高法院53年台上字第2617號判例，謂刑事被告之原審辯護人為被告之利益提起上訴，應以被告名義行之，在此範圍內，與憲法保障人民訴訟權之意旨，尚無牴觸。但上開判例已指明此係程式問題，如原審辯護人已為被告之利益提起上訴，而僅未於上訴書狀內表明以被告名義上訴字樣者，其情形既非不可補正，自應依法先

定期間命為補正，如未先命補正，即認其上訴為不合法者，應予依法救濟。最高法院與上述判例相關連之69年台非字第20號判例，認該項程式欠缺之情形為無可補正，與前述意旨不符，應不予援用。

95年台抗字第502號（最高法院刑事裁判）

刑事訴訟法第227條第1項、第32條規定應送達裁判書正本於當事人、代理人、辯護人及其他受裁判之人，且同法第346條前段規定「原審之代理人或辯護人，得為被告之利益而上訴」，如被告於審判中有委任代理人（依刑事訴訟法第36條規定，限於最重本刑為拘役或專科罰金之案件）或辯護人者，為使其得以知悉裁判內容，而考量是否為被告之利益提起上訴，法院即應送達判決正本予其代理人或辯護人。本件抗告人於原法院聲請再審時，曾委任律師…為代理人，經提出刑事委任狀在卷，但抗告人聲請再審時委任之律師代理人，其對於原裁定，既非係受裁定之當事人，依刑事訴訟法第403條第1項規定，又無為抗告或為抗告人之利益對裁定提起抗告之權限，原法院未對其送達裁定正本，自難認於法有違。況抗告人收受原裁定後，業於法定期間內，仍委任前揭律師為代理人，具狀對原裁定提起合法抗告，原法院縱未為該部分之送達，亦尚無影響於抗告人之訴訟權益，自難執此為適法之抗告理由。

88年台上字第6744號（最高法院刑事裁判）

刑事訴訟法第346條前段規定：「原審之代理人或辯護人，得為被告之利益而上訴。」僅限於被告在原審選任之辯護人得為被告之利益，以被告名義提起上訴，而不及於自訴人；又司法院大法官會議釋字第306號解釋，則係補充闡釋，如原審辯護人已為被告之利益提起上訴，而僅未於上訴書狀內表明以被告名義上訴之意思者，其情形尚非不可補正，自應依法先定期間命為補正之意旨而已。該號解釋並未明示，上述規定可以類推解釋，而認自訴人之代理人亦得為自訴人之利益而代自訴人提起上訴。

71年台上字第7884號（判例）

刑事訴訟法第346條規定原審之代理人或辯護人，得為被告之利益而上訴，此項規定，非可類推解釋，而認自訴人之代理人亦得為自訴人之利益而代自訴人提起上訴。

第347條（上訴權人－自訴案件檢察官）

條文

檢察官對於自訴案之判決，得獨立上訴。

實務見解

91年台上字第5374號（最高法院刑事裁判）

…檢察官對於自訴案件之判決，得獨立上訴，刑事訴訟法第347條定有明文。該獨立上訴權之行使，並不受自訴人、被告或其他有上訴權人意思之拘束，不分實體判決或程序判決，亦不限於為被告之利益或不利益，均得為之。

第348條（上訴範圍）

條文

上訴得對於判決之一部為之；未聲明為一部者，視為全部上訴。

對於判決之一部上訴者，其有關係之部分，視為亦已上訴。

實務見解

93年台上字第742號（最高法院刑事裁判）

…本件檢察官因上訴人販賣第一級毒品、轉讓第一級毒品等罪案件，不服第一審判決，提起上訴，並未聲明為一部上訴，自應視為全部上訴。故原審因認第一審判決關於上訴人轉讓第一級毒品部分，業經檢察官提起上訴，而予以審判，並無不合。

91年台上字第2479號（最高法院刑事裁判）

刑事訴訟法第348條第1項規定，上訴得對於判決之一部為之，未聲明為一部上訴者，視為全部上訴，乃於當事人之真意，不甚明確時，依此規定，以確定其上訴之範圍，若當事人之真意甚為明確，或由原審審判期日當事人陳述之上訴要旨，顯可確定其上訴之範圍時，即無適用此項規定之餘地。

76年台上字第2202號（判例）

裁判上一罪案件之重罪部分得提起第三審上訴，其輕罪部分雖不得上訴，依審判不可分原則，第三審法院亦應併予審判，但以重罪部分之上

訴合法為前提，如該上訴為不合法，第三審法院既應從程序上予以駁回，而無從為實體上判決，對於輕罪部分自無從適用審判不可分原則，併為實體上審判。

68年台上字第1325號（判例）

刑事訴訟法第348條第1項規定，上訴得對於判決之一部為之，未聲明為一部者，視為全部上訴，乃於當事人之真意不甚明確時，依此規定，以確定其上訴之範圍，若當事人之真意甚為明確，即無適用此項規定之餘地，本件上訴人因販賣禁藥、竊盜及恐嚇案件，不服第一審判決，提起第二審上訴，其上訴狀雖未聲明為一部上訴或全部上訴，惟其在原審審判期日陳述上訴之要旨時，業已表明「祇對販賣禁藥部分上訴，竊盜、恐嚇部分沒有上訴」云云，原審猶認恐嚇部分係在上訴之範圍，一併予以審判，自係對於未受請求之事項予以判決，其判決當然為違背法令。

第349條（上訴期間）

條文

上訴期間為十日，自送達判決後起算。但判決宣示後送達前之上訴，亦有效力。

實務見解

98年台上字第7015號（最高法院刑事裁判）

…本件上訴人張○祥因常業詐欺案件，經原審判決後，於98年8月21日合法送達，有送達證書附卷可按，其上訴期間，因上訴人另案羈押於原審法院所在地之看守所，無在途期間可言，截至同年月31日業已屆滿，其期間之末日又非星期日、紀念日或其他休息日，乃延至同年9月2日始行提起上訴，有台灣士林看守所被告書狀收件時間戳記可稽，顯已逾期，其上訴自非合法，應予駁回。

95年台抗字第420號（最高法院刑事裁判）

…「上訴期間為十日，自送達判決後起算。」，刑事訴訟法第349條定有明文，其所謂「自送達判決後起算」，係指其判決書正本業經合法送達者而言。又「對於檢察官之送達，應向承辦檢察官為之；承辦檢察官不在辦公處所時，向首席檢察官（即檢察長）為之。」，同法第58條亦有明

定。則執行送達之人對檢察官送達判決，如僅將判決書正本送至檢察官之辦公處所，而未交付於承辦檢察官或檢察長親自收領，其送達並非合法，衹能以承辦檢察官或檢察長實際收受時為起算上訴期間之標準。另送達證書為執行送達之司法警察所製作，旨在向命送達之機關陳明其送達之事實及時間，為命送達機關認定送達時間及效力之憑據，如其記載已足以證明受送達人收受文書之時間及實情，始得憑以認定其送達之效力。

69年台抗字第236號（判例）

關於不變期間之計算，當事人郵遞上訴或抗告等書狀者，應以書狀到達法院之日，為提出於法院之日。

68年台上字第2670號（判例）

本件經第一審判決後，檢察官及被告等均不服，各自提起第二審上訴，原判決既認檢察官之上訴逾期，為不合法，乃不依刑事訴訟法第367條前段之規定駁回，而謂檢察官之上訴固不合法，惟第一審判決既有可議，仍應撤銷改判云云，顯有併基於檢察官不合法之上訴，撤銷第一審判決改判之情形，自非適法。

最高法院84年度第9次刑事庭會議

提案：被告經第一審為有罪判決後，於上訴期間內提起第二審上訴（檢察官或自訴人未於上訴期間內提起上訴），嗣於上訴期間屆滿後第二審判決前撤回上訴，則第一審判決何時確定？

甲說：被告上訴後，第一審判決即處於不確定狀況，至其撤回上訴時，因喪失其上訴權，始告確定，故應以撤回上訴日為判決確定之日。

乙說：略

決議：採甲說。

法檢字第0990801634號

案由：對於「當事人在上訴期間未經上訴者，應以上訴期間屆滿之日為判決確定之時」。所指「屆滿」，究係指上訴期間之末日抑翌日（例如：當事人中最後收受者係98年3月31日收受判決，而當事人均未上訴，其確定日期應為98年4月10日抑98年4月11日）？

說明：

甲說：上訴期間之末日為判決確定日。理由：上訴期間末日（送達翌日起算至第10日）未上訴者，該日即為上訴期間屆滿之日，亦即98年4月10日為判決確定之時。

乙說：略

法務部研究意見：採甲說，上訴期間之末日為判決確定日，本部76年法檢（二）字第1791號亦採此說，惟應補充說明如下：屆滿時，係指當日24時，亦即翌日之零時。

第350條（提起上訴之方式）

條文

提起上訴，應以上訴書狀提出於原審法院為之。

上訴書狀，應按他造當事人之人數，提出繕本。

實務見解

98年台上字第17號（最高法院刑事裁判）

提起上訴，應以上訴書狀提出於原審法院為之。為刑事訴訟法第350條第1項所明定，此為提起上訴必備之法定程序。又刑事訴訟法對於上訴書狀應記載之事項雖無明文規定，然在檢察官對被告之利益或不利益上訴之情形，為界定檢察官提起上訴之對象及上訴審法院審判之範圍，檢察官自應於上訴書狀內明確記載被告（被上訴人）之姓名、年籍等人別資料，始能謂檢察官對該被告已經提起上訴。本件檢察官對第一審判決提起上訴，上訴書狀當事人欄記載之被告（被上訴人）僅有「彭○鈞」一人，並未將楊○源列為被告，至於上訴書狀理由二「就被告楊○源、莊○如、林○衛部分」，雖有認為第一審判決對於楊○源部分量刑過輕之記載，然揆諸上揭說明，能否認為檢察官已就楊○源部分提起合法之第二審上訴，自非無疑。乃原判決未就檢察官是否就楊○源部分提起合法上訴詳加研求，亦未以檢察官於上訴書狀關於楊○源部分之記載，係不合法律上之程序，而定期命其補正，即遽認檢察官對於楊○源所為之第二審上訴為合法，並執以為將第一審判決關於楊○源加重強盜罪部分撤銷，改判諭知較重之刑之論據，自有可議。

92年台上字第1516號（最高法院刑事裁判）

提起上訴，應以上訴書狀提出於原審法院為之。又文書由非公務員制作者，應記載年、月、日並簽名。其非自作者，應由本人簽名，不能簽名者，應使他人代書姓名，由本人蓋章或按指印，刑事訴訟法第350條第1項、第53條定有明文。本件被告於第一審法院判決後，不服該判決，係由劉○意律師、孫○芳律師代為制作上訴狀（具狀人為被告吳○煌），上訴於第二審法院。惟被告並未依上開規定在上訴狀簽名、蓋章或按指印；而劉○意律師、孫○芳律師並非第一審之辯護人（按被告在第一審並未選任辯護人為自己辯護），亦無從依刑事訴訟法第346條規定為被告之利益而上訴。則被告在第二審上訴之程式，是否有欠缺？應否定期命補正？原審未予斟酌，即逕為實體判決，自有未合。

82年台上字第5428號（判例）

上訴意旨以其上訴狀係於法定期間內郵寄者，應以投郵之時間為準，其上訴並未逾期云云。惟查提起上訴，應以上訴書狀提出於法院為之，刑事訴訟法第350條第1項定有明文。郵遞上訴書狀者，其書狀到達法院之日即為提出於法院之日，上訴人所稱應以投郵日期為準云云，於法無據。

第351條（在監所被告之上訴）
條文

在監獄或看守所之被告，於上訴期間內向監所長官提出上訴書狀者，視為上訴期間內之上訴。

被告不能自作上訴書狀者，監所公務員應為之代作。

監所長官接受上訴書狀後，應附記接受之年、月、日、時，送交原審法院。

被告之上訴書狀，未經監所長官提出者，原審法院之書記官於接到上訴書狀後，應即通知監所長官。

實務見解

77年台上字第3227號（最高法院刑事裁判）

按在監所之被告向監所長官提出上訴書狀，須在上訴期間內為之，倘逾

期始行提出，縱該監所長官即日將上訴書狀轉送法院，因監所與法院之
間無扣除在途期間之可言，其上訴仍屬逾期。

第352條（上訴狀繕本之送達）

條文

原審法院書記官，應速將上訴書狀之繕本，送達於他造當事人。

實務見解

72年台上字第4542號（判例）

上訴人於原審審理時既經出庭應訊，而由受命推事曉諭檢察官之上訴意
旨，於公判庭並曾由檢察官踐行論告之程序，是上訴人並非不能為充分之
防禦，縱令原審未將檢察官之上訴書繕本送達上訴人，其訴訟程序雖有違
法，但於判決主旨顯不然生影響，依刑事訴訟法第380條規定，即不得為
合法之上訴第三審理由。

第353條（上訴權之捨棄）

條文

當事人得捨棄其上訴權。

實務見解

68年台上字第2551號（判例）

上訴人於原審法院宣示判決後，具狀聲明捨棄上訴權，於判決送達後又
具狀聲明上訴，顯非合法，原審法院不依刑事訴訟法第384條上段以裁定
駁回之，竟送本院誤為發回更審之判決，本院所為發回更審判決以及原
審法院所為更審之判決（即原判決），均屬違法，難謂有效，應由本院將
原判決予以撤銷。

相關法條：本法第359條。

第354條（上訴之撤回）

條文

上訴於判決前，得撤回之。案件經第三審法院發回原審法院，或發交與
原審法院同級之他法院者，亦同。

立法說明

我國刑事訴訟制度已由職權進行主義改採改良式當事人進行主義,如容許上訴人於更審程序中得撤回上訴,以尊重其意願,強化當事人之訴訟自主權,自較合乎改良式當事人進行主義之原則,並兼顧訴訟經濟。況且當事人既信服第一審判決而自願撤回第二審上訴,法院亦無強令其續行訴訟之理。因此於2007年7月修正本條,俾上訴人於經第三審發回原審法院,或發交與原審法院同級之他法院審理中,均仍得撤回上訴。

相關法條:本法第359條。

第355條(撤回上訴之限制-被告同意)

條文

為被告之利益而上訴者,非得被告之同意,不得撤回。

實務見解

92年台上字第6805號(最高法院刑事裁判)

上訴人即被告之配偶黃○燕為被告之利益提起上訴後,未得被告之同意,而於92年10月30日具狀聲請撤回上訴。因依刑事訴訟法第355條規定,為被告之利益而上訴者,非得被告之同意,不得撤回,故黃○燕之該項聲請不生撤回上訴之效力。

47年台上字第457號(判例)

檢察官為被告利益提起上訴後,蒞庭檢察官雖曾為撤回上訴之陳述,但當時被告在場既未予同意,即不發生撤回之效力,因而此項撤回上訴之表示,亦已同時消失,自難謂為案件已因撤回上訴而終結,原審竟不依法繼續進行審判,乃於時閱9月之後,未經檢察官蒞庭另為撤回上訴之表示,而對被告復就其前已不同意而失效之檢察官撤回上訴,詢取同意,遂認案件業因檢察官之撤回上訴而終結,並強以檢察官因其訴訟程序未經合法終結,而送還依法審判,為再上訴,為駁回上訴之張本,於法未合。

第356條(撤回上訴之限制-檢察官同意)

條文

自訴人上訴者,非得檢察官之同意,不得撤回。

實務見解

84年台抗字第36號(最高法院刑事裁判)

按由自訴人上訴者,非得檢察官之同意,不得撤回,刑事訴訟法第356條定有明文。遍閱原審卷,尚無檢察官對上述抗告人所為撤回上訴已為同意表示之資料,上列判決內就此事項亦未予說明,是其上訴之撤回部分是否已生效力,非無疑議,實情如何,尚待查明審認。

69年台上字第2710號(判例)

按自訴人上訴者,非得檢察官之同意,不得撤回,刑事訴訟法第356條定有明文,卷查本件自訴人財團法人A育幼院原代表人甲固於原審判決前具狀聲明撤回在第二審之上訴,但未得原審檢察官同意,自不生撤回之效力,原審竟准予撤回,依照首開說明,已難謂為適法…

第357條(捨棄或撤回上訴之管轄)

捨棄上訴權,應向原審法院為之。

撤回上訴,應向上訴審法院為之。但於該案卷宗送交上訴審法院以前,得向原審法院為之。

第358條(捨棄或撤回上訴之方式)

捨棄上訴權及撤回上訴,應以書狀為之。但於審判期日,得以言詞為之。

第三百五十一條之規定,於被告捨棄上訴權或撤回上訴準用之。

第359條(捨棄或撤回上訴之效力)

條文

捨棄上訴權或撤回上訴者,喪失其上訴權。

實務見解

68年台上字第255號(判例)

上訴人於原審法院宣示判決後,具狀聲明捨棄上訴權,於判決達原審法院不依刑事訴訟法第384條上段以裁定駁回之,竟送本院誤為發回更審之判決,本院所為發回更審判決以及原審法院所為更審之判決(即原判

決），均屬違法，難謂有效，應由本院將原判決予以撤銷。

最高法院84年度第9次刑事庭會議

被告經第一審為有罪判決後，於上訴期間內提起第二審上訴（檢察官或自訴人未於上訴期間內上訴），嗣於上訴期間屆滿後第二審判決前撤回上訴，則第一審判決何時確定？

甲說：被告上訴後，第一審判決即處於不確定狀況，至其撤回上訴時，因喪失其上訴權，始告確定，故應以撤回上訴日為判決確定之日。

乙說：略

決議：採甲說。

第360條（捨棄或撤回上訴之通知）

條文

捨棄上訴權或撤回上訴，書記官應速通知他造當事人。

實務見解

（56）台令刑（一）字第3893號

…被告於第三審法院審理中於判決前向第三審法院撤回上訴，第二審法院就該部分所為有罪判決因而確定，對於撤回上訴部分，第三審法院書記官依刑事訴訟法第360條規定應速通知他造當事人，此所謂他造當事人，在檢察一體之原則上似應通知三審檢察官為宜，惟實務上最高法院於此情形除通知最高法院檢察署檢察官外，該管二審檢察官亦一併通知，此在實務處理上并不發生歧異，又第三審發回案件部分確定，部分發回更審，第二審檢察官依法應就確定部分迅速先為執行，執行後再將發回部分送交原審法院更審。

第二章　第二審

第361條（第二審上訴之管轄）

條文

不服地方法院之第一審判決而上訴者，應向管轄第二審之高等法院為之。

上訴書狀應敘述具體理由。

上訴書狀未敘述上訴理由者，應於上訴期間屆滿後二十日內補提理由書於原審法院。逾期未補提者，原審法院應定期間先命補正。

示例

監察院於2009年8月指出，本條於2007年7月修正後，規定上訴第二審書狀須敘明具體理由，否則案件無法進入第二審實體審判，立法用意原要減少濫訴案件上訴二審，讓司法資源用在真正需要仔細審酌的案件上，不料修法後卻讓案件太容易被駁回，導致請不起律師的民眾，無法受到高院審級利益保護。另外根據台大法學院王兆鵬教授統計，高院駁回案件中，有94%為被告上訴案件，其中98.5%的被告未請律師，顯示弱勢民眾訴訟權遭剝奪。

立法說明

- 提起第二審上訴之目的，在於請求第二審法院撤銷、變更原判決，自須提出具體理由。因此於2007年7月增訂第2項，明定上訴書狀應敘述具體理由。

- 上訴書狀必須具備理由，雖為上訴必備之程式，惟上訴書狀未記載理由者，亦不宜逕生影響上訴權益之效果，因此一併增訂第3項，明定得於上訴期間屆滿後20日內自行補提理由書於原審法院，以保障其權益。又原審法院對上訴書狀有無記載理由，應為形式上之審查，認有欠缺，且未據上訴人自行補正者，應定期間先命補正，因此於第3項後段明定。

實務見解

97年台上字第1584號（最高法院刑事裁判）

上訴書狀未敘述上訴理由者，應於上訴期間屆滿後20日內補提理由書於原審法院。逾期未補提者，原審法院應定期間先命補正，刑事訴訟法第361條定有明文。又第二審法院認為上訴書狀未敘述理由或上訴有不合法律上之程式之情形者，應以判決駁回之。但其情形可以補正而未經原審法院命其補正者，審判長應定期間先命補正。同法第367條規定甚明。本件上訴人邱啟升因施用第一級毒品案件，經第一審法院論上訴人以施用第一級毒品三罪，各處有期徒刑10月…上訴人不服第一審判決，於民

國96年10月12日（原判決誤為同年月15日）具狀提起上訴，上訴狀僅記載：「被告深具悔意，實屬不易，按該判決殊難令被告心服，為此，懇請鈞院能重新審視，論定原裁定（應指原判決）是否得當」等語，原審因認其上訴狀並未具體指摘原判決如何不當，其關於施用第一級毒品部分之上訴，顯屬違背法律上之程式。

73年台上字第4124號（判例）

數罪併罰案件其中一罪有無判決，應以主文之記載為準。若係無罪判決，即以其理由有無論及為準。本件第一審判決就上訴人自訴被告金某等詐欺等罪案件，諭知被告等無罪，但關於被告金某被訴背信部分，理由內未曾論及，該背信部分，既未經第一審法院判決，依刑事訴訟法第361條規定之反面解釋，自無上訴於第二審法院之餘地。原審不將此部分上訴駁回，由第一審法院另行補判。乃竟將不存在之第一審關於金某背信部分判決撤銷，且為諭知被告無罪之判決，於法顯然有違。

相關法規：本法第455條之1、刑事訴訟法施行法第7條之5

第362條（原審對不合法上訴之處置－裁定駁回與補正）

條文

原審法院認為上訴不合法律上之程式或法律上不應准許或其上訴權已經喪失者，應以裁定駁回之。但其不合法律上之程式可補正者，應定期間先命補正。

實務見解

69年台非字第20號（判例）

刑事訴訟法第346條所謂原審之辯護人，得為被告之利益而上訴者，並非獨立上訴，其上訴應以被告名義行之。若以自己名義提起上訴，即屬違背法律上之程式…原第二審選任之辯護律師，雖得為被告利益提起上訴，但其上訴係本於代理權作用，並非獨立上訴，乃竟不以被告名義行之，而以其自己名義提起，其上訴即難謂為合法，既無可補正，原第二審法院未定期間先命補正，亦難謂於法有違。

相關法規：本法第367條。

第363條（卷宗證物之送交與監所被告之解送）

除前條情形外，原審法院應速將該案卷宗及證物送交第二審法院。

被告在看守所或監獄而不在第二審法院所在地者，原審法院應命將被告解送第二審法院所在地之看守所或監獄，並通知第二審法院。

第364條（第一審程序之準用）

條文

第二審之審判，除本章有特別規定外，準用第一審審判之規定。

實務見解

96年台上字第6751號（最高法院刑事裁判）

刑事訴訟法自92年9月1日修正施行後，採強制委任律師為代理人之自訴制度，為自訴制度之重大變革，旨在限制濫訴，提高自訴品質，固無分別各審級而異其適用之理。本法總則編第四章第37條第1項明定：自訴人應委任代理人「到場」，在事實審之第二審同應適用。第364條規定：第二審之審判，除本章有特別規定外，準用第一審審判之規定，自亦應準用第319條第2項、第329條第1項規定，由律師為代理人，提起第二審上訴。又92年9月1日前提起第二審上訴之自訴案件，經本院發回更審時，新法已施行，仍應委任律師為自訴代理人。惟自訴人苟具有律師資格者，刑事訴訟法雖無如民事訴訟法第466條之1第1項於第三審上訴採強制律師代理制，但上訴人或其法定代理人具有律師資格者，不在此限之規定，然據此法理，亦應為同一解釋，自無須委任律師為代理人。

73年台非字第116號（判例）

第二審訴訟為事實審兼法律審，從而第一審訴訟程序縱有瑕疵，亦因上訴第二審重新審理而已補正，即難再指為違法。

44年台非字第58號（判例）

第二審之審判，除有特別規定外，準用第一審審判之規定，故審判長調查證據完畢，應由檢察官被告及辯護人依次辯論，而此種關於審判期日之訴訟程序，是否依法踐行，並應以審判筆錄為證，刑事訴訟法第356條、第282條、第47條定有明文，原審本年1月19日審判筆錄，並未載審

判長調查證據完畢後，命蒞庭之檢察官及被告依次辯論，即行宣示辯論終結，其所踐行之訴訟程序，顯有違誤。

第365條（上訴人陳述上訴要旨）
條文
審判長依第九十四條訊問被告後，應命上訴人陳述上訴之要旨。

實務見解

97年台上字第191號（最高法院刑事裁判）

…審判期日之訴訟程序專以審判筆錄為證。又第二審審判長依刑事訴訟法第94條訊問被告後，應命上訴人陳述上訴之要旨，同法第47條、第365條分別著有明文。本件原審於94年4月24日行第一次審判期日，其下次開庭則訂於94年7月17日，因間隔15日以上，依同法第293條後段規定，應更新審判程序，然審判長於訊問被告後，並未命上訴人即被告等人陳述上訴之要旨，致無從明白其上訴之範圍，揆諸上開說明，其所踐行之程序自屬違背法令。

95年台上字第4193號（最高法院刑事裁判）

…審判期日之訴訟程序專以審判筆錄為證。又第二審審判長依刑事訴訟法第94條訊問被告後，應命上訴人陳述上訴之要旨，同法第47條、第365條分別著有明文。本件原審法院於公開審判時，據審判筆錄之記載，審判長請檢察官陳述上訴意旨後，檢察官僅稱「請依法判決」，並未陳述其上訴意旨，審判長亦未再曉諭檢察官陳述上訴意旨，致無從明其上訴之範圍，揆諸首開說明，其所踐行之程序顯不合法，其基此所為之判決，自屬違背法令。

93年台上字第5629號（最高法院刑事裁判）

…審判期日之訴訟程序專以審判筆錄為證；第二審審判長依刑事訴訟法第94條訊問被告後，應命上訴人陳述上訴之要旨，同法第47條、第365條分別定有明文。本件經第一審判決後，係由檢察官提起上訴。然依原審審判筆錄之記載，審判長於審判期日對被告為人別訊問後，並未命檢察官陳述上訴要旨，檢察官亦未自行陳述，致無從明瞭其上訴之範圍，原審所踐行之程序難謂適法。

71年台上字第3409號（判例）

…第二審之審判長於訊問被告後應命上訴人陳述上訴之要旨，同法第365條亦著有明文。本件上訴某甲殺人毀屍案件，經第一審判處死刑後，依職權送由原審審判，依照前開說明，原審自應悉依上訴程序辦理。核閱原審筆錄，審判長於訊問上訴人後即行調查證據，並未命其陳述上訴要旨，所踐行之訴訟程序自屬違法。

68年台上字第2330號（判例）

審判期日之訴訟程序專以審判筆錄為證。又第二審審判長依刑事訴訟法第94條訊問被告後，應命上訴人陳述上訴之要旨，同法第47條、第365條分別著有明文，本件原審法院於公開審判時，據審判筆錄之記載，僅命為被告之上訴人陳述上訴理由，並無命另一上訴人即檢察官陳述上訴要旨之記載，檢察官亦未自行陳述，致無從明其上訴之範圍，揆諸首開說明，其所踐行之程序顯不合法，其基此所為之判決，自屬違背法令。

相關法規：本法第94條。

第366條（第二審調查範圍）

條文

第二審法院，應就原審判決經上訴之部分調查之。

實務見解

91年台上字第6165號（最高法院刑事裁判）

…刑事訴訟法第366條明定：第二審法院應就原審判決經上訴之部分調查之，是第二審對於未經上訴之部分自不得審判。查陳成就未經許可無故持有彈藥部分，原判決事實欄既載明該部分業經撤回上訴而告確定。原判決竟將上開未經上訴部分併予撤銷，自非適法。檢察官及陳成上訴意旨指摘原判決關於偽造有價證券部分不當，尚非全無理由，應認此部分有撤銷發回更審之原因。

83年台非字第47號（最高法院刑事裁判）

按第二審法院，應就原審判決經上訴之部分調查之，為刑事訴訟法第266條所明定。是第二審對於未經上訴之部分自不得審判，否則即係未受請求之事項予以判決，自屬違背法令。本件第一審判決認為被告某甲所為

係犯幫助未經許可製造其他可供發射子彈具有殺傷力之手槍罪及連續非法吸用化學合成麻醉藥品罪，分別判處有期徒刑10月及3月。而該被告僅就幫助製造手槍部分提起上訴，至其非法吸用化學合成麻醉藥品部分則表示甘服，並未提起上訴，應不屬被告之上訴範圍，有其所具第二審上訴狀在卷可考。故除該部分與幫助製造手槍部分，具有審判不可分之關係，應併予審判外，自非第二審所得審理裁判。乃原判決既未敘明第一審判決所判二罪間具有審判不可分之關係，竟就被告未提起上訴之非法吸用化學合成麻醉藥品部分一併審判，依前開說明，自係對未受請求之事項予以判決。

79年台上字第4883號（最高法院刑事裁判）

…第二審法院，應就原審判決經上訴之部分調查之。刑事訴訟法第366條定有明文。本件檢察官起訴及第一審判決，係以被告犯刑法216條、第210條之行使偽造私文書罪及同法第339條第1項之詐欺罪，兩罪有方法結果之牽連關係，從一重之行使偽造私文書罪處斷，有起訴書及第一審判決可按。被告既對第一審判決聲明不服，提起第二審上訴，審理事實之第二審法院，應就第一審判決關於被告部分全部予以審判，方為適法，乃原判決僅就被告被訴之行使偽造私文書部分予以裁判，而對詐欺部分恝置不論，尤難謂無已受請求之事項未予判決之違誤。

71年台上字第3033號（判例）

刑事訴訟法第366條明定第二審法院應就原審判決經上訴之部分調查之，是第二審對於未經上訴之部分自不得審判。本件第一審判決認為被告蕭某所為係犯共同連續行使明知為不實之事項，而使公務員登載於職務上所掌之公文書罪及連續行使偽造私文書罪，分別判處有期徒刑3月及8月，而被告係僅就行使偽造私文書部分提起上訴，至其行使公務員職務上所掌公文書登載不實部分並不屬於被告之上訴範圍，故除該部分與行使偽造私文書部分，具有審判不可分之關係應並予審判外，自非第二審法院所得審理裁判。乃原判決既未敘明第一審判決所判二罪之間具有審判不可分之關係，而就被告未提起上訴之行使公務員職務上所掌公文書登載不實部分一併審判，即係對未受請求之事項予以判決，自屬違背法令。

第367條（第二審對不合法上訴之處置－判決駁回補正）

條文

第二審法院認為上訴書狀未敘述理由或上訴有第三百六十二條前段之情形者，應以判決駁回之。但其情形可以補正而未經原審法院命其補正者，審判長應定期間先命補正。

立法說明

本法第361條第3項明定上訴書狀未敘述理由者，應於上訴期間屆滿後20日內自行補提理由書狀於原審法院，未補提者，應由原審法院定期間先命補正。惟上訴人如未自行補提理由書狀，亦未經原審法院裁定命補正者，仍宜由第二審法院審判長定期間先命補正，必逾期仍不補正者，始予判決駁回，因此於2007年7月配合修正本條。

實務見解

97年台上字第193號（最高法院刑事裁判）

…提起第二審上訴，其上訴書狀未敘述上訴理由而未經第一審法院命其補正者，原審法院仍應定期間先命補正，必逾期仍不補正者，始得判決駁回之。

68年台上字第2670號（判例）

本件經第一審判決後，檢察官及被告等均不服，各自提起第二審上訴，原判決既認檢察官之上訴逾期，為不合法，乃不依刑事訴訟法第367條前段之規定駁回，而謂檢察官之上訴固不合法，惟第一審判決既有可議，仍應撤銷改判云云，顯有併基於檢察官不合法之上訴，撤銷第一審判決改判之情形，自非適法。

相關法規：本法第372條、刑事訴訟法施行法第7條之5。

第368條（上訴無理由之判決）

條文

第二審法院認為上訴無理由者，應以判決駁回之。

實務見解

97年台上字第2737號（最高法院刑事裁判）

…刑事訴訟法第368條規定，第二審法院認為上訴無理由者，應以判決駁回之，係指第一審判決與第二審審理結果所應為之判決相同者而言。故在有罪判決，如第二審法院認定之犯罪事實、罪名、適用之法律、及應判處之刑罰，與第一審判決完全相同者，主文除諭知「上訴駁回」外，自不能另為罪刑之宣告。

92年台非字第23號（最高法院刑事裁判）

…第二審法院認為上訴無理由者，應以判決駁回之；如認為上訴有理由，或上訴雖無理由，而原判決不當或違法者，應將原審判決經上訴之部分撤銷，就該案件自為判決，刑事訴訟法第368條、第369條第1項前段規定甚明。本件關於背信部分，原確定判決撤銷第一審論被告以連續為他人處理事務，意圖為自己不法之利益並損害本人之利益，而為違背其任務之行為，致生損害於本人之財產罪，處有期徒刑壹年貳月部分之判決，改判仍論處以相同之罪刑，然於判決理由內，並未說明第一審此部分之判決有何不當或違法，即逕予撤銷而自為判決，併有判決理由不備之違背法令。

72年台上字第4123號（最高法院刑事裁判）

刑事訴訟法第368條所謂第二審法院認為上訴無理由者，應以判決駁回之，係指第一審判決與第二審審理結果所應為之判決相同而言，原審審理結果，既認簡某亦為共同交付賄賂之判決撤銷，改判簡某有罪，與第一審判決所認定與陳某共同交付賄賂者僅有盧某、魏某二人，簡某並未參與其事之事實，即有不同，而應將陳某部分撤銷，另為適當之判決，方符規定，乃原審疏未注意及此，仍予維持，駁回陳某在第二審之上訴，以致第一審判決與第二審判決所認定兩種不同之事實，同時存在，顯與上開法條未合。

71年台上字第3033號（判例）

…刑事訴訟法第368條所謂第二審法院認為上訴無理由者，應以判決駁回之，係指第一審判決與第二審審理結果所應為之判決為相同者而言。本件第一審判決事實欄第二段記載『被告於民國65年12月間，再偽造侯進行之台灣地區出入境申請書，偽填「侯○○」之署押於其上，另請不知情之智○貿易行負責人陳○○在保證書上作保，持向經濟部、外交部及

內政部入出境管理局辦理出境手續』，而原判決事實欄則記載『65年12月間，偽造侯○○之署押，製成侯某名義之出入境申請書，以空白保證書曠請智能貿易行之負責人陳○○為其自己出境負保證責任，俟陳某在保證欄內填寫簽章後，自行填寫被保人為侯○○』。兩者事實之認定已不相同，又第一審判決認為被告之行為，關於事實欄第二段所載行使使公務員登載不實之文書罪（侯○○名義部分）與第三段所載行使使公務員登載不實之文書罪（林○○名義部分）之間，係基於概括犯意而犯之，為連續犯，而原判決則認為被告利用詹前論從事業務之人出具記載不實之證明書（被告未上訴之部分），並以虛設之春○公司出具之證明書（林○○名義部分），持向戶政機關變更其與林○○職業欄之記載，並持向經濟部等機關申辦出國手續，係出於概括犯意，為連續犯云云，兩者關於法律之見解亦不相同，則兩者引用法條亦不能一致，乃第二審不將第一審判決撤銷改判，而引用首開法條諭知上訴駁回之判決，亦嫌於法不合…

47年台上字第484號

刑事訴訟法第360條所謂第二審法院認為上訴無理由者，應以判決駁回之，係指第一審判決與第二審審理結果所應為之判決相同者而言。第一審認上訴人所犯為一行為而觸犯數罪名，且係連續犯，而原審判決則僅認為連續犯，其所認犯罪事實，既與第一審不同，引用法條自亦不能一致，乃不將第一審判決撤銷改判，顯與首開法條不合。

第369條（撤銷原判決－自為判決或發回）

條文

第二審法院認為上訴有理由，或上訴雖無理由，而原判不當或違法者，應將原審判決經上訴之部份撤銷，就該案件自為判決。但因原審判決諭知管轄錯誤、免訴、不受理係不當而撤銷之者，得以判決將該案件發回原審法院。

第二審法院因原審判決未諭知管轄錯誤係不當而撤銷之者，如第二審法院有第一審管轄權，應為第一審之判決。

實務見解

71年台上字第981號（判例）

第一審判決認定上訴人有6次之詐欺犯罪行為,而原判決則認定上訴人有7次之詐欺犯罪行為,其認定上訴人犯罪事實之範圍既已擴張,自應將第一審判決撤銷改判,方為適法,乃竟將第一審未予審判即詐欺某甲財物部分予以添入,復又為駁回上訴之諭知,核與刑事訴訟法第369條第1項前段規定有違。

47年台上字第891號(判例)

原審對於第一審判決認定之連續行為,既謂其中有一部分不能成立犯罪,則所認事實已與第一審判決有異,依刑事訴訟法第361條第一項前段之規定,自應將第一審認事錯誤之判決撤銷改判,乃不出此而以連續犯之部分行為不另諭知無罪之故,仍予維持,於法顯有未合。

47年台上字第103號(判例)

第二審法院認為上訴有理由者,應將原審判決經上訴之部分撤銷,就該案件自為判決,刑事訴訟法第361條第1項前段定有明文。原判決既認被告等在第二審之上訴為有理由,應予改判,竟未於主文中諭知將第一審判決撤銷,即自為判決,不特理由矛盾,且有使第一審判決仍屬存在之嫌。

47年台上字第15號(判例)

第二審法院認為上訴有理由者,應將原審判決經上訴部分撤銷,就該案件自為判決,為刑事訴訟法第361條所明定。原判決既認被告等之上訴為有理由,應予撤銷自為判決,乃判決主文竟未將第一審判決撤銷而逕行改判,不惟兩審判決並存,於法不合,即其判決主文與理由所載亦屬互相矛盾,按之同法第371條第14款,其判決當然為違背法令。

第370條(禁止不利益變更原則)

法條

由被告上訴或為被告之利益而上訴者,第二審法院不得諭知較重於原審判決之刑。但因原審判決適用法條不當而撤銷之者,不在此限。

前項所稱刑,指宣告刑及數罪併罰所定應執行之刑。

第一項規定,於第一審或第二審數罪併罰之判決,一部上訴經撤銷後,另以裁定定其應執行之刑時,準用之。

民國 103 年 06 月 04 日第 370 條修正理由

一、原條文第一項未修正。

二、增訂第二項、第三項。

三、宣告刑及數罪併罰所定應執行之刑均係於法院作成有罪判決時需依刑事訴訟法第三百零九條所諭知之刑，就文義解釋，本應將原條文規定之「刑」明定為宣告刑及數罪併罰所定應執行之刑。為貫徹刑事訴訟法第三百七十條所揭櫫之不利益變更禁止原則其規範目的，保護被告之上訴權，宣告刑之加重固然對於被告造成不利益之結果，數罪併罰所定應執行之刑之加重對於被告之不利益之結果更是直接而明顯，爰增訂第二項。

四、為保障被告上訴權，於第一審或第二審數罪併罰之判決於另以裁定定其應執行刑時，亦有本條不利益變更禁止之適用，爰增訂第三項。

實務見解

97 年台非字第 216 號（最高法院刑事裁判）

…刑事訴訟法第 370 條固明定，由被告上訴或為被告之利益而上訴者，第二審法院不得諭知較重於原審判決之刑，但因原審判決適用法條不當而撤銷之者，不在此限。因此所謂不利益變更之禁止，僅禁止其為較重之刑之宣告，不及於被告之不利益事實之認定與法律之適用。而法院對有罪之被告科刑，應符合罪刑相當之原則，使罰當其罪，以契合人民之法律感情，此所以刑法第 57 條明定科刑時應以行為人之責任為基礎，並審酌一切情狀，尤應注意該條所列各款事項，以為科刑輕重之標準。此項原則於刑事訴訟法第 370 條所定不利益變更禁止情形，自亦有其適用。

97 年台上字第 191 號（最高法院刑事裁判）

…由被告上訴或為被告之利益而上訴者，第二審法院不得諭知較重於原審判決之刑。但因原審判決適用法條不當而撤銷之者，不在此限。刑事訴訟法第 370 條定有明文。本件第一審論上訴人等三人以共同連續對於有投票權之人，交付賄賂，而約其投票權為一定之行使罪，均依修正前刑法第 56 條連續犯之規定加重其刑。原判決既於理由內說明以：上訴人等三人並不成立連續犯，第一審依連續犯加重其刑之事由已不存在，且關於第一審所認林○○及廖○○向廖○○住處附近之不詳選民行賄買票約

2、30萬元；林○章及張○芳向埔里鎮東門里等不詳選民買票約1、200張；競選期間王○鎮預備賄選等，均乏事證證明，乃第一審判決就此部分，亦認與上訴人甲○○有共犯關係，亦有未洽云云，資為其撤銷改判之部分理由…如果無訛，則原判決既未依刑法修正前連續犯之規定對上訴人等三人加重其刑，且就上訴人甲○○部分，其認定之犯罪事實情節，亦較第一審為輕，乃竟對上訴人等三人量處如第一審所宣告之刑度，則實質上已屬諭知較重於原審判決之刑，有判決不適用法則之違背法令。

95年台上字第2085號（最高法院刑事裁判）

按刑事訴訟法第370條前段規定：「由被告上訴或為被告之利益而上訴者，第二審法院不得諭知較重於原審判決之刑」，即所謂不利益變更之禁止；此項限制，於檢察官或自訴人為被告之不利益而合法上訴者，不適用之。本件於第一審判決後，除上訴人為自己之利益而提起第二審上訴外，檢察官亦為上訴人之不利益而提起第二審上訴，其中關於上訴人違反公司法部分，檢察官上訴書已載明上訴理由為「量刑過輕」，原判決復已敘明其認定檢察官該部分上訴有理由之依據，則原判決將之撤銷改判諭知較重於第一審判決之刑，並無違背不利益變更禁止原則。

91年台上字第6774號（最高法院刑事裁判）

刑事訴訟法第370條前段規定由被告上訴或為被告之利益而上訴者，第二審法院不得諭知較重於原審判決之刑。又刑事審判旨在實現刑罰權之分配的正義，故法院對有罪之被告科刑，應符合罪刑相當原則。而此原則，於同條但書所定不利益變更禁止原則之例外情形，亦有其適用。故第二審判決認定第一審判決記載之事實有誤而將之撤銷改判，其認定之犯罪情節既與第一審相同，除非第一審量刑失輕有誤，第二審判決如諭知較第一審所宣告之刑為重，卻未說明其理由，即難謂與罪刑相當原則及不利益變更禁止原則之旨無悖。

44年台上字第320號（判例）

原審以第一審就上訴人犯公務上侵占罪所為之判決，未用刑法第59條而量處有期徒刑8月，顯係適用法條不當，因予撤銷，仍依刑法第336條第1項量處最低度之刑有期徒刑1年，縱較第一審所判為重，按諸刑事訴訟法第362條但書，究非不合。

第371條（一造缺席判決）

條文

被告合法傳喚，無正當之理由不到庭者，得不待其陳述，逕行判決。

實務見解

92年台上字第4562號（最高法院刑事裁判）

在第二審法院審判期日，被告經合法傳喚，無正當之理由不到庭者，得不待其陳述，逕行判決，刑事訴訟法第371條固定有明文。惟事實審法院苟為一造缺席判決，除應於審判筆錄載明該項程序之踐行情形外，並應於判決理由內詳為敘明，及於據上論斷欄引用刑事訴訟法第371條，始稱適法。

87年台非字第249號（最高法院刑事裁判）

刑事訴訟法第371條之逕行判決，以被告經合法傳喚，無正當理由不到庭陳述者為限。本件被告梁○仁因竊盜案件，雖未於原審指定之民國87年4月7日上午9時50分審判期日到庭，但查被告於當日上午3時許，即因涉嫌另案竊盜，為台南市警察局第五分局警員當場逮捕，至同日下午六時解送臺灣台南地方法院檢察署偵辦，經檢察官聲請法院執行押，此有相關資料附於該檢察署87年度聲非字第2號聲請卷宗可稽。是被告係因被逮捕拘禁，致事實上不能於原審審判期日到庭，自難謂為無正當理由。乃原審不待被告到庭陳述，即依刑事訴訟法第371條之規定，逕行判決，訴訟程序顯非適法。

85年台上字第4778號（最高法院刑事裁判）

在第二審法院審判期日，被告經合法傳喚，無正當之理由不到庭者，得不待其陳述，逕行判決，刑事訴訟法第371條固定有明文。惟事實審法院苟為一造缺席判決，除應於審判筆錄載明該項程序之踐行情形外，並應於判決理由內詳為敘明，及於據上論斷欄引用刑事訴訟法第371條，始稱適法。本件原審於85年7月16日審判期日，陳寶妃經合法傳喚，無正當理由不到庭，審判長依法諭知就陳寶妃部分不待其陳述，逕行辯論，惟未於原判決理由內說明其憑據及理由，據上論斷欄復未引刑事訴訟法第371條，原判決之訴訟程序顯有瑕疵，難謂適法。

53年台上字第2928號（判例）

上訴人對於原審所定審判期日之傳票，雖已合法收受，但其早已遷居臺灣，前往金門應訊，因辦理出入境手續困難，無法如期到庭應訊，自不能謂無正當之理由，原審竟不待其陳述而逕行判決，於法顯有未合。

第372條（言詞審理之例外）

第三百六十七條之判決及對於原審諭知管轄錯誤、免訴或不受理之判決上訴時，第二審法院認其為無理由而駁回上訴，或認為有理由而發回該案件之判決，得不經言詞辯論為之。

第373條（第一審判決書之引用）

條文

第二審判決書，得引用第一審判決書所記載之事實、證據及理由，對案情重要事項第一審未予論述，或於第二審提出有利於被告之證據或辯解不予採納者，應補充記載其理由。

立法說明

為簡化第二審判決書之制作，於1995年10月時修正為第二審認定理由與第一審相同者，亦得引用之，惟如對案情重要事項第一審未予論述，或於第二審提出有利於被告之證據或辯解不予採納者，應補充記載其理由，以符合刑事訴訟第二審係覆審制之意旨，然如被告之上訴僅求其宣告緩刑時，則第二審法院可依本條原規定引用原審判決書所載之事實、證據外，並依新增之規定引用第一審判決理由，單僅就准否緩刑理由為補充記載，以減輕法官工作負擔。

實務見解

97年台上字第2518號（最高法院刑事裁判）

第二審判決書，得引用第一審判決書所記載之事實、證據及理由，對案情重要事項第一審未予論述，或於第二審提出有利於被告之證據或辯解不予採納者，應補充記載其理由。刑事訴訟法第373條定有明文。原判決……竟於理由說明：「同案被告王○甲、王○乙部分未構成賄選之理由，同原審（按指第一審）之認定，不再贅述」云云。然原審既撤銷第

一審關於上訴人之部分而自為判決，未曾引用第一審判決書為附件，就此部分復未於原審判決書內說明其理由，顯有判決不載理由之違誤。

85年台上字第4951號（最高法院刑事裁判）

…上訴人在原審辯解其係自首，原審向雲林縣警察局斗南分局函查結果，該分局雖函復：「經查本件車禍案件，報案人係劉○○……，並非王○○向警局自首」，有該分局84年11月17日斗警刑字第9781號函附卷可憑，上訴人該項辯解，固不足採納。然此項不予採納之理由，原判決未予補充記載，於法自屬有違。

第374條（得上訴判決正本之記載方法）

第二審判決，被告或自訴人得為上訴者，應併將提出上訴理由書之期間，記載於送達之判決正本。

第三章　第三審

第375條（第三審上訴之管轄）

條文

不服高等法院之第二審或第一審判決而上訴者，應向最高法院為之。
最高法院審判不服高等法院第一審判決之上訴，亦適用第三審程序。

實務見解

82年台上字第6295號（最高法院刑事裁判）

犯肅清煙毒條例之罪，除判處死刑或無期徒刑之罪外，以高等法院或其分院為終審，不得再上訴於最高法院。同條例第16條定有明文。本件被告被訴販賣毒品海洛因案件，經原審維持第一審諭知被告無罪之判決，依前揭說明，即告確定。乃檢察官再向本院提起第三審上訴，顯非法之所許，應予駁回。

第376條（不得上訴第三審之判決）

條文

下列各罪之案件，經第二審判決者，不得上訴於第三審法院：

一、最重本刑為三年以下有期徒刑、拘役或專科罰金之罪。

二、刑法第三百二十條、第三百二十一條之竊盜罪。

三、刑法第三百三十五條、第三百三十六條第二項之侵占罪。

四、刑法第三百三十九條、第三百四十一條之詐欺罪。

五、刑法第三百四十二條之背信罪。

六、刑法第三百四十六條之恐嚇罪。

七、刑法第三百四十九條第一項之贓物罪。

立法說明

鑑於上訴第三審之刑事案件日增，法官不勝負荷，參照外國對上訴第三審之案件均嚴加限制之立法例，關於第321條加重竊盜罪、第336條第2項業務侵占罪、第341條之準詐欺罪、第342條背信罪及第346條恐嚇取財罪等案件，於1995年10月修正為不得上訴於第三審法院，又因應刑法第349條贓物罪之修正，將第349條第2項修正為第1項。

實務見解

釋字第60號

最高法院所為之確定判決有拘束訴訟當事人之效力，縱有違誤，亦僅得按照法定途徑聲請救濟。惟本件關於可否得以上訴於第三審法院，在程序上涉及審級之先決問題，既有歧異見解，應認為合於本會議規則第4條規定予以解答。查刑法第61條所列各罪之案件，經第二審判決者，不得上訴於第三審法院，刑事訴訟法第368條定有明文，倘第二審法院判決後檢察官原未對原審法院所適用之法條有所爭執而仍上訴，該案件與其他得上訴於第三審之案件亦無牽連關係。第三審法院不依同法第387條予以駁回，即與法律上之程式未符。至案件是否屬於刑法第61條所列各罪之範圍，尚有爭執者，應視當事人在第二審言詞辯論終結前是否業已提出，如當事人本已主張非刑法第61條所列各罪，第二審仍為認係該條各罪之判決者，始得上訴於第三審法院。

52年台上字第921號（判例）

上訴人以被告等串通偽造債權，簽發支票，通謀意圖不法之所有，明知為不實之事項，以詐術矇准法院發給支付命令等情提起自訴，係認被告

等觸犯刑法第214條使公務員登載不實之事項於公文書，及第339條詐欺之罪名，縱其自訴狀內引用刑法第213條條文，但與其所訴事實顯不相符，自應以其所訴事實應適用之法條為準，不受上項誤引之法條所拘束，而刑法第214條及第339條之罪，均屬同法第61條之案件，依刑事訴訟法第368條（舊）之規定，即不得上訴於第三審法院。

42年台上字第616號（判例）

刑法第61條第2款至第5款所定係以罪為標準，注重在罪，與第1款前段所定以刑為標準，注重在刑者不同，因之原屬第一款前段所定本刑為3年以下有期徒刑之案件，因刑法分則條文加重之結果，其最重本刑超過3年有期徒刑時，即非該款前所列之案件，自不受刑事訴訟法第368條之限制，其因總則條文加重則否，至第2款至第5款之罪，則縱因分則條文加重至5年以上時，亦仍無上訴於第三審法院之餘地。

46年台上字第451號（判例）

刑法第277條第1項之傷害罪，雖屬同法第61條第1款之案件。經第二審判決後不得上訴於第三審法院，惟公務員假借職務上權力而犯同法第277條第一項之罪，依同法第134條即應加重其刑，即不受刑事訴訟法第368條之限制。

最高法院89年度第3次刑事庭會議

某公司之代表人因執行業務，犯擅自以重製之方法，侵害他人之著作財產權為常業罪，第二審法院除適用著作權法第94條判處該公司代表人有期徒刑1年2月外，並適用同法第101條第1項判處某公司罰金新台幣2萬元。某公司及其代表人均不服，提起第三審上訴，關於某公司上訴部分是否合法？有甲、乙二說：

甲說：合法。下略。

乙說：不合法。依本題所舉之例，某公司非犯著作權法第94條之罪，係犯同法第101條第1項之罪，該罪係專科罰金，依刑事訴訟法第376條第1款規定，其經第二審判決者，不得上訴於第三審法院。某公司之上訴，自非合法，應從程序上予以駁回。

決議：採乙說。

法檢決字第0920800606號

各地方法院檢察署候補檢察官就其於分發6個月內，在主任檢察官、實任或試署檢察官指導下，所辦理之非刑事訴訟法第376條所列各款案件，如於分發滿6個月後尚未終結，應繼續在主任檢察官、實任或試署檢察官指導下辦理完竣。

相關法條：本法第253條、刑法第61條。

第377條（上訴三審理由－違背法令）

條文

上訴於第三審法院，非以判決違背法令為理由，不得為之。

實務見解

釋字第302號

刑事訴訟法第377條規定…旨在合理利用訴訟程序，以增進公共利益，尚未逾越立法裁量範圍，與憲法第16條並無牴觸。

72年台上字第5047號（判例）

第二審法院仍為事實覆審，得自行調查證據認定事實，而當事人僅得以第二審之判決違背法令為理由，提起第三審上訴，此觀刑事訴訟法第366條及第377條之規定而自明。上訴論旨以第一審言詞辯論期日有關書證未予提示，然原審已踐行此項調查程序，使上訴人有申辯之機會，即於證據法則無違，第一審此項程序之瑕疵，應視為已經治癒，核與原審應於審判期日調查之證據而未為調查之違法情形，並不相當，要難執為上訴第三審之適法理由。

70年台上字第948號（判例）

刑事訴訟法第377條規定，上訴於第三審法院，非以判決違背法令為理由，不得為之，是當事人提起第三審上訴，應以原判決違背法令為理由，係屬法定要件，如果上訴理由並未指摘原判決有何違法，自應認其上訴為違背法律上之程式，予以駁回。本件上訴人之上訴意旨，僅以家庭子女眾多賴伊扶養，請從輕量刑准予易科罰金為惟一理由，而於原判決如何違背法令並無一語涉及，自屬違背法律上之程式，應予駁回。

69年台上字第2724號（判例）

…所謂上訴書狀應敘述上訴之理由，係指上訴書狀本身應敘述上訴理由而言，非可引用或檢附其他文書代替，以為上訴之理由。蓋刑事訴訟法規定各種文書之制作，應具備一定之程式，其得引用其他文書者，必有特別之規定始可，否則，即難認其上訴已合法律上之程式。

48年台上字第1379號（判例）

上訴人提起第三審上訴，僅在請求緩刑，並非以原判決違背法令為理由，自屬違背法律上之程式。

43年台上字第1356號（判例）

審判期日應傳喚被告或其代理人，並通知檢察官、辯護人、輔佐人為刑事訴訟法第250條之所明定，上訴人等在原審既曾委任律師為共同辯護人，乃原審並未於審判期日通知該辯護人到庭辯護，而逕行判決，其所踐行之訴訟程序，自屬於法有違。

第378條（違背法令之意義）

條文

判決不適用法則或適用不當者，為違背法令。

實務見解

釋字第135號

民刑事訴訟案件下級法院之判決，當事人不得聲明不服而提出不服之聲明或未提出不服之聲明而上級法院誤予廢棄或撤銷發回更審者，該項上級法院之判決及發回更審後之判決，均屬重大違背法令，固不生效力，惟既具有判決之形式，得分別依上訴、再審、非常上訴及其他法定程序辦理。

最高法院96年度第10次刑事庭會議

法律問題：刑法第91條之1關於強制治療之規定，於民國94年2月2日修正公布，並自95年7月1日施行，將舊法規定之刑前治療改為刑後治療，而對於新法修正施行前所犯該條第一項之罪，於修正施行後法院為裁判時，究應如何為新舊法之比較適用，本院已於96年2月6日96年第3次刑事庭會議作成決議：「民國95年7月1日起施行之刑法第91條之1有關強

制治療規定，雖將刑前治療改為刑後治療，但治療期間未予限制，且治療處分之日數，復不能折抵有期徒刑、拘役或同法第42條第6項裁判所定之罰金額數，較修正前規定不利於被告。」亦即比較新舊法之結果，應認修正前之規定較有利於被告。設檢察總長對於在本院前開決議前，各級法院所採以修正後之規定有利於被告之見解所為之確定判決，認為違法，提起非常上訴，本院究應為如何之判決？

甲說：非常上訴所稱之審判違背法令，係指法院就該確定案件之審判顯然違背法律明文所規定者而言。故確定判決之內容關於確定事實之援用法令倘無不當，僅所憑終審法院前後判決所採法令上之見解不同者，要屬終審法院因探討法律之真義，致因法文解釋之不同，而產生不同之法律見解，參照本院18年非字第84號、25年非字第139號判例要旨，尚不能執後判決所持之見解或嗣後本院決議統一所採之見解，而指前次判決為違背法令。本院在96年第3次刑事庭會議作成決議前所為之確定判決或下級審法院依憑本院判決本旨所為之確定判決，其就刑法第91條之1關於強制治療部分比較新舊法之結果，認新法有利於被告而為判決者，自屬終審法院所為不同之法律見解，不能資為非常上訴之理由。

乙說：略。

決議：採甲說。

第379條（當然違背法令之事由）

條文

有左列情形之一者，其判決當然違背法令：

一、法院之組織不合法者。

二、依法律或裁判應迴避之法官參與審判者。

三、禁止審判公開非依法律之規定者。

四、法院所認管轄之有無係不當者。

五、法院受理訴訟或不受理訴訟係不當者。

六、除有特別規定外，被告未於審判期日到庭而逕行審判者。

七、依本法應用辯護人之案件或已經指定辯護人之案件，辯護人未經到庭辯護而逕行審判者。

八、除有特別規定外，未經檢察官或自訴人到庭陳述而為審判者。

九、依本法應停止或更新審判而未經停止或更新者。

一〇、依本法應於審判期日調查之證據而未予調查者。

一一、未與被告以最後陳述之機會者。

一二、除本法有特別規定外，已受請求之事項未予判決，或未受請求之事項予以判決者。

一三、未經參與審理之法官參與判決者。

一四、判決不載理由或所載理由矛盾者。

實務見解

釋字第238號

刑事訴訟法第379條第10款所稱「依本法應於審判期日調查之證據」，指該證據在客觀上為法院認定事實及適用法律之基礎者而言。此種證據，未予調查，同條特明定其判決為當然違背法令。其非上述情形之證據，未予調查者，本不屬於上開第10款之範圍，縱其訴訟程序違背法令，惟如應受同法第380條之限制者，既不得據以提起第三審上訴，自不得為非常上訴之理由。中華民國29年2月22日最高法院民、刑庭總會議決議關於「訴訟程序違法不影響判決者，不得提起非常上訴」之見解，就證據部分而言，即係本此意旨，尚屬於法無違，與本院釋字第181號解釋，亦無牴觸。

88年台上字第4382號（判例）

檢察官就被告之全部犯罪事實以實質上或裁判上一罪起訴者，因其刑罰權單一，在審判上為一不可分割之單一訴訟客體，法院自應就全部犯罪事實予以合一審判，以一判決終結之，如僅就其中一部分加以審認，而置其他部分於不論，即屬刑事訴訟法第379條第12款所稱「已受請求之事項未予判決」之違法；此與可分之數罪如有漏判，仍可補判之情形，迥然有別。

80年台上字第4672號（判例）

金融機構為防制犯罪，裝置錄影機以監視自動付款機使用情形，其錄影帶所錄取之畫面，全憑機械力拍攝，未經人為操作，未伴有人之主觀意

見在內，自有證據能力。法院如以之為物證，亦即以該錄影帶之存在或形態為證據資料，其調查證據之方法，固應依刑事訴訟法第164條之規定，提示該錄影帶，命被告辨認；如係以該錄影帶錄取之畫面為證據資料，而該等畫面業經檢察官或法院實施勘驗，製成勘驗筆錄，則該筆錄已屬書證，法院調查此項證據，如已依同法第165條第1項之規定，就該筆錄內容向被告宣讀或告以要旨，即無不合。縱未將該錄影帶提示於被告，亦不能謂有同法第379條第10款所稱應於審判期日調查之證據未予調查之違法。

78年台非字第90號（判例）

刑事訴訟法第379條第10款所稱『依本法應於審判期日調查之證據』，乃指該證據在客觀上為法院認定事實及適用法律之基礎者而言，若非上述情形之證據，其未予調查者，本不屬於上開第10款之範圍，縱其訴訟程序違背法令，如應受同法第380條之限制者，仍不得據為非常上訴之理由。有罪之判決所認定之事實而應記載於判決書者，乃指與論罪科刑暨適用法令有關之事實而言——如犯罪構成要件之事實、刑之加重減輕之事由、故意、過失等等。示例實欄所記載之部分，倘無關於論罪科刑或法律之適用者，既不屬於必要記載之事項，自亦非理由所應敘述之範圍，則該判決援用以認定此部分非必要記載之事實之證據，即令內容上與此部分之事實不相適合，亦因其不予記載原不生理由不備之違法，倘其予以記載，縱與客觀事實不符，本亦無礙於其應為之論罪科刑與法條之適用，從而亦不構成理由矛盾之違法。

76年台上字第5771號（判例）

提起第三審上訴，應以原判決違背法令為理由，係屬法定要件。如果上訴理由狀並未依據卷內訴訟資料，具體指摘原判決不適用何種法則或如何適用不當，自應認其上訴為違背法律上之程式，予以駁回。或上訴理由狀，雖指摘原判決有違背法令，但未指明原判決有如何違法事由之具體情事，僅泛言有何條款之違法而無具體情事者，其上訴仍不能認為合法。本件上訴意旨，僅以上訴人詳閱原審判決後，認有違背刑事訴訟法第172條、第310條第1款、第2款、第378條、第379條第10款、第14款等情形，難令人甘服為惟一理由，而於原判決論處上訴人以共同連續行

使偽造私文書，足以生損害於他人罪刑，究竟有如何違背上開法律之具體情事，並無一語涉及，自非適法之第三審上訴理由。

72年台上字第7035號（判例）

刑事訴訟法第379條第10款所稱應調查之證據，係指與待證事實有重要關係，在客觀上認為應行調查者而言。本件上訴人與吳某將偽造背書之支票交付周某，而詐購茶葉得手時，犯罪已成立，如何將詐得之茶葉轉售，售與何人，得款若干，如何朋分價金？均屬犯罪後處分贓物之行為，於犯罪之成立並無影響，原審認為上訴人犯罪已臻明確，無須調查處分贓物之情形而未予調查，自不能指為應調查之證據未予調查。

69年台上字第1552號（判例）

已受請求之事項未予判決，其判決當然為違背法令，刑事訴訟法第379條第12款定有明文，卷查本件經第一審判決後，被告曾提起上訴，否認其有妨害風化之犯行，檢察官亦曾提起上訴，指摘第一審判決量刑過輕，乃原判決僅在當事人欄列檢察官為上訴人，而理由欄對於檢察官之上訴，全未論及，顯係對於已受請求之事項未予判決，其判決自屬違背法令。

63年台上字第3220號（判例）

判決不載理由者當然為違背法令，所謂判決不載理由，係指依法應記載於判決理由內之事項不予記載，或記載不完備者而言，此為刑事訴訟法第379條第14款上段之當然解釋，而有罪之判決書，對於被告有利之證據不採納者，應說明其理由，復為刑事訴訟法第310條第2款所明定，故有罪判決書對於被告有利之證據，如不加以採納，必須說明其不予採納之理由，否則即難謂非判決不備理由之違法。

47年台上字第778號（判例）

被告經第二審法院合法傳喚，無正當理由而不到庭者，固可不待其陳述逕行判決，但仍須開庭經過調查證據，與到庭檢察官或自訴人一造之辯論終結程序為之，非謂不待被告陳述即可逕用書面審理，原審以被告經合法傳喚無正當理由於審判期日未到庭，即不踐行上述各程序，而以書面審理結案，顯與刑事訴訟法第371條第8款、第10款之規定相違背。

44年台上字第271號（判例）

上訴人因業務上侵占案件，經原審指定民國43年12月28日為審判期日，其傳票並非在三日前送達，而係於期前1日之同月27日留置送達，已難謂為業經合法傳喚，且曾據上訴人之叔以上訴人早已他往未歸，狀請展期，如果非虛，則其奉傳不到，更難謂無正當理由，原審未予調查，即不待其到庭陳述而逕行審判，自非於刑事訴訟法第371條第六款之規定無違。

44年台非字第97號（判例）

刑事訴訟法第二百條明定，判決除有特別規定外，應經當事人之言詞辯論為之，其未經檢察官或自訴人到庭陳述而為審判者，判決當然為違背法令，同法第371條第8款亦有明文。被告因傷害案，經被害人提起自訴，第一審依刑法第277條第1項判處罪刑，係屬告訴乃論之罪，被告不服提起上訴，原審不待自訴人到庭陳述，竟引刑事訴訟法第356條、第323條第1項逕行判決，其訴訟程序，顯屬違法。

第380條（上訴三審之限制－上訴理由）

條文

除前條情形外，訴訟程序雖係違背法令而顯然於判決無影響者，不得為上訴之理由。

實務見解

80年台上字第4402號（判例）

刑事訴訟法第172條規定：「當事人或辯護人聲請調查之證據，法院認為不必要者，得以裁定駁回之」，其證據如屬客觀上為法院認定事實及適用法律之基礎者，事實審法院未予調查，其判決固有同法第379條第10款所稱「應於審判期日調查之證據，未予調查」之當然違背法令情形，如在客觀上非認定事實及適用法律基礎之證據，既無調查之必要，自得不予調查，此種未予調查之情形，本不屬於上開條款之範圍，事實審法院縱因未予調查，又未裁定駁回調查之聲請，致訴訟程序違背首開規定，但此種訴訟程序之違法，顯然於判決無影響，依同法第380條之規定，並不得執以為上訴第三審之理由。

78年台上字第3949號（判例）

精神耗弱人之行為，依刑法第19條第2項之規定，僅係得減輕其刑，並非必減，即係法院依職權自由裁量之事項，原判決既未減輕其刑，事實欄與理由欄關於上訴人是否精神耗弱人之記載與敘述自屬於判決無影響。上訴意旨執以爭辯，依刑事訴訟法第380條之規定，亦非適法之上訴理由。

72年台上字第4542號（判例）

上訴人於原審審理時既經出庭應訊，而由受命推事曉諭檢察官之上訴意旨，於公判庭並曾由檢察官踐行論告之程序，是上訴人並非不能為充分之防禦，縱令原審未將檢察官之上訴書繕本送達上訴人，其訴訟程序雖有違法，但於判決主旨顯不然生影響，依刑事訴訟法第380條規定，即不得為合法之上訴第三審理由。

72年台上字第3467號（判例）

翻印之書籍，係由警局當場起出，為上訴人等親身經歷之事，且上訴人於原審審判中對翻印該書各3,000冊，被警查獲，業已自白不諱，是否利用提示之機會，以擔保其真正，實無關重要，故即令未在審判期日予以提示令其辨認，依刑事訴訟法第380條之規定，於判決顯然不生影響，與應於審判期日調查之證據而未予調查之情形不合。

71年台上字第4936號（判例）

原判決業於民國71年5月6日宣示，此有卷附宣判筆錄為證，當時上訴人在押，原審未通知看守所並簽發提票將上訴人提庭聆判，其訴訟程序固屬違背法令，但宣示判決係將法院已成立之判決對外發表，故當事人縱未在庭，一經宣示，即生判決之效力，從而原判決宣示時上訴人雖未在庭，顯然於判決無影響，依刑事訴訟法第380條規定，不得為上訴之理由。

71年台上字第3606號（判例）

當事人聲請調查之證據如事實審未予調查，又未認其無調查之必要，以裁定駁回之，或於判決理由予以說明者，其踐行之訴訟程序，雖屬違法，但此項訴訟程序之違法，必須所聲請調查之證據確與待證事實有重要之關係，就其案情確有調查之必要者，方與刑事訴訟法第379條第10款

之「應於審判期日調查之證據」相當，而為當然違背法令，始得為上訴第三審之理由。因之，此項「調查之必要性」，上訴理由必須加以具體敘明，若其於上訴理由狀就此並未敘明，而依原判決所為之證據上論斷，復足認其證據調查之聲請，事實審法院縱曾予調查，亦無從動搖原判決就犯罪事實之認定者，即於判決顯無影響，依刑事訴訟第380條之規定，自仍應認其上訴為非合法。

70年台上字第3933號（判例）

原判決論處被告罪刑而漏引刑事訴訟法第299條第1項上段所定被告犯罪已經證明者，應諭知科刑判決之條文，其訴訟程序，雖係違背法令，而顯然與判決無影響，依刑事訴訟法第380條規定，不得為上訴之理由。

第381條（上訴三審之理由－刑罰變、廢、免除）

條文

原審判決後，刑罰有廢止、變更或免除者，得為上訴之理由。

實務見解

82年台上字第3507號（判例）

行為後法律有變更者，適用裁判時之法律，但裁判前之法律有利於行為人者，適用最有利於行為人之法律，即所謂「從新從輕主義」，茲新法有利於行為人，原審及第一審均未及適用新法。依刑事訴訟法第381條規定，原審判決後，刑罰有變更者，得為第三審上訴之理由，檢察官上訴意旨，執以指摘並求為適法之判決，非無理由。

相關法條：本法第302條。

第382條（提起三審上訴之程序）

條文

上訴書狀應敘述上訴之理由；其未敘述者，得於提起上訴後十日內補提理由書於原審法院；未補提者，毋庸命其補提。

第三百五十條第二項、第三百五十一條及第三百五十二條之規定，於前項理由書準用之。

實務見解

釋字第9號

裁判如有違憲情形，在訴訟程序進行中，當事人自得於理由內指摘之…

69年台上字第2724號（判例）

刑事訴訟法第382條第1項所謂上訴書狀應敘述上訴之理由，係指上訴書狀本身應敘述上訴理由而言，非可引用或檢附其他文書代替，以為上訴之理由。蓋刑事訴訟法規定各種文書之制作，應具備一定之程式，其得引用其他文書者，必有特別之規定始可，否則，即難認其上訴已合法律上之程式。

65年台上字第2836號（判例）

上訴於第三審法院，其上訴書狀應敘述上訴之理由，為刑事訴訟法第382條第1項所明定。本件原審檢察官提出之上訴書，僅云「茲據告訴人某甲具狀請求提起上訴前來，經核內容，尚非顯無理由，檢附原書狀，提起第三審上訴，請予法辦」，並無一語指摘原判決如何違背法令，及該書狀內容如何尚非顯無理由。刑事訴訟法既無上訴理由得引用或檢附其他文件代替之規定，揆之首開說明，其上訴程式自屬不合。

第383條（答辯書之提出）

他造當事人接受上訴書狀或補提理由書之送達後，得於十日內提出答辯書於原審法院。

如係檢察官為他造當事人者，應就上訴之理由提出答辯書。

答辯書應提出繕本，由原審法院書記官送達於上訴人。

第384條（原審法院對不合法上訴之處置｜裁定駁回與補正）

條文

原審法院認為上訴不合法律上之程式或法律上不應准許或其上訴權已經喪失者，應以裁定駁回之。但其不合法律上之程式可補正者，應定期間先命補正。

實務見解

68年台上字第2551號（判例）

上訴人於原審法院宣示判決後，具狀聲明捨棄上訴權，於判決送達後又

具狀聲明上訴，顯非合法，原審法院不依刑事訴訟法第384條上段以裁定駁回之，竟送本院誤為發回更審之判決，本院所為發回更審判決以及原審法院所為更審之判決（即原判決），均屬違法，難謂有效，應由本院將原判決予以撤銷。

第385條（卷宗及證物之送交三審）

除前條情形外，原審法院於接受答辯書或提出答辯書之期間已滿後，應速將該案卷宗及證物，送交第三審法院之檢察官。

第三審法院之檢察官接受卷宗及證物後，應於七日內添具意見書送交第三審法院。但於原審法院檢察官提出之上訴書或答辯書外無他意見者，毋庸添具意見書。

無檢察官為當事人之上訴案件，原審法院應將卷宗及證物逕送交第三審法院。

第386條（書狀之補提）

上訴人及他造當事人，在第三審法院未判決前，得提出上訴理由書、答辯書、意見書或追加理由書於第三審法院。

前項書狀，應提出繕本，由第三審法院書記官送達於他造當事人。

第387條（第一審審判程序之準用）

第三審之審判，除本章有特別規定外，準用第一審審判之規定。

第388條（強制辯護規定之排除）

第三十一條之規定於第三審之審判不適用之。

第389條（言詞審理之例外）

條文

第三審法院之判決，不經言詞辯論為之。但法院認為有必要者，得命辯論。

前項辯論，非以律師充任之代理人或辯護人，不得行之。

實務見解

85年台上字第2057號（最高法院刑事裁判）

查被告心神喪失者，固應於其回復前停止審判，但同法第307條規定「第302條至第304條之判決，得不經言詞辯論為之」，是得不經言詞辯論而為判決者，自無庸停止審判。第三審法院之判決，依同法第389條第1項規定，除法院認為有必要者外，既不經言詞辯論而為之，則第三審法院自無因被告心神喪失而停止審判之餘地。

第390條（指定受命推事及製作報告書）

第三審法院於命辯論之案件，得以庭員一人為受命推事，調查上訴及答辯之要旨，制作報告書。

第391條（朗讀報告書與陳述上訴意旨）

審判期日，受命推事應於辯論前，朗讀報告書。

檢察官或代理人、辯護人應先陳述上訴之意旨，再行辯論。

第392條（一造辯論與不行辯論）

審判期日，被告或自訴人無代理人、辯護人到庭者，應由檢察官或他造當事人之代理人、辯護人陳述後，即行判決。被告及自訴人均無代理人、辯護人到庭者，得不行辯論。

第393條（三審調查範圍－上訴理由事項）

條文

第三審法院之調查，以上訴理由所指摘之事項為限。但左列事項，得依職權調查之：

一、第三百七十九條各款所列之情形。

二、免訴事由之有無。

三、對於確定事實援用法令之當否。

四、原審判決後刑罰之廢止、變更或免除。

五、原審判決後之赦免或被告死亡。

實務見解

72年台非字第229號（判例）

原審判決所採用之某種證據，曾否經提示辯論，雖專以原審審判筆錄為

證，但此項提示辯論，僅與事實之判斷資料有關，如當事人認為此並非所應爭執之關鍵，而未於第三審上訴理由內加以指摘者，第三審法院依刑事訴訟法第393條規定，不宜以原審審判筆錄並無關於該證據曾經提示辯論，向被告宣讀或告以要旨之記載，而認原審判決有同法第379條第10款之違法，如原審判決別無撤銷原因，則本院所為上訴駁回之判決既不違背刑事訴訟法第393前段之規定，自不發生審判違背法令之問題。

第394條（三審調查範圍－事實調查）

條文

第三審法院應以第二審判決所確認之事實為判決基礎。但關於訴訟程序及得依職權調查之事項，得調查事實。

前項調查，得以受命推事行之，並得囑託他法院之推事調查。

前二項調查之結果，認為起訴程序違背規定者，第三審法院得命其補正；其法院無審判權而依原審判決後之法令有審判權者，不以無審判權論。

實務見解

73年台上字第5230號（判例）

第三審為法律審，應以第二審判決所確認之事實為判決基礎，故於第二審判決後不得主張新事實或提出新證據而資為第三審上訴之理由。

第395條（上訴不合法之判決－判決駁回）

條文

第三審法院認為上訴有第三百八十四條之情形者，應以判決駁回之；其以逾第三百八十二條第一項所定期間，而於第三審法院未判決前，仍未提出上訴理由書狀者亦同。

實務見解

73年台非字第134號（判例）

被告因搶劫案件，經台灣高等法院判處有期徒刑15年，被告不服提起上訴，本院以其違背刑事訴訟法第377條之規定，不得提起第三審上訴，乃依同法第395條前段規定認其上訴為不合法，予以駁回，此項程序上之判決，與實體上具有既判力之確定判決有別。是被告縱有現役軍人身分，

普通法院對之無審判權，但其受理訴訟違法者應為第二審之確定判決，而非本院上開之程序判決，非常上訴意旨既未就本院駁回上訴之程序判決指摘有何違法，而受理訴訟當否等屬於第三審得依職權調查之事項，又以先有合法之上訴為前提，本院上開程序判決自無從逕行進入職權調查，上訴人對之提起非常上訴，即難認為有理由。

71年台上字第7728號（判例）

上訴第三審法院之案件，是否以判決違背法令為上訴理由，應就上訴人之上訴理由書狀加以審查。至原判決究有無違法，與上訴是否以違法為理由為兩事。如上訴理由書狀非以判決違法為上訴理由，其上訴第三審之程式即有欠缺，應認上訴為不合法，依刑事訴訟法第395條前段予以駁回。

68年台非字第196號（判例）

被告判處罪刑後，具狀聲請捨棄上訴權，依刑事訴訟法第359條規定，其上訴權業已喪失。如於判決正本送達後之10日上訴期間內，又具狀聲明上訴，自應依同法第395條前段規定判決將其上訴駁回。

第396條（上訴無理由之判決－判決駁回）

條文

第三審法院認為上訴無理由者，應以判決駁回之。

前項情形，得同時諭知緩刑。

實務見解

67年台上字第1845號（判例）

原審以本案並非以上訴人公司名義提起第二審上訴，僅由其代表人具名上訴，而上訴人公司於66年12月31日具狀補正聲明上訴，又已逾越法定10日之上訴期間，顯於法律上之程式未合，因認僅由代表人具名之上訴為法律上所不應准許，而予以駁回之判決，核無不當，上訴即非有理由。

第397條（上訴有理由之判決－撤銷原判）

條文

第三審法院認為上訴有理由者，應將原審判決中經上訴之部份撤銷。

實務見解

76年台上字第2093號（最高法院刑事裁判）

上訴人服役中逃亡之時間，既係在其被訴連續竊盜期間內，其各該竊盜，是否一部或全部在服役中或有軍人身分時為之而應受軍事審判，即非無審究之餘地。原審就此於審判權有無攸關之事項，未及調查明白，率為實體上判決，自屬於法有違。

第398條（撤銷原判－自為判決）

條文

第三審法院因原審判決有左列情形之一而撤銷之者，應就該案件自為判決。但應為後二條之判決者，不在此限：

一、雖係違背法令，而不影響於事實之確定，可據以為裁判者。

二、應諭知免訴或不受理者。

三、有三百九十三條第四款或第五款之情形者。

實務見解

82年台上字第2456號（最高法院刑事裁判）

查罰金罰鍰提高標準條例第2條業經修正，並於82年2月5日公布施行，易科罰金部分，就其原定數額提高為100倍，上訴人行為後之法律雖有變更，但以舊法有利於行為人，依刑法第2條第1項但書規定，自應適用修正前之罰金罰鍰提高標準條例第2條第1項前段處斷，原審於判決時未及適用，因不影響於事實之確定，可據以為裁判，應由本院將原審及第一審關於上訴人部分之判決撤銷，另為判決。

第399條（撤銷原判－發回更審）

第三審法院因原審判決諭知管轄錯誤、免訴或不受理係不當而撤銷之者，應以判決將該案件發回原審法院。但有必要時，得逕行發回第一審法院。

第400條（撤銷原判－發交審判）

第三審法院因原審法院未諭知管轄錯誤係不當而撤銷之者，應以判決將該案件發交該管第二審或第一審法院。但第四條所列之案件，經有管轄

權之原審法院為第二審判決者，不以管轄錯誤論。

第401條（撤銷原判－發回更審或發交審判）

第三審法院因前三條以外之情形而撤銷原審判決者，應以判決將該案件發回原審法院，或發交與原審法院同級之他法院。

第402條（為被告利益而撤銷原判決之效力）

為被告之利益而撤銷原審判決時，如於共同被告有共同之撤銷理由者，其利益並及於共同被告。

第四編 抗告

第403條（抗告權人及管轄法院）
條文

當事人對於法院之裁定有不服者，除有特別規定外，得抗告於直接上級法院。

證人、鑑定人、通譯及其他非當事人受裁定者，亦得抗告。

實務見解

49年台抗字第54號（判例）

第三審法院為終審法院，案經終審法院判決或裁定即告確定，無得為上訴或抗告之餘地。

第404條（抗告之限制及例外）
條文

對於判決前關於管轄或訴訟程序之裁定，不得抗告。但下列裁定，不在此限：

一、有得抗告之明文規定者。

二、關於羈押、具保、責付、限制住居、搜索、扣押或扣押物發還、身體檢查、通訊監察、因鑑定將被告送入醫院或其他處所之裁定及依第一百零五條第三項、第四項所為之禁止或扣押之裁定。

三、對於限制辯護人與被告接見或互通書信之裁定。

前項第二款、第三款之裁定已執行終結，受裁定人亦得提起抗告，法院不得以已執行終結而無實益為由駁回。

立法說明

憲法第16條保障人民訴訟權，係指人民於其權利遭受侵害時，有請求法院救濟之權利。基於有權利即有救濟之原則，人民認為其權利遭受侵害時，必須給予向法院請求救濟之機會，此乃訴訟權保障之核心內容，不得因身分之不同而予以剝奪（司法院釋字第653號解釋參照）。故對於接

見或互通書信權利受限制之辯護人或被告,自應給予救濟機會,因此於2010年6月增訂第3款規定。

第405條(抗告之限制)

條文

不得上訴於第三審法院之案件,其第二審法院所為裁定,不得抗告。

實務見解

98年台抗字第577號(最高法院刑事裁判)

不得上訴於第三審法院之案件,其第二審法院所為裁定,不得抗告,刑事訴訟法第405條定有明文。此項裁定,既不得抗告,依同法第415條第2項規定,自亦不得再抗告。又依舊肅清煙毒條例第16條規定,犯該條例之罪,除判處死刑或無期徒刑者外,以地方法院或其分院為初審,高等法院或其分院為終審,亦屬不得上訴於第三審之案件。本件再抗告人甲○○因犯肅清煙毒條例之罪共二案件,分別經台灣高等法院高雄分院判處有期徒刑13年、褫奪公權10年…及台灣雲林地方法院判處有期徒刑3年4月…,均已確定並定應執行有期徒刑16年2月在案,有台灣高等法院被告前案紀錄表在卷可稽。揆諸上開說明,再抗告人所犯該二罪均屬不得上訴於第三審之案件,原審法院所為撤銷第一審裁定,駁回再抗告人對檢察官指揮執行該二案件聲明異議之裁定,自屬不得再抗告,再抗告人猶為之,於法不合,應予駁回。

92年台抗字第175號(最高法院刑事裁判)

不得上訴於第三審法院之案件,其第二審法院所為裁定,不得抗告,刑事訴訟法第405條定有明文。至屬於判決前訴訟程序之聲請法官迴避裁定,同法第23條雖規定得抗告,而為同法第404條第1款之特別規定,但仍應受上開條文規定之限制。亦即限於得上訴於第三審法院之案件,其第二審法院所為裁定,始得抗告;倘第二審法院所為聲請法官迴避之裁定,屬於不得上訴於第三審法院之案件,則該裁定即不得向第三審法院提起抗告。

最高法院85年度第5次刑事庭會議

某甲因犯刑法第276條第1項之過失致人於死罪,經本院依修正刑事訴訟

法施行法第5條第1項規定程序終結判刑確定後，以刑事訴訟法第420條第1項所列之事由，向原審法院聲請再審，復對原審法院認其聲請再審為無理由所為駁回聲請再審之裁定，提起抗告。本院應如何裁定，有下列二說：

討論意見：

甲說（抗告合法）：因其通常程序係依修正刑事訴訟法施行前之法定程序終結，而得上訴於第三審法院，於再審程序仍得抗告，故其抗告為合法，應審究其抗告有無理由，從實體上裁定。

乙說（抗告不合法）：略

決議：採甲說。

第406條（抗告期間）

條文

抗告期間，除有特別規定外，為五日，自送達裁定後起算。但裁定經宣示者，宣示後送達前之抗告，亦有效力。

實務見解

69年台抗字第236號（判例）

關於不變期間之計算，當事人郵遞上訴或抗告等書狀者，應以書狀到達法院之日，為提出於法院之日。

第407條（抗告之方式）

提起抗告，應以抗告書狀，敘述抗告之理由，提出於原審法院為之。

第408條（原審法院對抗告之處置）

原審法院認為抗告不合法律上之程式或法律上不應准許，或其抗告權已經喪失者，應以裁定駁回之。但其不合法律上之程式可補正者，應定期間先命補正。

原審法院認為抗告有理由者，應更正其裁定；認為全部或一部無理由者，應於接受抗告書狀後三日內，送交抗告法院，並得添具意見書。

第409條（抗告之效力）

抗告無停止執行裁判之效力。但原審法院於抗告法院之裁定前，得以裁定停止執行。

抗告法院得以裁定停止裁判之執行。

第410條（卷宗及證物之送交及裁定期間）

原審法院認為有必要者，應將該案卷宗及證物送交抗告法院。

抗告法院認為有必要者，得請原審法院送交該案卷宗及證物。

抗告法院收到該案卷宗及證物後，應於十日內裁定。

第411條（抗告法院對不合法抗告之處置）

條文

抗告法院認為抗告有第四百零八條第一項前段之情形者，應以裁定駁回之。但其情形可以補正而未經原審法院命其補正者，審判長應定期間先命補正。

實務見解

78年台抗字第133號（判例）

不服檢察官沒入保證金之處分而聲請所屬法院撤銷，法院就該聲請所為之裁定，依照刑事訴訟法第418條第1項前段之規定，不得抗告，原法院未以其抗告為不合法予以駁回，而以其抗告為無理由予以駁回，固有欠妥，但既不得抗告，自亦不得再行抗告，其提起再抗告，顯非法之所許，應依同法第411條前段駁回其再抗告。

第412條（對無理由之抗告之裁定）

抗告法院認為抗告無理由者，應以裁定駁回之。

第413條（對有理由之抗告之裁定）

抗告法院認為抗告有理由者，應以裁定將原裁定撤銷；於有必要時，並自為裁定。

第414條（裁定之通知）

抗告法院之裁定，應速通知原審法院。

第415條（得再抗告之裁定）

條文

對於抗告法院之裁定，不得再行抗告。但對於其就左列抗告所為之裁定，得提起再抗告：

一、對於駁回上訴之裁定抗告者。

二、對於因上訴逾期聲請回復原狀之裁定抗告者。

三、對於聲請再審之裁定抗告者。

四、對於第四百七十七條定刑之裁定抗告者。

五、對於第四百八十六條聲明疑義或異議之裁定抗告者。

六、證人、鑑定人、通譯及其他非當事人對於所受之裁定抗告者。

前項但書之規定，於依第四百零五條不得抗告之裁定，不適用之。

實務見解

69年台抗字第101號（判例）

抗告人因竊盜案件，經第一審判決後，於民國68年1月4日提出之上訴狀中，已列名為上訴人，自係不服原第一審判決，雖末頁具狀人欄漏未依刑事訴訟法第53條之規定簽名蓋章，但修正刑事訴訟法第367條對該等不合法定程式之上訴，已特別增設第二審法院審判長應定期先命補正之但書規定，此種情形，自非不可命其補正。

49年台抗字第9號（判例）

不服駁回自訴提起抗告，既經裁定撤銷發回更審，不在刑事訴訟法第407條第1項但書各款規定之列，自不得再行抗告。

48年台抗字第92號（判例）

刑事訴訟法第407條第1項但書第6款，就證人、鑑定人、通譯及其他非當事人，對於所受之裁定抗告所為之裁定，得提起再抗告之規定，於依同法第397條不得抗告之裁定，不適用之。

46年台抗字第5號（判例）

再抗告人等因犯竊盜罪，不服第一審依戡亂時期竊盜犯贓物犯保安處分條例所為令入勞動場所強制工作之裁定，提起抗告，既經原審以裁定駁回，此項裁定，並不在刑事訴訟法第407條第1項但書各款規定之列，再

抗告人竟對之提起再抗告，顯非合法。

第416條（準抗告之範圍、聲請期間及其裁判）

條文

對於審判長、受命法官、受託法官或檢察官所為下列處分有不服者，受處分人得聲請所屬法院撤銷或變更之。處分已執行終結，受處分人亦得聲請，法院不得以已執行終結而無實益為由駁回：

一、關於羈押、具保、責付、限制住居、搜索、扣押或扣押物發還、因鑑定將被告送入醫院或其他處所之處分、身體檢查、通訊監察及第一百零五條第三項、第四項所為之禁止或扣押之處分。

二、對於證人、鑑定人或通譯科罰鍰之處分。

三、對於限制辯護人與被告接見或互通書信之處分。

四、對於第三十四條第三項指定之處分。

前項之搜索、扣押經撤銷者，審判時法院得宣告所扣得之物，不得作為證據。

第一項聲請期間為五日，自為處分之日起算，其為送達者，自送達後起算。

第四百零九條至第四百十四條規定，於本條準用之。

第二十一條第一項規定，於聲請撤銷或變更受託法官之裁定者準用之。

立法說明

- 憲法第16條保障人民訴訟權，係指人民於其權利遭受侵害時，有請求法院救濟之權利。基於有權利即有救濟之原則，人民認為其權利遭受侵害時，必須給予向法院請求救濟之機會，此乃訴訟權保障之核心內容，不得因身分之不同而予以剝奪（司法院釋字第653號解釋）。故對於接見或互通書信權利受限制之辯護人或被告，自應給予救濟機會。上開限制如係以法院裁定為之者，得依第404條第3款提起抗告救濟之；如係由審判長或受命法官所為者，自得聲請所屬法院撤銷或變更之，因此於2010年6月時增訂第1項第3款。

- 辯護人、被告或犯罪嫌疑人對於檢察官依第34條第3項規定指定接見之時間、場所之處分，如有不服，亦應給予救濟之機會，因此一併增

訂第1項第4款。

實務見解

釋字第639號

解釋文：憲法第八條所定之法院，包括依法獨立行使審判權之法官。刑事訴訟法第四百十六條第一項第一款就審判長、受命法官或受託法官所為羈押處分之規定，與憲法第八條並無牴觸。刑事訴訟法第四百十六條第一項第一款及第四百十八條使羈押之被告僅得向原法院聲請撤銷或變更該處分，不得提起抗告之審級救濟，為立法機關基於訴訟迅速進行之考量所為合理之限制，未逾立法裁量之範疇，與憲法第十六條、第二十三條尚無違背。且因向原法院聲請撤銷或變更處分之救濟仍係由依法獨立行使職權之審判機關作成決定，故已賦予人身自由遭羈押處分限制者合理之程序保障，尚不違反憲法第八條之正當法律程序。至於刑事訴訟法第四百零三條、第四百零四條第二款、第四百十六條第一項第一款與第四百十八條之規定，使羈押被告之決定，得以裁定或處分之方式作成，並因而形成羈押之被告得否抗告之差別待遇，與憲法第七條保障之平等權尚無牴觸。

44年台抗字第80號（判例）

刑事訴訟法第258條明定，行合議審判之案件，其受命推事僅於訊問被告及蒐集或調查證據，與法院或審判長有同一之權限，無為同法第121條裁定之權，該條裁定包括第110條之停止羈押在內，受命推事逕為此種裁定，仍屬第408條第1項第一款之處分性質，當事人對之有所不服，依該條規定，僅得聲請其所屬法院撤銷或變更之，殊無向上級法院抗告之餘地。

第417條（準抗告之聲請程式）

前條聲請應以書狀敘述不服之理由，提出於該管法院為之。

第418條（準抗告之救濟及錯誤提起抗告或聲請準抗告）

條文

法院就第四百十六條之聲請所為裁定，不得抗告。但對於其就撤銷罰鍰

之聲請而為者,得提起抗告。

依本編規定得提起抗告,而誤為撤銷或變更之聲請者,視為已提抗告;其得為撤銷或變更之聲請而誤為抗告者,視為已有聲請。

實務見解

78年台抗字第133號(判例)

不服檢察官沒入保證金之處分而聲請所屬法院撤銷,法院就該聲請所為之裁定,依照刑事訴訟法第418條第1項前段之規定,不得抗告,原法院未以其抗告為不合法予以駁回,而以其抗告為無理由予以駁回,固有欠妥,但既不得抗告,自亦不得再行抗告,其提起再抗告,顯非法之所許,應依同法第411條前段駁回其再抗告。

第419條(抗告準用上訴之規定)

抗告,除本章有特別規定外,準用第三編第一章關於上訴之規定。

第五編　再　審

第420條（為受判決人利益聲請再審之事由）

條文

有罪之判決確定後，有下列情形之一者，為受判決人之利益，得聲請再審：

一、原判決所憑之證物已證明其為偽造或變造者。

二、原判決所憑之證言、鑑定或通譯已證明其為虛偽者。

三、受有罪判決之人，已證明其係被誣告者。

四、原判決所憑之通常法院或特別法院之裁判已經確定裁判變更者。

五、參與原判決或前審判決或判決前所行調查之法官，或參與偵查或起訴之檢察官，或參與調查犯罪之檢察事務官、司法警察官或司法警察，因該案件犯職務上之罪已經證明者，或因該案件違法失職已受懲戒處分，足以影響原判決者。

六、因發現新事實或新證據，單獨或與先前之證據綜合判斷，足認受有罪判決之人應受無罪、免訴、免刑或輕於原判決所認罪名之判決者。

前項第一款至第三款及第五款情形之證明，以經判決確定，或其刑事訴訟不能開始或續行非因證據不足者為限，得聲請再審。

第一項第六款之新事實或新證據，指判決確定前已存在或成立而未及調查斟酌，及判決確定後始存在或成立之事實、證據。

立法說明

現行法對法官、檢察官於案件審理時，有違法失職情事，當事人可聲請再審之要件，僅規定法官、檢察官於因該案犯罪經證明者方得成立。因此即便司法人員於案件處理時違法，得追究刑事責任之比例極微，多以行政處分代之，造成法律規定上嚴重缺失。道致受損害之當事人已遭判決確定後，冤屈毫無平反機會，對人權之侵害至鉅。為此將審理案件違法失職之法官、檢察官懲戒處分確定之情形，納入得聲請再審之要件，以符合法律維護公平正業之原則。

又因應社會變遷，放寬再審之門檻，以保障人權，修正理由為：

一、刑事案件常係由檢察事務官、司法察（官）從事第一線之搜索、扣押、逮捕、詢問、蒐集講據等調查工，所蒐得之證據資料亦常作為判決之基礎，故如該參與調查之檢察事務官要司法警察（官）因該案件犯職務上之罪或違法失職而受懲戒處分，足以影響原判決者，應得為受判決之利益聲請再審，爰修正原條文第一項第五款之規定，增訂「參與調查犯罪之檢察事務官、司法警察官或司法警察」，以茲適用。

二、再審制度之目的在發現真實並追求具體公平正義之實現，為求真實之發現，避免冤獄，對於確定判決以有再審事由而重新開始審理，攸關被告權益影響甚鉅，故除現行規定所列舉之新證據外，若有確實之新事實存在，不論單獨或與先前之證據綜合判斷，合理相信足以動搖原確定判決，使受有罪判決之人應受無罪、免訴、免刑或輕於原判決所認罪名之判決，應即得開啟再審程序。爰參酌德國刑事訴訟法第三百五十九條第五款之立法例，修正原條文第一項第六款之規定。

三、鑒於現行實務受最高法养35年特抗字第21號判例、28年抗字第8號判例；及50年台字第104號判例、49年台抗字第72號判例、41年台抗字第1號判例、40年台抗字第2號判例及32年抗字第113號判例拘束，創設出「新規性」及「確實性」之要件，將本款規定解釋為「原事實審法院判決當時已經存在，然法院於判決前未經發現而不及調查斟酌，至其後始發現者」且必須使再審法院得到足以動搖原確定判決而為有利受判決人之判決無合理性，亦無必要，更對人民受憲法保障依循再審途徑推翻錯誤定罪判決之基本權利，增加法律所無之限製，而違法律保留原則。再審制度之目的既在發現真實並追求具體之公平正義，以調和法律之賽定與真相之發見，自不得獨厚法安定性而忘卻正義之追求。上開判例創設之新規性、確實性要件，使錯誤定罪判決之受害者無從據事實審法院判決當時尚不存在或尚未發現之新證據聲請再審，顯已對受錯誤定罪之人循再審程序獲得救濟之權利，增加法律所無之限制。（少了四）

五、爰修正原條文第一項第六款，並新增第三項關於新事實及新證據之定義，指判決確定前已存在或成立而未及調查斟酌，及判決確定後始存在或成立之事實、證據，單獨或與先前之證據綜合判斷，足認受有

罪判決之人應受無罪、免、免刑或輕於原判決所認罪名之判決者。據此，本款所稱之新事實或新證據，包括原判決所憑之鑑定，其鑑定方法、鑑定儀器、所依據之特別知識或科學理論有錯誤或不可信之情形者，或以判決確定前未存在之鑑定方法或技術，就原有之證據為鑑定結果，合理相信足使受有罪判決之人應受無罪、免訴、免刑或輕於原判決所認罪名之判決者亦包括在內。因為（一）有時鑑定雖然有誤，但鑑定人並無偽證之故意，如鑑定方法、鑑定儀器、鑑定所依據之特別知識或科學理論為錯誤或不可信等。若有此等情形發生，也會影響真實之認定，與鑑定人偽證殊無二致，亦應成為再審之理由。（二）又在刑事訴訟中，鑑定固然可協助法院發現事實，但科技的進步推翻或動搖先前鑑定技術者，亦實有所聞。美國卡多索法律學院所推動之「無辜計畫（The Innocence Project）」，至2010年7月為止，已藉由DNA證據為300位以上之被告推翻原有罪確定判決。爰參考美國相關法制，針對鑑定方法或技術，明定只要是以原判決確定前未存在之鑑定方法或技術，就原有之證據進行鑑定結果，得合理相信足使受有罪判決之人應受無罪、免訴、免刑或輕於原判決所認罪名之判決，即應使其有再審之機會，以避免冤獄。」。

實務見解

釋字第146號

刑事判決確定後，發見該案件認定犯罪事實與所採用證據顯屬不符，自屬審判違背法令，得提起非常上訴；如具有再審原因者，仍可依再審程序聲請再審。

釋字第135號

民刑事訴訟案件下級法院之判決，當事人不得聲明不服而提出不服之聲明或未提出不服之聲明而上級法院誤予廢棄或撤銷發回更審者，該項上級法院之判決及發回更審後之判決，均屬重大違背法令，固不生效力，惟既具有判決之形式，得分別依上訴、再審、非常上訴及其他法定程序辦理。

78年台抗字第78號（判例）

…所謂應受輕於原判決所認罪名之判決，係指應受較輕罪名之判決而

言，至刑法上「偽造私文書罪」與「行使偽造私文書罪」，兩者之間，僅有低度行為與高度行為之別，此乃屬犯罪行為之階段問題，且依刑法第216條規定，行使偽造私文書罪應依偽造私文書罪之規定處斷，則上開二罪自不發生罪名輕重之問題。

75年台上字第7151號（判例）

判決以後成立之文書，其內容係根據另一證據作成，而該另一證據係成立於事實審法院判決之前者，應認為有新證據之存在。如出生證明係根據判決前早已存在之醫院病歷表所作成；存款證明係根據判決前已存在之存款帳簿所作成而言。至若人證，係以證人之證言為證據資料，故以證人為證據方法，以其陳述為證明之作用者，除非其於另一訴訟中已為證言之陳述，否則，不能以其事後所製作記載見聞事實之文書，謂其係根據該人證成立於事實審法院判決之前，而認該「文書」為新證據。

72年台抗字第270號（判例）

…因發見確實之新證據而為受判決人之利益，聲請再審者，以該判決係實體上為有罪且已確定者為限。本件抗告人因偽造文書案件，不服原法院所為有罪之判決，提起上訴，經本院以其上訴顯不合法，從程序上判決駁回其上訴，是上述原法院之實體上判決，始為抗告人之有罪確定判決，乃抗告人在原法院竟對本院之上述程序判決聲請再審，自難認為合法。

69年台抗字第352號（判例）

再審法院就形式上審查，如認為合於法定再審要件，即應為開始再審之裁定。有罪之判決確定後，以原判決所憑之證言已證明其為虛偽，為受判決人之利益聲請再審者，此項證明祇須提出業經判決確定為已足，刑事訴訟法第420第1項第2款及第2項定有明文，非如同條第1項第6款規定之因發見確實新證據為再審，須以足動搖原確定判決為要件，原裁定以證人許某雖經判處偽證罪刑確定，仍不足以動搖原確定判決，駁回抗告人再審之聲請，尚嫌失據。

50年台抗字第104號（判例）

…所謂確實之新證據，固非以絕對不須經過調查程序為條件，但必須可認為確實足以動搖原確定判決而為受判決人有利之判決者為限，倘受判

決人因對有利之主張為原審所不採，事後提出證明，以圖證實在原審前所為有利之主張為真實，據以聲請再審，該項證據既非判決後所發見，顯難憑以聲請再審。

49年台抗字第72號（判例）

…所謂確實之新證據，固非以絕對不須經過調查程序為條件，但必須可認為確實足以動搖原確定判決而為受判決人有利之判決者為限，倘受判決人因對有利之主張為原確定判決所不採，事後任意由人出一證明書，證明受判決人前次所為有利之主張，係屬實在，憑以聲請再審，此項證據既非判決後所發見，又非不須調查之確定新證據，顯然不足以使原確定判決發生動搖，即難據以開始再審。

46年台抗字第8號（判例）

…所謂原判決所憑之證言已證明其為虛偽者，除已經確定判決證明為虛偽者外，必須有相當證據足以證明其為虛偽，始屬相符，若僅以共同被告諭知無罪，而顯然不足以推翻原確定判決所憑之證據者，即非該款所規定之情形。

第421條（為受判決人利益聲請再審之理由）
條文

不得上訴於第三審法院之案件，除前條規定外，其經第二審確定之有罪判決，如就足生影響於判決之重要證據漏未審酌者，亦得為受判決人之利益，聲請再審。

實務見解

79年台抗字第383號（最高法院刑事裁判）

刑事訴訟法第420條第1項第6款對之聲請再審。查上開條款所稱發現確實之新證據，係指事實審判決時存在，未經發現不及斟酌，後始發現之證據，且就形式上觀察，能認原確定判決錯誤者而言。如已經提出之證據於判決時漏未審酌，則除對於不得上訴於第三審法院之案件，經第二審確定之判決，合於同法第421條規定再審條件得依該法條聲請再審外，非此所稱之發現新證據，不得據以聲請再審。

第422條（為受判決人之不利益聲請再審之理由）

條文

有罪、無罪、免訴或不受理之判決確定後，有左列情形之一者，為受判決人之不利益，得聲請再審：

一、有第四百二十條第一款、第二款、第四款或第五款之情形者。

二、受無罪或輕於相當之刑之判決，而於訴訟上或訴訟外自白，或發現確實之新證據，足認其有應受有罪或重刑判決之犯罪事實者。

三、受免訴或不受理之判決，而於訴訟上或訴訟外自述，或發見確實之新證據，足認其並無免訴或不受理之原因者。

示例

行賄高院前法官某乙的被告某甲，因行賄使乙法官「枉法裁判」而無罪確定；最高法院指出，依本條規定，檢察官可以聲請再審，由更審法院重為審理某甲吸毒案。

實務見解

69年台抗字第176號（判例）

無罪之判決確定後，如原判決所憑之證物，已證明其為偽造或變造者，為受判決人之不利益，固得聲請再審，但刑事訴訟法第420條第2項所謂已證明其為偽造或變造，以經判確定或其刑事訴訟不能開始或續行，非因證據不足者為限之規定，應同樣有其適用。

第423條（聲請再審之期間）

聲請再審於刑罰執行完畢後，或已不受執行時，亦得為之。

第424條（聲請再審之期間）

依第四百二十一條規定，因重要證據漏未審酌而聲請再審者，應於送達判決後二十日內為之。

第425條（聲請再審之期間）

為受判決人之不利益聲請再審，於判決確定後，經過刑法第八十條第一項期間二分之一者，不得為之。

第426條（再審之管轄法院）

條文

聲請再審，由判決之原審法院管轄。

判決之一部曾經上訴，一部未經上訴，對於各該部分均聲請再審，而經第二審法院就其在上訴審確定之部分為開始再審之裁定者，其對於在第一審確定之部分聲請再審，亦應由第二審法院管轄之。

判決在第三審確定者，對於該判決聲請再審，除以第三審法院之推事有第四百二十條第五款情形為原因者外，應由第二審法院管轄之。

實務見解

52年台抗字第152號（判例）

所謂原審法院，係指原審級之法院而言，並非指為判決之原法院，故第二審法院之管轄區域有變更時，對於第二審法院之確定判決聲請再審，自應由繼受該審級之法院管轄之。

第427條（聲請再審權人－為受判決人利益）

條文

為受判決人之利益聲請再審，得由左列各人為之：

一、管轄法院之檢察官。

二、受判決人。

三、受判決人之法定代理人或配偶。

四、受判決人已死亡者，其配偶、直系血親、三親等內之旁系血親、二親等內之姻親或家長、家屬。

實務見解

81年台抗字第234號（最高法院刑事裁判）

…檢察官為抗告人之利益聲請再審，僅得由管轄法院之檢察官為之，本件再審之管轄法院並非台灣桃園地方法院，台灣桃園地方法院檢察署檢察官並非法律所許為受判決人利益聲請再審之人，竟為抗告人之利益聲請再審，其聲請再審之程序違背規定，顯非合法。

第428條（聲請再審權人－為受判決人不利益）

條文

為受判決人之不利益聲請再審，得由管轄法院之檢察官及自訴人為之；但自訴人聲請再審者，以有第四百二十二條第一款規定之情形為限。

自訴人已喪失行為能力或死亡者，得由第三百十九條第一項所列得為提起自訴之人，為前項之聲請。

實務見解

75年台抗字第77號（最高法院刑事裁判）

自訴人為受判決人之不利益聲請再審者，以有刑事訴訟法第422條第1款規定情形為限。本件抗告人既以自訴人之身分為受判決人等之不利益聲請再審，依上開說明，當不包括同法第420條第1項第6款及同法第422條第2款、第3款所規定發見確實新證據之情形在內。抗告人以發見新證據即證人某甲、某乙等人為由，為受判決人等之不利益聲請再審，應屬同法第433條聲請再審之程序是否違背規定之問題，而非有無理由之問題。

第429條（聲請之方式）

條文

聲請再審，應以再審書狀敘述理由，附具原判決之繕本及證據，提出於管轄法院為之。

實務見解

71年台抗字第337號（判例）

聲請再審應以書狀敘述理由，附具原判決之繕本及證據，提出於管轄法院為之，為刑事訴訟法第429條所明定。此項聲請再審程式之欠缺，非抗告程序中所得補正，如確具有聲請再審之理由，只能另行依法聲請。

第430條（聲請再審之效力）

聲請再審，無停止刑罰執行之效力。但管轄法院之檢察官於再審之裁定前，得命停止。

第431條（再審聲請之撤回及其效力）

再審之聲請，於再審判決前，得撤回之。

撤回再審聲請之人，不得更以同一原因聲請再審。

第432條（撤回上訴規定之準用）

第三百五十八條及第三百六十條之規定，於聲請再審及其撤回準用之。

第433條（聲請不合法之裁定－裁定駁回）

條文

法院認為聲請再審之程序違背規定者，應以裁定駁回之。

實務見解

43年台抗字第26號（判例）

非常上訴旨在糾正法律上之錯誤，並不涉及事實問題，其經非常上訴審認為有理由，依法應撤銷原確定判決另行改判時，僅依代替原審，依據原所認定之事實，就其裁判時應適用之法律而為裁判，使違法者成為合法，核與再審係對確定判決之事實錯誤而為之救濟方法，迥不相侔，因之對於非常上訴判決殊無聲請再審之餘地，再抗告人竟對非常上訴判決聲請再審，自屬於法不合。

54年台抗字第263號（判例）

非常上訴旨在糾正法律上之錯誤，並不涉及事實問題，其經非常上訴審認為有理由，依法應撤銷原確定判決另行改判，僅係代替原審，依據原所認定之事實，就其裁判時應適用之法律而為裁判，使違法者成為合法，核與再審係對確定判決之事實錯誤而為之救濟方法，迥不相侔，因之對於非常上訴判決殊無聲請再審之餘地。

第434條（聲請無理由之裁定－裁定駁回）

條文

法院認為無再審理由者，應以裁定駁回之。

經前項裁定後，不得更以同一原因聲請再審。

實務見解

71年台抗字第123號（最高法院刑事裁判）

法院認為無再審理由，以裁定駁回後，不得更以同一原因聲請再審，刑事訴訟法第434條第2項規定甚明。

第435條（聲請有理由之裁定－開始再審之裁定）
條文
法院認為有再審理由者，應為開始再審之裁定。

為前項裁定後，得以裁定停止刑罰之執行。

對於第一項之裁定，得於三日內抗告。

實務見解

87年台抗字第222號（最高法院刑事裁判）

原裁定末記載「如不服本裁定，應於收受送達後3日內向原審法院提出抗告書狀」，因刑事訴訟法第434條並無如同法第435條第3項「得於3日內抗告」之特別規定，仍應適用同法第406條前段「得於5日內抗告」規定，且該項法律規定為不變期間，自不因原裁定之記載錯誤而受影響。

第436條（再審之審判）
條文
開始再審之裁定確定後，法院應依其審級之通常程序，更為審判。

實務見解

81年台抗字第493號（最高法院刑事裁判）

刑事訴訟法第420條第1項第6款所謂發見確實之新證據，須顯然足為受判決人有利之判決，不須經過調查程序，固經本院著有判例，惟所謂顯然足為受判決人有利之判決，不須經過調查者，係指就證據本身之形式上觀察，無顯然之瑕疵，可以認為足以動搖原確定判決者而言，至該證據究竟是否確實，能否准為再審開始之裁定，仍應予以相當之調查，而其實質之證據力如何，能否為受判決人有利之判決，則有待於再審開始後之調查判斷，徵諸同法第436條，法院於開始再審之裁定確定後，應依其審級之通常程序更為審判之規定，亦可瞭然無疑，否則縱有新證據之提出，亦絕無開始再審之機會，而再審一經開始，受判決人必可受有利之判決，尤與再審程序係為救濟事實錯誤之旨，大相背謬。

第437條（言詞審理之例外）

條文

受判決人已死亡者，為其利益聲請再審之案件，應不行言詞辯論，由檢察官或自訴人以書狀陳述意見後，即行判決。但自訴人已喪失行為能力或死亡者，得由第三百三十二條規定得為承受訴訟之人於一個月內聲請法院承受訴訟；如無承受訴訟之人或逾期不為承受者，法院得逕行判決，或通知檢察官陳述意見。

為受判決人之利益聲請再審之案件，受判決人於再審判決前死亡者，準用前項規定。

依前二項規定所為之判決，不得上訴。

實務見解

80年台非字第536號（判例）

開始再審之裁定確定後，法院應依其審級之通常程序更為審判，受判決人已死亡者，為其利益聲請再審之案件，應不行言詞辯論，由檢察官或自訴人以書狀陳述意見後，即行判決，為受判決人之利益聲請再審之案件，受判決人於再審判決前死亡者，準用前項之規定，刑事訴訟法第436條、第437條第1項前段、第2項定有明文。準此以觀，受判決人既已死亡，仍得為其利益聲請再審，則開始再審裁定後，受判決人死亡，仍應依其審級之通常程序為實體上之審判，否則如依刑事訴訟法第303條第5款規定，逕為不受理之判決，則同法第437條第2項規定準用第1項，由檢察官或自訴人以書狀陳述意見後即行判決，必將形同具文，顯見刑事訴訟法第437條為再審程序之特別規定，應排除第303條第5款之適用。

第438條（終結再審程序）

為受判決人之不利益聲請再審之案件，受判決人於再審判決前死亡者，其再審之聲請及關於再審之裁定，失其效力。

第439條（禁止不利益變更原則）

為受判決人之利益聲請再審之案件，諭知有罪之判決者，不得重於原判決所諭知之刑。

第440條（再審諭知無罪判決之公示）

條文

為受判決人之利益聲請再審之案件，諭知無罪之判決者，應將該判決書刊登公報或其他報紙。

立法說明

又因應社會變遷，放寬再審之門檻，以保障人權，修正理由為：

一、刑事案件常係由檢察事務官、司法警察（官）從事第一線之搜索、扣押、逮捕、詢問、蒐集證據等調查工作，所取得之證據資料亦常作為判決之基礎，故如該參與調查之檢察事務官、司法警察（官）因該案件犯職務上之罪或違法失職而受懲戒處分，足以影響原判決者，應得為受判決人之利益聲請再審，爰修正原條文第一項第五款之規定，增訂「參與調查犯罪之檢察事務官、司法警察官或司法警察」，以茲適用。

二、再審制度之目的在發現真實並追求具體公平正義之實現，為求真實之發見，避免冤獄，對於確定判決以有再審事由而重新開始審理，攸關被告權益影響甚鉅，故除現行規定所列舉之新證據外，若有確實之新事實存在，不論單獨或與先前之證據綜合判斷，合理相信足以動搖原確定判決，使受有罪判決之人應受無罪、免訴、免刑或輕於原判決所認罪名之判決，應即得開啟再審程序。爰參酌德國刑事訴訟法第三百五十九條第五款之立法例，修正原條文第一項第六款之規定。

三、鑒於現行實務受最高法院35年特抗字第21號判例、28年抗字第8號判例；及50年台抗字第104號判例、49年台抗字第72號判例、41年台抗字第1號判例、40年台抗字第2號判例及32年抗字第113號判例拘束，創設出「新規性」及「確實性」之要件，將本款規定解釋為「原事實審法院判決當時已經存在，然法院於判決前未經發現而不及調查斟酌，至其後始發現者」且必須使再審法院得到足以動搖原確定判決而為有利受判決人之判決無合理可疑的確切心證，始足當之。此所增加限制不僅毫無合理性，亦無必要，更對人民受憲法保障依循再審途徑推翻錯

誤定罪判決之基本權利，增加法律所無之限制，而違法律保留原則。再審制度之目的既在發現真實並追求具體之公平正義，以調和法律之安定與真相之發見，自不得獨厚法安定性而忘卻正義之追求。上開判例創設之新規性、確實性要件，使錯誤定罪判決之受害者無從據事實審法院判決當時尚不存在或尚未發現之新證據聲請再審，顯已對受錯誤定罪之人循再審程序獲得救濟之權利，增加法律所無之限制。

四、爰修正原條文第一項第六款，並新增第三項關於新事實及新證據之定義，指判決確定前已存在或成立而未及調查斟酌，及判決確定後始存在或成立之事實、證據，單獨或與先前之證據綜合判斷，足認受有罪判決之人應受無罪、免訴、免刑或輕於原判決所認罪名之判決者。據此，本款所稱之新事實或新證據，包括原判決所憑之鑑定，其鑑定方法、鑑定儀器、所依據之特別知識或科學理論有錯誤或不可信之情形者，或以判決確定前未存在之鑑定方法或技術，就原有之證據為鑑定結果，合理相信足使受有罪判決之人應受無罪、免訴、免刑或輕於原判決所認罪名之判決者亦包括在內。因為（一）有時鑑定雖然有誤，但鑑定人並無偽證之故意，如鑑定方法、鑑定儀器、鑑定所依據之特別知識或科學理論為錯誤或不可信等。若有此等情形發生，也會影響真實之認定，與鑑定人偽證殊無二致，亦應成為再審之理由。（二）又在刑事訴訟中，鑑定固然可協助法院發現事實，但科技的進步推翻或動搖先前鑑定技術者，亦實有所聞。美國卡多索法律學院所推動之「無辜計畫（The Innocence Project）」，至 2010 年 7 月為止，已藉由DNA 證據為 300 位以上之被告推翻原有罪確定判決。爰參考美國相關法制，針對鑑定方法或技術，明定只要是以原判決確定前未存在之鑑定方法或技術，就原有之證據進行鑑定結果，得合理相信足使受有罪判決之人應受無罪、免訴、免刑或輕於原判決所認罪名之判決，即應使其有再審之機會，以避免冤獄。」

第六編　非常上訴

第441條（非常上訴之原因及提起權人）

條文

判決確定後，發見該案件之審判係違背法令者，最高法院檢察署檢察總長得向最高法院提起非常上訴。

示例

某縣議長甲因涉嫌開設賭場經法院判刑確定，甲的委任律師認為檢警違法監聽的證據不能作為判決依據，原判決竟引據，自係違背法令，乃聲請檢察總長提起非常上訴。

實務見解

釋字第181號

非常上訴，乃對於審判違背法令之確定判決所設之救濟方法。依法應於審判期日調查之證據，未予調查，致適用法令違誤，而顯然於判決有影響者，該項確定判決，即屬判決違背法令…。

釋字第146號

刑事判決確定後，發見該案件認定犯罪事實與所採用證據顯屬不符，自屬審判違背法令，得提起非常上訴；如具有再審原因者，仍可依再審程序聲請再審。

釋字第135號

民刑事訴訟案件下級法院之判決，當事人不得聲明不服而提出不服之聲明或未提出不服之聲明而上級法院誤予廢棄或撤銷發回更審者，該項上級法院之判決及發回更審後之判決，均屬重大違背法令，固不生效力，惟既具有判決之形式，得分別依上訴、再審、非常上訴及其他法定程序辦理。

91年台非字第152號（判例）

刑事訴訟法第441條之審判違背法令，包括判決違背法令及訴訟程序違背

法令，後者係指判決本身以外之訴訟程序違背程序法之規定，與前者在理論上雖可分立，實際上時相牽連。第二審所踐行之訴訟程序違背同法第379條第7款、第284條之規定，固屬判決前之訴訟程序違背法令。但非常上訴審就個案之具體情形審查，如認判決前之訴訟程序違背被告防禦權之保障規定，致有依法不應為判決而為判決之違誤，顯然於判決有影響者，該確定判決，即屬判決違背法令。案經上訴第三審，非常上訴審就上開情形審查，如認其違法情形，第三審法院本應為撤銷原判決之判決，猶予維持，致有違誤，顯然影響於判決者，應認第三審判決為判決違背法令。

66年台非字第167號（判例）

非常上訴以對於確定判決，始得提起，此觀刑事訴訟法第441條規定自明，如判決尚未確定，則雖發見該案件之審判程序有所違背，儘可依通常上訴程序救濟，要不得提起非常上訴。公示送達，以被告之住居所、事務所及所在地不明者，始得為之，如被告所在地甚明，不向其所在地送達，而逕以公示送達方式，以為送達，即不發生送達之效力，對於在軍隊服役之軍人為送達者，應向該管長官為之，此為民事訴訟法第129條所明定，依照刑事訴訟法第62條規定，並亦為刑事訴訟程序所應準用，既有此特別規定，自亦不能視為所在不明，倘逕以公示送達方式為送達，即不能發生送達之效力，從而此項方式所送達之判決，無由確定，自不得對之提起非常上訴。

61年台非字第207號（判例）

依少年事件處理法之規定，少年管訓事件之調查、審理、裁定、抗告、執行等全部處理程序，統由少年法庭或其所屬法院之上級法院為之，並無檢察官參與，檢察官對於少年管訓事件之裁定，亦不得提起抗告，又少年事件處理法對於少年管訓事件，凡準用刑事訴訟法之規定者均定有明文，如同法第16條、第24條、第64條並無規定準用刑事訴訟法事法非常上訴之規定，檢察長自不得對少年管訓事件之確定裁定，提起非常上訴。

最高法院99年度第9次刑事庭會議

…參、本條所稱已逾八年未能確定之案件，自第一審繫屬日起算，第二審、第三審及發回更審之期間累計在內，並算至最後判決法院實體判決之日止。所稱第一審，包括高等法院管轄第一審之案件。其於再審或非常上訴之情形，自判決確定日起至更為審判繫屬前之期間，應予扣除，但再審或非常上訴前繫屬法院之期間，仍應計入。…

最高法院91年度第7次刑事庭會議

刑事訴訟法第379條第6款規定：「除有特別規定外，被告未於審判期日到庭而逕行審判者。」第7款規定：「依本法應用辯護人之案件或已經指定辯護人之案件，辯護人未經到庭辯護而逕行審判者。」其判決當然違背法令。在通常上訴程序，當然得為上訴第三審之理由。在非常上訴程序，刑事訴訟法第441條所謂「案件之審判係違背法令」，包括原判決違背法令及訴訟程序違背法令，後者係指判決本身以外之訴訟程序違背程序法之規定，與前者在實際上時相牽連。非常上訴審就個案之具體情形審查，如認其判決前之訴訟程序違背上開第6、7款之規定，致有依法不應為判決而為判決之違誤，顯然於判決有影響者，該項確定判決，即屬判決違背法令。本院29年2月22日刑庭庭推總會議關於非常上訴案件之總決議案中決議6及41年台非字第47號判例、44年台非字第54號判例，與本決議意旨不符部分，不再參考、援用。

最高法院83年度第3次刑事庭會議

對同一被告之同一確定判決，最高法院檢察署檢察總長再行提起非常上訴…若承辦庭審理結果與前次之非常上訴判決有不同見解時，應先提刑事庭會議決定。

第442條（聲請提起非常上訴之程式）

檢察官發見有前條情形者，應具意見書將該案卷宗及證物送交最高法院檢察署檢察總長，聲請提起非常上訴。

第443條（提起非常上訴之方式）

條文

提起非常上訴，應以非常上訴書敘述理由，提出於最高法院為之。

實務見解

78年台非字第171號（最高法院刑事裁判）

本院查更定其刑之裁定，視同判決；對於已判決確定之各罪，已經裁定其應執行之刑者，如又重複裁定其應執行之刑，自係違反一事不再理之原則，即屬違背法令，對於後之裁定，得提起非常上訴。

第444條（言詞審理之例外）

非常上訴之判決，不經言詞辯論為之。

第445條（調查之範圍）

條文

最高法院之調查，以非常上訴理由所指摘之事項為限。

第三百九十四條之規定，於非常上訴準用之。

實務見解

68年台非字第181號（判例）

非常上訴審，應以原判決確認之事實為基礎，以判斷其適用法律有無違誤，至非常上訴審所得調查之事實，僅以關於訴訟程序、法院管轄，免訴事由及訴訟之受理者為限，本件被告違反票據法部分，應否減輕或免除其刑，原以支票金額已否清償為條件，此項前提事實並非非常上訴審所得調查，被告在原判決宣示前，未主張已清償支票金額，亦未提出何項資料，原判決未適用舊票據法有關規定予以減輕或免除其刑，其適用法律即難謂有所違背，除合於再審條件應依再審程序救濟外，以調查此項事實為前提之非常上訴，難認為有理由。

第446條（非常上訴無理由之處置—駁回判決）

條文

認為非常上訴無理由者，應以判決駁回之。

示例

最高法院2010年2月5日審結前自來水公司董事長某甲被控貪污非常上訴案，合議庭認為某甲詐領公款24萬餘元罪證明確，駁回檢察總長之非常

上訴，某甲被判7年2個月徒刑無法翻案。媒體計算，從貪污所得換算服刑日期，某甲平均每Ａ公家96.4元，須吃牢飯1天，得不償失。

第447條（非常上訴有理由之處置）

條文

認為非常上訴有理由者，應分別為左列之判決：

一、原判決違背法令者，將其違背之部分撤銷。但原判決不利於被告者，應就該案件另行判決。

二、訴訟程序違背法令者，撤銷其程序。

前項第一款情形，如係誤認為無審判權而不受理，或其他有維持被告審級利益之必要者，得將原判決撤銷，由原審法院依判決前之程序更為審判。但不得諭知較重於原確定判決之刑。

實務見解

釋字第238號

刑事訴訟法第379條第10款所稱「依本法應於審判期日調查之證據」，指該證據在客觀上為法院認定事實及適用法律之基礎者而言。此種證據，未予調查，同條特明定其判決為當然違背法令。其非上述情形之證據，未予調查者，本不屬於上開第101款範圍，縱其訴訟程序違背法令，惟如應受同法第380條之限制者，既不得據以提起第三審上訴，自不得為非常上訴之理由。中華民國29年2月22日最高法院民、刑庭總會議決議關於「訴訟程序違法不影響判決者，不得提起非常上訴」之見解，就證據部分而言，即係本此意旨，尚屬於法無違，與本院釋字第181號解釋，亦無牴觸。

釋字第181號

非常上訴，乃對於審判違背法令之確定判決所設之救濟方法。依法應於審判期日調查之證據，未予調查，致適用法令違誤，而顯然於判決有影響者，該項確定判決，即屬判決違背法令，應有刑事訴訟法第447條第1項第1款規定之適用。

68年台非字第148號（判例）

提起非常上訴之判決所載理由矛盾致適用法律違誤者，為判決違法，如不利於被告，即應將其撤銷，另行判決。

第448條（非常上訴判決之效力）

非常上訴之判決，除依前條第一項第一款但書及第二項規定者外，其效力不及於被告。

第七編　簡易程序

第449條（簡易判決處刑之適用範圍）

條文

　　第一審法院依被告在偵查中之自白或其他現存之證據，已足認定其犯罪者，得因檢察官之聲請，不經通常審判程序，逕以簡易判決處刑。但有必要時，應於處刑前訊問被告。

　　前項案件檢察官依通常程序起訴，經被告自白犯罪，法院認為宜以簡易判決處刑者，得不經通常審判程序，逕以簡易判決處刑。

　　依前二項規定所科之刑以宣告緩刑、得易科罰金或得易服社會勞動之有期徒刑及拘役或罰金為限。

立法說明

　　依刑法第41條第3項規定，受6月以下有期徒刑或拘役之宣告而不得易科罰金者，亦得易服社會勞動，自應與現行得易科罰金之案件同視，而得為聲請簡易判決處刑之案件類型，因此修正第3項。

第449條之1（簡易程序案件之辦理）

條文

　　簡易程序案件，得由簡易庭辦理之。

立法說明

　　依法院組織法第10條：「地方法院得設簡易庭，其管轄事件依法律之規定。」簡易庭辦理刑事簡易程序案件，應於刑事訴訟法內加以規定，以為依據。

第450條（法院之簡易判決-處刑、免刑判決）

　　以簡易判決處刑時，得併科沒收或為其他必要之處分。

　　第二百九十九條第一項但書之規定，於前項判決準用之。

第451條（簡易判決之聲請）

條文

檢察官審酌案件情節,認為宜以簡易判決處刑者,應即以書面為聲請。

第二百六十四條之規定,於前項聲請準用之。

第一項聲請,與起訴有同一之效力。

被告於偵查中自白者,得請求檢察官為第一項之聲請。

示例

彰化伸港鄉一名在蔘藥行工作的甲女,因見老闆與老闆娘多次爭執,甲為了替老闆出氣,竟提一桶水到蔘藥行二樓陽台往下潑,把站在樓下的老闆娘及友人淋成落湯雞,老闆娘憤而提告。檢方認為某甲在不特定多數人得共見共聞的場所對人潑水,涉及公然侮辱罪,向院方聲請簡易判決處刑。

第451條之1(檢察官得為具體之求刑)

條文

前條第一項之案件,被告於偵查中自白者,得向檢察官表示願受科刑之範圍或願意接受緩刑之宣告,檢察官同意者,應記明筆錄,並即以被告之表示為基礎,向法院求刑或為緩刑宣告之請求。

檢察官為前項之求刑或請求前,得徵詢被害人之意見,並斟酌情形,經被害人同意,命被告為左列各款事項:

一、向被害人道歉。

二、向被害人支付相當數額之賠償金。

被告自白犯罪未為第一項之表示者,在審判中得向法院為之,檢察官亦得依被告之表示向法院求刑或請求為緩刑之宣告。

第一項及前項情形,法院應於檢察官求刑或緩刑宣告請求之範圍內為判決,但有左列情形之一者,不在此限:

一、被告所犯之罪不合第四百四十九條所定得以簡易判決處刑之案件者。

二、法院認定之犯罪事實顯然與檢察官據以求處罪刑之事實不符,或於審判中發現其他裁判上一罪之犯罪事實,足認檢察官之求刑顯不適當者。

三、法院於審理後,認應為無罪、免訴、不受理或管轄錯誤判決之諭知者。

四、檢察官之請求顯有不當或顯失公平者。

立法說明

被告於偵查中自白者，經檢察官同意並記明筆錄後，檢察官應以被告表示為基礎，向法院為具體之求刑或求為緩刑之宣告，此一制度，使檢察官求處被告緩刑或得易科罰金之罪並記明筆錄時，得藉此交換被告同意自白，且於第4項增設此時法官原則上必須受檢察官求刑及求為緩刑宣告之拘束，此係引進認罪協商制度之精神。

第452條（審判程序）

條文

檢察官聲請以簡易判決處刑之案件，經法院認為有第四百五十一條之一第四項但書之情形者，應適用通常程序審判之。

示例

某甲因公然侮辱罪嫌遭檢察官起訴，並聲請簡易判決處刑。若法院認為該案不宜逕以簡易判決處刑，即可依據本條簽移改依通常程序審理。

立法說明

檢察官聲請簡易判決處刑之案件，應僅限於法院認有第451條之1第4項但書之情事，始得改以通常程序為判決，以符合認罪協商制度精神。

第453條（法院之簡易判決－立即處分）

以簡易判決處刑案件，法院應立即處分。

第454條（簡易判決應載事項）

條文

簡易判決，應記載下列事項：

一、第五十一條第一項之記載。

二、犯罪事實及證據名稱。

三、應適用之法條。

四、第三百零九條各款所列事項。

五、自簡易判決送達之日起十日內，得提起上訴之曉示。但不得上訴者，不在此限。

前項判決書，得以簡略方式為之，如認定之犯罪事實、證據及應適用之

法條，與檢察官聲請簡易判決處刑書或起訴書之記載相同者，得引用之。

立法說明

簡易程式乃為追求訴訟經濟所設計，簡易判決雖應記載犯罪事實，以明既判力之範圍，但就法院認定犯罪事實所憑之證據，僅須於簡易判決書中依其證據之名稱加以標明特定已足，毋庸敘明證據具體內容，以減輕法官製作簡易判決書之工作負擔。

第455條（簡易判決正本之送達）

條文

書記官接受簡易判決原本後，應立即製作正本為送達，並準用第三百十四條第二項之規定。

立法說明

對簡易判決之上訴，依本法第455條之1第3項規定：「準用刑事訴訟法第三編第一章上訴通則」，而該第一章第344條第2項規定：「告訴人或被害人對於下級法院之判決有不服者，亦得具備理由，請求檢察官上訴。」告訴人既得依法請求檢察官上訴，倘若簡易判決正本不送達告訴人，告訴人又如何得知判決內容而請求檢察官上訴？為保障告訴人、告發人權益，明定準用第314條第2項規定，以杜爭議。

第455條之1（對簡易判決不服之上訴）

條文

對於簡易判決有不服者，得上訴於管轄之第二審地方法院合議庭。

依第四百五十一條之一之請求所為之科刑判決，不得上訴。

第一項之上訴，準用第三編第一章及第二章除第三百六十一條外之規定。

對於適用簡易程序案件所為裁定有不服者，得抗告於管轄之第二審地方法院合議庭。

前項之抗告，準用第四編之規定。

立法說明

修正條文第361條第2項、第3項規定不服地方法院第一審判決而提起上訴者，其上訴書狀應敘述具體理由；未敘述具體理由者，應於法定期

間補提理由書。法院逕以簡易判決處刑之案件，既可不經開庭程序，且簡易判決書之記載較為簡略，其上訴程式宜較依通常程序起訴之案件簡便，俾由第二審地方法院合議庭審查原簡易判決處刑有無不當或違法，故對簡易判決提起上訴，應不能準用第361條第2項、第3項規定。又依第455條之1第1項規定，對於簡易判決有不服者，係上訴於管轄之第二審地方法院合議庭，第361條第1項之規定，亦無準用餘地，爰修正第3項，將第361條規定，排除在準用之列。對簡易判決之上訴，既然不準用第361條第2項、第3項之規定，則修正條文第367條規定中關於逾第361條第3項規定之期間未提上訴理由，第二審法院可不經言詞辯論逕以判決駁回上訴部分，當然不在準用之列，無待明文。

實務見解

法檢字第0960802330號

案由：甲因犯刑法第320條第1項之竊盜罪，經檢察官聲請簡易判決處刑，一審法院逕以簡易判決判處被告有期徒刑4月，如易科罰金，以300元折算1日。甲不服上訴，第二審法院合議庭改判甲無罪，問檢察官得否上訴？

說明：

甲說：按對於簡易判決有不服者，得上訴於管轄之第二審地方法院合議庭，準用第三編第一章（上訴通則）及第二章（第二審上訴）之規定，刑事訴訟法第455條之1第1項、第3項定有明文。第二審地方法院合議庭受理簡易判決之上訴案件應依通常程序辦理，於審理後，既認應為無罪之判決，原審本不得以簡易判決處刑，即屬應轉換為通常審理程序而未轉換者（刑事訴訟法第452條），故應撤銷原審之簡易判決，並改依通常程序為第一審判決，對此判決，檢查官得再依通常程序救濟之，向高等法院提起第二審上訴。（林鈺雄：刑事訴訟法【下】P746）

乙說：略

臺灣高等法院檢察署研究意見：多數採甲說。

法務部研究意見：同意臺灣高等法院檢察署研究意見，採甲說。補充理由如下：地方法院簡易庭對被告為簡易判決處刑後，經提起上訴，而地方法院合議庭認應為無罪判決之諭知者，依同法第455條之1第3項準用

第369條第2項之規定意旨,應由該地方法院合議庭撤銷簡易庭之判決,逕依通常程序審判。其所為判決,應屬「第一審判決」,檢察官仍得依通常上訴程序上訴於管轄第二審之高等法院(91年台非字第21號判例參照)。

第七編之一　協商程序

第455條之2（協商程序之聲請）

條文

除所犯為死刑、無期徒刑、最輕本刑三年以上有期徒刑之罪或高等法院管轄第一審案件者外，案件經檢察官提起公訴或聲請簡易判決處刑，於第一審言詞辯論終結前或簡易判決處刑前，檢察官得於徵詢被害人之意見後，逕行或依被告或其代理人、辯護人之請求，經法院同意，就下列事項於審判外進行協商，經當事人雙方合意且被告認罪者，由檢察官聲請法院改依協商程序而為判決：

一、被告願受科刑之範圍或願意接受緩刑之宣告。

二、被告向被害人道歉。

三、被告支付相當數額之賠償金。

四、被告向公庫支付一定金額，並得由該管檢察署依規定提撥一定比率補助相關公益團體或地方自治團體。

檢察官就前項第二款、第三款事項與被告協商，應得被害人之同意。

第一項之協商期間不得逾三十日。

第一項第四款提撥比率、收支運用及監督管理辦法，由行政院會同司法院另定之。

一〇三年六月四日修正理由：

一、93年度起施行認罪協商制度，其支付對象比照緩起訴處分金之規定，惟目前僅能查知．支付國庫之金額，其餘支付情形仍欠缺完整統計資訊，不但支付全貌不明，各檢察署之監督管理成效亦頗質疑。爰參照第二百五十三條之二之修正意旨，修正第一項第四款明定「被告向公庫支付一定金額，並得由該管檢察署依規定提撥一定比率補助相關公益團體或地方自治團體。」

二、增訂第四項「第一項第四款提撥比率、收支運用及監督管理辦法，由行政院會同司法院另定之。」

立法說明

本條為2004年4月新增，乃移植自美國之認罪協商制度。指檢察官與被告、辯護人在法院判決前就被告所涉案件進行協商，於此協商中，被告希望以其有罪答辯來協商取得檢察官對於判決較輕刑罰建議或其他可能讓步。審酌國情，於本條第1項限定協商案件須非高等法院管轄第一審之案件，且須以被告所犯為死刑、無期徒刑或最輕本刑3年以上有期徒刑以外之罪為限。

第455條之3（撤銷協商）

條文

法院應於接受前條之聲請後十日內，訊問被告並告以所認罪名、法定刑及所喪失之權利。

被告得於前項程序終結前，隨時撤銷協商之合意。被告違反與檢察官協議之內容時，檢察官亦得於前項程序終結前，撤回協商程序之聲請。

立法說明

為確保協商程序之正當性，法院應於受理檢察官所提協商聲請後10日內，訊問被告，而法院除告以第95條之事項外，並應向被告告知其所認罪名、法定刑度及因適用協商程序審理所喪失之權利，於確認被告係自願放棄前述權利後，始得作成協商判決。又協商為被告放棄依通常程序審判等多項權利。若被告於前項訊問及告知程序終結前撤銷協商合意，要求法院回復通常或簡式審判程序或仍依簡易判決處刑，依憲法保障人民訴訟權之意旨，應予准許。

第455條之4（不得為協商判決之情形）

條文

有下列情形之一者，法院不得為協商判決：

一、有前條第二項之撤銷合意或撤回協商聲請者。

二、被告協商之意思非出於自由意志者。

三、協商之合意顯有不當或顯失公平者。

四、被告所犯之罪非第四百五十五條之二第一項所定得以聲請協商判決

者。

五、法院認定之事實顯與協商合意之事實不符者。

六、被告有其他較重之裁判上一罪之犯罪事實者。

七、法院認應諭知免刑或免訴、不受理者。

除有前項所定情形之一者外，法院應不經言詞辯論，於協商合意範圍內為判決。法院為協商判決所科之刑，以宣告緩刑、二年以下有期徒刑、拘役或罰金為限。

當事人如有第四百五十五條之二第一項第二款至第四款之合意，法院應記載於筆錄或判決書內。

法院依協商範圍為判決時，第四百五十五條之二第一項第三款、第四款並得為民事強制執行名義。

實務見解

法檢字第0960804029號

案由：依刑事訴訟法第455條之4第2項所為協商判決，究應以何時為判決確定日？

說明：

甲說：應以宣示判決時為判決確定日。理由：刑事訴訟法第455條之10第1項規定：「依本編所為之科刑判決，不得上訴。但有第455條之4第1項第1款、第2款、第4款、第6款、第7款所定情形之一，或協商判決違反同條第二項之規定者，不在此限」。足見協商判決，原則上不得上訴，而檢察官與被告於收受送達判決後10日內，如未依同法條第1項但書規定提起上訴，即視同未上訴，應認案件已於宣示判決當日確定。

乙說：應以當事人收受送達判決後10日上訴期間屆滿時為判決確定日。理由：協商判決依刑事訴訟法第455條之10第1項前段規定，原則上固不得上訴，惟如符合同法條第1項但書之規定者，檢察官或被告可上訴。是故，案件判決既需等待當事人收受判決後未提起上訴，始移送檢察署執行，自應以當事人收受送達判決後10日上訴期間屆滿之日為判決確定日。

臺灣高等法院檢察署研究意見：採乙說。

法務部研究意見：應視不同情形而定：

（一）倘屬刑事訴訟法第455條之10第1項前段不得上訴之情形者：以第

一審法院宣示判決時為確定時點。蓋不得上訴之案件，一經判決即告確定（最高法院29年上字第2264號判例、55年台非字第205號判決參照），故應以第一審法院宣示判決時（若未宣示，則以送達時，下同）為確定日。

（二）倘屬刑事訴訟法第455條之10第1項但書之情形者：因仍得上訴，故以上訴權人上訴期間最後屆滿時（即當事人收受判決送達後，均未於法定之10日期間內提起上訴之翌日，下同）為判決確定日。蓋倘有刑事訴訟法第455條之10第1項但書事由者，仍得上訴，且同法第455條之10第2項、第3項及第455條之11均就上訴相關事項予以規定，尤其依同法第455條之11第1項應準用第三編第一章之規定（包括第349條本文所定「上訴期間為10日，自送達判決後起算」）。故判決是否確定，尚待送達判決後起算10日內檢察官或被告有無提起上訴而定，非以宣示判決或送達時即解為係判決確定之時。詳言之，應分別情形判斷，亦即：1.若上訴「不合法律上程式」或「法律上不應准許」，以上訴權人上訴期間最後屆滿時為確定日；2.若「上訴權已喪失」，則以上訴權喪失時（例如撤回、捨棄上訴）為確定日。3.若上訴「無理由」，倘不得再上訴，則以第二審法院判決宣示時為確定日。

（三）又若第二審法院認為上訴「有理由」依刑事訴訟法第455條之10第3項撤銷原判決，將案件發回第一審法院更為審判時，判決自尚未確定。

第455條之5（公設辯護人之指定）

條文

協商之案件，被告表示所願受科之刑逾有期徒刑六月，且未受緩刑宣告，其未選任辯護人者，法院應指定公設辯護人或律師為辯護人，協助進行協商。

辯護人於協商程序，得就協商事項陳述事實上及法律上之意見。但不得與被告明示之協商意見相反。

立法說明

為使被告能有足夠能力或立於較平等地位與檢察官進行協商，有加強被告辯護依賴權之必要。因此於本條第1項明定協商之案件，被告表示所願

受科之刑逾有期徒刑6月者，且未受緩刑宣告，應由辯護人協助進行協商，並規定被告未選任辯護人時，法院應指定公設辯護人或律師協助協商，以保障被告權益。

第455條之6（裁定駁回）

條文

法院對於第四百五十五條之二第一項協商之聲請，認有第四百五十五條之四第一項各款所定情形之一者，應以裁定駁回之，適用通常、簡式審判或簡易程序審判。

前項裁定，不得抗告。

立法說明

法院對協商聲請，認有本法所定不得為協商判決情形時，應將該聲請以裁定駁回。此時案件既已經檢察官起訴或聲請以簡易判決處刑，法院自應回復適用通常、簡式審判或簡易程序繼續審判。

第455條之7（協商陳述不得採為對被告或共犯不利證據）

條文

法院未為協商判決者，被告或其代理人、辯護人在協商過程中之陳述，不得於本案或其他案件採為對被告或其他共犯不利之證據。

立法說明

為了確保認罪協商期間能有充分討論空間，若法院未為協商判決時，被告或其代理人、辯護人於協商過程中之陳述，在本案或其他案件中，均不得採為不利證據，用來對抗被告或其他共犯，以保被告或其他共犯權益。

第455條之8（協商判決書製作送達準用規定）

條文

協商判決書之製作及送達，準用第四百五十四條、第四百五十五條之規定。

立法說明

明定法院接受協商內容後判決書之製作及送達，應準用本法有關簡易判決書製作及送達之規定。

第455條之9（宣示判決筆錄送達準用規定及其效力）

條文

協商判決，得僅由書記官將主文、犯罪事實要旨及處罰條文記載於宣示判決筆錄，以代判決書。但於宣示判決之日起十日內，當事人聲請法院交付判決書者，法院仍應為判決書之製作。

前項筆錄正本或節本之送達，準用第四百五十五條之規定，並與判決書之送達有同一之效力。

立法說明

為減輕法官製作裁判書負擔，本條規定法院接受協商所為之判決，應許以宣示判決筆錄記載替代判決書。但於宣示判決之日起10日內，當事人聲請交付判決書者，法院即應準用簡易判決體例製作判決書。

第455條之10（不得上訴之除外情形）

條文

依本編所為之科刑判決，不得上訴。但有第四百五十五條之四第一項第一款、第二款、第四款、第六款、第七款所定情形之一，或協商判決違反同條第二項之規定者，不在此限。

對於前項但書之上訴，第二審法院之調查以上訴理由所指摘之事項為限。第二審法院認為上訴有理由者，應將原審判決撤銷，將案件發回第一審法院依判決前之程序更為審判。

立法說明

法院依修正條文草案第455條之4第2項作成之科刑判決，均經當事人同意，因此明訂法院依本章所為之科刑判決，以不得上訴為原則。惟為兼顧裁判之正確及當事人之訴訟權益，如有本條所定情形之一，或協商判決違反同條第2項之規定者，仍得提起上訴。

第455條之11（協商判決之上訴準用規定）

條文

協商判決之上訴，除本編有特別規定外，準用第三編第一章及第二章之規定。

第一百五十九條第一項、第二百八十四條之一之規定，於協商程序不適用之。

立法說明

協商程序之適用係以被告自白犯罪事實及其所犯非重罪案件為前提，為求司法資源有效運用，協商程序案件之證據調查程序應予簡化，本法第159條第1項所定傳聞法則無須適用，法院亦無庸行合議審判。

第八編　執行

第456條（執行裁判之時期）
條文

裁判除關於保安處分者外，於確定後執行之。但有特別規定者，不在此限。

實務見解

87年台抗字第520號（最高法院刑事裁判）

裁判確定前犯數罪而併合處罰之案件，有二以上之裁判，應依刑法第51條第5款至第7款定應執行之刑時，最後事實審法院即應據該院檢察官之聲請，以裁定定其應執行之刑，殊不能因數罪中之一部分犯罪之刑業經執行完畢，而認檢察官之聲請為不合法，予以駁回。

84年台抗字第93號（最高法院刑事裁判）

執行保安處分與有期徒刑，二者非屬同種之刑，不得互相折抵。

第457條（指揮執行之機關）
條文

執行裁判由為裁判法院之檢察官指揮之。但其性質應由法院或審判長、受命推事、受託推事指揮，或有特別規定者，不在此限。

因駁回上訴抗告之裁判，或因撤回上訴、抗告而應執行下級法院之裁判者，由上級法院之檢察官指揮之。

前二項情形，其卷宗在下級法院者，由該法院之檢察官指揮執行。

實務見解

法檢字第0980803933號（八）

法律問題：某甲帶兇器竊盜，應執行有期徒刑6月，緩刑3年，並應向指定之公益團體、地方自治團體或社區提供伍拾小時之義務勞務。因判決主文未諭知履行期限，可否由執行檢察官指定？

甲說：肯定說。理由：刑事訴訟法第457條第1項前段：「執行裁判由為

裁判法院之檢察官指揮之。」是法院既然未指定履行期限，可以由
執行檢察官指定。

乙說：否定說。理由下略。

法務部審查意見：採甲說。

第458條（指揮執行之方式）

條文

指揮執行，應以指揮書附具裁判書或筆錄之繕本或節本為之。但執行刑
罰或保安處分以外之指揮，毋庸制作指揮書者，不在此限。

實務見解

（58）台令刑（二）字第5650號

刑之執行應依執行指揮書之記載為準（即指揮書記載何案即應執行該
案），一經發交執行，即不能於執行中再行變更，本件受刑人楊某因違反
票據法11案，請求以現在執行之易服勞役期間易為他案之執行時間一節
應不予准許。

第459條（主刑之執行順序）

條文

二以上主刑之執行，除罰金外，應先執行其重者，但有必要時，檢察官
得命先執行他刑。

實務見解

79年台抗字第74號（最高法院刑事裁判）

抗告人係於所犯違反槍砲彈藥刀械管制條例案件經判處罪刑確定後，始
另犯結夥搶劫罪，二罪分別宣告之刑，自應併執行之，並不符合數罪併
罰，定應執行刑之規定。又檢察官依刑事訴訟法第459條但書之規定，就
二以上之主刑先執行其輕者，亦無不合。

第460條（死刑之執行─審核）

諭知死刑之判決確定後，檢察官應速將該案卷宗送交司法行政最高機關。

第461條（死刑之執行─執行時期與再審核）

死刑，應經司法行政最高機關令准，於令到三日內執行之。但執行檢察官發見案情確有合於再審或非常上訴之理由者，得於三日內電請司法行政最高機關，再加審核。

第462條（死刑之執行—場所）

死刑，於監獄內執行之。

第463條（死刑之執行—在場人）

執行死刑，應由檢察官蒞視，並命書記官在場。

執行死刑，除經檢察官或監獄長官之許可者外，不得入行刑場內。

第464條（死刑之執行—筆錄）

執行死刑，應由在場之書記官制作筆錄。

筆錄，應由檢察官及監獄長官簽名。

第465條（停止執行死刑事由）

受死刑之諭知者，如在心神喪失中，由司法行政最高機關命令停止執行。

受死刑諭知之婦女懷胎者，於其生產前，由司法行政最高機關命令停止執行。

依前二項規定停止執行者，於其痊癒或生產後，非有司法行政最高機關命令，不得執行。

第466條（自由刑之執行）

處徒刑及拘役之人犯，除法律別有規定外，於監獄內分別拘禁之，令服勞役。但得因其情節，免服勞役。

第467條（停止執行自由刑之事由）

條文

受徒刑或拘役之諭知而有左列情形之一者，依檢察官之指揮，於其痊癒或該事故消滅前，停止執行：

一、心神喪失者。

二、懷胎五月以上者。

三、生產未滿二月者。

四、現罹疾病，恐因執行而不能保其生命者。

示例

因貪污罪被法院判處4年有期徒刑確定的彰化縣前議長某甲，執行檢察官通知到案執行前夕，突然送醫，醫師指出「以某甲之心臟復原狀況，倘發監執行確有危及生命之虞」，檢察官依本條第4款規定停止執行，並另定他日請某甲自行到案執行。詎料某甲竟於某日自行離開醫院，逃逸無縱。

相關法條：本法第114條

第468條（停止執行受刑人之醫療）

依前條第一款及第四款情形停止執行者，檢察官得將受刑人送入醫院或其他適當之處所。

第469條（刑罰執行前之強制處分）

受死刑、徒刑或拘役之諭知，而未經羈押者，檢察官於執行時，應傳喚之；傳喚不到者，應行拘提。

前項受刑人，得依第七十六條第一款及第二款之規定，逕行拘提，及依第八十四條之規定通緝之。

第470條（財產刑之執行）

條文

罰金、罰鍰、沒收、沒入、追徵、追繳及抵償之裁判，應依檢察官之命令執行之。但罰金、罰鍰於裁判宣示後，如經受裁判人同意而檢察官不在場者，得由法官當庭指揮執行。

前項命令與民事執行名義有同一之效力。

罰金、沒收、追徵、追繳及抵償，得就受刑人之遺產執行。

立法說明

配合修正刑法第34條增列追繳及抵償為從刑之規定，因此於2006年6月修正第1項、第3項，增列追繳及抵償之執行。

實務見解

釋字第159號

刑事訴訟法第315條所定：「將判決書全部或一部登報，其費用由被告負擔」之處分，法院應以裁定行之。如被告延不遵行，由檢察官準用同法第470條及第471條之規定執行。本院院字第1744號解釋，應予補充。

第471條（民事裁判執行之準用及囑託執行）

條文

前條裁判之執行，準用執行民事裁判之規定。

前項執行，檢察官於必要時，得囑託地方法院民事執行處為之。

檢察官之囑託執行，免徵執行費。

實務見解

（60）台令刑（四）字第6028號

查具保人林某有無財產須經強制執行程序始能認定，本件應依刑事訴訟法第471條第2項囑託地方法院民事執行處執行，執行無效果始得報結。

第472條（沒收物之處分機關）

沒收物，由檢察官處分之。

第473條（沒收物之聲請發還）

條文

沒收物，於執行後三個月內，由權利人聲請發還者，除應破毀或廢棄者外，檢察官應發還之；其已拍賣者，應給與拍賣所得之價金。

實務見解

（42）台令參字第820號

…若有不應沒收之物，判決誤予沒收，除其性質應破毀或廢棄者，權利人仍得於執行後3個月內聲請發還。如於執行沒收之前該權利人已為聲請而有正當理由者，法院或檢察官並得依同法第142條發還之。原呈所述情形，如原經判決沒收之物，果屬不應沒收者，則在其合法權利主體陳明後，檢察官依前開法條意旨，可毋庸再予執行。但查沒收物之發還，屬諸檢察官之職權，扣押物之發還，亦應經法院裁定或檢察官命令，如原呈所述司法警察機關擅自處理之情形，於法顯屬不合。即應由該管首席

檢察官參照調度司法警察條例第11條至第13條各規定酌予處分,或轉請其上級機關予以糾正。

第474條(發還偽造變造物時之處置)

偽造或變造之物,檢察官於發還時,應將其偽造、變造之部分除去或加以標記。

第475條(扣押物發還不能之公告及效果)

條文

扣押物之應受發還人所在不明,或因其他事故不能發還者,檢察官應公告之;自公告之日起滿六個月,無人聲請發還者,以其物歸屬國庫。

雖在前項期間內,其無價值之物得廢棄之;不便保管者,得命拍賣保管其價金。

實務見解

95年台抗字第138號(最高法院刑事裁判)

押物除宣告沒收之物外,應發還於權利人。所謂權利人即扣押物之應受發還人,固指扣押物之所有人,及扣押時所取自之該物持有人,或保管人而言。此於所有人與持有人或保管人相競合之情形,固無不同,但所有人與持有人或保管人分屬不同一人時,則應發還其所有人;又扣押物如係贓物,則應發還被害人,其非被害人而對贓物有權利關係者,祇得依民事訴訟程序主張其權利,不得認為應受發還人而發還之。

第476條(聲請撤銷緩刑宣告)

緩刑之宣告應撤銷者,由受刑人所在地或其最後住所地之地方法院檢察官聲請該法院裁定之。

第477條(聲請更定其刑)

條文

依刑法第四十八條應更定其刑者,或依刑法第五十三條及第五十四條應依刑法第五十一條第五款至第七款之規定,定其應執行之刑者,由該案犯罪事實最後判決之法院之檢察官,聲請該法院裁定之。

前項定其應執行之刑者，受刑人或其法定代理人、配偶，亦得請求前項檢察官聲請之。

示例

某甲於板橋與基隆先後犯竊盜罪，分別經法院判決確定。依本條第1項規定，由於基隆法院乃最後事實審法院，故應執行之刑應由基隆地方法院裁定之。

實務見解

47年台抗字第2號（判例）

裁判確定前犯數罪而併合處罰之案件，有二以上之裁判，應依刑法第51條第5款至第7款定應執行之刑時，最後事實審法院即應據該院檢察官之聲請，以裁定定其應執行之刑，殊不能因數罪中之一部分犯罪之刑業經執行完畢，而認檢察官之聲請為不合法，予以駁回。

第478條（執行免服勞役）

依本法第四百六十六條但書應免服勞役者，由指揮執行之檢察官命令之。

第479條（易服勞動之執行方式）
條文

依刑法第四十一條、第四十二條及第四十二條之一易服社會勞動或易服勞役者，由指揮執行之檢察官命令之。

易服社會勞動，由指揮執行之檢察官命令向該管檢察署指定之政府機關、政府機構、行政法人、社區或其他符合公益目的之機構或團體提供勞動，並定履行期間。

立法說明

易服社會勞動將釋放大量人力，其服務對象之範圍不宜過狹隘，2009年6月爰增訂第2項明定易服社會勞動之服務對象包括政府機關、政府機構、行政法人、社區或其他符合公益目的之機構或團體。

第480條（易服勞役之分別執行與易服社會勞動之適用）
條文

罰金易服勞役者，應與處徒刑或拘役之人犯，分別執行。

第四百六十七條及第四百六十九條之規定，於易服勞役準用之。

第四百六十七條規定，於易服社會勞動準用之。

立法說明

- 於2009年6月配合刑法第41條、第42條之1增訂易服社會勞動制度，爰增訂第3項，明定易服社會勞動者亦有第467條之適用。

- 另外，社會勞動屬於徒刑、拘役或罰金易服勞役之一種易刑處分，於經檢察官准許易服社會勞動前，係依原宣告之徒刑、拘役或罰金易服之勞役而為傳喚、拘提及通緝。徒刑、拘役原有第469條之適用，罰金易服之勞役亦有同條之準用。故毋庸另訂易服社會勞動準用469條之規定。

第481條（保安處分之執行）

條文

依刑法第八十六條第三項、第八十七條第三項、第八十八條第二項、第八十九條第二項、第九十條第二項或第九十八條第一項前段免其處分之執行，第九十條第三項許可延長處分，第九十三條第二項之付保護管束，或第九十八條第一項後段、第二項免其刑之執行，及第九十九條許可處分之執行，由檢察官聲請該案犯罪事實最後裁判之法院裁定之。第九十一條之一第一項之施以強制治療及同條第二項之停止強制治療，亦同。

檢察官依刑法第十八條第一項或第十九條第一項而為不起訴之處分者，如認有宣告保安處分之必要，得聲請法院裁定之。

法院裁判時未併宣告保安處分，而檢察官認為有宣告之必要者，得於裁判後三個月內，聲請法院裁定之。

立法說明

- 強制治療屬拘束人身自由之保安處分，性質上應由法院裁定為之，且依2005年2月修正公布刑法第91條之1有關性罪犯之矯治規定，已將刑前強制治療修正為徒刑執行期滿前，及依性侵害犯罪防治法等法律規定接受輔導或治療後，經鑑定、評估有再犯之危險者。依上開規

定，性罪犯有無接受強制治療之必要，係根據輔導或治療結果而定，而強制治療時間之長短，則於強制治療執行期間，經由每年鑑定、評估，視其再犯危險是否顯著降低為斷，為求允當，亦須由檢察官向法院聲請停止治療，因此2006年6月於第1項後段一併明定之。

- 對第1項所列舉之免除、延長或許可之執行、強制治療或停止治療等，應由該案犯罪事實最後裁判之法院為之，方足以審查裁判當時所斟酌之事由是否仍然存在，此於其他法院尚難代為判斷，自應將第一項所定「法院」一併修正為「該案犯罪事實最後裁判之法院」。

實務見解

55年台抗字第186號（判例）

戡亂時期竊盜犯贓物犯保安處分條例第一條後段規定，本條例未規定者，適用刑法及其他法律之規定，竊盜犯依該條例諭知強制工作保安處分，自應執行之日起經過3年未執行者，該條例既未設有特別規定，即應適用刑法第99條及刑事訴訟法第485條（舊），非經檢察官聲請法院裁定許可，不得執行。

第482條（易以訓誡之執行）

依刑法第四十三條易以訓誡者，由檢察官執行之。

第483條（聲明疑義—有罪判決之文義）

條文

當事人對於有罪裁判之文義有疑義者，得向諭知該裁判之法院聲明疑義。

實務見解

75年台抗字第162號（最高法院刑事裁判）

刑事訴訟法第483條規定當事人對於有罪裁判之文義有疑義者，得向諭知該裁判之法院聲明疑義。所謂對於有罪裁判之文義有疑義，指原判決主文之意義不甚明顯，致生執行上之疑義者而言。

第484條（聲明異議—檢察官之執行指揮）

條文

受刑人或其法定代理人或配偶以檢察官執行之指揮為不當者,得向諭知該裁判之法院聲明異議。

實務見解

釋字第681號

最高行政法院民國93年2月份庭長法官聯席會議決議:「假釋之撤銷屬刑事裁判執行之一環,為廣義之司法行政處分,如有不服,其救濟程序,應依刑事訴訟法第484條之規定,即俟檢察官指揮執行該假釋撤銷後之殘餘徒刑時,再由受刑人或其法定代理人或配偶向當初諭知該刑事裁判之法院聲明異議,不得提起行政爭訟。」及刑事訴訟法第484條規定:「受刑人或其法定代理人或配偶以檢察官執行之指揮為不當者,得向諭知該裁判之法院聲明異議。」並未剝奪人民就撤銷假釋處分依法向法院提起訴訟尋求救濟之機會,與憲法保障訴訟權之意旨尚無牴觸。惟受假釋人之假釋處分經撤銷者,依上開規定向法院聲明異議,須俟檢察官指揮執行殘餘刑期後,始得向法院提起救濟,對受假釋人訴訟權之保障尚非周全,相關機關應儘速予以檢討改進,俾使不服主管機關撤銷假釋之受假釋人,於入監執行殘餘刑期前,得適時向法院請求救濟。

釋字第245號

受刑人或其他有異議權人對於檢察官不准易科罰金執行之指揮認為不當,依刑事訴訟法第484條向諭知科刑裁判之法院聲明異議,法院認為有理由而為撤銷之裁定者,除依裁定意旨得由檢察官重行為適當之斟酌外,如有必要法院自非不得於裁定內同時諭知准予易科罰金。

79年台聲字第19號(判例)

受刑人或其法定代理人或配偶以檢察官執行之指揮為不當者,得向諭知該裁判之法院聲明異議,固為刑事訴訟法第484條所明定。但該條所稱「諭知該裁判之法院」,乃指對被告之有罪判決,於主文內實際宣示其主刑、從刑之裁判而言,若判決主文並未諭知主刑、從刑,係因被告不服該裁判,向上級法院提起上訴,而上級法院以原審判決並無違誤,上訴無理由,因而維持原判決諭知「上訴駁回」者,縱屬確定之有罪判決,但因對原判決之主刑、從刑未予更易,其本身復未宣示如何之主刑、從刑,自非該條所指「諭知該裁判之法院」。

71年台抗字第404號（判例）

刑事訴訟法第484條之聲明異議，以受刑人或其法定代理人或配偶，對於檢察官執行之指揮認為不當者，方得為之，此與具保人對於審判長、受命推事、受託推事或檢察官關於沒入保證金處分，得依同法第416條第1項第1款聲請其所屬法院撤銷或變更之程序，完全不同。同法第418條第1項前段復明定對於法院此項裁定，不得抗告。本件再抗告人等既係刑事被告審判中之具保人，而非受刑人或其法定代理人或配偶，所為不服檢察官沒入保證金之處分，既不在聲明執行異議之列，自應依刑事訴訟法第416條及第418條規定辦理。

第485條（疑義或異議之聲明及撤回）

聲明疑義或異議，應以書狀為之。

聲明疑義或異議，於裁判前得以書狀撤回之。

第三百五十一條之規定，於疑義或異議之聲明及撤回準用之。

第486條（疑義、異議聲明之裁定）

條文

法院應就疑義或異議之聲明裁定之。

實務見解

94年台抗字第8號（最高法院刑事裁判）

保安處分係對受處分人將來之危險性所為拘束其身體、自由之處置，以達教化與治療之目的，為刑罰之補充制度。假釋出獄者，假釋中付保護管束，屬於保安處分之一種，其目的在監督受刑人釋放後之行狀與輔導其適應社會生活，期能繼續保持善行。依保安處分執行法第64條第2項規定，法務部得於地方法院檢察署置觀護人，專司由檢察官指揮執行之保護管束業務，因此受刑人假釋中是否遵守保護管束之規則自由檢察官指揮執行。受保護管束人違反保護管束規則，情節重大，撤銷假釋執行殘刑仍屬刑事裁判執行之一環，為廣義之司法行政處分，受保護管束人對於檢察官所指揮執行撤銷假釋之原因事實，如有不服，非不得依刑事訴訟法第484條規定，即俟檢察官指揮執行該假釋撤銷後之殘刑時，由受

刑人或其法定代理人或配偶向當初諭知該刑事裁判之法院，聲明異議以求救濟。刑事訴訟法第486條規定，此項異議由法院裁定，又未限制法院裁定之內容，法院自得就受保護管束人是否遵守保護管束之規則，如有違反，情節是否重大加以審查，以決定是否維持或撤銷、變更其處分，以達救濟之目的。

第九編　附帶民事訴訟

第487條（附帶民事訴訟之當事人及請求範圍）
條文

　　因犯罪而受損害之人，於刑事訴訟程序得附帶提起民事訴訟，對於被告及依民法負賠償責任之人，請求回復其損害。

　　前項請求之範圍，依民法之規定。

示例

　　甲撞傷乙，乙告訴甲犯傷害罪，檢察官對甲起訴，乙得於該傷害案件附帶提起民事訴訟，不必繳納訴訟費用，請求甲賠償醫藥費、精神慰撫金、不能工作之損失等民法規定賠償。

實務見解

73年台附字第66號（判例）

　　本件上訴人因被上訴人某甲及其妻某乙共同詐欺，請求賠償85萬元，某乙刑事責任，已為原審刑事判決所認定，某甲既為共同加害人，縱非該案被告，依民法第185條規定，不得謂非應負賠償責任之人，乃原審僅對某乙部分裁定移送民事庭，而以未曾受理某甲刑事訴訟，認上訴人之起訴不合程序予以駁回，自非適法。

71年台附字第5號（判例）

　　附帶民事訴訟之對象，依刑事訴訟法第487條第1項規定，不以刑事案被告為限，即依民法負賠償責任之人，亦包括在內，被上訴人林某雖經移送軍法機關審理，但其為共同侵權行為人，應負連帶賠償責任，上訴人自得對之一併提起附帶民事訴訟，原審以其犯罪未經司法機關審理，不得對之提起附帶民事訴訟為駁回之理由，自有未合。

第488條（提起之期間）
條文

　　提起附帶民事訴訟，應於刑事訴訟起訴後第二審辯論終結前為之。但在

第一審辯論終結後提起上訴前，不得提起。

實務見解

70年台附字第18號（判例）

提起附帶民事訴訟，應於刑事訴訟起訴後，第二審辯論終結前為之，本件上訴人自訴被上訴人瀆職案件，業經原審法院為第二審判決駁回上訴在案，上訴人遲至原審法院刑事判決後始行提起本件附帶民事訴訟，於法顯屬不合。

相關法規：本法第415條。

第489條（管轄法院）

條文

法院就刑事訴訟為第六條第二項、第八條至第十條之裁定者，視為就附帶民事訴訟有同一之裁定。

就刑事訴訟諭知管轄錯誤及移送該案件者，應併就附帶民事訴訟為同一之諭知。

相關法規：本法第6條、第8條、第9條、第10條、智慧財產案件審理法第27條。

第490條（適用法律之準據－刑訴法）

條文

附帶民事訴訟除本編有特別規定外，準用關於刑事訴訟之規定。但經移送或發回、發交於民事庭後，應適用民事訴訟法。

實務見解

（52）台令刑（五）字第6926號

刑事庭移送民事庭之附帶民事訴訟，僅移送前之訴訟行為準用關於刑事訴訟之規定，若移送後之訴訟程序則應適用民事訴訟法，此觀刑事訴訟法第494條及其但書之規定自明，故移送民事庭之民事訴訟，縱其移送前提起此項訴訟，不合刑事訴訟法第491條所定要件，如同法第506條第1項關於訴之不合法之規定情形，但其移送後之訴訟程序即應適用民事訴訟法，即屬同法第249條第1項第6款所謂起訴不備其他條件，仍應依該

條款之規定，以裁定駁回之，自無準用刑事訴訟法第506條第1項，以判決程序裁判之餘地。

第491條（適用法律之準據－民訴法）
條文
民事訴訟法關於左列事項之規定，於附帶民事訴訟準用之：

一、當事人能力及訴訟能力。

二、共同訴訟。

三、訴訟參加。

四、訴訟代理人及輔佐人。

五、訴訟程序之停止。

六、當事人本人之到場。

七、和解。

八、本於捨棄之判決。

九、訴及上訴或抗告之撤回。

一○、假扣押、假處分及假執行。

實務見解
76年台抗字第295號（最高法院民事判決）
本件相對人係依侵權行為及委任契約債務不履行之規定請求再抗告人賠償損害；對於其他再抗告人則依職務保證契約請求履行，此項請求有無理由，非不得於獨立之民事訴訟，自行調查審認。且相對人債權之成立，亦非以再抗告人之故意侵權行為為要件，即如有過失或違約情事，致相對人受有損害，再抗告人均不能免負損害賠償責任，自無於刑事訴訟終結前，停止訴訟程序之必要。

第492條（提起之程式－訴狀）
提起附帶民事訴訟，應提出訴狀於法院為之。

前項訴狀，準用民事訴訟法之規定。

第493條（訴狀及準備書狀之送達）
訴狀及各當事人準備訴訟之書狀，應按他造人數提出繕本，由法院送達

於他造。

第494條（當事人及關係人之傳喚）

刑事訴訟之審判期日，得傳喚附帶民事訴訟當事人及關係人。

第495條（提起之程式－言詞）

條文

原告於審判期日到庭時，得以言詞提起附帶民事訴訟。

其以言詞起訴者，應陳述訴狀所應表明之事項，記載於筆錄。

第四十一條第二項至第四項之規定，於前項筆錄準用之。

原告以言詞起訴而他造不在場，或雖在場而請求送達筆錄者，應將筆錄送達於他造。

相關法規：本法第41條。

第496條（審理之時期）

附帶民事訴訟之審理，應於審理刑事訴訟後行之。但審判長如認為適當者，亦得同時調查。

第497條（檢察官之毋庸參與）

檢察官於附帶民事訴訟之審判，毋庸參與。

第498條（得不待陳述而為判決）

當事人經合法傳喚，無正當之理由不到庭或到庭不為辯論者，得不待其陳述而為判決；其未受許可而退庭者亦同。

第499條（調查證據之方法）

就刑事訴訟所調查之證據，視為就附帶民事訴訟亦經調查。

前項之調查，附帶民事訴訟當事人或代理人得陳述意見。

第500條（事實之認定）

條文

附帶民事訴訟之判決，應以刑事訴訟判決所認定之事實為據。但本於捨

棄而為判決者，不在此限。

實務見解

48年台上字第713號（最高法院民事判決）

…所謂應以刑事判決所認定之事實為據者，係指附帶民事訴訟之判決而言，如附帶民事訴訟經送於民事庭後，即為獨立民事訴訟，其裁判不受刑事判決認定事實之拘束。

第501條（判決期間）

條文

附帶民事訴訟，應與刑事訴訟同時判決。

相關法規： 本法第505條。

第502條（裁判－駁回或敗訴判決）

條文

法院認為原告之訴不合法或無理由者，應以判決駁回之。

認為原告之訴有理由者，應依其關於請求之聲明，為被告敗訴之判決。

實務見解

75年台附字第95號（最高法院刑事判決）

提起附帶民事訴訟，以有刑事訴訟之存在為前提，刑事訴訟程序終結後，即無提起附帶民事訴訟之餘地，若果提起而經法院認為不合法予以駁回，雖經合法上訴，上級法院亦無從為實體上之審判，此與合法提起之附帶民事訴訟，經合法上訴，而法院僅應就附帶民事訴訟審判且可為實體上之審判者，迥不相同。是刑事訴訟程序終了後，提起附帶民事訴訟，法院認為原告之訴不合法，依刑事訴訟法第502條第1項規定判決予以駁回，原告合法提起上訴，上級法院刑事庭應認上訴為無理由，逕以判決駁回之。

第503條（裁判－駁回或移送民庭）

條文

刑事訴訟諭知無罪、免訴或不受理之判決者，應以判決駁回原告之訴。

但經原告聲請時，應將附帶民事訴訟移送管轄法院之民事庭。

前項判決，非對於刑事訴訟之判決有上訴時，不得上訴。

第一項但書移送案件，應繳納訴訟費用。

自訴案件經裁定駁回自訴者，應以裁定駁回原告之訴，並準用前三項之規定。

實務見解

69年台上字第1232號（判例）

刑事訴訟諭知無罪、免訴或不受理之第二審判決，如係不得上訴於第三審之案件，依刑事訴訟法第503條第2項規定，對於本件附帶民事訴訟之第二審判決，自亦不得上訴於本院。無適用同法第506條規定，而僅對附帶民事訴訟之第二審判決提起第三審上訴之餘地。

第504條（裁判－移送民庭）

條文

法院認附帶民事訴訟確係繁雜，非經長久時日不能終結其審判者，得以合議裁定移送該法院之民事庭；其因不足法定人數不能合議者，由院長裁定之。

前項移送案件，免納裁判費。

對於第一項裁定，不得抗告。

實務見解

76年台上字第781號（判例）

刑事法院依刑事訴訟法第504條第1項以裁定將附帶民事訴訟移送同院民事庭，依同條第2項規定，固應免納裁判費。然所應免納裁判費之範圍，以移送前之附帶民事訴訟為限，一經移送同院民事庭，即應適用民事訴訟法之規定。如原告於移送民事庭後，為訴之變更、追加或擴張應受判決事項之聲明，超過移送前所請求之範圍者，就超過移送前所請求之範圍部分，仍有繳納裁判費之義務。

最高法院90年度第5次刑事庭會議

法律問題：臺灣高雄少年法院（轄區含高雄、屏東）成立後，如甲少年涉犯殺人罪，經檢察官向該院少年刑事庭起訴後，被害人之父母提起附

帶民事訴訟請求損害賠償，若認該訴訟確係繁雜，非經長久時日不能終結其審判者，得否合議裁定移送臺灣高雄或屏東地方法院民事庭審理？

甲說：否定說。依刑事訴訟法第504條第一項規定之文義解釋，須移送「同一法院」之民事庭始可。故應由少年法院少年刑事庭自行審理判決。

乙說：肯定說。下略。

決議：採甲說。

相關法規：本法第504條、智慧財產案件審理法第27條。

第505條（裁判－移送民庭）

條文

適用簡易訴訟程序案件之附帶民事訴訟，準用第五百零一條或五百零四條之規定。

前項移送案件，免納裁判費用。

對於第一項裁定，不得抗告。

相關法規：本法第501條、第504條

第506條（上訴第三審之限制）

條文

刑事訴訟之第二審判決不得上訴於第三審法院者，對於其附帶民事訴訟之第二審判決，得上訴於第三審法院。但應受民事訴訟法第四百六十六條之限制。

前項上訴，由民事庭審理之。

實務見解

81年台附字第55號（判例）

刑事訴訟法第506條第1項所指得上訴第三審法院之附帶民事訴訟第二審判決，除應受民事訴訟法第466條限制外，並以第二審係實體上之判決者為限，程序判決不在上開得上訴之範圍。此由同條第二項規定「前項上訴，由民事庭審理之」，可以推知。因此項程序判決如許上訴，本院亦無從為實體上之審判，祇能審查此項程序判決之當否，駁回上訴或發回更審。即不能認為確係繁雜，須經長久時日始能終結其審判。而依上開規

定，係逕由民事庭審理，又必須繳交第三審裁判費，徒增當事人困惑，且顯然毫無實益，自屬超出立法本旨之外。又按刑事訴訟法第511條第1項所謂審判，專指實體上之審判而言，依該條項規定，須為實體上審判之合法上訴，尚須經由裁定移送程序，始由民事庭審理之。兩相對照，刑事訴訟法第506條第1項所指第二審判決不包括程序判決在內，益可瞭然。

相關法規：民事訴訟法第466條。

第507條（附帶民訴上訴第三審理由之省略）

刑事訴訟之第二審判決，經上訴於第三審法院，對於其附帶民事訴訟之判決所提起之上訴，已有刑事上訴書狀之理由可資引用者，得不敘述上訴之理由。

第508條（第三審上訴之判決－無理由駁回）

條文

第三審法院認為刑事訴訟之上訴無理由而駁回之者，應分別情形，就附帶民事訴訟之上訴，為左列之判決：

一、附帶民事訴訟之原審判決無可為上訴理由之違背法令者，應駁回其上訴。

二、附帶民事訴訟之原審判決有可為上訴理由之違背法令者，應將其判決撤銷，就該案件自為判決。但有審理事實之必要時，應將該案件發回原審法院之民事庭，或發交與原審法院同級之他法院民事庭。

實務見解

79年台附字第30號（最高法院刑事判決）

第三審法院認為刑事訴訟之上訴無理由予以駁回。而附帶民事訴訟之原審判決又無可為上訴理由之違背法令者，應駁回附帶民事訴訟之上訴，此觀刑事訴訟法第508條第1款規定甚明。

第509條（第三審上訴之判決－自為判決）

第三審法院認為刑事訴訟之上訴有理由，將原審判決撤銷而就該案件自為判決者，應分別情形，就附帶民事訴訟之上訴為左列之判決：

一、刑事訴訟判決之變更，其影響及於附帶民事訴訟，或附帶民事訴訟
　　之原審判決有可為上訴理由之違背法令者，應將原審判決撤銷，就該
　　案件自為判決。但有審理事實之必要時，應將該案件發回原審法院之
　　民事庭，或發交與原審法院同級之他法院民事庭。
二、刑事訴訟判決之變更，於附帶民事訴訟無影響，且附帶民事訴訟之
　　原審判決無可為上訴理由之違背法令者，應將上訴駁回。

第510條（第三審上訴之判決－發回更審、發交審判）

條文

第三審法院認為刑事訴訟之上訴有理由，撤銷原審判決，而將該案件發
回或發交原審法院或他法院者，應併就附帶民事訴訟之上訴，為同一之
判決。

相關法規：智慧財產案件審理法第27條。

第511條（裁判－移送民庭）

條文

法院如僅應就附帶民事訴訟為審判者，應以裁定將該案件移送該法院之
民事庭。但附帶民事訴訟之上訴不合法者，不在此限。

對於前項裁定，不得抗告。

實務見解

臺灣高等法院暨所屬法院98年法律座談會刑事類提案第41號

法律問題：刑事簡易案件之被害人於第一審簡易程序中提起附帶民事訴
訟，承辦法官除就刑事案件部分為被告有罪判決外，並就附帶民事部分
為實體判決（未移送民庭）。嗣被告就刑事聲明不服而提起上訴；另被
害人（即附民原告）亦就附帶民事部分提起上訴。嗣如被告刑事上訴部
分因撤回上訴而終結或上訴不合法而遭駁回時，被害人附帶民事上訴部
分，應如何處理？

討論意見：

甲說：裁定移送民庭說。被害人提起附帶民事訴訟雖屬合法，但因刑事
已撤回終結或因不合法被駁回時，其附帶民事部分即失所附麗，法院應

不得專就民事審判，應依刑事訴訟法第511條第1項前段規定裁定移送民事庭。

乙說：駁回說。下略。

丙說：實體判決說。下略。

丁說：應區別刑事案件係撤回上訴終結或因上訴不合法而駁回，及附民上訴提起之時點不同而有不同處理方式…下略。

研討結果：採甲說。

相關法規：智慧財產案件審理法第27條。

第512條（附帶民訴之再審）

條文

對於附帶民事訴訟之判決聲請再審者，應依民事訴訟法向原判決法院之民事庭提起再審之訴。

實務見解

72年台上字第533號（判例）

對民事確定判決提起再審之訴，應於30日之不變期間內為之。又該期間自判決確定時起算，為民事訴訟法第500條第1項、第2項所明定。其對於附帶民事訴訟確定判決，依刑事訴訟法第512條規定向民事法院提起再審之訴者，自亦相同。

附錄　相關法規彙編

刑事訴訟法施行法

修正日期：民國104年2月4日

第1條

本法稱修正刑事訴訟法者，謂中華民國八十四年十月五日修正後，公布施行之刑事訴訟法。

第2條

修正刑事訴訟法施行前，已經開始偵查或審判之案件，除有特別規定外，其以後之訴訟程序，應依修正刑事訴訟法終結之。

第3條

在未設置公設辯護人之法院，修正刑事訴訟法第三十一條之辯護人，由審判長指定律師或推事充之。

第4條

刑事訴訟法關於羈押之規定於中華民國八十六年修正施行前羈押之被告，其延長及撤銷羈押，依修正後第一百零八條之規定，其延長羈押次數及羈押期間，連同施行前合併計算。

前項羈押之被告，於偵查中經檢察官簽發押票，或禁止接見、通信、受授書籍及其他物件，或命扣押書信物件，或核准押所長官為束縛被告身體之處分者，其效力不受影響。

第5條

修正刑事訴訟法施行前，原得上訴於第三審之案件，已繫屬於各級法院者，仍依施行前之法定程序終結之。

修正刑事訴訟法施行前，已繫屬於各級法院之簡易程序案件，仍應依施行前之法定程序終結之。

第6條

修正刑事訴訟法施行前，已繫屬於各級法院之附帶民事訴訟，仍應依施行前之法定程序終結之。

第7條

本法自修正刑事訴訟法施行之日施行。

第7條之1

中華民國九十年一月三日修正通過之刑事訴訟法，自中華民國九十年七月一日施行。

第7條之2

中華民國九十二年一月十四日修正通過之刑事訴訟法第一百十七條之一、第一百十八條、第一百二十一條、第一百七十五條、第一百八十二條、第一百八十三條、第一百八十九條、第一百九十三條、第一百九十五條、第一百九十八條、第二百條、第二百零一條、第二百零五條、第二百二十九條、第二百三十六條之一、第二百三十六條之二、第二百五十八條之一、第二百七十一條之一、第三百零三條及第三百零七條自公布日施行；其他條文自中華民國九十二年九月一日施行。

第7條之3

中華民國九十二年一月十四日修正通過之刑事訴訟法施行前，已繫屬於各級法院之案件，其以後之訴訟程序，應依修正刑事訴訟法終結之。但修正刑事訴訟法施行前已依法定程序進行之訴訟程序，其效力不受影響。

第7條之4

中華民國九十五年五月二十三日修正通過之刑事訴訟法，自九十五年七月一日施行。

第7條之5

中華民國九十六年六月十五日修正通過之刑事訴訟法施行前，不服地方法院第一審判決而上訴者，仍適用修正前第三百六十一條、第三百六十七條規定。

第7條之6

中華民國九十八年六月十二日修正通過之刑事訴訟法第二百五十三條之二、第四百四十九條、第四百七十九條、第四百八十條，自九十八年九月一日施行；第九十三條自九十九年一月一日施行。

第7條之7

中華民國一百零三年五月三十日修正通過之刑事訴訟法第一百十九條之一，自修正公布後六個月施行。

自繳納之翌日起至前項所定施行之日止已逾十年之刑事保證金，於本法施行後經公告領取者，自公告之日起已滿二年，無人聲請發還者，歸屬國庫。

自繳納之翌日起至第一項所定施行之日止未逾十年之刑事保證金，於本法施行後經公告領取者，適用刑事訴訟法第一百十九條之一第一項後段之規定。

第7條之8

中華民國一百零四年一月二十三日修正通過之刑事訴訟法施行前，以不屬於修正前刑事訴訟法第四百二十條第一項第六款之新事實、新證據依該規定聲請再審，經聲請人依刑事訴訟法第四百三十一條第一項撤回，或經法院專以非屬事實審法院於判決前因未發現而不及調查斟酌之新證據為由，依刑事訴訟法第四百三十四條第一項裁定駁回，於施行後復以同一事實、證據聲請再審，而該事實、證據符合修正後規定者，不適用刑事訴訟法第四百三十一條第二項、第四百三十四條第二項規定。

前項情形，經聲請人依刑事訴訟法第四百三十一條第一項撤回，或經法院依刑事訴訟法第四百三十四條第一項裁定駁回後，仍適用刑事訴訟法第四百三十一條第二項、第四百三十四條第二項規定。

少年事件處理法

修正日期：民國94年5月18日

第一章　總則

第1條
為保障少年健全之自我成長，調整其成長環境，並矯治其性格，特制定本法。

第1條之1
少年保護事件及少年刑事案件之處理，依本法之規定；本法未規定者，適用其他法律。

第2條
本法稱少年者，謂十二歲以上十八歲未滿之人。

第3條
左列事件，由少年法院依本法處理之：
一、少年有觸犯刑罰法律之行為者。
二、少年有左列情形之一，依其性格及環境，而有觸犯刑罰法律之虞者：
（一）經常與有犯罪習性之人交往者。
（二）經常出入少年不當進入之場所者。
（三）經常逃學或逃家者。
（四）參加不良組織者。
（五）無正當理由經常攜帶刀械者。
（六）吸食或施打煙毒或麻醉藥品以外之迷幻物品者。
（七）有預備犯罪或犯罪未遂而為法所不罰之行為者。

第3條之1

警察、檢察官、少年調查官、法官於偵查、調查或審理少年事件時，應告知少年犯罪事實或虞犯事由，聽取其陳述，並應告知其有選任輔佐人之權利。

第4條

少年犯罪依法應受軍事審判者，得由少年法院依本法處理之。

第二章少年法院之組織

第5條

直轄市設少年法院，其他縣（市）得視其地理環境及案件多寡分別設少年法院。

尚未設少年法院地區，於地方法院設少年法庭。但得視實際情形，其職務由地方法院原編制內人員兼任，依本法執行之。

高等法院及其分院設少年法庭。

第5條之1

少年法院分設刑事庭、保護庭、調查保護處、公設輔佐人室，並應配置心理測驗員、心理輔導員及佐理員。

第5條之2

少年法院之組織，除本法有特別規定者外，準用法院組織法有關地方法院之規定。

第5條之3

心理測驗員、心理輔導員及佐理員配置於調查保護處。

心理測驗員、心理輔導員，委任第五職等至薦任第八職等。佐理員委任第三職等至薦任第六職等。

第6條

（刪除）

第7條

少年法院院長、庭長及法官、高等法院及其分院少年法庭庭長及法官、公設輔佐人，除須具有一般之資格外，應遴選具有少年保護之學識、經驗及熱忱者充之。

前項院長、庭長及法官遴選辦法，由司法院定之。

第8條

（刪除）

第9條

少年調查官職務如左：

一、調查、蒐集關於少年保護事件之資料。

二、對於少年觀護所少年之調查事項。

三、法律所定之其他事務。

少年保護官職務如左：

一、掌理由少年保護官執行之保護處分。

二、法律所定之其他事務。

少年調查官及少年保護官執行職務，應服從法官之監督。

第10條

調查保護處置處長一人，由少年調查官或少年保護官兼任，綜理及分配少年調查及保護事務；其人數合計在六人以上者，應分組辦事，各組並以一人兼任組長，襄助處長。

第11條

心理測驗員、心理輔導員、書記官、佐理員及執達員隨同少年調查官或少年保護官執行職務者，應服從其監督。

第12條

（刪除）

第13條

少年法院兼任處長或組長之少年調查官、少年保護官薦任第九職等或簡

任第十職等,其餘少年調查官、少年保護官薦任第七職等至第九職等。
高等法院少年法庭少年調查官薦任第八職等至第九職等或簡任第十職等。

第三章　少年保護事件

第一節　調查及審理

第14條

少年保護事件由行為地或少年之住所、居所或所在地之少年法院管轄。

第15條

少年法院就繫屬中之事件,經調查後認為以由其他有管轄權之少年法院
處理,可使少年受更適當之保護者,得以裁定移送於該管少年法院;受
移送之法院,不得再行移送。

第16條

刑事訴訟法第六條第一項、第二項,第七條及第八條前段之規定,於少
年保護事件準用之。

第17條

不論何人知有第三條第一款之事件者,得向該管少年法院報告。

第18條

檢察官、司法警察官或法院於執行職務時,知有第三條之事件者,應移
送該管少年法院。
對於少年有監督權人、少年之肄業學校或從事少年保護事業之機構,發
現少年有第三條第二款之事件者,亦得請求少年法院處理之。

第19條

少年法院接受第十五條、第十七條及前條之移送、請求或報告事件後,
應先由少年調查官調查該少年與事件有關之行為、其人之品格、經歷、

身心狀況、家庭情形、社會環境、教育程度以及其他必要之事項，提出報告，並附具建議。

少年調查官調查之結果，不得採為認定事實之唯一證據。

少年法院訊問關係人時，書記官應製作筆錄。

第20條

少年法院審理少年保護事件，得以法官一人獨任行之。

第21條

少年法院法官或少年調查官對於事件之調查，必要時得傳喚少年、少年之法定代理人或現在保護少年之人到場。

前項調查，應於相當期日前將調查之日、時及處所通知少年之輔佐人。

第一項之傳喚，應用通知書，記載左列事項，由法官簽名；其由少年調查官傳喚者，由少年調查官簽名：

一、被傳喚人之姓名、性別、年齡、出生地及住居所。

二、事由。

三、應到場之日、時及處所。

四、無正當理由不到場者，得強制其同行。

傳喚通知書應送達於被傳喚人。

第22條

少年、少年之法定代理人或現在保護少年之人，經合法傳喚，無正當理由不到場者，少年法院法官得依職權或依少年調查官之請求發同行書，強制其到場。但少年有刑事訴訟法第七十六條所列各款情形之一，少年法院法官並認為必要時，得不經傳喚，逕發同行書，強制其到場。

同行書應記載左列事項，由法官簽名：

一、應同行人之姓名、性別、年齡、出生地、國民身分證字號、住居所及其他足資辨別之特徵。但年齡、出生地、國民身分證字號或住居所不明者，得免記載。

二、事由。

三、應與執行人同行到達之處所。

四、執行同行之期限。

第23條

同行書由執達員、司法警察官或司法警察執行之。

同行書應備三聯，執行同行時，應各以一聯交應同行人及其指定之親友，並應注意同行人之身體及名譽。

執行同行後，應於同行書內記載執行之處所及年、月、日；如不能執行者，記載其情形，由執行人簽名提出於少年法院。

第23條之1

少年行蹤不明者，少年法院得通知各地區少年法院、檢察官、司法警察機關協尋之。但不得公告或登載報紙或以其他方法公開之。

協尋少年，應用協尋書，記載左列事項，由法官簽名：

一、少年之姓名、性別、年齡、出生地、國民身分證字號、住居所及其他足資辨別之特徵。但年齡、出生地、國民身分證字號或住居所不明者，得免記載。

二、事件之內容。

三、協尋之理由。

四、應護送之處所。

少年經尋獲後，少年調查官、檢察官、司法警察官或司法警察，得逕行護送少年至應到之處所。

協尋於其原因消滅或顯無必要時，應即撤銷。撤銷協尋之通知，準用第一項之規定。

第24條

刑事訴訟法關於人證、鑑定、通譯、勘驗、證據保全、搜索及扣押之規定，於少年保護事件性質不相違反者準用之。

第25條

少年法院因執行職務，得請警察機關、自治團體、學校、醫院或其他機關、團體為必要之協助。

第26條

少年法院於必要時，對於少年得以裁定為左列之處置：

一、責付於少年之法定代理人、家長、最近親屬、現在保護少年之人或其他適當之機關、團體或個人，並得在事件終結前，交付少年調查官為適當之輔導。

二、命收容於少年觀護所。但以不能責付或以責付為顯不適當，而需收容者為限。

第26條之1

收容少年應用收容書。

收容書應記載左列事項，由法官簽名：

一、少年之姓名、性別、年齡、出生地、國民身分證字號、住居所及其他足資辨別之特徵。但年齡、出生地、國民身分證字號或住居所不明者，得免記載。

二、事件之內容。

三、收容之理由。

四、應收容之處所。

第二十三條第二項之規定，於執行收容準用之。

第26條之2

少年觀護所收容少年之期間，調查或審理中均不得逾二月。但有繼續收容之必要者，得於期間未滿前，由少年法院裁定延長之；延長收容期間不得逾一月，以一次為限。收容之原因消滅時，少年法院應將命收容之裁定撤銷之。

事件經抗告者，抗告法院之收容期間，自卷宗及證物送交之日起算。

事件經發回者，其收容及延長收容之期間，應更新計算。

裁定後送交前之收容期間，算入原審法院之收容期間。

少年觀護所之組織，以法律定之。

第27條

少年法院依調查之結果，認少年觸犯刑罰法律，且有左列情形之一者，應以裁定移送於有管轄權之法院檢察署檢察官：

一、犯最輕本刑為五年以上有期徒刑之罪者。

二、事件繫屬後已滿二十歲者。

除前項情形外，少年法院依調查之結果，認犯罪情節重大，參酌其品行、性格、經歷等情狀，以受刑事處分為適當者，得以裁定移送於有管轄權之法院檢察署檢察官。

前二項情形，於少年犯罪時未滿十四歲者，不適用之。

第28條

少年法院依調查之結果，認為無付保護處分之原因或以其他事由不應付審理者，應為不付審理之裁定。

少年因心神喪失而為前項裁定者，得令入相當處所實施治療。

第29條

少年法院依少年調查官調查之結果，認為情節輕微，以不付審理為適當者，得為不付審理之裁定，並為下列處分：

一、轉介兒童或少年福利或教養機構為適當之輔導。

二、交付兒童或少年之法定代理人或現在保護少年之人嚴加管教。

三、告誡。

前項處分，均交由少年調查官執行之。

少年法院為第一項裁定前，得斟酌情形，經少年、少年之法定代理人及被害人之同意，命少年為下列各款事項：

一、向被害人道歉。

二、立悔過書。

三、對被害人之損害負賠償責任。

前項第三款之事項，少年之法定代理人應負連帶賠償之責任，並得為民事強制執行之名義。

第30條

少年法院依調查之結果，認為應付審理者，應為開始審理之裁定。

第31條

少年或少年之法定代理人或現在保護少年之人，得隨時選任少年之輔佐人。

犯最輕本刑為三年以上有期徒刑之罪，未經選任輔佐人者，少年法院應指定適當之人輔佐少年。其他案件認有必要者亦同。

前項案件，選任輔佐人無正當理由不到庭者，少年法院亦得指定之。

前兩項指定輔佐人之案件，而該地區未設置公設輔佐人時，得由少年法院指定適當之人輔佐少年。

公設輔佐人準用公設辯護人條例有關規定。

少年保護事件中之輔佐人，於與少年保護事件性質不相違反者，準用刑事訴訟法辯護人之相關規定。

第31條之1

選任非律師為輔佐人者，應得少年法院之同意。

第31條之2

輔佐人除保障少年於程序上之權利外，應協助少年法院促成少年之健全成長。

第32條

少年法院審理事件應定審理期日。審理期日應傳喚少年、少年之法定代理人或現在保護少年之人，並通知少年之輔佐人。

少年法院指定審理期日時，應考慮少年、少年之法定代理人、現在保護少年之人或輔佐人準備審理所需之期間。但經少年及其法定代理人或現在保護少年之人之同意，得及時開始審理。

第二十一條第三項、第四項之規定，於第一項傳喚準用之。

第33條

審理期日，書記官應隨同法官出席，製作審理筆錄。

第34條

調查及審理不公開。但得許少年之親屬、學校教師、從事少年保護事業之人或其他認為相當之人在場旁聽。

第35條

審理應以和藹懇切之態度行之。法官參酌事件之性質與少年之身心、環境狀態，得不於法庭內進行審理。

第36條

審理期日訊問少年時，應予少年之法定代理人或現在保護少年之人及輔佐人陳述意見之機會。

第37條

審理期日，應調查必要之證據。

少年應受保護處分之原因、事實，應依證據認定之。

第38條

少年法院認為必要時，得為左列處置：

一、少年為陳述時，不令少年以外之人在場。

二、少年以外之人為陳述時，不令少年在場。

第39條

少年調查官應於審理期日出庭陳述調查及處理之意見。

少年法院不採少年調查官陳述之意見者，應於裁定中記載不採之理由。

第40條

少年法院依審理之結果，認為事件有第二十七條第一項之情形者，應為移送之裁定；有同條第二項之情形者，得為移送之裁定。

第41條

少年法院依審理之結果，認為事件不應或不宜付保護處分者，應裁定諭知不付保護處分。

第二十八條第二項、第二十九條第三項、第四項之規定，於少年法院認為事件不宜付保護處分，而依前項規定為不付保護處分裁定之情形準用之。

第42條

少年法院審理事件，除為前二條處置者外，應對少年以裁定諭知下列之

保護處分：

一、訓誡，並得予以假日生活輔導。

二、交付保護管束並得命為勞動服務。

三、交付安置於適當之福利或教養機構輔導。

四、令入感化教育處所施以感化教育。

少年有下列情形之一者，得於為前項保護處分之前或同時諭知下列處分：

一、少年染有煙毒或吸用麻醉、迷幻物品成癮，或有酗酒習慣者，令入相當處所實施禁戒。

二、少年身體或精神狀態顯有缺陷者，令入相當處所實施治療。

第一項處分之期間，毋庸諭知。

第二十九條第三項、第四項之規定，於少年法院依第一項為保護處分之裁定情形準用之。

第43條

刑法及其他法律有關沒收之規定，於第二十八條、第二十九條、第四十一條及前條之裁定準用之。

少年法院認供本法第三條第二款各目行為所用或所得之物不宜發還者，得沒收之。

第44條

少年法院為決定宜否為保護處分或應為何種保護處分，認有必要時，得以裁定將少年交付少年調查官為六月以內期間之觀察。

前項觀察，少年法院得徵詢少年調查官之意見，將少年交付適當之機關、學校、團體或個人為之，並受少年調查官之指導。

少年調查官應將觀察結果，附具建議提出報告。

少年法院得依職權或少年調查官之請求，變更觀察期間或停止觀察。

第45條

受保護處分之人，另受有期徒刑以上刑之宣告確定者，為保護處分之少年法院，得以裁定將該處分撤銷之。

受保護處分之人，另受保安處分之宣告確定者，為保護處分之少年法

院，應以裁定定其應執行之處分。

第46條

受保護處分之人，復受另件保護處分，分別確定者，後為處分之少年法院，得以裁定定其應執行之處分。

依前項裁定為執行之處分者，其他處分無論已否開始執行，視為撤銷。

第47條

少年法院為保護處分後，發見其無審判權者，應以裁定將該處分撤銷之，移送於有審判權之機關。

保護處分之執行機關，發見足認為有前項情形之資料者，應通知該少年法院。

第48條

少年法院所為裁定，應以正本送達於少年、少年之法定代理人或現在保護少年之人、輔佐人及被害人，並通知少年調查官。

第49條

文書之送達，適用民事訴訟法關於送達之規定。但對於少年、少年之法定代理人、現在保護少年之人或輔佐人，及被害人或其法定代理人不得為左列之送達：

一、公示送達。

二、因未陳明送達代收人，而交付郵局以為送達。

第二節　保護處分之執行

第50條

對於少年之訓誡，應由少年法院法官向少年指明其不良行為，曉諭以將來應遵守之事項，並得命立悔過書。

行訓誡時，應通知少年之法定代理人或現在保護少年之人及輔佐人到場。

少年之假日生活輔導為三次至十次，由少年法院交付少年保護官於假日為之，對少年施以個別或群體之品德教育，輔導其學業或其他作業，並

得命為勞動服務，使其養成勤勉習慣及守法精神；其次數由少年保護官
視其輔導成效而定。

前項假日生活輔導，少年法院得依少年保護官之意見，將少年交付適當
之機關、團體或個人為之，受少年保護官之指導。

第51條

對於少年之保護管束，由少年保護官掌理之；少年保護官應告少年以應
遵守之事項，與之常保接觸，注意其行動，隨時加以指示；並就少年之
教養、醫治疾病、謀求職業及改善環境，予以相當輔導。

少年保護官因執行前項職務，應與少年之法定代理人或現在保護少年之
人為必要之洽商。

少年法院得依少年保護官之意見，將少年交付適當之福利或教養機構、
慈善團體、少年之最近親屬或其他適當之人保護管束，受少年保護官之
指導。

第52條

對於少年之交付安置輔導及施以感化教育時，由少年法院依其行為性
質、身心狀況、學業程度及其他必要事項，分類交付適當之福利、教養
機構或感化教育機構執行之，受少年法院之指導。

感化教育機構之組織及其教育之實施，以法律定之。

第53條

保護管束與感化教育之執行，其期間均不得逾三年。

第54條

少年轉介輔導處分及保護處分之執行，至多執行至滿二十一歲為止。

執行安置輔導之福利及教養機構之設置及管理辦法，由少年福利機構及
兒童福利機構之中央主管機關定之。

第55條

保護管束之執行，已逾六月，著有成效，認無繼續之必要者，或因事實上
原因，以不繼續執行為宜者，少年保護官得檢具事證，聲請少年法院免除

其執行。

少年、少年之法定代理人、現在保護少年之人認保護管束之執行有前項情形時，得請求少年保護官為前項之聲請，除顯無理由外，少年保護官不得拒絕。

少年在保護管束執行期間，違反應遵守之事項，不服從勸導達二次以上，而有觀察之必要者，少年保護官得聲請少年法院裁定留置少年於少年觀護所中，予以五日以內之觀察。

少年在保護管束期間違反應遵守之事項，情節重大，或曾受前項觀察處分後，再違反應遵守之事項，足認保護管束難收效果者，少年保護官得聲請少年法院裁定撤銷保護管束，將所餘之執行期間令入感化處所施以感化教育，其所餘之期間不滿六月者，應執行至六月。

第55條之1

保護管束所命之勞動服務為三小時以上五十小時以下，由少年保護官執行，其期間視輔導之成效而定。

第55條之2

第四十二條第一項第三款之安置輔導為二月以上二年以下。

前項執行已逾二月，著有成效，認無繼續執行之必要者，或有事實上原因以不繼續執行為宜者，負責安置輔導之福利或教養機構、少年、少年之法定代理人或現在保護少年之人得檢具事證，聲請少年法院免除其執行。

安置輔導期滿，負責安置輔導之福利或教養機構、少年、少年之法定代理人或現在保護少年之人認有繼續安置輔導之必要者，得聲請少年法院裁定延長，延長執行之次數以一次為限，其期間不得逾二年。

第一項執行已逾二月，認有變更安置輔導之福利或教養機構之必要者，少年、少年之法定代理人或現在保護少年之人得檢具事證或敘明理由，聲請少年法院裁定變更。

少年在安置輔導期間違反應遵守之事項，情節重大，或曾受第五十五條之三留置觀察處分後，再違反應遵守之事項，足認安置輔導難收效果者，負責安置輔導之福利或教養機構、少年之法定代理人或現在保護少

年之人得檢具事證，聲請少年法院裁定撤銷安置輔導，將所餘之執行期間令入感化處所施以感化教育，其所餘之期間不滿六月者，應執行至六月。

第55條之3

少年無正當理由拒絕接受第二十九條第一項或第四十二條第一項第一款、第三款之處分，少年調查官、少年保護官、少年之法定代理人或現在保護少年之人、少年福利或教養機構，得聲請少年法院核發勸導書，經勸導無效者，各該聲請人得聲請少年法院裁定留置少年於少年觀護所中，予以五日內之觀察。

第56條

執行感化教育已逾六月，認無繼續執行之必要者，得由少年保護官或執行機關檢具事證，聲請少年法院裁定免除或停止其執行。

少年或少年之法定代理人認感化教育之執行有前項情形時，得請求少年保護官為前項之聲請，除顯無理由外，少年保護官不得拒絕。

第一項停止感化教育之執行者，所餘之執行時間，應由少年法院裁定交付保護管束。

第五十五條之規定，於前項之保護管束準用之；依該條第四項應繼續執行感化教育時，其停止期間不算入執行期間。

第57條

第二十九條第一項之處分、第四十二條第一項第一款之處分及第五十五條第三項或第五十五條之三之留置觀察，應自處分裁定之日起，二年內執行之；逾期免予執行。

第四十二條第一項第二款、第三款、第四款及同條第二項之處分，自應執行之日起，經過三年未執行者，非經少年法院裁定應執行時，不得執行之。

第58條

第四十二條第二項第一款、第二款之處分期間，以戒絕治癒或至滿二十歲為止；其處分與保護管束一併諭知者，同時執行之；與安置輔導或感化教

育一併諭知者，先執行之。但其執行無礙於安置輔導或感化教育之執行者，同時執行之。

依禁戒或治療處分之執行，少年法院認為無執行保護處分之必要者，得免其保護處分之執行。

第59條

少年法院法官因執行轉介處分、保護處分或留置觀察，於必要時，得對少年發通知書、同行書或請有關機關協尋之。

少年保護官因執行保護處分，於必要時得對少年發通知書。

第二十一條第三項、第四項、第二十二條第二項、第二十三條及第二十三條之一規定，於前二項通知書、同行書及協尋書準用之。

第60條

少年法院諭知保護處分之裁定確定後，其執行保護處分所需教養費用，得斟酌少年本人或對少年負扶養義務人之資力，以裁定命其負擔全部或一部；其特殊清寒無力負擔者，豁免之。

前項裁定，得為民事強制執行名義，由少年法院囑託各該法院民事執行處強制執行，免徵執行費。

第三節抗告及重新審理

第61條

少年、少年之法定代理人、現在保護少年之人或輔佐人，對於少年法院所為下列之裁定有不服者，得提起抗告。但輔佐人提起抗告，不得與選任人明示之意思相反：

一、第二十六條第一款交付少年調查官為適當輔導之裁定。

二、第二十六條第二款命收容之裁定。

三、第二十六條之二第一項延長收容之裁定。

四、第二十七條第一項、第二項之裁定。

五、第二十九條第一項之裁定。

六、第四十條之裁定。

七、第四十二條之處分。

八、第五十五條第三項、第五十五條之三留置觀察之裁定及第五十五條第四項之撤銷保護管束執行感化教育之處分。

九、第五十五條之二第三項延長安置輔導期間之裁定、第五項撤銷安置輔導執行感化教育之處分。

十、駁回第五十六條第一項聲請免除或停止感化教育執行之裁定。

十一、第五十六條第四項命繼續執行感化教育之處分。

十二、第六十條命負擔教養費用之裁定。

第62條

少年行為之被害人或其法定代理人，對於少年法院之左列裁定，得提起抗告：

一、依第二十八條第一項所為不付審理之裁定。

二、依第二十九條第一項所為不付審理，並為轉介輔導、交付嚴加管教或告誡處分之裁定。

三、依第四十一條第一項諭知不付保護處分之裁定。

四、依第四十二條第一項諭知保護處分之裁定。

被害人已死亡或有其他事實上之原因不能提起抗告者，得由其配偶、直系血親、三親等內之旁系血親、二親等內之姻親或家長家屬提起抗告。

第63條

抗告以少年法院之上級法院為管轄法院。

對於抗告法院之裁定，不得再行抗告。

第64條

抗告期間為十日，自送達裁定後起算。但裁定宣示後送達前之抗告亦有效力。

刑事訴訟法第四百零七條至第四百十四條及本章第一節有關之規定，於本節抗告準用之。

第64條之1

諭知保護處分之裁定確定後，有左列情形之一，認為應不付保護處分者，少年保護官、少年、少年之法定代理人、現在保護少年之人或輔佐

人得聲請為保護處分之少年法院重新審理：

一、適用法規顯有錯誤，並足以影響裁定之結果者。

二、因發見確實之新證據，足認受保護處分之少年，應不付保護處分者。

三、有刑事訴訟法第四百二十條第一項第一款、第二款、第四款或第五款所定得為再審之情形者。

刑事訴訟法第四百二十三條、第四百二十九條、第四百三十條前段、第四百三十一條至第四百三十四條、第四百三十五條第一項、第二項、第四百三十六條之規定，於前項之重新審理程序準用之。

為保護處分之少年法院發見有第一項各款所列情形之一者，亦得依職權為應重新審理之裁定。

少年受保護處分之執行完畢後，因重新審理之結果，須受刑事訴追者，其不利益不及於少年，毋庸裁定移送於有管轄權之法院檢察署檢察官。

第64條之2

諭知不付保護處分之裁定確定後有左列情形之一，認為應諭知保護處分者，少年行為之被害人或其法定代理人得聲請為不付保護處分之少年法院重新審理：

一、有刑事訴訟法第四百二十二條第一款得為再審之情形者。

二、經少年自白或發見確實之新證據，足認其有第三條行為應諭知保護處分者。

刑事訴訟法第四百二十九條、第四百三十一條至第四百三十四條、第四百三十五條第一項、第二項及第四百三十六條之規定，於前項之重新審理程序準用之。

為不付保護處分之少年法院發見有第一項各款所列情形之一者，亦得依職權為應重新審理之裁定。

第一項或前項之重新審理於諭知不付保護處分之裁定確定後，經過一年者不得為之。

第四章　少年刑事案件

第65條

對於少年犯罪之刑事追訴及處罰，以依第二十七條第一項、第二項移送之案件為限。

刑事訴訟法關於自訴之規定，於少年刑事案件不適用之。

本章之規定，於少年犯罪後已滿十八歲者適用之。

第66條

檢察官受理少年法院移送之少年刑事案件，應即開始偵查。

第67條

檢察官依偵查之結果，對於少年犯最重本刑五年以下有期徒刑之罪，參酌刑法第五十七條有關規定，認以不起訴處分而受保護處分為適當者，得為不起訴處分，移送少年法院依少年保護事件審理；認應起訴者，應向少年法院提起公訴。依第六十八條規定由少年法院管轄之案件，應向少年法院起訴。

前項經檢察官為不起訴處分而移送少年法院依少年保護事件審理之案件，如再經少年法院裁定移送，檢察官不得依前項規定，再為不起訴處分而移送少年法院依少年保護事件審理。

第68條

（刪除）

第69條

對於少年犯罪已依第四十二條為保護處分者，不得就同一事件再為刑事追訴或處罰。但其保護處分經依第四十五條或第四十七條之規定撤銷者，不在此限。

第70條

少年刑事案件之偵查及審判，準用第三章第一節及第三節有關之規定。

第71條

少年被告非有不得已情形，不得羈押之。

少年被告應羈押於少年觀護所。於年滿二十歲時，應移押於看守所。

少年刑事案件，於少年法院調查中之收容，視為未判決前之羈押，準用刑法第四十六條折抵刑期之規定。

第72條

少年被告於偵查審判時，應與其他被告隔離。但與一般刑事案件分別審理顯有困難或認有對質之必要時，不在此限。

第73條

審判得不公開之。

第三十四條但書之規定，於審判不公開時準用之。

少年、少年之法定代理人或現在保護少年之人請求公開審判者，除有法定不得公開之原因外，法院不得拒絕。

第74條

法院審理第二十七條之少年刑事案件，對於少年犯最重本刑十年以下有期徒刑之罪，如顯可憫恕，認為依刑法第五十九條規定減輕其刑仍嫌過重，且以受保護處分為適當者，得免除其刑，諭知第四十二條第一項第二款至第四款之保護處分，並得同時諭知同條第二項各款之處分。

前項處分之執行，適用第三章第二節有關之規定。

第75條

（刪除）

第76條

（刪除）

第77條

（刪除）

第78條

對於少年不得宣告褫奪公權及強制工作。

少年受刑之宣告，經執行完畢或赦免者，適用關於公權資格之法令時，視為未曾犯罪。

第79條

刑法第七十四條緩刑之規定，於少年犯罪受三年以下有期徒刑、拘役或罰金之宣告者適用之。

第80條

少年受刑人徒刑之執行，應注意監獄行刑法第三條、第八條及第三十九條第二項之規定。

第81條

少年受徒刑之執行而有悛悔實據者，無期徒刑逾七年後，有期徒刑逾執行期三分之一後，得予假釋。

少年於本法施行前，已受徒刑之執行者，或在本法施行前受徒刑宣告確定之案件於本法施行後受執行者，準用前項之規定。

第82條

少年在緩刑或假釋期中應付保護管束，由少年法院少年保護官行之。

前項保護管束之執行，準用第三章第二節保護處分之執行之規定。

第五章　附則

第83條

任何人不得於媒體、資訊或以其他公示方式揭示有關少年保護事件或少年刑事案件之記事或照片，使閱者由該項資料足以知悉其人為該保護事件受調查、審理之少年或該刑事案件之被告。

違反前項規定者，由主管機關依法予以處分。

第83條之1

少年受第二十九條第一項之轉介處分執行完畢二年後，或受保護處分或

刑之執行完畢或赦免三年後，或受不付審理或不付保護處分之裁定確定後，視為未曾受各該宣告。

少年法院於前項情形應通知保存少年前科紀錄及有關資料之機關，將少年之前科紀錄及有關資料予以塗銷。

前項紀錄及資料非為少年本人之利益或經少年本人同意，少年法院及其他任何機關不得提供。

第83條之2

違反前條規定未將少年之前科紀錄及有關資料塗銷或無故提供者，處六月以下有期徒刑、拘役或新台幣三萬元以下罰金。

第83條之3

外國少年受轉介處分、保護處分或緩刑期內交付保護管束者，得以驅逐出境代之。

前項驅逐出境，得由少年調查官或少年保護官，向少年法院聲請，由司法警察機關執行之。

第84條

少年之法定代理人或監護人，因忽視教養，致少年有觸犯刑罰法律之行為，或有第三條第二款觸犯刑罰法律之虞之行為，而受保護處分或刑之宣告，少年法院得裁定命其接受八小時以上五十小時以下之親職教育輔導。

拒不接受前項親職教育輔導或時數不足者，少年法院得裁定處新臺幣三千元以上一萬元以下罰鍰；經再通知仍不接受者，得按次連續處罰，至其接受為止。其經連續處罰三次以上者，並得裁定公告法定代理人或監護人之姓名。

前項罰鍰之裁定，得為民事強制執行名義，由少年法院囑託各該地方法院民事執行處強制執行之，免徵執行費。

第一項及第二項罰鍰之裁定，受處分人得提起抗告，並準用第六十三條及刑事訴訟法第四百零六條至第四百十四條之規定。

少年之法定代理人或監護人有第一項前段情形，情況嚴重者，少年法院

並得裁定公告其姓名。

前項裁定不得抗告。

第85條

成年人教唆、幫助或利用未滿十八歲之人犯罪或與之共同實施犯罪者，依其所犯之罪，加重其刑至二分之一。

少年法院得裁定命前項之成年人負擔第六十條第一項教養費用全部或一部，並得公告其姓名。

第85條之1

七歲以上未滿十二歲之人，有觸犯刑罰法律之行為者，由少年法院適用少年保護事件之規定處理之。

前項保護處分之執行，應參酌兒童福利法之規定，由行政院會同司法院訂定辦法行之。

第86條

本法施行細則，由司法院會同行政院定之。

少年保護事件審理細則，由司法院定之。

少年保護事件執行辦法，由行政院會同司法院定之。

少年不良行為及虞犯之預防辦法，由內政部會同法務部、教育部定之。

第87條

本法自中華民國六十年七月一日施行。

本法修正條文自公布日施行。

刑事妥速審判法

修正日期：民國103年6月4日

第1條

為維護刑事審判之公正、合法、迅速，保障人權及公共利益，特制定本法。

本法未規定者，適用其他法律之規定。

第2條

法院應依法迅速周詳調查證據，確保程序之公正適切，妥慎認定事實，以為裁判之依據，並維護當事人及被害人之正當權益。

第3條

當事人、代理人、辯護人及其他參與訴訟程序而為訴訟行為者，應依誠信原則，行使訴訟程序上之權利，不得濫用，亦不得無故拖延。

第4條

法院行準備程序時，應落實刑事訴訟法相關規定，於準備程序終結後，儘速行集中審理，以利案件妥速審理。

第5條

法院就被告在押之案件，應優先且密集集中審理。

審判中之延長羈押，如所犯最重本刑為死刑、無期徒刑或逾有期徒刑十年者，第一審、第二審以六次為限，第三審以一次為限。

審判中之羈押期間，累計不得逾八年。

前項羈押期間已滿，仍未判決確定者，視為撤銷羈押，法院應將被告釋放。

犯最重本刑為有期徒刑十年以下之罪者，審判中之限制出境期間，累計不得逾八年。但因被告逃匿而通緝之期間，不予計入。

第6條

檢察官對於起訴之犯罪事實，應負提出證據及說服之實質舉證責任。倘其所提出之證據，不足為被告有罪之積極證明，或其指出證明之方法，無法說服法院以形成被告有罪之心證者，應貫徹無罪推定原則。

第7條

自第一審繫屬日起已逾八年未能判決確定之案件，除依法應諭知無罪判決
者外，法院依職權或被告之聲請，審酌下列事項，認侵害被告受迅速審判
之權利，且情節重大，有予適當救濟之必要者，應減輕其刑：
一、訴訟程序之延滯，是否係因被告之事由。
二、案件在法律及事實上之複雜程度與訴訟程序延滯之衡平關係。
三、其他與迅速審判有關之事項。

第8條

案件自第一審繫屬日起已逾六年且經最高法院第三次以上發回後，第二審法院更審維持第一審所為無罪判決，或其所為無罪之更審判決，如於更審前曾經同審級法院為二次以上無罪判決者，不得上訴於最高法院。

第9條

除前條情形外，第二審法院維持第一審所為無罪判決，提起上訴之理由，以下列事項為限：
一、判決所適用之法令牴觸憲法。
二、判決違背司法院解釋。
三、判決違背判例。
刑事訴訟法第三百七十七條至第三百七十九條、第三百九十三條第一款規定，於前項案件之審理，不適用之。

第10條

前二條案件於本法施行前已經第二審法院判決而在得上訴於最高法院之期間內、已在上訴期間內提起上訴或已繫屬於最高法院者，適用刑事訴訟法第三編第三章規定。

第11條

法院為迅速審理需相關機關配合者，相關機關應優先儘速配合。

第12條

為達妥速審判及保障人權之目的，國家應建構有效率之訴訟制度，增加適當之司法人力，建立便於國民利用律師之體制及環境。

第13條

本法施行前已繫屬於法院之案件，亦適用本法。
第五條第二項至第四項施行前，被告經法院延長羈押者，其效力不受影響。

第14條

第五條第二項至第四項，自公布後二年施行；第九條自公布後一年施行；其他條文施行日期由司法院定之。

法庭錄音及其利用保存辦法

修正日期：民國 102 年 10 月 25 日

第1條

本辦法依法院組織法第 90 條第 2 項、行政法院組織法第 47 條、智慧財產法院組織法第 44 條、少年及家事法院組織法第 50 條規定訂定之。

法庭錄音之利用及保存，除法律別有規定外，依本辦法之規定。

第2條

法院審理民事、刑事、行政訴訟案（事）件及家事、少年保護事件於法院內開庭時，應予錄音。其他案（事）件有必要錄音時，亦同。

第3條

法院以外之人員於開庭時之錄音，應經審判長核准。但有依法不公開法庭審理之情形者，不應准許。

審判長為前項核准，應審酌錄音目的及對法庭程序進行之影響，並徵詢在庭之人意見。

第4條

未經核准之錄音，審判長應命其消除錄音。

第5條

法院應於法庭置數位錄音設備，以供開庭時錄音之用，並得以錄音機或其他機器設備備援。

第6條

在法庭之錄音應自每案開庭時起錄，至該案閉庭時停止，其間連續始末為之。每案開庭點呼當事人朗讀案由時，法院書記官應宣告當日開庭之日期及時間。

開庭過程中，如遇有切換數位磁碟或偶發之事由，致錄音無法繼續進行時，於恢復錄音後，審判長宜敘明事由。

第7條

法庭開庭時雖經錄音，書記官仍應就當事人或其他關係人之陳述，當庭依法製作筆錄，並以錄音輔助之。

第8條

當事人、代理人、辯護人、參加人、程序監理人，經開庭在場陳述之人書面同意者，得於開庭翌日起至裁判確定後30日內，繳納費用請求交付法庭錄音光碟。但以主張或維護其法律上利益有必要者為限。

持有前項錄音光碟之人，不得作非正當目的使用。

第9條

裁判確定後6個月內，前條第1項之人，為主張或維護其法律上利益之必要，除法律別有規定外，得聲請由本人或本人委任之人到法院聽取錄音內容。

前項規定於依法不公開法庭審理之案（事）件，不得委任他人聽取。

法院院長或其指定之人為第1項許可時，得指定時間、地點由專門人員播放；播放時在場人員不得自行錄音。

第10條

於法庭錄音之錄音內容，均應保存至裁判確定後2年，始得除去其錄音。

前項錄音內容儲於數位媒體者，案件終結後由各審法院資訊室保管；儲於錄音帶及其他錄音媒體者，案（事）件終結後由各審法院檔案室自行列冊保管。

第11條

前條第1項錄音內容除去之相關規定，由保管錄音內容之法院訂定之。

第12條

法院院長、庭長或其他司法行政監督人員，於必要時，得調取法庭錄音。

第13條

本辦法自發布日施行。

法院辦理刑事訴訟案件應行注意事項

修正日期：民國 102 年 1 月 29 日

一（刑訴審判法定程序之回復）

刑事訴訟案件之審判，本應依刑事訴訟法（以下簡稱刑訴法）所定之程序辦理，其因時間上或地域上之特殊情形而適用其他法律所定之程序辦理者，於該特殊情形消滅，尚未經判決確定者，即應適用刑訴法所定程序終結之。（刑訴法一）

二（刑訴第二條用語之意義）

刑訴法第二條所謂實施刑事訴訟程序之公務員，係指司法警察、司法警察官、檢察官、檢察事務官、辦理刑事案件之法官而言。所謂被告，係指有犯罪嫌疑而被偵審者而言。所謂有利及不利之情形，則不以認定事實為限，凡有關訴訟資料及其他一切情形，均應為同等之注意。其不利於被告之情形有疑問者，倘不能為不利之證明時，即不得為不利之認定。（刑訴法二）

二之一（共犯用語）

刑訴法所稱「共犯」，原即包括正犯、教唆犯及幫助犯，不受刑法第四章規定「正犯與共犯」、「正犯或共犯」影響，務請注意適用。（刑訴法七、三四、七六、八八之一、一〇一、一〇五、一三五、一五六、二三九、二四五、四五五之七）

三（管轄之指定及移轉）

管轄之指定及移轉，直接上級法院得以職權或據當事人之聲請為之，並不限於起訴以後，在起訴以前，亦得為之。其於起訴後移轉者，亦不問訴訟進行之程序及繫屬之審級如何。惟關於移轉裁定，直接上級法院不

能行使審判權時應由再上級法院裁定之。至於聲請指定或移轉時，訴訟程序以不停止為原則。（刑訴法九、一〇，參照司法院院字第五五號解釋）

四（指定或移轉管轄之聲請人）

聲請指定或移轉管轄，須當事人始得為之，原告訴人、告發人雖無聲請權，可請求檢察官聲請。（刑訴法一一）

五（指定或移轉管轄之裁定機關）

高等法院土地管轄範圍內地方法院之案件，如欲指定或移轉於分院土地管轄範圍內地方法院管轄，應由最高法院裁定，不得以行政上之隸屬關係，即由高等法院指定或移轉。（參照司法院院字第二〇三號解釋）

六、（強制辯護及限制辯護人之接見）

有下列情形之一，於審判中未經選任辯護人者，審判長應指定公設辯護人或律師為被告辯護：

（一）最輕本刑為三年以上有期徒刑案件。

（二）高等法院管轄第一審案件。

（三）被告因智能障礙無法為完全之陳述者。

（四）被告具原住民身分，經依通常程序起訴或審判者。

（五）被告為低收入戶或中低收入戶而聲請指定者。

（六）其他審判案件，審判長認有必要者。

前述案件之選任辯護人於審判期日無正當理由而不到庭者，審判長亦均得指定公設辯護人或律師。在未設置公設辯護人之法院，可指定法官充之，不得以學習司法官充任之。案件經指定辯護人後，被告又選任律師為辯護人者，得將指定之辯護人撤銷。至於辯護人接見羈押之被告，如有事實足認為有湮滅、偽造、變造證據或勾串共犯或證人之虞者，僅得限制之，不得禁止其接見。（刑訴法三一、三四）

七（智能障礙者之法定輔佐人）

被告為智能障礙無法為完全之陳述者，應由刑訴法第三五條第三項所列之人為其輔佐人，陪同在場，但經合法通知無正當理由不到場者，不在此限。其輔佐人得陳述意見，並得為刑事訴訟法所定之訴訟行為。被告因智能障礙無法為完全之陳述者，並應通知其法定代理人、配偶、直系或三親等內旁系血親或家長、家屬得為被告選任辯護人。（刑訴法二七、三五）

八（訊問、搜索、扣押、勘驗筆錄之製作方式）

刑訴法第四一條、第四二條所定之訊問、搜索、扣押或勘驗筆錄應由在場之書記官當場製作。受訊問人之簽名、蓋章或按指印，應緊接記載之末行，不得令其空白或以另紙為之。其行訊問或搜索、扣押、勘驗之公務員並應在筆錄內簽名。如無書記官在場，得由行訊問或搜索、扣押、勘驗之公務員親自或指定其他在場執行公務之人員，如司法警察（官）製作筆錄。（刑訴法四一、四二、四三）

九（審判筆錄之製作方式）

審判期日應全程錄音；必要時，並得全程錄影。就刑訴法第四一條第一項第一款所定對於受訊問人之訊問及其陳述暨第二款所定證人、鑑定人或通譯未具結之事由等事項，審判長於徵詢受訊問人、當事人或代理人、辯護人及輔佐人等訴訟關係人之意見後，在認為適當之情況下（例如：為增進審判效率、節省法庭時），毋庸經其同意，即得斟酌個案之具體狀況，決定應記載之要旨，由書記官載明於審判筆錄，但須注意不可有斷章取義、扭曲訊問及陳述本旨之情事。審判期日有關證人、鑑定人、被告受詢問或詰問及其陳述事項之記載，亦包含在內。而受訊（詢、詰）問人就審判筆錄中關於其陳述之部分，仍得請求朗讀或交其閱覽，如請求將記載增、刪、變更者，書記官則應附記其陳述，以便查考。（刑訴法第四四、四四之一）

一〇（審判筆錄之補正）

審判筆錄應於每次開庭後三日內整理。當事人、代理人、辯護人或輔佐

人認為審判筆錄之記載有錯誤或遺漏，亦得於次一期日前；案件已辯論終結者，得於辯論終結後七日內，聲請法院定期播放審判期日錄音或錄影內容核對之。核對結果，如審判筆錄之記載確有錯誤或遺漏者，書記官應即更正或補充；如筆錄記載正確者，書記官應於筆錄內附記核對之情形。至於當事人、代理人、辯護人或輔佐人經法院許可後，依據法院所交付之審判期日錄音或錄影拷貝資料，自行就有關被告、自訴人、證人、鑑定人或通譯之訊（詢、詰）問及其陳述之事項轉譯為文書提出於法院時，書記官應予核對，如認為該文書記載適當者，則得作為審判筆錄之附錄，其文書內容並與審判筆錄同一效力。（刑訴法四四、四四之一、四五、四八）

一一（審判長、法官簽名之必要）

筆錄及裁判書，審判長、法官應注意簽名，不得疏漏。（刑訴法四六、五一）

一二（審判筆錄應記載事項（一））

審判筆錄中，對於有辯護人之案件，應記載辯護人為被告辯護，並應詳細記載檢察官到庭執行職務，審判長命檢察官（或自訴人）、被告、辯護人依次辯論、辯論後予當事人就科刑範圍表示意見及被告之最後陳述等事項，以免原判決被認為當然違背法令。（刑訴法四四、二八九）

一三（審判筆錄應記載事項（二））

審判長已將採為判決基礎之人證、物證、書證提示被告，命其辯論者，審判筆錄應注意予以記載，以免原判決被認為有應於審判期日調查之證據，而未予調查之違法。（刑訴法四四、一六四、一六五、三七九）

一四（審判筆錄應記載事項（三））

實際上參與審理及判決（亦即在判決原本上簽名）之法官為甲、乙、丙三人者，在審判筆錄中，不得將參與審理之法官，誤記為甲、丙、丁三人，以免被認為未經參與審理之法官參與判決。（刑訴法四四、三七九）

一五（審判筆錄應記載事項（四））

第二審審判筆錄應注意記載審判長命上訴人陳述上訴要旨，以免上訴範圍無從斷定。（刑訴法四七、三六五，參照最高法院六八年台上字第二三三〇號判例）

一六（辯護律師請求閱卷之准許）

刑事案件經各級法院裁判後，如已合法提起上訴或抗告，而卷證在原審法院者，其在原審委任之辯護律師因研究為被告之利益而上訴問題，向原審法院請求閱卷，或在上級審委任之辯護律師，在卷宗未送上級審法院前，向原審法院請求閱卷時，原審法院為便民起見，均應准許其閱卷。（刑訴法三三，參照最高法院六十三年八月十三日六十三年第三次刑庭庭推總會議決定）

一七（訴訟案件之編訂）

訴訟卷宗，應將關於訴訟之文書法院應保存者，依訴訟進行之次序，隨收隨訂，並應詳填目錄及刑事案件進行期限檢查表。至於各級法院法官製作之裁判書原本，應另行保存，僅以正本編訂卷內。（刑訴法五四）

一八（送達證書與收受證書）

送達證書，關係重大，務必切實記載明確。如應送達之文書為判決、裁定者，司法警察或郵政機關應作收受證書，記明送達證書所列事項，並簽名後交收領人。其向檢察官送達判決、裁定書者，亦應作收受證書，交與承辦檢察官，若承辦檢察官不在辦公處所時，則向檢察長為之。至於向在監獄、看所守、少年觀護所或保安處分場所之人為送達時，囑託典獄長、看守所長、少年觀護所主任或保安處分場所長官代為送達，須經送達其本人收受始生效力，不能僅送達於監所或保安處分場所而以其收文印章為憑。（刑訴法五六、五八、六一，參照最高法院四四年台抗字第三號判例）

一九（文書之送達）

文書之送達，由書記官交由司法警察或郵政機關執行，不得徵收任何費用。至關於送達證書之製作，及送達日時之限制與拒絕收受之文件，其如何處置，應注意準用民事訴訟法之規定。（刑訴法六一、六二、民訴

法一三九、一四〇、一四一）

二〇（得聲請回復原狀之事由）

得聲請回復原狀者，以遲誤上訴、抗告、或聲請再審之期間、或聲請撤銷或變更審判長、受命法官、受託法官裁定或檢察官命令之期間者為限。（刑訴法六七、六八）

二一（駁回上訴效力之阻卻）

上訴逾期，經上訴法院判決駁回後，如原審法院依聲請以裁定准予回復原狀，業經確定者，上訴法院仍應受理上訴。上訴並未逾期由於原審法院漏未將上訴書狀送交上訴法院，以致上訴法院判決認為逾期予以駁回者，如經查明確有合法上訴書狀，即足防阻駁回判決效力之發生，重入於上訴審未判決前之狀態，雖應由上訴法院依照通常程序進行審判，唯如上訴法院係將不利益於被告之合法上訴誤認逾期而予判決駁回並告確定者，即應先依非常上訴程序將該確定判決撤銷後，始得回復原訴訟程序就合法上訴部分進行審判。（刑訴法六七、六八、參照最高法院八十年十一月五日八十年第五次刑事庭會議決議及司法院院字第八一六號、大法官釋字第二七一號解釋）

二二（對在監所被告之傳喚）

對於在監獄、看守所、少年觀護所或保安處分場所之被告傳喚時應通知該監所或保安處分場所長官，並先填具傳票囑託送達，至訊問期日，再提案審訊。（刑訴法七三）

二三（執行拘提之程序）

法院依法拘提者，應用拘票。拘票應備二聯，執行拘提時，由司法警察或司法警察官以一聯交被拘人或其家屬。如拘提之人犯，不能於二十四小時內到達指定之處所者，應先行解送較近之法院，訊問其人有無錯誤。（刑訴法七七、七九、九一）

二四（通緝書之記載與撤銷通緝）

通緝書應依刑訴法第八五條之規定記載。如其通緝之原因消滅，或已顯

無通緝之必要時，應即撤銷通緝，予以通知或公告之。（刑訴法八五、八七）

二五（即時審問與羈押）

拘提或逮捕被告到場者，或法院於受理檢察官所為羈押之聲請，經人別訊問後，除有刑訴法第九三條第五項但書之情形外，應即時訊問。所謂「即時訊問」係指不得有不必要之遲延，例如法官閱卷後始進行訊問、為避免疲勞訊問而令已長時間受訊問之被告先適當休息後再予訊問等情形，均非屬不必要之遲延。法官訊問被告後，認無羈押必要，應即釋放或命具保、責付或限制住居。

二六（訊問被告之態度與方式）

訊問被告應先告知：犯罪嫌疑及所犯所有罪名，罪名經告知後，認為應變更者，應再告知；得保持緘默，無須違背自己之意思而為陳述；得選任辯護人；如為低收入戶、中低收入戶、原住民或其他依法令得請求法律扶助者，得請求之；得請求調查有利之證據。訊問時，應出以懇切和藹之態度，不得用強暴、脅迫、利誘、詐欺、疲勞訊問或其他不正之方法。被告有數人時，應分別訊問。被告請求對質者，除顯無必要者外，不得拒絕。無辯護人之被告表示已選任辯護人時，除被告同意續行訊問外，應即停止訊問。（刑訴法九五、九七、九八）

二七（訊問被告）

訊問被告，固重在辨別犯罪事實之有無，但與犯罪構成要件、加重要件、量刑標準或減免原因有關之事實，均應於訊問時，深切注意，研訊明確，倘被告提出有利之事實，更應就其證明方法及調查途徑，逐層追求，不可漠然置之，遇有被告或共犯自白犯罪，仍應調查其他必要之證據，詳細推鞫是否與事實相符，不得以被告或共犯之自白作為有罪判決之唯一證據。對於得為證據之被告自白之調查，除有特別規定外，應於有關犯罪事實之其他證據調查完畢後為之。（刑訴法九六、一五六、一六一之一、一六一之三）

二八（濫行羈押之禁止）

對於被告實施羈押，務須慎重將事，非確有刑訴法第一〇一條第一項或第一〇一條之一第一項各款所定情形，而有羈押之必要者，不得羈押。尤對第一〇一條之一第一項之預防性羈押，須至為審慎。至上揭規定所謂「犯罪嫌疑重大」者，係指其所犯之罪確有重大嫌疑而言，與案情重大不同。（刑訴法一〇一、一〇一之一）

二九（逕行拘提之事由）

刑訴法第七六條所列之情形，雖其標目為四款，惟在第二款中，包含有兩種情形，故其所列，實有五種：（一）無一定之住、居所者。（二）逃亡者。（三）有事實足認為有逃亡之虞者。（四）有事實足認為有湮滅、偽造、變造證據或勾串共犯或證人之虞者。（本款及前款所謂「有事實足認為」之標準，應依具體事實，客觀認定之，並應於卷內記明其認定之根據。）（五）所犯為死刑、無期徒刑或最輕本刑為五年以上有期徒刑之罪者。（刑訴法七六）

三〇（押票之製作及使用）

羈押被告所用之押票，應載明法定必須記載之事項，命被告按捺指印，並應備數聯，分別送交看守所、辯護人、被告及其指定之親友。偵查中並應送交檢察官。偵查中之羈押，押票應記載之事項，與檢察官聲請書所載相同者，得以聲請書為附件予以引用。（刑訴法一〇二、一〇三）

三一（延長羈押之次數與裁定）

延長被告之羈押期間，偵查中以一次為限；審判中如所犯最重本刑為十年以下有期徒刑以下之刑之罪，應注意第一、二審均以三次為限，第三審以一次為限。起訴後送交前之羈押期間算入偵查中之羈押期間。裁判後送交前之羈押期間，算入原審法院之羈押期間。案件經發回者，其延長羈押期間之次數，應更新計算。（刑訴法一〇八）

三二（偵查中羈押資料之管理）

法院對於偵查中聲請羈押之案件，應製作紀錄，記載檢察官聲請之案號、時間（含年、月、日、時、分）、被告之姓名及身分資料暨羈押或

免予羈押之情形。每一案件建一卷宗，嗣後之延長羈押、撤銷羈押或停止羈押、再執行羈押等相關資料，應併入原卷宗。（刑訴法九三、一○七、一○八、一一○、一一五、一一六、一一七）

三三（隨時受理羈押之聲請）

法院應隨時受理偵查中羈押被告之聲請，於收文同時立即建立檔案，完成分案，並送請法官依法辦理。（刑訴法九三）

三四（羈押訊問，應通知並等候辯護人到場）

法官為羈押訊問時，如被告表示已選任辯護人者，法院應以電話、傳真或其他迅捷之方法通知該辯護人，由書記官作成通知紀錄。被告陳明已自行通知辯護人或辯護人已自行到場者，毋庸通知。被告因智能障礙無法為完全之陳述或具原住民身分，於偵查中檢警漏未通知或被告主動請求立即訊（詢）問或等候法扶律師逾四小時未到場，而無法律扶助機構指派律師到場辯護，羈押訊問時請求法院通知者，法院宜通知依法設立之法律扶助機構指派律師為其辯護。（刑訴法三一、九三之一、九五、一０一、一０一之一）

三五（通知檢察官補提事證）

法官認檢察官聲請羈押或延長羈押期間所敘理由或所提證據不足時，不得率予准許。必要時得指定應到場之時間及處所，通知檢察官到場陳述聲請羈押之理由或提出證據。此項通知，得命書記官以電話、傳真或其他迅捷方式行之，作成紀錄。檢察官未遵限到場者，得逕行裁定。又法院對於上開羈押或延長羈押事由之審查，仍須注意偵查不公開原則，不得任意揭露偵查資料，而其審查目的亦僅在判斷檢察官提出之羈押或延長羈押聲請是否符合法定要件，並非認定被告是否成立犯罪，故其證據法則無須嚴格證明，僅以自由證明為已足。（刑訴法一○一、一○一之一、一○八、二四五，參照最高法院七一年臺上字第五六五八號判例）

三六（偵查中聲請羈押之前提）

偵查中之羈押，除刑訴法第九三條第四項之情形外，以被告係經合法拘提或逮捕且於拘捕後二十四小時內經檢察官聲請為前提。檢察官聲請時

所陳法定障礙事由經釋明者，其經過之時間，應不計入前開二十四小時內。（刑訴法九三、九三之一）

三七（檢察官為具保、責付或限制住居命令之失效）

檢察官依刑訴法第九三條第三項但書後段或第二二八條第四項但書聲請羈押者，其原來所為具保、責付或限制住居之命令即失其效力（刑訴法九三）

三八（檢察官聲請羈押，法院得逕為具保、責付或限制住居）

檢察官聲請羈押之案件，法官於訊問被告後，認為雖有刑訴法第一〇一條第一項或第一〇一條之一第一項各款所定情形之一，而無羈押必要者，得逕命具保、責付或限制住居，不受原聲請意旨之拘束。其有第一一四條所定情形者，非有不能具保、責付或限制住居之情形者，不得逕予羈押。（刑訴法九三、一〇一、一〇一之二、一一四）

三九（偵查中羈押案件不公開）

法官於駁回檢察官之羈押聲請或改命具保、責付、限制住居時，應以書面附理由行之，俾便檢察官即時提起抗告。法官為上述裁定時，應注意偵查不公開之原則，避免將具體偵查資料載於裁定書內，並不得將相關偵查卷證資料公開揭露。（刑訴法九三、二四五、四〇四、四一三）

四〇（抗告法院宜自為裁定）

檢察官對法官駁回羈押聲請或命具保、責付、限制住居之裁定提起抗告者，該管抗告法院須以速件之方式為審理，並儘量自為羈押與否之裁定（刑訴法四〇四、四一三）

四一（審慎禁止接見、通信或命扣押之原則）

禁止接見、通信或命扣押物件，係與羈押有關之處分，對羈押中之被告，有重大影響，法院應審慎依職權行之。偵查中檢察官為該處分之聲請時，法院應審酌有無具體事證，足認確有必要，如未附具體事證，或所附事證難認有其必要者，不宜漫然許可。（刑訴法一〇五）

四二（同時聲請羈押及其他處分之處理）

檢察官聲請羈押時，一併聲請禁止接見、通信或命扣押物件，法院認前一聲請有理由，後一聲請無理由者，關於前者應簽發押票交付執行，關於後者，應予駁回。（刑訴法一〇二、一〇三、一〇五）

四三（聲請解除禁止接見、通信案件之處理）

聲請撤銷禁止接見、通信之處分者，法院應斟酌具體情形及相關證據，審慎判斷，如認聲請無理由，即予裁定駁回。（刑訴法一〇五）

四四（慎重審核緊急處分）

對於檢察官或押所所為禁止接見、通信或扣押物件之緊急處分，及押所長官為束縛身體之報告，均應慎重審核，注意有無違法或不當情事。（刑訴法一〇五）

四五（徵詢檢察官意見之方式）

法院為審酌偵查中應否撤銷羈押或停止羈押，依法應徵詢檢察官之意見時，得限定檢察官陳報其意見之期限。此項徵詢，得命書記官以電話、傳真或其他迅捷之方式行之，並作成紀錄。逾期未為陳報者，得逕行裁定。（刑訴法一〇七、一一〇、一一五、一一六、一一六之一）

四六（檢察官意見之審酌）

檢察官所提關於偵查中撤銷羈押或停止羈押之意見，固無拘束法院之效力，但法院仍宜為必要之斟酌，以期周延。（刑訴法一〇七、一一〇、一一五、一一六、一一六之一）

四七（許可延長羈押之理由）

檢察官於偵查中所為延長羈押期間之聲請，未附具體理由或所附理由不足以形成應延長羈押之心證者，法院得以裁定駁回之。（刑訴法一〇八）

四八（延長羈押期間前之訊問）

法院於裁定延長羈押期間前，須先依刑訴法第一〇一條第一項或第一〇一條之一第一項訊問被告，給予陳述之機會。被告有選任辯護人者，法

院應通知該辯護人到場。（刑訴法一○八）

四八之一（羈押前之逮捕、拘提期間之折算）

刑訴法第一○八條第三項係規定羈押中之被告於偵查與審判、原審與上訴審法院審判中之羈押期間，分別以卷宗及證物送交管轄法院或上訴審法院之日起算；同條第四項則規定逮捕、拘提被告後，經過一定期間，例如同法第九三條第二項、第九三條之一第一項各款情形之經過期間，始羈押被告時，羈押期間以簽發押票之日起算。但自逮捕、拘提起，實際上已限制被告人身自由，為顧及被告權益，羈押前之逮捕、拘提期間，以一日折算裁判確定前之羈押日數一日，以保障人權，二者有明確區分，務須注意適用。（刑訴法一○八）

四九（檢察官遲延聲請延長羈押之處理）

檢察官於偵查中為延長羈押期間之聲請，違反刑訴法第一○八條第一項所定「至遲於期間屆滿之五日前」之規定，致法院無從於期間屆滿前辦理訊問被告、調查延長羈押期間之原因、依法宣示延長羈押期間之裁定，製作裁定並送達裁定正本者，應以聲請不合法，予以駁回。（刑訴法一○八）

五○（延長羈押裁定正本之送達及保全措施）

延長羈押期間之裁定，除當庭宣示者外，須於期間未滿前，以正本送達於被告，始發生延長羈押之效力。此項正本之製作及送達，務須妥速為之。刑訴法第一○八條第八項關於得繼續羈押之適用，須以已經羈押之期間未逾同條第五項規定之期間為基礎，故如所犯最重本刑為十年以下有期徒刑之刑，第一、二審法院已經為第三次延長羈押，期滿未經裁判並將卷宗送交上級法院者，法院當無再予繼續羈押之餘地。（刑訴法一○八）

五一（應依職權注意撤銷或停止羈押）

法院應隨時依職權注意羈押原因是否仍然存在，及有無繼續羈押之必要，羈押原因消滅者，應即撤銷羈押，將被告釋放，已無羈押必要者，應命停止羈押。（刑訴法一○七、一一○、一一五、一一六、一一六之

一）

五二（聲請撤銷羈押或停止羈押案件之審理）

被告、辯護人或得為被告輔佐人之人聲請撤銷或停止羈押者，法院認有
必要時，得聽取其陳述。偵查中檢察官聲請停止羈押者，法院認為必要
時，亦得聽取被告、辯護人或得為被告輔佐人之人之陳述。（刑訴法一
〇七、一一〇、一一五、一一六、一一六之一）

五三（檢察官於偵查中聲請撤銷羈押之處理）

偵查中檢察官聲請撤銷羈押者，法院應予准許，不得駁回。（刑訴法一
〇七）

五四（貫徹當事人平等原則）

檢察官僅於偵查中始得聲請羈押、延長羈押、撤銷羈押或停止羈押。在
審判中，並無為上揭各項處分之聲請權，其提出聲請者，應以聲請為不
合法，予以駁回。（刑訴法九三）

五五（審慎處理變更羈押處所之聲請）

偵查中檢察官、被告或其辯護人依刑訴法第一〇三條之一聲請變更羈押
處所者，法院應斟酌具體情形及相關證據，審慎判斷。（刑訴法一〇三
之一）

五六（偵查中經檢察官命具保之被告逃匿者，其保證金之處理）

檢察官依刑訴法第九三條或第二二八條命具保之被告在審判中逃匿者，
應由法院依刑訴法第一一八條第一項處理之。（刑訴法九三、一一八、
二二八、一二一）。

五七（羈押逾刑期之釋放）

案件經上訴者，被告羈押期間如已逾原審判決之刑期者，除檢察官為被
告之不利益而上訴外，應即釋放被告。不得命具保、責付或限制住居
（刑訴法一〇九）

五八（許可具保責付應注意事項）

許可具保而停止羈押，固應指定保證金額，惟保證金額須審酌案情及被告身分核定相當之數額，除聲請人或第三人願納保證金或有價證券者外，應依法命其提出保證書，不得強令提出保證金。於聲請人或第三人已依指定之保證金額提出現金或有價證券時，應予准許，不得強令提出保證書。遇有可用責付或限制住居之方法停止羈押者，亦應切實採行其方法。其具保或責付之人是否適當，應由各該命為具保責付或限制住居之法院親自核定。（刑訴法一一一、一一五、一一六）

五九（具保人之限制）

准許具保時，應注意刑訴法第一一一條第二項之規定，凡該管區域內殷實之人皆得出具保證書。惟公司董事長或經理不得以公司為刑事具保之保證人。（刑訴法一一一）

六〇（職權停止羈押之事由）

羈押之被告，如其所犯最重本刑為三年以下有期徒刑之罪，除有刑訴法第一一四條第一款但書情形外，或懷胎五月以上或生產未滿二月，或現罹疾病非保外治療顯難痊癒者，如經具保聲請停止羈押固應准許，其未聲請者，亦得命具保、責付或限制住居後停止羈押。（刑訴法一一四、一一五）

六一（保證金之沒入）

因具保而停止羈押之被告，如非逃匿，不得僅以受有合法傳喚無故不如期到案之理由，沒入其保證金。（刑訴法一一八）

六二（受責付人之責任）

被告於責付後，潛逃無蹤，固得令受責付人追交被告。但除受責付人確有藏匿或使之隱避情事，應受刑事制裁外，不得將其拘押。（參照司法院院字第八一五號解釋）

六三（搜索之要件與釋明）

對於被告、犯罪嫌疑人或第三人之搜索，以「必要時」或有「相當理

由」為要件。所稱「必要時」，須有合理之根據認為被告、犯罪嫌疑人之身體、物件、居住處所或電磁紀錄可能藏（存）有得作為犯罪或與之相關之證據存在；而是否有「相當理由」，非以搜索者主觀標準判斷，尚須有客觀之事實為依據，其與「必要時」之於搜索權之發動，差別在「相當理由」之標準要比「必要時」高。此二要件均應由搜索票之聲請人於聲請書上釋明之。（刑訴法一二二）

六四（搜索票之簽發與保密）

搜索票務須填載刑訴法第一二八條第二項各款法定必要記載之事項，不得遺漏，尤其第四款「有效期間」，應審酌聲請人之請求及實際需要，慎重決定。為確保人權不受公權力過度侵害，法官得視個案具體狀況，於搜索票上對執行人員為適當之指示，例如指示應會同相關人員或採隱密方式等。對於偵查中聲請核發搜索票之程序，包括受理、訊問、補正、審核、分案、執行後陳報、事後審查、撤銷、抗告、抗告法院裁定等程序，各相關人員於本案起訴前均應依法保守秘密，不得公開，卷宗亦不得交辯護人閱覽。（刑訴法一二八、二四五）

六五（搜索票聲請與審核）

檢察官、司法警察官聲請核發搜索票，應以書面記載刑訴法第一二八條第二項各款事項，其中第四款部分，係指預定實施搜索之時間。處理檢察官、司法警察官聲請核發搜索票之案件，由聲請人或其指定之人，持聲請書直接請求值日法官受理（不先分案，俟次一上班日再送分案室）。法官應妥速審核、即時裁定。對於重大刑事案件或社會矚目案件之聲請搜索票，必要時得組合議庭辦理。法官於裁定前，如認有必要時，得通知聲請人或其指定到場之人補正必要之理由或資料，或為必要之訊問或即時之調查後，逕行審核裁定之。法院審核搜索票之聲請，應就聲請書所敘述之理由及其釋明是否合於刑訴法第一二二條所規定之「必要時」或「有相當理由」之要件為之，其證據法則無庸嚴格證明，以行自由證明為已足，如經綜合判斷，具有一定可信度之傳聞、傳述，亦得據為聲請之理由。法院審核搜索票之聲請，不論准駁，得以簡便方式直接在聲請書上批示其要旨，如准予核發，書記官應於聲請書上將實際擊給搜索

票之時間予以明確記載，並確實核對聲請人或其指定之人之職員證件後由其簽收搜索票。如為駁回之裁定，書記官應將聲請書原本存查，影本交付聲請人；聲請人於法院裁定前撤回聲請者，亦同。（刑訴法一二八之一、一五六，參照最高法院七一年臺上字第五六五八號判例）

六六（法官親自搜索）

法官為勘驗或調查證據，固得親自實施搜索，但應以受聲請為原則，且不論在法庭內或法庭外為之，除法律另有規定外，均應簽發搜索票，記載刑訴法第一二八條第二項各款事項，並應將之出示在場之人。（刑訴法一二八之二、一四五、二一二）

六七（附帶搜索）

依法逮捕、拘提、羈押被告或犯罪嫌疑人後，雖無搜索票，亦得逕行對其身體、隨身攜帶之物件、所使用之交通工具及其立即可觸及之處所，例如身旁之手提袋或其他物件，一併搜索。（刑訴法一二〇）

六八（逕行搜索之審查）

檢察官依刑訴法第一三一條第二項規定，得逕行搜索，乃係偵查中檢察官基於保全證據之必要，確有相當理由，認為在二十四小時內，證據有偽造、變造、湮滅或隱匿之虞，情況急迫，所為之強制處分。法院受理檢察官、司法警察官逕行搜索之陳報案件，於審查時，得為必要之訊問或調查，務須注意是否具有相當性、必要性及急迫性，並不得公開行之。審查結果，認為尚未見有違反法律規定者，可逕於陳報書上批示「備查」後逕予報結（歸檔）；如認為有不符合法律規定或係無特定標的物之搜索，應於受理後五日內以裁定撤銷之，此項裁定僅撤銷其搜索程序。又逕行搜索後未陳報或經法院撤銷者，其扣押之物是否得為證據，由將來為審判之法院審酌人權保障與公眾利益之均衡維護（例如：（一）違背法定程序之情節。（二）違背法定程序時之主觀意圖。（三）侵害犯罪嫌疑人或被告權益之種類及輕重。（四）犯罪所生危險或實害。（五）禁止使用證據對於預防將來違法取得證據之效果。（六）偵查人員如依法定程序有無發現該證據之必然性。（七）證據取得之違法

對被告訴訟上防禦不利益之程度。）決定之。撤銷之裁定正本應送達檢察官、司法警察官、受搜索人或利害關係人。逕行搜索之陳報若逾法定之三日期限者，法院得函請該管長官予以瞭解並為適當之處理。（刑訴法一三一）

六九（同意搜索）

搜索係經受搜索人同意者，執行人員應先查明其是否確具同意之權限，並應將其同意之意旨記載於筆錄，由受搜索人簽名或出具書面表明同意之旨；所稱自願性同意，須綜合一切情狀而為判斷，例如搜索訊問的方式是否有威脅性、同意者意識強弱、教育程度、智商等，均應綜合考慮。（刑訴法四二、一三一之一、一四六）

七〇（搜索票之交還）

搜索票執行後，聲請人所陳報之執行結果暨搜索、扣押筆錄，應連同繳回之搜索票，由各法院依其事務分配決定送原核發搜索票之法官或其他法官核閱後，併入原聲請案件。（刑訴法一三二之一）

七一（搜索之必要處分）

搜索之封鎖現場、禁止在場人員離去、禁止他人進入、命違反禁止命令者離開或交由適當之人看守等處分，係對受搜索、扣押之相關人員之強制處分，應記明於搜索、扣押筆錄內，必要時得調度司法警察協助，或命為攝影、錄影等存證。（刑訴法四二、一四四）

七二（夜間搜索）

依刑訴法第一四六條第一項規定，有人住居或看守之住宅或其他處所，原則上不得於夜間入內搜索或扣押。但經住居人、看守人或可為其代表之人承諾或有急迫之情形者，不在此限。此種例外情形，係屬執行範圍，法官於簽發搜索票時，無庸贅載「准予夜間搜索」之意旨。（刑訴一四六）

七三（搜索之抗告）

受搜索人對於值日法官、獨任制之審判長、合議庭所為准許搜索之裁定

有不服者，得依法於五日內提起抗告；檢察官、司法警察官對於法院依
刑訴法第一三一條第三項撤銷逕行搜索之裁定有不服者，得於收受送達
後五日內提起抗告。（刑訴法第一二八、一三一、四○四）

七四（搜索之準抗告）

受搜索人對於合議制之審判長或受命法官、受託法官所為搜索之處分或
檢察官逕行搜索處分有不服者，得依法於五日內，聲請所屬法院撤銷
之。（刑訴法一二八、一三一、四一六）

七五（偵查中搜索抗告程序不公開）

法院就前兩點之抗告或聲請為裁定時，應注意偵查不公開之原則，避免
將具體偵查資料載於裁定書內，並不得將裁定內容及相關偵查卷證資料
公開揭露。（刑訴法二四五）

七六（扣押物之保存）

扣押物件如為犯人所有，而犯人業已逃匿，則科刑前提尚未確定，除違
禁物外，法院祇能扣押保存，不得遽予處分，惟得沒收之扣押物不適於
保存者，始得拍賣而保存其應得之原價。（刑訴法一三三、一四一）

七七（強制處分之慎重實施）

實施拘捕、羈押、搜索、扣押等強制處分時，不得超過必要之程度，關
於被告之身體及名譽，固須顧及，即社會之公益亦應注意，其為社會注
目或涉外之案件，尤宜慎重處理。（刑訴法八九、一二四）

七八（證據法定主義與自由心證主義）

法院認定犯罪事實，應憑證據。證據之證明力，固由法院自由判斷，但
應注意所憑證據，必須經過法定調查之程序；所下判斷，必須斟酌各方
面之情形，且不違背一般人之共同經驗，所得結論，不能有論理上之矛
盾，仍應有證據之存在，斷不可憑空推測，僅以理想之詞，如「難保」、
「自屬當然」等字樣為結論。凡為判決資料之證據，務須於審判時提示
當事人，詢以有無意見，賦予當事人、代理人、辯護人或輔佐人辯論證
據證明力之適當機會，並告知被告得提出有利之證據，必要時更得依職

權調查有利於被告之證據。即第二審得有新證據時，亦應照此辦理，其不得上訴第三審之案件，所有重要證據，尤須逐一予以審酌。（刑訴法一五四、一五五、一六三、一六四、一六五、一六五之一、二八八之一、二八八之二，參照最高法院五十三年台上字第二〇六七號判例）

七九（無證據能力之意義）

刑訴法第一五五條所謂無證據能力，係指不得作為證據者而言。茲舉述如次：（一）筆錄內所載之被告陳述與錄音或錄影之內容不符者，其不符之部分，原則上無證據能力。（二）被告因受強暴、脅迫、利誘、詐欺、疲勞訊問、違法羈押或其他不正方法所為之自白，其自白不具證據能力。（三）實施刑事訴訟程序之公務員違背刑訴法第九三條之一第二項、第一〇〇條之三第一項之規定，或檢察事務官、司法警察（官）詢問受拘提、逮捕之被告或犯罪嫌疑人，違背刑訴法第九五條第二款、第三款之規定，所取得被告或犯罪嫌疑人之自白及其他不利之陳述，不具證據能力（但經證明其等違背上述規定，非出於惡意，且該自白或陳述係出於自由意志者，不在此限）。（四）證人、鑑定人依法應具結而未具結，其證言或鑑定意見，無證據能力。（五）被告以外之人於審判外之言詞或書面陳述，除法律有規定者外，不具證據能力。（六）證人之個人意見或推測之詞，非以實際經驗為基礎者，不具證據能力。（七）被告以外之人（包括共同被告、共犯及其他證人）因受恫嚇、侮辱、利誘、詐欺或其他不正方法所為不利於被告之陳述，不具證據能力。（八）關於組織犯罪防制條例之罪，訊問證人之筆錄非於檢察官、法官面前作成或未經踐行刑事訴訟法所定訊問證人之程序者，無證據能力。（刑訴法一〇〇之一、一五五、一五六、一五八之二、一五八之三、一五九、一六〇、一六六之七、組織犯罪防制條例一二）

八〇（採取自白之注意事項）

法院在採取被告或共犯之自白為證據時除應注意非出於強暴、脅迫、利誘、詐欺、疲勞訊問、違法羈押或其他不正方法外，並須於裁判書理由內，說明其自白如何與事實相符之情形。關於證明被告或共犯自白與事實相符所憑之補強證據，係指除被告或共犯自白外，其他足資以證明被

告或共犯自白之犯罪事實確具有相當程度真實性之證據而言，並非以證明犯罪構成要件之全部事實為必要。若被告陳述其自白係出於不正之方法者，法院應先於其他事證而為調查。該自白如係經檢察官提出者，法院應命檢察官就自白之任意性，指出證明之方法，例如：由檢察官提出訊（詢）問被告之錄音帶或錄影帶或舉出訊（詢）問被告及製作筆錄者以外之其他人證，作為證明。（刑訴法一五六、三一〇，參照最高法院七十三年台上字第五六三八號及七十四年台覆字第一〇號判例）

八一（被告緘默權之保障）

刑訴法第一五六條第三項明定不得僅因被告拒絕陳述或保持緘默而推斷其罪行，故法院訊問時，宜特加注意調查其他證據，不得僅以被告拒絕陳述或保持緘默即指為理屈詞窮而推斷其為有罪。（刑訴法一五六）

八二（舉證責任之例外（一））

刑訴法第一五七條所謂公眾周知之事實，係指一般人所通曉，無誤認之可能者而言，亦即自然之物理，生活之常態，普通經驗知識，無可爭執之事項。（刑訴法一五七）

八三（舉證責任之例外（二））

刑訴法第一五八條所謂事實於法院已顯著者，係指某事實在社會上為一般所已知而法官現時亦知之者而言。又所謂事實為法院職務上所已知者，指該事實即屬構成法院之法官於職務上所為之行為或係其職務上所觀察之事實，現尚在該法官記憶中，無待閱卷者而言。（刑訴法一五八，參照最高法院二十八年上字第二三七九號判例）

八四（違背法定程序取得被告或犯罪嫌疑人之自白或其他不利陳述之證據能力）

實施刑事訴訟程序之公務員違背刑訴法第九三條之一第二項、第一〇〇條之三第一項之規定，所取得被告或犯罪嫌疑人之自白及其他不利之陳述，不得作為證據。但實施刑事訴訟程序之公務員若能證明其違背非出於明知而故犯，且該自白或不利之陳述係出於被告或犯罪嫌疑人之自由意志者，則不在此限。至於檢察事務官、司法警察官或司法警察詢問受

拘提、逮捕之被告或犯罪嫌疑人時，若違反刑訴法第九五條第二款、第三款之規定者，亦準用刑訴法第一五八條之二第一項之規定。而違背前述法定程序所取得之被告及犯罪嫌疑人之自白或其他不利之陳述如係由檢察官提出作為證據者，應由檢察官就執行人員非明知而故意違法，且所取得之自白或陳述係出於被告或犯罪嫌疑人之自由意志，負舉證之責任。（刑訴法一五八之二）

八五（證人傳票待證事由欄之記載）

證人傳票「待證之事由」一欄，僅表明與何人有關案件作證即可，不須明白告知到場作證之事實，以免發生串證而失發現真實之旨。（刑訴法一七五）

八六（具結）

證人、鑑定人依法應具結而未具結者，其證言或鑑定意見，不得作為證據。故法官訊問證人、鑑定人時，應注意具結之規定。如應具結者，應命證人或鑑定人自行朗讀結文，必須證人或鑑定人不能自行朗讀者，始命書記官朗讀，於必要時說明結文之意義並記明筆錄。（刑訴法一五八之三、一八四、一八六、一八九）

八七（違背法定程序所取得證據之證據能力）

除法律對於違法取得證據之證據能力已有明文規定外，實施刑事訴訟程序之公務員因違背法定程序取得之證據，其有無證據能力之認定，應審酌人權保障及公共利益之均衡維護。而法院於個案權衡時，允宜斟酌（一）違背法定程序之情節。（二）違背法定程序時之主觀意圖。（三）侵害犯罪嫌疑人或被告權益之種類及輕重。（四）犯罪所生之危險或實害。（五）禁止使用證據對於預防將來違法取得證據之效果。（六）偵審人員如依法定程序有無發現該證據之必然性及（七）證據取得之違法對被告訴訟上防禦不利益之程度等各種情形，以為認定證據能力有無之標準。（刑訴法一五八之四）

八八（傳聞證據之排除）

為保障被告之反對詰問權，並符合直接審理主義之要求，若提出被告以

外之人（含共同被告、共犯、證人、鑑定人、被害人）於審判外之言詞
或書面陳述，作為證據以證明其所敘述之事項為真實者，該被告以外之
人於審判外之陳述應屬於傳聞證據，除法律另有規定外，無證據能力，
不得作為證據使用。所稱法律另有規定，例如：刑訴法第一五九條之一
至第一五九條之五、第二零六條、性侵害犯罪防治法第十五條第二項、
兒童及少年性交易防制條例第十條第二項、家庭暴力防治法第二十八條
第二項、組織犯罪防制條例第十二條及檢肅流氓條例第十二條中有關秘
密證人筆錄等多種刑事訴訟特別規定之情形。惟簡式審判程序之證據調
查，依刑訴法第二七三條之二之規定，不受同法第一五九條第一項之限
制；又簡易程序乃對於情節輕微，證據明確，已足認定其犯罪者，規定
迅速審判之訴訟程序，其不以行言詞審理為必要，是以行簡式審判及簡
易程序之案件，無須適用刑訴法第一五九條一項所定之傳聞法則。而刑
訴法第一六一條第二項有關起訴審查之規定，則係法院於第一次審判期
日前，斟酌檢察官起訴或移送併辦意旨及全案卷證資料，依客觀之經驗
法則與論理法則，從客觀上判斷被告是否顯無成立犯罪之可能；另關於
羈押、搜索、鑑定留置、許可、證據保全及其他依法所為強制處分之審
查，除偵查中特重急迫性及隱密性，應立即處理且審查內容不得公開
外，其目的僅在判斷有無實施證據保全或強制處分之必要，因上開審查
程序均非認定被告有無犯罪之實體審判程序，其證據法則毋須嚴格證
明，僅以自由證明為已足，故亦不適用刑訴法第一五九條第一項有關傳
聞法則之規定。（刑訴法一五九）

八九（傳聞證據排除之例外（一））

依刑訴法第一五九條之一之規定，被告以外之人於審判外向法官所為之
陳述，得為證據。被告以外之人於偵查中向檢察官所為之陳述，除顯有
不可信之情況者外，亦得為證據。故而，被告以外之人（含共同被告、
共犯、證人、鑑定人、被害人）於法官面前依循法定程序所為之書面或
言詞陳述，不論係於其他刑事案件之準備程序、審判期日或民事事件
乃至其他訴訟程序之陳述，均得作為證據，法院就被告以外之人接受審
訊時所製成之訊問、審判筆錄或陳述之錄音或錄影紀錄，在踐行刑訴法
第一六五條或第一六五條之一所定調查程序後，得援為判決之基礎。另

所謂不可信之情況，法院應審酌被告以外之人於陳述時之外在環境及情況，例如：陳述時之心理狀況、有無受到外力干擾等，以為判斷之依據，故係決定陳述有無證據能力，而非決定陳述內容之證明力。（刑訴法一五九之一）

九〇（傳聞證據排除之例外（二））

依刑訴法第一五九條之二之規定，被告以外之人（含共同被告、共犯、證人、鑑定人、被害人等）於檢察事務官、司法警察官或司法警察調查中所為之陳述，與審判中不符時，其先前之陳述具有較可信之特別情況，且為證明犯罪事實存否所必要者，得為證據。故被告以外之人於審判中之陳述與其先前在檢察事務官、司法警察（官）調查中所為陳述不符時，其先前陳述必須具備特別可信性及必要性兩項要件，始得作為證據。而所稱「具有可信之特別情況」係屬於證據能力之要件，法院應比較其前後陳述時之外在環境及情況，以判斷何者較為可信，例如：陳述時有無其他訴訟關係人在場，陳述時之心理狀況、有無受到強暴、脅迫、詐欺、利誘等外力之干擾。又法院在調查被告以外之人先前不一致陳述是否具有特別可信情況時，亦應注意保障被告詰問之權利，並予被告陳述意見之機會，倘採用先前不一致陳述為判決基礎時，並須將其理由載明，以昭公信。（刑訴法一五九之三）

九一（傳聞證據排除之例外（三））

為發見真實，並兼顧實務運作之需要，被告以外之人於審判中有下列情形之一：（一）死亡。（二）身心障礙致記憶喪失或無法陳述。（三）滯留國外或所在不明而無法傳喚或傳喚不到。（四）到庭後無正當理由拒絕陳述。其先前於檢察事務官、司法警察官或司法警察調查中所為陳述，若經證明具有可信之特別情況（指陳述時之外在環境及情況具有特別可信之情形），且為證明犯罪事實之存否所必要者，即具有證據之適格，法院對於此類被告以外之人之先前陳述筆錄或陳述之錄音或錄影紀錄，在踐行刑訴法第一六五條或第一六五條之一所定調查程序後，得援為判決之基礎。（刑訴法一五九之四）

九二（傳聞證據排除之例外（四））

實施刑事訴訟程序之公務員紀錄被告以外之人於審判外之言詞或書面陳述之筆錄，如審判筆錄、法官訊問筆錄、檢察官偵訊筆錄或檢察事務官、司法警察官詢問筆錄，必須符合刑訴法第一五九條之一至一五九條之三或其他法律所定傳聞例外要件，始得作為證據。而除刑訴法第一五九條之一至一五九條之三或其他法律所定之情形外，公務員職務上製作之紀錄文書、證明文書，例如：戶籍謄本、公證書，或從事業務之人於業務上或通常業務過程所須製作之紀錄文書、證明文書，例如：醫師診斷病歷、商業帳簿，航海日誌等，若無顯然不可信之情況，亦得作為證據；其他於可信之特別情況下所製作之文書，例如：政府公報、家族譜、商業調查報告、統計表、商品行情表、曆書、學術論文等，亦同。（刑訴法一五九之四）

九三（傳聞證據排除之例外（五））

被告以外之人於審判外之言詞或書面陳述，雖不符刑訴法第一五九條之一至一五九條之四之規定，惟當事人於準備程序或審判期日仍以言詞或書面明示同意以其陳述作為證據時，則法院可審酌該陳述作成時之情況，於認為適當之前提下，例如：證據之取得過程並無瑕疵，其與待證事實具有關連性、證明力非明顯過低等，賦予其證據能力。又基於訴訟程序安定性、確實性之要求，若當事人已於準備程序或審判期日明示同意以被告以外之人於審判外之陳述作為證據，而其意思表示又無瑕疵者，不宜准許當事人撤回同意：但其撤回符合下列情形時，則不在此限：（一）尚未進行該證據之調查。（二）他造當事人未提出異議。（三）法院認為適當。至於當事人、代理人或辯護人於法院調查證據時，知有刑訴法第一五九條第一項不得為證據之情形，卻未於言詞辯論終結前聲明異議者，亦視為有將被告以外之人於審判外之陳述作為證據之同意。為避免發生爭執，法院得在審判前之準備程序，將此擬制同意之法律效果告知當事人，促其注意。（刑訴法一五九之五）

九四（意見證言之證據能力）

證人之個人意見或推測之詞，除以實際經驗為基礎者外，不得作為證

據，法官訊問證人時，應注意告知證人為明確之陳述，勿摻雜非以實際經驗為基礎之個人意見或推測之詞。（刑訴法一六〇）

九五（舉證責任與起訴之審查）

檢察官對被告犯罪事實應負舉證責任，並指出證明之方法，係指檢察官除應就被告之犯罪實負提出證據之責任外，並應負說服之責任，使法官確信被告犯罪構成事實之存在。而法院於第一次審判期日前，審查檢察官起訴或移送併辦意旨及全案卷證資料，依客觀之論理與經驗法則，從形式上審查，即可判斷被告顯無成立犯罪之可能者，例如：（一）起訴書證據及所犯法條欄所記載之證據明顯與卷證資料不符，檢察官又未提出其他證據可資證明被告犯罪；（二）僅以被告或共犯之自白或告訴人之指訴，或被害人之陳述為唯一之證據即行起訴；（三）以證人與實際經驗無關之個人意見或臆測之詞等顯然無證據能力之資料（有無證據能力不明或尚有爭議，即非顯然）作為起訴證據，又別無其他證據足資證明被告成立犯罪；（四）檢察官所指出之證明方法過於空泛，如僅稱有證物若干箱或帳冊若干本為憑，至於該證物或帳冊之具體內容為何，均未經說明；（五）相關事證未經鑑定或勘驗，如扣案物是否為毒品、被告尿液有無毒物反應、竊佔土地坐落何處等，苟未經鑑定或勘驗，顯不足以認定被告有成立犯罪可能等情形，均應以裁定定出相當合理之期間通知檢察官補正證明方法。其期間，宜審酌個案情形及補正所需時間，妥適定之。

法院通知檢察官補正被告犯罪之證明方法，乃因法院認為檢察官指出之證明方法顯不足認定被告有成立犯罪之可能，故法院除於主文諭知：「應補正被告犯罪之證據及指出證明之方法」外，於理由欄內自應說明其認為檢察官指出之證明方法顯不足認定被告有成立犯罪可能之理由，俾使檢察官將來如不服駁回起訴之裁定時，得據以向上級審法院陳明其抗告之理由。又法院於通知檢察官補正證明方法之裁定書中，不宜具體記載法院認為所應補正之證據資料或證明方法，以避免產生引導檢察官追訴犯罪之現象，牴觸法院應客觀、公正審判之立場。檢察官提出之證據及指出之證明方法，從形式上觀察，已有相當之證據，嗣後被告或其辯護人對證據之證明力有所爭執，而已經過相當時日之調查，縱調查之結

果，認檢察官之舉證不足以證明被告犯罪時，即非所謂「顯」不足以認定被告有成立犯罪可能之情形，此際，法院應以實體判決終結訴訟，不宜以裁定駁回檢察官之起訴。

法院駁回檢察官起訴之裁定，依刑訴法第四○三條第一項規定，當事人若有不服者，得抗告於直接上級法院，法院於該駁回起訴之裁定中，應明確記載駁回起訴之理由。

法院駁回起訴之裁定確定後，具有限制之確定力，非有刑訴法第二六○條各款情形之一，檢察官不得對於同一案件再行起訴。法院對於再行起訴之案件，應詳實審核是否具備法定要件，如僅提出相同於原案之事證，或未舉出新事實、新證據，或未提出該當於刑訴法第四二○條第一項第一款、第二款、第四款或第五款所定得為再審原因之情形者，法院應諭知不受理之判決。（刑訴法一六一）

九六（調查證據聲請權與法院調查義務）

當事人、代理人、辯護人或輔佐人有聲請調查證據之權利；並得於調查證據時，詢問證人、鑑定人或被告，審判長除認為該詢問係不當者外，不得禁止之。故凡當事人等所聲請調查之證據與待證事實具有關聯性，且有調查之必要與可能，客觀上確為法院認定事實及適用法律之基礎者，法院均有調查之職責，不得駁回調查證據之聲請（刑訴法第一六三條之二反面解釋參照）。而法院於當事人所主導之證據調查完畢後，認為事實仍有待澄清時，得斟酌具體個案情形，無待聲請，主動依職權調查。又關於公平正義之維護及被告利益保障之重大事項，法院則應依職權調查，無裁量選擇之餘地。所稱「公平正義之維護」之重大事項，例如案件攸關國家、社會或個人重大法益之保護，或牽涉整體法律目的之實現及國民法律感情之維繫者均屬之。而法院就「公平正義」之規範性概念予以價值補充時，必須參酌法律精神、立法目的、依據社會之情形及實際需要，予以具體化，以求實質之妥當，是以法院於訴訟程序之進行，除須遵循正當程序原則外，於作成判決時，亦須將相關理由記載明確，不宜過於簡略含糊。至於對「被告利益」有重大關係之事項，係指該等事實或訴訟資料之存在對被告有直接且重大之利益，例如案件是否具備阻卻違法、阻卻責任、得或應減輕或免除刑罰等有利於被告之情

形，法院均應特加注意，依職權主動調查。法院根據刑訴法第一六三條第二項之規定，發動職權進行證據之調查，須維持客觀、公正之立場，於調查證據前，應先予當事人、代理人、辯護人或輔佐人有就證據調查範圍、順序及方法陳述意見之機會，避免以突襲性之證據調查作為判決基礎，影響當事人訴訟權益。（刑訴法一六三之二）

九七（聲請調查證據之駁回）

當事人、代理人、辯護人或輔佐人聲請調查之證據，法院認為不必要者，得以裁定駁回之，或在判決內說明不予調查之理由。下列情形，應認為不必要：（一）不能調查者。（二）與待證事實無重要關係者。（三）待證事實已臻明瞭無再調查之必要者。（四）同一證據再行聲請者（但因待證事實不同，而有取得不同證據資料之必要時，則不在此限）。（刑訴法一六三之二）

九八（實質發見主義與證人作證義務）

刑事訴訟係採實質的真實發見主義，欲認定事實，自須賴證據以證明。而證人係指在他人之訴訟案件中，陳述自己所見所聞具體事實之第三人，為證據之一種，故凡居住於我國領域內，應服從我國法權之人，無分國籍身分，原則上均有在他人為被告之案件中作證之義務，俾能發見事實真相。惟證人中有因公務關係應保守秘密而得拒絕證言者（刑訴法一七九），有因與當事人之身分關係得拒絕證言者（刑訴法一八〇），有因業務關係有保密義務而得拒絕證言者（刑訴法一八二），有因利害關係而得拒絕證言者（刑訴法一八一），法院訊問此等證人之前，除刑訴法第一八五條第二項明定「證人與被告或自訴人有第一百八十條第一項之關係者，應告以得拒絕證言」、第一八六條第二項明定「證人有第一百八十一條之情形者，應告以得拒絕證言」外，其他情形，亦宜告知證人除有刑訴法第一七九條第二項、第一八二條所列不得拒絕證言之法定原因外，得拒絕證言，以昭程序之允當。（刑訴法一七六之一、一八五、一八六）

九九（交互詰問）

當事人、代理人（指被告或自訴人之代理人，不包含告訴人之代理人）、辯護人及輔佐人聲請傳喚之證人、鑑定人，於審判長為人別訊問後，由當事人、代理人或辯護人直接詰問之。但被告如無辯護人，而不欲行詰問時，審判長則應予詢問證人、鑑定人之適當機會，以保障被告之發問權。至於兩造詰問證人或鑑定人之次序係依刑訴法第一六六條第二項定之，其輪序如下：（一）主詰問。（二）反詰問。（三）覆主詰問。（四）覆反詰問。審判長行使訴訟指揮權時應予注意。如同一被告、自訴人有二以上代理人、辯護人（含同一被告兼有代理人及辯護人之情形）時，該被告、自訴人之代理人、辯護人對同一證人、鑑定人之詰問，應推由其中一人代表為之，非經審判長許可，不得由數代理人或數辯護人為詰問。（刑訴法一六六）證據，其有無證據能力之認定，應審酌人權保障及公共利益之均衡維護。而法院於個案權衡時，允宜斟酌（一）違背法定程序之情節。（二）違背法定程序時之主觀意圖。（三）侵害犯罪嫌疑人或被告權益之種類及輕重。（四）犯罪所生之危險或實害。（五）禁止使用證據對於預防將來違法取得證據之效果。（六）偵審人員如依法定程序有無發現該證據之必然性及（七）證據取得之違法對被告訴訟上防禦不利益之程度等各種情形，以為認定證據能力有無之標準。（刑訴法一五八之四）

一〇〇（主詰問）

主詰問應就待證事項及其相關事項行之，不得以欠缺關連性之事項為詰問。又為辯明證人、鑑定人記憶及陳述之正確性，或證人、鑑定人之憑信性，得就必要事項為詰問。又誘導詰問乃指詰問者對供述者暗示其所希望之供述內容，而於「問話中含有答話」之詰問方式，有鑑於當事人、代理人、辯護人或輔佐人主動聲請傳喚之證人、鑑定人，一般是有利於該造當事人之友性證人。因此，若行主詰問者為誘導詰問，證人或鑑定人往往有可能迎合主詰問者之意思或受其暗示之影響，而做非真實之供述。為避免前述情形發生，行主詰問時，不得為誘導詰問。僅於符合刑訴法第一六六條之一第三項但書規定之情形時，始容許行誘導詰問。惟行誘導詰問時，仍應注意避免採用朗讀書面或使用其他對證人或鑑定人之陳述產生不當影響之方式。（刑訴法一六六之一）

一〇一（反詰問）

反詰問應就主詰問所顯現之事項及其相關事項或為辯明證人、鑑定人記憶及陳述之正確性，或證人、鑑定人之憑信性所必要之事項行之。行反詰問於必要時，雖得為誘導詰問。但審判長認為有影響真實發見之虞，或為避免證人、鑑定人遭致羞辱或難堪，例如：證人、鑑定人於反詰問之回答或陳述明顯與詰問者配合而有串證之虞，抑證人為兒童或性侵害之被害人者，恐兒童之理解問題能力不足或性侵害被害人有遭受羞辱之情形時，仍得予以限制或禁止。又行反詰問時，如審判長認為適當者，可准許當事人、代理人或辯護人就支持其主張之新事項進行詰問，該新事項視為主詰問。（刑訴法六六之二、一六六之三、一六六之七、一六七）

一〇二（覆主詰問）

覆主詰問應就反詰問所顯現之事項及其相關事項行之，其方式依循主詰問，如審判長認為適當者，亦可准許當事人、代理人或辯護人就支持其主張之新事項進行詰問，該事項視為主詰問。（刑訴法一六六之四）

一〇三（覆反詰問）

為避免詰問事項不當擴張、延滯訴訟程序，覆反詰問應就辯明覆主詰問所顯現證據證明力必要之事項行之，至於其進行方式則依循反詰問。（刑訴法一六六之五）

一〇四（法院依職權傳訊證人、鑑定人之詰問次序）

法院依職權傳喚證人、鑑定人時，該證人、鑑定人具有何種經驗、知識，所欲證明者為何項待證事實，因以審判長最為明瞭，故應由審判長先為訊問，此時之訊問相當於主詰問之性質，而當事人、代理人及辯護人於審判長訊問後，接續詰問之，其性質則相當於反詰問。至於當事人、代理人及辯護人間之詰問次序，則由審判長本其訴訟指揮，依職權定之。而為發見真實，證人、鑑定人經當事人、代理人或辯護人詰問後，審判長仍得續行訊問。（刑訴法一六六之六）

一〇五（不當詰問之禁止）

詰問證人、鑑定人及證人、鑑定人之回答，均應就個別問題具體為之。審判長於詰問程序進行時，尤須妥適行使訴訟指揮權及法庭秩序維持權，以限制或禁止不當之詰問。下列之詰問，即屬不當之詰問。但第五款至第八款之情形，於有正當理由時，例如為發見真實所必要，則不在此限：（一）與本案及因詰問所顯現之事項無關者。（二）以恫嚇、侮辱、利誘、詐欺或其他不正之方法者。（三）抽象不明確之詰問。（四）為不合法之誘導者。（五）對假設性事項或無證據支持之事實為之者。（六）同一造對同一證人、鑑定人為重覆之詰問。（七）要求證人陳述非基於實際經驗之個人意見或推測、評論者。（八）恐證言於證人或與其有第一百八十條第一項關係之人之名譽、信用或財產有重大損害者。（九）對證人未親身經歷事項或鑑定人未行鑑定事項為之者。（十）其他法令禁止者（例如：性侵害犯罪防治法第十四條規定：性侵害犯罪中之被告或其辯護人不得詰問或提出有關被害人與被告以外之人之性經驗證據。但法官或檢察官如認有必要，例如為探究被害人身上精液、血液之來源時，即不在此限。又為保障證人之生命、身體、自由、財產之安全，證人保護法及組織犯罪防制條例就特定案件之證人身分、住居所資料有應予以保密之特別規定，依法亦不能以此作為詰問之事項。另法官就涉及國家機密之案件，依國家機密保護法〈九十二年二月六日公布，施行日期由行政院定之〉第二十五條規定，對有洩漏國家機密之虞者，亦得限制或拒絕對質或詰問。）（刑訴法一六六之七）

一〇六（審判長依職權限制或禁止不當之詰問）

詰問為當事人、代理人及辯護人之權利，原則上不得予以限制或禁止。但為避免不必要及不當之詰問，致使訴訟程序遲滯、浪費法庭時間，甚而侵擾證人、鑑定人，審判長仍得依職權適當限制或禁止詰問之方式及時間。（刑訴法一六七）

一〇七（詰問之聲明異議）

當事人、代理人或辯護人就證人、鑑定人之詰問及回答，得以違背法令或不當為由，依刑訴法第一六七條之一之規定聲明異議。惟其應即就各

個行為，以簡要理由為之，例如：「審判長，對造之誘導詰問不合法，請制止。」審判長對於聲明異議，應立即處分，不得無故遲延，並應於處分前，先命行詰問之人或受詰問之證人、鑑定人停止詰問或陳述，再命被異議一方之當事人、代理人或辯護人就該異議陳述意見，以維法庭秩序。（刑訴法一六七之一、一六七之二）

一〇八（聲明異議遲誤時機之效力）

審判長認聲明異議有遲誤時機、意圖延滯訴訟或其他不合法之情形，例如：未附理由之聲明異議，應以處分駁回之。但遲誤時機所提出之聲請事項若與案情有重要關係，為認定事實或適用法律之重要基礎者，則不在此限。（刑訴法一六七之三）

一〇九（聲明異議無理由之處理）

審判長認聲明異議無理由者，應即處分駁回之。（刑訴法一六七之四）

一一〇（聲明異議有理由之處理）

審判長認為聲明異議有理由者，應視其情形，立即為中止、撤回、撤銷、變更或其他必要之處分，例如：（一）禁止詰問人對同一事項繼續詰問。（二）命詰問人修正詰問之方式。（三）請證人、鑑定人停止陳述或修正回答之方式。（四）勸諭證人、鑑定人回答問題，必要時得重述詰問者所提問題，直接詰問證人或鑑定人。（五）依職權或聲請命書記官將不當詰問之情形及處理方式記載於筆錄。（六）其他為維持公平審判或法庭秩序所得為之處理。（刑訴法一六七之五）

一一一（審判長處分之效力）

當事人、代理人及辯護人對於審判長有關詰問聲明異議之處分，不得聲明不服，如其聲明不服，法院應即以裁定駁回之。（刑訴法一六七之六）

一一二（不當詢問之禁止及準用之規定）

當事人、辯護人、代理人或輔佐人得於調查證據時，詢問證人、鑑定人及被告。前述詢答如有不當之情形，審判長應依職權或依他造當事人、代理人或辯護人之聲明異議予以限制、禁止，或為其他必要之處分，其

處理方式準用刑訴法第一六六條之七第二項、第一六七至第一六七條之
六之規定。（刑訴法一六七之七）

一一三（告訴人為證人）

公訴案件之告訴人，雖非當事人，然法院為證明事實起見，認為有訊問
之必要時，自得適用刑訴法關於證人之規定，予以傳喚，其無正當理由
不到者，得適用同法第一七八條之規定辦理，惟此項證言可採與否，法
院應據理慎重判斷。（刑訴法一七八、參照司法院院字第四七號、第
一一五號、第二四五號及大法官釋字第二四九號解釋、最高法院五十一
年台上字第一三〇〇號判例）

一一四（主詰問已陳述有關被告本人之事項，反詰問時不得拒絕證言）

證人恐陳述致自己或與其有刑訴法第一八〇條第一項關係之人受刑事追
訴或處罰者，依刑訴法第一八一條之規定，固得拒絕證言，但被告以外
之人（含共同被告、共犯、證人、鑑定人、被害人）於反詰問時，就主
詰問所陳述有關被告本人之事項，不得行使拒絕證言權，務須注意。
（刑訴法一八一、一八一之一）

一一五（鑑定人之書面報告）

受審判長、受命法官或檢察官選任之鑑定人所為之書面鑑定報告，屬傳
聞證據排除之例外，具有證據能力。（刑訴法一五九、二〇六）

一一六（偽證人之適用）

證人、鑑定人、通譯，於法院審判時，或於檢察官偵查時，供前供後具
結陳述不實者，應注意刑法第一六八條之規定，酌為處理。（刑訴法
一八七、一八八）

一一七（鑑定通譯準用人證之規定）

關於鑑定及通譯事項，應注意準用人證之各規定。（刑訴法一九七、
二一一）

一一八（鑑定留置之聲請與審核）

對被告之鑑定留置，以有鑑定其心神或身體之必要為要件。偵查中檢察官聲請鑑定留置，應以書面記載刑訴法第二○三條之一第二項第一至四款之事項，並釋明有合理根據認為有鑑定被告心神或身體之必要。法官決定應否鑑定留置前，得為必要之訊問及調查，或通知檢察官補正必要之理由或資料。（刑訴法二○三、二○三之一）

一一九（鑑定留置票之製作及使用）

鑑定留置票應以書面記載刑訴法第二○三條之一第二項各款事項及簽發日期，偵查中之鑑定留置票應記載事項與檢察官聲請書所載相同者，得引用聲請書為附件；鑑定留置票應備數聯，分別送交鑑定人、辯護人、被告及其指定之親友，偵查中並應送交檢察官。鑑定留置票簽發後，其所記載之應留置處所或預定之留置期間經裁定變更或縮短、延長者，應再行通知上開應受送交留置票之人（刑訴法二○三之一、二○三之二、二○三之三）

一二○（鑑定留置之期間）

鑑定留置，法院應審酌鑑定事項之具體內容、檢查之方法、種類及難易程度等情狀，預定七日以下之留置期間；並得於審判中依職權，偵查中依檢察官之聲請，視實際狀況所需，在期滿前以裁定縮短或延長之，惟延長之期間不得逾二月，以保障人權。延長留置之裁定，除當庭宣示者外，於期滿前以正本送達被告者，始生延長留置之效力。鑑定留置期間自簽發鑑定留置票之日起算，其日數於執行時，得折抵刑期。（刑訴法第二○三、二○三之三、二○三之四）

一二一（鑑定留置被告之看守）

刑訴法第二百零三條之二第四項之命司法警察看守被告，屬鑑定留置之執行事項，於偵查中由檢察官，審判中由法官依職權或依留置處所管理人員之聲請命檢察署、法院之法警為之；若法警人力不足時，得洽請移送該案件或留置處所當地之司法警察機關為之。該聲請應以書狀敘述有必要看守之具體理由。（刑訴法二○三之二）

一二二（偵查中鑑定留置資料之管理）

法院對於偵查中聲請鑑定留置之案件，應製作紀錄，記載檢察官聲請之案號、被告之姓名及身分資料與准予鑑定留置或駁回聲請之情形；並應每一案建一卷宗，嗣後鑑定留置期間之延長、縮短、處所之變更及看守被告之聲請等相關資料，應併入原卷宗。（刑訴法二〇三、二〇三之三）

一二三（鑑定許可之審查）

應經許可始得進行之鑑定行為，尤其刑訴法第二〇五條之一第一項之採取出自或附著身體之物，例如：分泌物、排泄物、血液、毛髮、膽汁、胃液、留存於陰道中之精液等檢查身體之鑑定行為，係對人民身體之侵害，法院核發鑑定許可書前，應本於發現真實之目的，詳實審酌該鑑定對於確定訴訟上重要事實是否必要，以符合鑑定應遵守之必要性與重要性原則，並慎重評估鑑定人是否適格。鑑定許可，審判長、受命法官得依職權或依聲請為之（檢察官亦有鑑定許可之權限）。聲請鑑定許可，應以鑑定人為聲請人。鑑定人聲請核發鑑定許可書，得以言詞或書面為之，其書面格式不拘，惟不論以言詞或書面聲請，均應敘明有必要為刑事訴訟法第二〇四條第一項、第二〇五條之一第一項所列行為之具體理由。（刑訴法第二〇四、二〇四之一、二〇五之一）

一二四（鑑定許可書之製作及使用）

鑑定許可書除應載明刑事訴訟法第二〇四條之一第二項所定應記載事項、對檢查身體附加條件者其條件、經許可得為之刑事訴訟法第二〇五條之一第一項所列之處分行為、執行期間經過後不能執行時應交還留置票之旨及簽發日期外，並宜載明第二〇四條第二項得準用之搜索、扣押相關條文之內容暨鑑定人進入有人居住或看守之住宅、處所行鑑定時，不得為搜索行為等意旨，以促請鑑定人注意及兼顧人權之保障。鑑定許可書得於選任鑑定人或囑託鑑定機關鑑定時，隨函送達於鑑定人或鑑定機關（刑訴法二〇四、二〇四之一、二〇四之二、二〇五之一）

一二五（對拒絕鑑定之處理）

對無正當理由而拒絕檢查身體、解剖屍體及毀壞物體之鑑定處分者，審

判長、受命法官或檢察官得率同鑑定人實施之，並對拒卻者施以必要之強制力；該無正當理由拒絕接受身體檢查者若係被告以外之人，且得課以新台幣三萬元以下之罰鍰。該罰鍰之處分，由法院裁定，偵查中由檢察官聲請與其所屬檢察署相對應之法院法官裁定；受裁定之人不服者，得提起抗告。（刑訴法第二〇四之三、二一九、一三二、一七八）

一二六（囑託鑑定）

應行鑑定時，除以專家為鑑定人外，並得囑託國內、外醫院、學校或其他相當之機關、團體為鑑定或審查他人之鑑定，如須以言詞報告或說明時，得命實施鑑定或審查之人為之，其報告或說明時，有具結之義務，且當事人、代理人、辯護人均得詢問或詰問之，輔佐人亦得詢問之。（刑訴法二〇八）

一二七（勘驗應注意事項）

法院調查證據及犯罪情形，能勘者總以勘驗為妥，以期發現真實，不得以法文規定係「得實施勘驗」，輒將該項程序任意省略。勘驗應製作筆錄，記載勘驗始末及其情況，並履行法定之方式，如有勘驗物之狀態，非文字所能形容者，宜製作圖畫或照片附於筆錄之後。履勘犯所，檢驗屍傷或屍骨，均應將當場勘驗情形詳細記載，不得有含糊模稜或遺漏之處，例如殺人案件自殺、他殺、過失致死，應當場留心辨別，倘係毒殺者，應須立予搜索有無殘餘之毒物。又如勘驗盜所，應察看周圍之狀況，並注意事主有無裝假捏報情弊；他如放火案件，目的物被燒之結果，是否已喪失其效用（全部或一部）；傷害案件，被害人受傷之程度，是否已達重傷；至性侵害、墮胎、毀損等案件，關於生理上所呈之異狀，與物質上所受之損害（喪失效用，抑僅減少價值），均應親驗明白，不可專憑他人報告。（刑訴法四二、四三、二一二）

一二八（對被告以外之人檢查身體之傳喚、拘提）

為檢查被告以外之人之身體時，得以傳票傳喚其到場，經合法傳喚，無正當理由而不到場者，除得處以罰鍰外，並得命拘提。前開傳票、拘票除分別記載刑事訴訟法第一百七十五條第二項、第七十七條第二項所列

各款事項外，應併載明因檢查身體而傳喚或拘提之旨。（刑訴法二一五）

一二九（證據保全之要件）

證據保全，以證據有湮滅、偽造、變造、隱匿或礙難使用之虞為要件，例如：保存有一定期限之電訊通聯紀錄、證人身罹重病恐將死亡或即將遠行久居國外、證物不易保存有腐敗、滅失之可能、避免醫院之病歷遭篡改、確定人身受傷之程度、原因或違法濫墾山坡地、於水利地違法傾倒垃圾及不動產遭竊佔之範圍等。該要件即為應保全證據之理由，應由聲請證據保全之人於聲請書上記載並釋明。（刑訴法二一九之一、二一九之五）

一三〇（證據保全之聲請及審核）

聲請保全證據，偵查中由告訴人、犯罪嫌疑人、被告或辯護人，於案件移送或報告檢察官前，向調查該案之司法警察（官）所屬機關所在地之地方法院檢署檢察官為之，案件移送或報告檢察官後，向該管檢察官為之，若檢察官駁回聲請或逾法定期間未為保全處分時，直接向與該檢察官所屬檢察署相對應之法院法官聲請；審判中由檢察官、自訴人、被告或辯護人，向案件繫屬之法院或受命法官為之，但有急迫情形時，亦得向受訊問人住居地或證物所在地（包括應搜索、扣押物之所在地、應搜索、勘驗之身體、處所或物件之所在地、應訊問證人之所在地、應鑑定對象之所在地）之地方法院聲請。法院受理證據保全之聲請，除審核其是否符合法定程式及要件外，如認有必要，得通知聲請人提出必要之資料，就偵查中之案件並應於斟酌檢察官之意見後裁定之，如認為不合法律上之程式（例如：書狀不合程式或聲請人不適格）、法律上不應准許（例如：聲請保全證據要求限制證人住居或出境，於法無據）或無理由（例如：不具保全證據之必要性或急迫性），應予駁回，但不合法律上之程式可以補正者，應定期先命補正；認聲請有理由者，應裁定准許。不論准駁，均得以簡便之方式直接在聲請書上批示其要旨，如裁定准許，即應定期實施必要之保全處分；如裁定駁回，書記官亦應將原聲請書原本存查，影本交付聲請人，不得無故延宕，以免錯失保全證據之先機。（刑訴法第二一九之一、二一九之二、二一九之三、二一九之四、二一九

之六、二一九之八）

一三一（實施證據保全時應通知聲請人在場）

實施證據保全程序時，除有妨害證據保全之虞（例如：有串證、湮滅、偽造或變造證據、妨害鑑定、勘驗之虞）、急迫致不能及時通知或聲請人受拘禁中之情形外，應通知聲請人及其辯護人、代理人到場。（刑訴法二一九之六）

一三二（實施證據保全之程序）

案件於偵查中或審判中，法院或受命法官為保全證據之處分後，為執行該處分所為搜索、扣押、鑑定、勘驗、訊問證人或其他必要之保全處分，其性質仍屬蒐集證據之行為，除有特別規定外，須依其實施之具體方法，分別準用刑事訴訟法第一編第十一章「搜索及扣押」、第十二章「證據」之規定行之。而所謂「特別規定」，例如依刑事訴訟法第一五〇條之規定，偵查中行搜索、扣押時，辯護人無在場權，惟偵查中，辯護人既得提出證據保全之聲請，就辯護人所聲請之保全證據行搜索扣押時，除有妨害證據之保全外，自應許其在場，是刑事訴訟法第二一九條之六即為「特別規定」。（刑法二一九之八）。

一三三（告訴之代理）

告訴人於偵查及審判中，均得委任代理人，該代理人並不以具備律師資格者為限。告訴代理人不論為律師或非律師，於偵查中，基於偵查不公開原則，本無檢閱、抄錄或攝影卷宗、證物之問題。但於審判中，代理人如為律師者，則許檢閱、抄錄或攝影卷宗、證物；如為非律師者，則不許為之。至於指定代行告訴人之情形，因檢察官於指定時，已考量受指定人之資格及能力，故不許受指定代行告訴之人再委任代理人。外國人如委任告訴代理人，其委任狀（或授權書）之審核，應與審理本國人案件持相同之態度，如依卷證資料已足認其委任（或授權）為真正，而他造亦不爭執，即無須要求其委任狀（或授權書）應經認證。（刑訴法二三六之一、二三六之二、二七一之一）

一三四（法院對於聲請交付審判之審查）

法院受理聲請交付審判之案件，應詳加審核有無管轄權、聲請人是否為告訴人、已否逾十日之期間、有無委任律師提出理由狀等法定要件，及其聲請有無理由。法院於審查交付審判之聲請有無理由時，得為必要之調查，惟其調查範圍，應以偵查中曾發現之證據為限，不可就聲請人新提出之證據再為調查，亦不可蒐集偵查卷以外之證據。除認為不起訴處分書所載理由違背經驗法則、論理法則或其他證據法則，否則，不宜率予裁定交付審判。駁回交付審判聲請之裁定，不得抗告；被告對於法院為交付審判之裁定，則得提起抗告。而法院為交付審判之裁定，因該案件視為提起公訴，法院允宜於裁定理由中敘明被告所涉嫌之犯罪事實、證據及所犯法條，俾使被告行使防禦權，並利於審判程序之進行。（刑訴法二五八之一、二五八之三）

一三五（聲請交付審判之閱卷）

律師受告訴人委任聲請交付審判，如欲檢閱、抄錄或攝影偵查卷宗及證物，不論是否已向法院提出理由狀，均應向該管檢察署檢察官聲請之，律師如誤向法院聲請，法院應移由該管檢察官處理。該卷宗或證物如由法院調借中，法院應速將卷證送還檢察官，以俾檢察官判斷是否有涉及另案偵查不公開或其他依法應予保密之情形。法院如知悉律師聲請閱卷，於交付審判裁定前，宜酌留其提出補充理由狀之時間。另法院如需向檢察官調借卷證時，並宜考量律師閱卷之需求，儘量於其閱畢後再行調借，以免卷證往返之勞費。（刑訴法二五八之一）

一三六（審判期日前之準備）

法院為使審理程序集中化，應於審判期日前，先為種種之準備，以求審判之順暢、迅速。例如：處理刑訴法第二七三條第一項所定各款之事項，其中第一款有關起訴效力所及之範圍，目的在於釐清法院審判之範圍，並便於被告防禦權之行使，仍無礙於法院依刑訴法第二六七條規定對於案件起訴效力所為之判斷；第二款決定可否適用簡式審判程序或簡易程序時，應注意是否符合同法第二七三條之一第一項及第四四九條第二項之要件；第四款有關證據能力之意見，由法院或受命法官處理之，

如檢察官、被告（辯護人）兩造對某項證據無證據能力不予爭執，或經簡單釐清即可判斷無證據能力時，法院即得於準備程序認定該證據無證據能力，倘經法院（或受命法官）依本法之規定，認定無證據能力者，因該證據不得於審判期日主張之，故應於筆錄中明確記載，以杜爭議，惟如兩造對某項證據有無證據能力有所爭執，須進行實質上之調查始能認定有無證據能力者，因準備程序不進行實質性之調查，故應留待審判期日由法院調查認定之；第八款所謂其他與審判有關之事項，例如有無同法第三○二條至第三○四條所定應為免訴、不受理或管轄錯誤判決之情形。另外如需調取證物、命為鑑定及通譯，或搜索、扣押及勘驗，或有必要之事項應請求該管機關報告，或應訊問之證人預料其不能於審判期日到場者，均不妨於審判期日前為之。此際，如需對被告或證人、鑑定人為訊問者，應注意依刑訴法第一七一條規定辦理。（刑訴法二七三、二七四、二七六、二七七、二七八）

一三七（準備程序及審判期日傳票之送達）

第一次審判期日之傳票，至遲應於開庭前七日送達被告。但刑法第六一條所列各罪案件之傳票，至遲應於開庭前五日送達。此一就審期間之規定，於法院行準備程序時，亦準用之。故在定期時，務應注意酌留相當時間，以便送達。審判期日並應注意依刑訴法第二七一條第二項傳喚被害人或其家屬到場，予以陳述意見之機會。（刑訴法二七一、二七二、二七三）

一三八（簡式審判程序之開啟）

通常程序之案件，不論由法院或受命法官行準備程序，如被告所犯為死刑、無期徒刑、最輕本刑為三年以上有期徒刑之罪或高等法院管轄第一審案件以外之案件，且被告就被訴事實為有罪之陳述，又無其他不宜適用簡式審判程序之情形時，得於告知簡式審判程序之旨後，由法院裁定改行獨任審判，進行簡式審判程序。通常程序案件於審判期日，如被告已就被訴事實為有罪之陳述，法院認符合前述得適用簡式審判程序之要件時，得由審判長告知被告簡式審判程序之旨，在聽取當事人、代理人、辯護人及輔佐人之意見後，裁定進行簡式審判程序，此項裁定無

須拘於一定形式，為求簡便，可當庭諭知並記明筆錄即可。（刑訴法二七三、二七三之一）

一三九（不得或不宜為簡式審判程序）

刑訴法第二七三條之一第二項所謂「不得」為簡式審判程序者，包括被告所犯為死刑、無期徒刑、最輕本刑為三年以上有期徒刑之罪或高等法院管轄第一審之案件，或被告未就被訴事實為有罪之陳述等情形。另所謂「不宜」為簡式審判程序者，例如：被告雖就被訴事實為有罪之陳述，但其自白是否真實，尚有可疑；或被告對於裁判上一罪或數罪併罰之案件，僅就部分案情自白犯罪等情形。案件行簡式審判程序後，若認為有前述「不得」或「不宜」之情形時，應由原合議庭撤銷原裁定並行通常審判程序。原裁定撤銷後，應更新審判程序，但檢察官、被告對於程序之進行無意見者，宜載明筆錄，此時依刑訴法第二七三條之一第三項但書規定，即無庸更新審判程序。惟如有同法第二九二條第一項之情形，仍應更新審判程序。（刑訴法二七三之一、二九二）

一四〇（簡式審判程序之證據調查）

簡式審判程序貴在審判程序之簡省便捷，故調查證據之程序宜由審判長便宜行事，以適當方法行之即可，不受嚴格證明法則之限制，除不適用有關傳聞法則之規定外，另為求調查證據程序之簡化，關於證據調查之次序、方法之預定、證據調查請求之限制、證據調查之方法，及證人、鑑定人詰問之方式等，均不須強制適用。（刑訴法一五九、二七三之二）

一四一（審判程序之進行）

審判程序之進行，應依下列順序為之：（一）檢察官陳述起訴要旨。（二）審判長告知被告刑訴法第九五條規定之事項。（三）調查證據：此部分依序為：1被告爭執其自白之任意性者，以明其自白有無證據能力；2當事人聲請調查之證據及法院依職權調查之證據；3被告被訴之事實；4被告自白之內容，以明其自白之證明力。（四）調查科刑之資料。（五）辯論：依檢察官、被告、辯護人之次序為之。（六）當事人就科刑範圍表示意見。（七）被告之最後陳述。（刑訴法一五六、一六一之

三、二八七、二八八、二八九、二九〇）

一四二（聲明異議之對象）

刑訴法第二八八條之三所定當事人、代理人、辯護人或輔佐人之聲明異議，其對象包括審判長或受命法官有關「證據調查」及「訴訟指揮」之處分，且此之「處分」，包含積極之行為及消極之不作為在內，但僅以該處分「不法」為限，不包括「不當」之處分。如審判長或受命法官怠於調查證據或維持訴訟秩序，而有違法情事時，當事人、代理人、辯護人或輔佐人即得向法院聲明異議。（刑訴法二八八之三）

一四三（判決書之記載）

無罪、免訴、不受理、管轄錯誤之判決書，應分別記載主文及理由；有罪之判決書除分別記載主文及理由外，並應記載犯罪事實，且得與理由合併記載。（刑訴法三〇八）

一四四（有罪判決書犯罪事實之記載）

有罪判決書應記載之「犯罪事實」，係指符合犯罪構成要件之具體社會事實，如被告犯罪之時間、地點、手段以及其他該當於犯罪構成要件而足資認定既判力範圍之具體社會事實。至於構成要件以外之其他適用法律事實，例如刑法總則之加重或減輕事由，可無須在「犯罪事實」欄中記載。（刑訴法三〇八）

一四五（判決書生效之程序）

法院之判決，如僅製作判決書，未依法宣示或送達者，不生判決效力，此項程序，最為重要，宣示筆錄及送達證書，均應附卷，以為履行此項程序之證明，不可忽略。（刑訴法二二四、五四）

一四六（裁判書之製作、簽名及送達）

裁判書，應於宣示前製作完成，並於宣示後，如期將原本交付書記官。書記官接受之年、月、日，務須依法記明，不得疏略，裁判書之原本，為裁判之法官應注意簽名，裁判之送達，固屬書記官職權，是否逾七日之期限，該承辦法官仍應負監督之責。有罪判決書之正本，應附記論罪

法條全文；關於裁判上一罪之案件，應附記所有成立犯罪各罪之處罰條文。（刑訴法五一、二二七、三一四之一）

一四七（有罪判決書理由之記載）

有罪之判決書，應詳述理由。惟簡式審判及諭知六月以下有期徒刑或拘役得易科罰金、罰金或免刑之判決書，其認定犯罪事實所憑之證據，得僅標明「證據名稱」，除認有特別說明之必要者外，無庸敘明證據之具體內容及認定之理由；後者並應敘明對於被告有利證據不予採納之理由。數罪併罰之各罪均受六月以下有期徒刑得易科罰金之宣告，而定應執行刑逾六月者，亦屬前項所稱諭知六月以下有期徒刑得易科罰金之情形。（刑訴法三〇九、三一〇、三一〇之一、三一〇之二、四五四）

一四七之一（緩刑宣告注意事項）

法院依刑法第七十四條第二項規定於緩刑宣告時，命被告為該條項各款事項，雖不以經被告或被害人同意為必要，但為保障當事人訴訟權益，並兼顧緩刑本旨，宜先徵詢當事人或被害人之意見，並將違反之法律效果告知被告。所命事項尤應注意明確可行、公平妥適。例如命向被害人道歉，其方式究為口頭、書面或登報；命支付之金額，是否相當；命被告為預防再犯之一定行為，是否過度影響被告日常就業（學）等。所命事項係緩刑宣告內容之一部，應記載於判決主文，其得為民事強制執行名義者，應特別注意力求內容明確，俾得為強制執行。（刑訴法三〇九、三一〇、三一〇之一、三一〇之二、四五四）

一四八（諭知免刑之注意事項）

依刑法第六十一條之規定諭知免刑時，應注意有無徵詢告訴人或自訴人同意命被告向被害人道歉，立悔過書，或向被害人支付相當數額慰撫金之情事，如經告訴人或自訴人同意者，應記載筆錄，並於判決書內敘明之。（刑訴法二九九）

一四九（免訴判決之理由）

免訴判決，不得以被告就他罪已受重刑判決確定而認本罪無庸科刑之情事為免訴之理由。（刑訴法三〇二）

一五〇（裁定之注意事項）

法院或審判長、受命法官、受託法官之裁判，除依法應用判決行之者外，概以裁定行之，其得為抗告或駁回聲明之裁定，應注意敘述理由，如係當庭所為之裁定應併宣示之。（刑訴法二二〇、二二三、二二四）

一五一（收受自訴案件後之審查）

法院受理自訴案件時，應詳加審核自訴之提起，有無委任律師行之、自訴人是否為犯罪之直接被害人、是否為被告之直系血親卑親屬或配偶，及自訴狀有無記載犯罪事實及證據並所犯法條、犯罪事實有無記載構成犯罪之具體事實及其犯罪之日、時、處所、方法；被害人無行為能力或限制行為能力，或死亡者，其法定代理人、直系血親或配偶，提起自訴時，法院應先查明該自訴人與被害人之身分關係。審核結果認有欠缺時，如能補正，應裁定命自訴人限期補正，逾期未補正，應諭知不受理判決；如不能補正，則逕諭知不受理判決；但對於與自訴人直系血親尊親屬或配偶共犯告訴乃論罪者，並非不得依法提起自訴，故不得以其違反刑訴法第三二一條規定為由，諭知不受理判決。（刑訴法三一九、三二〇、三二一、三二九、三三四、三四三、三〇三，參照司法院院字第一三〇六號、釋字第五六九號解釋）

一五二（自訴之傳訊被告）

對於自訴案件，非有必要，不得先傳訊被告。（刑訴法三二六）

一五三（自訴人及自訴代理人之傳喚）

自訴人經合法傳喚，無正當理由不到庭者，不得拘提。又自訴代理人經合法通知無正當理由不到庭時，應再行通知，並告知自訴人，以使自訴人有督促或另行委任代理人之機會；自訴代理人如仍不到庭者，應諭知不受理判決。（刑訴法三二七、三三一）

一五四（自訴之停止審判）

自訴人提起自訴所指被告犯罪是否成立或刑罰應否免除，以民事法律關係為斷，而民事未起訴者，法院於停止審判之同時，應注意期限命自訴人提起民事訴訟，必俟其逾期不提起民事訴訟，始得以裁定駁回自訴。

（刑訴法三三三）

一五五（審查順序）

法院對於刑事訴訟案件，應依下列順序審查之：（一）審判權之有無。
（二）管轄權之有無。（三）其他不受理原因之有無。（四）免訴原因之
有無。

一五六（緩起訴規定於自訴案件之準用）

法院依訊問或調查之結果，認為自訴案件有刑訴法第二五二條、第
二五三條、第二五四條之情形者，得以裁定駁回自訴，並得斟酌情形，
命被告遵守或履行下列事項：一、向被害人道歉；二、立悔過書；三、
向被害人支付相當數額之財產或非財產之損害賠償；四、向公庫（包含
國、市、縣庫）或指定之公益團體、地方自治團體支付一定之金額。惟
須注意命被告履行前述第三款、第四款之事項時，須得被告之同意。法
院命被告遵守或履行前述各款事項，應附記於裁定內。因上述第三、四
款等情形，自訴人均得以法院之裁定為民事執行名義，因此，法院就各
該應支付金額、支付方式及對象等，均應記載明確，以免執行時發生疑
義。（刑訴法三二六）

一五七（判決或裁定應宣示之公告及通知）

判決或裁定應宣示者，於宣示之翌日應行公告，並將判決主文或裁定要
旨通知當事人。（刑訴法二二五）

一五八（引用證據與卷載資料應相符）

判決書所引用之證據，應與卷載資料相符。例如被告對於犯罪構成要件
之事實，並未自白，判決理由內即不得謂被告對於犯罪事實業經供認不
諱。（參照最高法院二十九年上字第二七八二號判例）

一五九（判決書末法律引用之順序）

判決書據上論結部分，應注意將應適用之法律全部引用，先引程序法，
後引實體法，不得遺漏或引用錯誤。（刑訴法三一〇）

一六〇（判決書正確繕寫法院組織）

合議審判法官為甲、乙、丙三人，在判決正本上，不得繕寫為甲、乙、丙、丁四人或甲、丙、丁三人或將甲、乙、丙三人中一人姓名繕寫錯誤，以免被認為法院之組織不合法，或有未經參與審理之法官參與判決情形。（刑訴法五二，參照最高法院二十一年上字第一九八八號判例）

一六一（職權上訴與當事人之通知）

宣告死刑或無期徒刑之案件，應不待上訴依職權逕送上訴審法院，並通知當事人，視為被告提起上訴。（刑訴法三四四、三五〇）

一六二（上訴書狀之效力）

提起上訴案件，應注意其曾否向原審法院提出上訴書狀，如僅以言詞聲明不服，雖記載筆錄，亦不生上訴效力。第二審上訴書狀，應敘述「具體理由」，所稱具體理由，係指須就不服之判決為具體之指摘而言，如僅泛稱原判決認事用法不當或採證違法、判決不公等，均非具體理由。至於理由之具體與否係屬第二審法院審查範圍，不在第一審法院命補正之列，是上訴書狀如已敘述理由，無論其具體與否，即無待其補提理由書或命補正之問題。被告就有罪之判決，為求自己利益而有所陳述者，雖書狀未揭明提起上訴字樣，如其內容係對於原判決有不服之表示，即應認為係提起上訴。具有完全行為能力之被告，雖不得由父母、兄弟、子姪以自己名義獨立上訴，但其上訴，如於書狀內述明確出於被告本人之意思，委任親屬代為撰狀上訴，亦不能謂其上訴為不合法。原審辯護人為被告之利益提起上訴，而未於上訴狀內表明以被告名義上訴字樣者，法院應先定期間命為補正，亦不得逕認其上訴為不合法。（刑訴法三四五、三五〇、三六一、三六七，參照最高法院二十一年抗字第一一二號、二十五年上字第二一〇號判例、司法院釋字第三〇六號解釋）

一六三（上訴或抗告程式之補正及原判決之撤銷或發回）

上訴或抗告，有不合法律上之程式而可補正者，應定期間先命補正，不得逕予駁回。其上訴雖無理由，但原判決不當或違法者，應予撤銷或發回。在被告上訴或為被告之利益而上訴之案件，除原判決適用法條不當

而撤銷者外，不得僅因量刑失出而撤銷之。（刑訴法三六二、三六九、三七〇）

一六四（上訴期間之計算）

上訴期間之起算，以送達判決之日為準，期間之始日不得算入，期間之末日，如值例假日或其他休息日，亦不得算入。提起上訴之當事人，如不在原審法院所在居住，應將在途期間，扣除計算。原審送達判決程序如不合法，則上訴期間，無從進行，因之，當事人無論何時提起上訴，均不得謂為逾期。（刑訴法三四九、六五、六六、民法一二二，最高法院二十九年上字第二三四七號、五十九年台抗字第二三〇號判例）

一六五（上訴期間之計算）

上訴無論為被告或自訴人或檢察官提起者，除上訴書狀經監所長官轉提者外，均應以書狀提出於法院之日為準，不得以作成日期為準。苟其提出書狀之日，業已逾期，則作成書狀之日，雖在法定期間以內，亦不能生上訴效力。對於抗告書狀之提起，亦應為同樣之注意。（刑訴法三五〇，參照最高法院二十三年上字第一九一九號判例）

一六六（捨棄及撤回上訴之方式）

捨棄上訴權及撤回上訴，除於審判期日，得以言詞為之外，餘概應用書狀。其以言詞為之者，應聽其自由表示，不得有強制、暗示、引逗等情事，遇有於審判期日前訊問時，以言詞撤回上訴者，應即諭知補具書狀。又被告捨棄上訴權及撤回上訴之效力，不影響其法定代理人或配偶獨立之上訴權。（刑訴法三五八，參照最高法院二十八年抗字第一五五號判例）

一六七（捨棄及撤回上訴之通知）

當事人提出上訴書狀之繕本，法院書記官應送達於他造當事人，俾知上訴之意旨；其捨棄上訴權或撤回上訴，祇應由書記官通知他造當事人，法院無須予以任何裁判。（刑訴法三五二、三六〇）

一六八（審判不可分原則）

實質上或裁判上一罪，僅撤回其一部上訴者，因其有關係之部分視為亦已上訴，上訴審法院仍應就其全部加以審判。（刑訴法三四八，參照最高法院六十二年七月二十四日六十二年度第一次刑庭庭推總會決議）

一六九（審理範圍－覆審制）

第二審審判範圍，雖應僅就經上訴之部分加以調查，但並非如第三審以上訴理由所指摘之事項為限。故凡第一審所得審理者，第二審均得審理之。例如上訴人對於事實點並未加以攻擊，而實際上第一審認定之事實不無可疑者，第二審自應本其職權，重加研鞫。其因上訴而審得結果，如應為與第一審相異之判決時，其上訴即為有理由，應為與第一審相同之判決時，即為無理由，不得單就當事人上訴理由所主張之事項，為審理之範圍。（刑訴法三六六、三六九，參照最高法院三十年上字第二五六五號判例）

一七〇（準用第一審程序之原則及例外）

第二審之審判程序，以準用第一審審判程序為原則，但須注意者，即在第一審程序，被告在審判期日不出庭者，除許用代理人案件外，原則上不許開庭審判，如在第二審程序，則被告經合法傳喚無正當理由不出庭者，仍得開庭審判，並得不待其陳述，逕行判決，惟仍聽取他造當事人之陳述，並調查必要之證據。蓋此項條文，專為防訴訟延滯之弊而設，乃兩造審理主義之例外，而非言詞審理主義之例外，不可誤解為不待被告陳述，即可逕用書面審理。（刑訴法三七一，參照最高法院二十二年上字第四五四號判例）

一七一（第一審判決書引用之限制）

第二審判決書引用第一審判決書所記載之事實及證據，須以第一審合法認定或採取並無疑誤者為限，不得稍涉牽強。（刑訴法三七三）

一七二（第三審上訴理由之審核（一））

第三審上訴書狀已否具體指明原判決違法，應注意審查，若泛稱認事用法均有未當，或原判決實難甘服等，應認為上訴不附理由，以上訴不合法駁回之。（刑訴法第二七七、三八二）

一七三（第三審上訴理由之審核（二））

第三審為法律審，非以判決違背法令為理由不得上訴，對於上訴理由，應嚴加審核。如原審判決確有違背法令之處，而發回更審者，尤應詳閱卷證，就應調查之事項詳予指示，避免為多次之發回。若認為有言詞辯論之必要，亦儘可能舉行言詞辯論，俾案件早歸確定。（刑訴法三八九）

一七四（第三審之裁判基礎）

第三審法院，應以第二審判決確定之事實為判決基礎，不得另行認定事實。（刑訴法三九四）

一七五（第三審之自為判決）

刑事案件第三審法院認為上訴有理由，且原審判決雖係違背法令，而不影響於事實之確定可據為裁判者，應將原審判決經上訴之部分撤銷，自為判決。（刑訴法三九八）

一七六（抗告之審查）

法院接受抗告書狀或原法院意見書後，應先審查抗告是否為法律所許，抗告人是否有抗告權，抗告權已否喪失及抗告是否未逾期限。其抗告有無理由，並非取決於所指摘之事實，故因抗告而發現原裁定不當時，即為有理由，反是則為無理由，務須注意。（刑訴法四〇八）

一七六之一（準抗告之審理）

法院受理刑訴法第四百十六條第一項之案件，應由為原處分之審判長、陪席法官、受命法官所屬合議庭以外之另一合議庭審理。

一七七（聲請再審之期間）

聲請再審，於判決確定後，為受判決人之利益，隨時均得為之並無期間之限制，即於刑罰執行完畢後或已不受執行時，亦得為之。但不得上訴第三審案件，因重要證據漏未審酌而聲請再審者，應於送達判決後二十日內為之。又為受判決人之不利益聲請再審，於判決確定後，經過刑法第八十條第一項期間二分之一者，不得為之。且此項期間之進行，並無關於追訴權時效停止規定之適用。（刑訴法四二三、四二四、四二五）

一七八（再審無理由之裁定駁回）

法院認為無再審理由，應以裁定駁回之，駁回後，不得更以同一原因聲請再審。稱同一原因，係指聲請再審之原因事實，已為實體上之裁判者而言，若僅以其聲請程序不合法，予以駁回者，自不包括在內。（刑訴法四三四，參照最高法院二十五年抗字第二九二號判例）

一七九（提起附帶之民事訴訟之條件）

刑訴法第四八七條所謂因犯罪而受損害者，係指因刑事被告之犯罪行為而受有損害者而言。換言之，即受損害原因之事實，即係被告之犯罪事實。故附帶民事訴訟之是否成立，應注意其所受損害，是否因犯罪行為所生。至其損害之為直接間接，在所不問，不能因其非直接被害之人，即認其附帶民事訴訟為不合法，而不予受理。（刑訴法四八七）

一八〇（附帶民事訴訟應注意事項（一））

附帶民事訴訟當事人或代理人，得於刑事訴訟調查證據時到場陳述意見，除確係繁雜者外，附帶民事訴訟應與刑事訴訟同時判決，以期便捷。故在刑事訴訟中，有附帶民事訴訟時，應注意通知附帶民事訴訟當事人或代理人到場。其因確係繁雜而應移送民事庭之附帶民事訴訟，須以合議裁定之；如人數不足不能為合議者，則由院長裁定。（刑訴法四九九、五〇一、五〇四）

一八一（附帶民事訴訟應注意事項（二））

刑事訴訟之第二審判決，不得上訴於第三審法院者，對於其附帶民事訴訟之第二審判決，仍得向第三審法院民事庭上訴，但應受民事訴訟法第四百六十六條之限制。（刑訴法五〇六）

檢察機關辦理刑事訴訟案件
應行注意事項

修正日期：民國 97 年 09 月 23 日

壹　通　則

一、刑事訴訟法與特別法適用關係

刑事訴訟案件之偵查，本應依刑事訴訟法（以下簡稱本法）所定之程序辦理，其因時間上或地域上之特殊情形而適用其他法律所定之程序辦理者，於該特殊情形消滅後，尚未偵查終結者，即應適用本法所定程序終結之。（刑訴法一）

二、本法第二條用語之意義

本法第二條所謂實施刑事訴訟程序之公務員，在偵查中，係指司法警察、司法警察官、檢察事務官及檢察官而言。所謂被告，係指有犯罪嫌疑而被偵、審者而言。所謂有利及不利之情形，並不以認定事實為限，凡有關訴訟資料及其他一切情形，均應為同等之注意。其不利被告之情形有疑問者，倘不能為不利之證明，即不得為不利之認定。（刑訴法二）

三、命令移轉管轄

高等法院或其分院檢察署檢察長於高等法院或其分院裁定駁回聲請移轉管轄後，仍得將原檢察官之事務，移轉於管轄區域內其他法院或其分院檢察署檢察官。（刑訴法一五、一六）

四、指定或移轉管轄之聲請人

聲請指定或移轉管轄，須當事人始得為之。原告訴人、告發人雖無聲請權，可請求檢察官聲請。（刑訴法一一）

五、訊問、詢問筆錄之製作

訊問、詢問筆錄應當場製作，受訊問人、受詢問人之簽名、蓋章或指印，應緊接記載之末行，不得令其於空白紙上或以另紙為之。至檢察官行訊問或搜索、扣押、勘驗時，如無書記官在場，得由其親自或指定其他在場執行公務之人員，依法製作筆錄。

前項在場執行公務之人員，係指檢察事務官、司法警察官、司法警察或其他與該案有關而在現場執行公務之人員。

檢察事務官行詢問時，有關詢問筆錄之製作，應由行詢問以外之人為之。但因情況急迫或事實上之原因不能為之，而有全程錄音或錄影者，不在此限。（刑訴法三九、四一、四三、四三之一）

六、文書製作之簽名

筆錄、起訴書、聲請簡易判決處刑書、不起訴處分書、緩起訴處分書、上訴書、抗告書、聲請書及其他由檢察官製作之文書，檢察官應注意簽名，不得疏漏。檢察事務官受檢察官指揮獨立製作文書時，亦同。（刑訴法三九、四三，參照最高法院二十八年上字第二三三號判例）

七、卷宗之編訂

檢察署應保存之訴訟文書，依進行之次序，隨收隨訂案卷內，並應詳填目錄及刑事案件進行期限檢查表。檢察官製作之起訴書、聲請簡易判決處刑書、不起訴處分書、緩起訴處分書、上訴書及駁回再議聲請處分書原本應另行編訂卷宗保存，而以正本附於案卷內。（刑訴法五四）

八、送達證書及其收受

送達證書，務必切實記載明確。如應送達之文書為起訴書、聲請簡易判決處刑書、不起訴處分書或緩起訴處分書者，送達人應作收受證書，記明送達證書所列事項，並簽名後交受領人。至於向在監獄、看守所、少年觀護所、少年輔育院、少年矯正學校、技能訓練所或其他保安處分處所之人為送達時，應囑託典獄長、看守所所長、少年觀護所主任、少年輔育院院長、少年矯正學校校長、技能訓練所所長或其他保安處分處所長官代為送達其本人收受，不得僅送達於監院所校或保安處分處所而以其收文印章為憑。（刑訴法六一、五六、六二準用民訴法一四一）

九、文書送達不徵費用及準用規定

文書之送達，不得徵收任何費用，由書記官交由司法警察或郵政機關行之。至關於送達證書之製作及送達日時之限制，與拒絕收受之文件應如何處置，應注意準用民事訴訟法之規定。（刑訴法六一、六二準用民訴法一三九、一四〇、一四一）

十、遲誤聲請再議期間之回復

遲誤聲請再議之期間者，檢察官得依聲請，准予回復原狀。（刑訴法六七、七〇）

貳　強制處分

十一、對在監所被告或證人之傳喚

檢察官於偵查中傳喚在監獄、看守所、少年觀護所、少年輔育院、少年矯正學校、技能訓練所或其他保安處分處所之被告或證人時，應通知該監院所校或其他保安處分處所長官，並填具傳票囑託送達該被告或證人。（刑訴法七一、七三、一七六）

十二、拘票之簽發

檢察官於司法警察官或司法警察依本法第七十一條之一第一項規定聲請簽發拘票時，務須詳為審查，核與規定相符後，始得簽發拘票，並即層報檢察長分案辦理。（刑訴法七一之一、法院組織法六三）

十三、拘提之執行

拘提應用拘票者，應備拘票二聯，於執行拘提時，由執行拘提之檢察事務官、司法警察官或司法警察以一聯交被拘人或其家屬，並以書面通知被拘人指定之親友。如拘提之人犯，不能於二十四小時內到達指定之處所者，應不待其聲請，即解送較近之檢察署訊問其人有無錯誤。（刑訴法七七、七九、九一、九二）

十四、本法第八十八條之一「急迫情況」、「不及報告檢察官」之意義

本法第八十八條之一第一項之情況急迫，係指如不及時拘提，人犯即有

逃亡之虞或偵查犯罪顯有重大困難者而言。同條第二項之其急迫情況不及報告檢察官者，係指檢察事務官、司法警察官或司法警察遇有上開情況急迫情事而不及報告檢察官簽發拘票者而言。（刑訴法八八之一）

十五、本法第八十八條之一第一項「現行犯」之意義

本法第八十八條之一第一項第一款所謂現行犯，係指本法第八十八條第二項之現行犯及同條第三項以現行犯論者而言。檢察官如認犯罪嫌疑人所犯之罪情節輕微或顯係最重本刑為拘役或專科罰金之罪者，即令因現行犯之供述，且有事實足認為共犯嫌疑重大，亦不得逕行拘提。（刑訴法八八之一）

十六、本法第八十八條之一第一項「在執行或在押中脫逃者」之意義

本法第八十八條之一第一項第二款所謂在執行中脫逃者，係指經依刑事法律指揮在監獄、看守所、少年輔育院、少年矯正學校或其他保安處分處所執行中脫逃者而言。所謂在押中脫逃者，係指經依刑事法律逮捕、拘提、羈押或收容中脫逃者而言。（刑訴法八八之一）

十七、本法第七十六條及第八十八條之一第一項有事實足認為之意義

本法第七十六條第二款、第三款及第八十八條之一第一項第一款、第三款、第四款所謂有事實足認為，係指必先有具體事實之存在，據此事實客觀上顯可認為犯罪嫌疑人，有逃亡之虞，有湮滅、偽造、變造證據或勾串共犯或證人之虞，或所犯之罪確有重大嫌疑等情形而言，檢察官應慎重認定，且應於卷內記明其認定之依據。本法第八十八條之一第一項第三款所謂有事實足認為，尤應注意不得僅憑主觀認定其行跡可疑或未帶身分證，即遽予盤查及逕行拘提。（刑訴法七六、八八之一）

十八、檢察官親自實施逕行拘提

檢察官依本法第八十八條之一第一項規定拘提犯罪嫌疑人時，應出示證件，並告知其本人及以電話或書面告知其指定之家屬，得選任辯護人到場，並將訊問之時間、處所一併告知，如辯護人不到場者，仍應即時訊問。（刑訴法八八之一、二四五）

十九、檢察官實施逕行拘提後之處置

前點告知被拘人，應將告知事由，記明筆錄，交被拘人簽名、蓋章或按指印後附卷。告知其家屬者，如以電話行之，應將告知人、受告知人之姓名、住址、電話號碼及告知之時間，記載於公務電話記錄表，層送檢察長核閱後附卷，如以書面行之，應將送達證書或收據附卷。（刑訴法八八之一）

二十、逕行拘提後拘票之核發與審查

檢察官於檢察事務官、司法警察官或司法警察依本法第八十八條之一第二項規定聲請簽發拘票時，應詳核其逕行拘提之理由，確與本法第八十八條之一第一項、第二項所定情形相符者，始予簽發拘票；如所陳報逕行拘提之理由與該條規定情形不合或被拘人為未滿十四歲之人者，應不予簽發，檢察事務官、司法警察官或司法警察應即將被拘人釋放，並將釋放之時間記明筆錄，交被拘人簽名、蓋章或按指印後附卷。經核准簽發拘票者，仍應於法定時間內將被拘人解送檢察官。如該被拘人為十四歲以上未滿十八歲之少年犯，應由檢察官或司法警察官移送該管少年法院（庭）。如檢察事務官、司法警察官或司法警察於執行拘提後，不立即陳報檢察官簽發拘票者，應查究其責任。（刑訴法八八之一、少年事件處理法一之一、十八）

二十一、受拘捕被告之解送

拘提或逮捕被告到場者，應即時訊問，不得延擱。檢察官於訊問後如認無聲請羈押必要者，應即釋放或命具保、責付或限制住居。如認有聲請羈押必要者，應即製作羈押聲請書，具體敘明被告如何犯罪嫌疑重大及具有本法第一百零一條第一項、第一百零一條之一第一項各款羈押理由所依據之事實，連同相關卷證及人犯一併送交法院，聲請羈押。檢察官聲請羈押及其准駁情形，應設簿登記。（刑訴法九三、一〇一之一、二二八第四項）

二十二、羈押聲請未受准許裁定之收受與抗告

前點羈押聲請，經法院裁定駁回或逕命具保、責付、限制住居者，檢察

官如有不服，應於法院為裁定後迅速敘明不服之理由，提起抗告，以免使被告羈押與否之程序延宕不決。前述法院之裁定如為送達時，承辦檢察官應於裁定送達辦公處所後立即收受，如檢察官不在辦公處所時，由檢察長收受後，指定其他檢察官處理提起抗告事宜。（刑訴法四○三、四○四）

二十三、訊問或詢問時對辯護人之通知

訊問或詢問被告或犯罪嫌疑人，應將訊問或詢問之日、時及處所，以電話或書面通知辯護人。於訊問或詢問證人如被告在場時亦同。但情形急迫者，不在此限。（刑訴法二四五）

二十四、通知辯護人準用之規定

前點通知方式，準用第十九點告知被拘人家屬之規定。（刑訴法二四五）

二十五、對辯護人調查證據或證據意見之尊重與徵詢

檢察官對辯護人所提關於調查證據以供偵查案件參考之聲請，應予重視。如於訊問被告後認有必要時，亦應主動提示證物，徵詢在場辯護人意見。（刑訴法二四五）

二十六、辯護人接見在押被告及通信之限制

檢察官對於辯護人依本法第三十四條規定接見羈押中之被告並互通書信，僅得加以限制而不得禁止之，且其限制必須有事實足認辯護人有湮滅、偽造、變造證據或勾串共犯或證人之虞者，始得為之，縱該被告經依同法第一百零五條第三項規定禁止與外人接見及通信，其效力亦不及於辯護人。（刑訴法三四、一○五）

二十七、辯護人接見、通信及在場權之限制

檢察官依本法第三十四條但書規定，限制辯護人接見、通信及依本法第二百四十五條第二項但書規定，限制或禁止辯護人在場，務須審慎認定，並應將其限制或禁止所依據之事實及限制之方法及範圍記明於卷內並通知辯護人。（刑訴法三四、二四五）

二十八、辯護人之在場權

檢察官對於辯護人有無依本法第二百四十五條第二項前段規定，於訊問被告時在場，應命書記官於訊問筆錄內記明之。在不違反偵查不公開之原則下，得許辯護人在場札記訊問要點。檢察官於訊問完畢後，宜詢問在場之辯護人有無意見，並將其陳述之意見要旨記明筆錄。（刑訴法四一、二四五）

二十九、律師登錄及加入公會之查對

律師非經向法院登錄並加入執行業務所在地之律師公會後，不得執行辯護人職務。檢察官對被告或本法第二十七條第二項所列之人提出選任辯護人之委任書狀，應即查對律師名簿或其他證件，並應注意律師法有關法院登錄及加入律師公會之規定。（律師法九、一一）

三十、辯護人經通知未到場之處置

被告因傳喚到場，其選任辯護人已經合法通知而未到場者，檢察官或檢察事務官仍應按時訊問或詢問。對於自首或自行到場之被告，經以電話將訊問或詢問之時間、處所通知其辯護人而不到場者，亦同。如係對受逮捕拘禁中之被告訊問或詢問者，其辯護人如未到場，檢察官或檢察事務官仍宜為適當之等候後再行訊問或詢問，以保障受逮捕拘禁被告之防禦權，但應注意本法第九十三條之一第一項第五款等候時間不得逾四小時之規定。（刑訴法六三、七四、九三之一、二四五）

三十一、訊、詢問筆錄內容之確認

訊問或詢問完畢後令被告閱覽筆錄時，應許在場之辯護人協助閱覽。但應於筆錄上簽名。

辯護人請求將筆錄內容增、刪、變更者，應使被告明瞭增、刪、變更之內容後，將辯護人之陳述附記於筆錄。（刑訴法四一、二四五）

三十二、聲請羈押傳喚、自首或自行到場被告應踐行之程式

對於傳喚、自首或自行到場之被告，檢察官於訊問完畢後，認為有羈押之必要者，應依本法第二百二十八條第四項規定，於踐行逮捕及告知手續後，向法院聲請羈押，並適用第二十一點、第二十二點規定。前述逮

捕之告知，應以書面記載逮捕之事由、所依據之事實及逮捕時間，交付受逮捕之被告。（刑訴法二二八第四項）

三十三、告知義務之踐行

訊問或詢問被告前，應先告知被告犯罪嫌疑及所犯所有罪名、得保持緘默無須違背自己之意思而為陳述、得選任辯護人、得請求調查有利之證據後，始能進行犯罪事實之訊問或詢問；如發現被告符合法律扶助法所定得申請法律扶助之要件者，並應告知其得依該法申請法律扶助。前述告知，應確實以口頭為之並記明筆錄；如受訊問或詢問人係瘖啞或因智能障礙無法瞭解告知事項者，宜以其他適當方式使之明瞭。如有必要，並得將所告知之事項記載於書面交付被告閱覽。（刑訴法九五、法律扶助法六四）

三十四、不正方法訊問之禁止

訊問或詢問被告時，應出於懇切和藹之態度，不但不得用強暴、脅迫、利誘、詐欺、疲勞訊問、違法聲請羈押及其他不正之方法，即笑謔及怒罵之情形，亦應摒除。被告有數人時，應分別訊問或詢問之，其未經訊問或詢問者，不得在場。又對於被告之請求對質，除顯無必要者外，不得拒絕。（刑訴法九七、九八、一五六）

三十五、訊問、詢問被告應注意之事項

訊問或詢問被告，固重在辨別犯罪事實之有無，但與犯罪構成要件、量刑標準或加重、減免原因有關之事實，均應於訊問或詢問時，深切注意，研訊明確，倘被告提出有利之事實，自應就其證明方法及調查途徑，逐層追求，不可漠然視之。遇有被告自白犯罪，仍應調查其他必要之證據，詳細推訊是否與事實相符，以防作偽。（刑訴法二、九六、一五六）

三十六、審慎聲請羈押

對於被告聲請羈押，務須慎重將事，非確有本法第一百零一條第一項、第一百零一條之一第一項各款所列之情形，不得濫行聲請羈押。有無上述情形，自應先行訊問，經訊問後，縱有本法第一百零一條第一項、第

一百零一條之一第一項各款之情形，如無羈押之必要亦得不聲請羈押，逕命具保責付或限制住居。至本法第一百零一條第一項、第一百零一條之一第一項所謂犯罪嫌疑重大或嫌疑重大者，係指其所犯之罪確有重大嫌疑而言，與案情重大不同，檢察官應依個案之證據審慎認定。

對於重大刑事案件、社會矚目案件，檢察官依卷證資料認有聲請羈押被告必要，而聲請羈押時，宜主動到庭陳述聲請羈押之理由或以其他適當之方法提出必要之說明，及相關之證據，以期毋枉毋縱。（刑訴法九三、一〇一、一〇一之一）

三十七、到庭陳述聲請羈押意見應注意事項

檢察官於法院審查羈押之聲請時，如到庭陳述意見，應注意其審查目的僅在判斷檢察官提出之羈押或延長羈押聲請是否符合法定要件，並非認定被告是否成立犯罪，必要時宜提醒法院無須進行辯論程序，並注意偵查不公開原則，避免揭露無關之偵查資料。且關於聲請羈押之理由，以釋明為已足。（刑訴法一五九第二項）

三十八、羈押要件「有事實足認為」之意義

本法第一百零一條第一項第一款、第二款、第一百零一條之一第一項所謂有事實足認為之標準，應依具體事實，客觀認定之，並應於羈押聲請書內敘明其認定之根據。（刑訴法一〇一、一〇一之一）

三十九、對於涉案外國人、大陸地區人民或香港及澳門居民之處置事宜

檢察官對於因涉嫌犯罪在偵查中之外國人、大陸地區人民或香港及澳門居民，依本法第九十三條或第二百二十八條第四項規定實施訊問後，認有聲請羈押之必要者，應向法院聲請羈押，不宜命警察機關收容以代羈押，如無聲請羈押之必要，予以釋放或命具保、責付或限制住居時，宜立即將上開處分內容通知移送機關，由移送機關轉知收容主管機關本其權責，根據客觀之事實及法律之規定，自行決定對該涉案之外國人、大陸地區人民或香港及澳門居民是否予以強制收容。

對於前項受收容人涉嫌之偵查案件，應速偵速結，避免延宕而影響受收容人之權益，於案件偵查終結時並應儘速通知移送機關。（刑訴法

九三、入出國及移民法三六、同法施行細則六四、台灣地區與大陸地區
人民關係條例一八、香港澳門關係條例一四）

四十、許可具保責付應注意事項

檢察官依本法第九十三條第三項、第二百二十八條第四項逕命被告具保
者，應指定保證金額，其保證金額須審酌被告所涉罪嫌、犯罪情節、所
生危害及被告之身分、資力、犯罪所得等事項。如具保人已依指定之保
證金額提出現金或有價證券時，應予准許，不得強令提出保證書。遇有
以責付或限制住居之方法較適當者，亦應切實採行其方法。（刑訴法
一一一、一一五）

四十一、覓保無著之處置

第三十六點受具保或責付之被告，於本法所定候保時限內仍覓無保時，
檢察官於依前點規定審酌被告之身分、資力及其犯罪情節後，認為不宜
降低保證金額或改命限制住居或釋回，而有羈押之必要者，應迅於本法
第九十三條第二項所定時限內聲請法院羈押。（刑訴法九三）

四十二、保證金之沒入

檢察官逕命具保之被告，需經合法傳喚無故不到場，並經拘提無著，足
以認定係逃匿者，始得沒入其保證金。（刑訴法一一八）

四十三、保證人或令受責付人逮捕與拘提之禁止

檢察官逕命具保或責付之被告，於具保或責付後，潛逃無蹤，檢察官固
得依規定沒入保證金或令受責付人追交被告，但除保證人或受責付人確
有藏匿或使之隱避情事，應受刑事制裁外，不得對其逮捕或拘提。（刑
訴法一一一、一一五、一一八）

四十四、具保停止羈押或撤銷羈押意見之提出

對於偵查中羈押之被告，法院為決定是否准予具保停止羈押或撤銷羈
押，而徵詢檢察官意見時，檢察官應迅就具保停止羈押或撤銷羈押之適
當與否，以書面、電話或其他迅捷方式具體表示意見；如以電話行之
者，須作成公務電話紀錄附卷。前述意見，應注意於法院指定之期限內

提出。（刑訴法一〇七、一一〇）

四十五、搜索票之聲請

檢察官實施搜索、扣押時，除應遵守本法第十一章規定外，應依照檢察機關實施搜索扣押應行注意事項辦理。

四十六、強制處分執行之監督

檢察官依第二十點或依本法第一百三十一條第三項，審核簽發拘票或檢察事務官、司法警察官、司法警察陳報逕行搜索之原因時，如發見檢察事務官、司法警察官或司法警察有濫用職權為拘提、搜索或藉詞延擱釋放被拘提人而涉有犯罪嫌疑或廢弛職務時，應即主動偵辦或簽報檢察長依調度司法警察條例第十一條至第十三條規定處理。（刑訴法八八之一、一三〇、一三一、二二八）

四十七、扣押物之發還

檢察官依職權或依聲請發還扣押物或留存物時，原則上應發還權利人，但應注意審酌該物之私權狀態，如有私權之爭執時，應由聲請發還之人循法定程序確認權利之歸屬，檢察官不宜逕自介入私權之認定。（刑訴法一四二）

四十八、強制處分之慎重實施

實施拘提、逮捕、搜索、扣押等強制處分時，不得超過必要之程度，並應注意當事人之身體及名譽。又社會之公益亦應注意，其為社會注目或涉外之案件，尤宜審慎為之。（刑訴法七七、七八、八九、九〇、一二二、一二四、一三二）

四十九、偵查指揮書之簽發（一）

檢察官依檢察官與司法警察機關執行職務聯繫辦法規定填發偵查指揮書，以確有繼續追查贓證、共犯之必要者為限。其指揮書並應記載追查贓證、共犯之意旨。（調度司法警察條例十）

五十、偵查指揮書之簽發（二）

檢察官對於司法警察機關依檢察官與司法警察機關執行職務聯繫辦法規定請求帶同被告追查贓證、共犯之報告，應從嚴審核，認確有必要者，應依前點規定辦理。（調度司法警察條例十）

五十一、訊問解還被告應注意事項

檢察官依檢察官與司法警察機關執行職務聯繫辦法規定訊問解還之被告時，應注意司法警察人員追查贓證、共犯之結果，及追查贓證、共犯有無不當情事，載明筆錄。

五十二、空白令狀交付之禁止

檢察官依檢察官與司法警察機關執行職務聯繫辦法規定將傳票、拘票、搜索票、扣押命令或其他文件交付檢察事務官、司法警察官、司法警察執行時，應記載法定事項，或核對有無缺漏，不得交付空白之傳票、拘票、搜索票、扣押命令或其他文件。（刑訴法七一、七七、一二八）

參　證　據

五十三、調查事證、認定事實應注意事項

檢察官偵查案件，應詳盡調查事證，認定事實應憑證據，所下判斷必須斟酌各方面之情形，且不違背一般人之經驗法則，所得結論不能有論理上之矛盾，斷不可憑空推測，僅以臆想之詞，如「難保」、「自屬當然」等字樣為結論。（刑訴法一五四、一五五）

五十四、無證據能力之意義

本法第一百五十五條第二項所謂無證據能力，係指不能作為證據者而言，茲例示如下：

（一）被告因強暴、脅迫、利誘、詐欺、疲勞訊問、違法羈押或其他不正方法所為之自白，其自白無證據能力。（刑訴法一五六）

（二）實施刑事訴訟程序之公務員違背本法第九十三條之一第二項、第一百條之三第一項規定，或檢察事務官、司法警察官、司法警察詢問受拘提、逮捕之被告或犯罪嫌疑人，違背本法第九十五條第二款、第三款規定，所取得被告或犯罪嫌疑人之自白及其他不利之陳

　　述，無證據能力，但經證明其等違背上述規定，非出於惡意，且該
　　自白或陳述係出於自由意志者，不在此限。（刑訴法一五八之二）
（三）證人、鑑定人依法應具結而未具結者，其證言或鑑定意見，無證據
　　能力。（刑訴法一五八之三）
（四）被告以外之人於審判外之陳述，除法律有規定者外，無證據能力。
　　（刑訴法一五九）
（五）證人之個人意見或推測之詞，非以實際經驗為基礎者，無證據能
　　力。（刑訴法一六〇）

五十五、以被告之自白為證據

　　檢察官以被告之自白為證據時，除應注意非出於強暴、脅迫、利誘、詐
欺、疲勞訊問、違法羈押或其他不正方法外，並須於起訴書或聲請簡易
判決處刑書內，說明其自白與事實相符之情形。
　　檢察官用以證明犯罪事實之證據，不得僅憑被告或共犯之自白為已足，
尚應提出足以證明被告或共犯自白與事實相符之補強證據。此一補強證
據係指除被告或共犯自白外，其他足資以證明被告或共犯自白之犯罪事
實確具有相當程度真實性之證據而言，並非以證明犯罪構成要件之全部
事實為必要。（刑訴法一五六、最高法院七十三年台上字第五六三八號
及七十四年台覆字第一〇號判例參照）

五十六、對被告自白之任意性應指出證明方法

　　審判中被告陳述其自白係出於不正之方法，該自白如係經檢察官提出
者，檢察官須就該自白之出於自由意志，指出證明之方法。所謂指出證
明之方法，須被告先對自白任意性有爭執，如被告僅為抽象之抗辯，檢
察官得請求質問被告，藉以明瞭具體爭點所在，於被告釋明後，檢察官
得以提出錄音帶、錄影帶、舉出證人等方式，作為該自白出於自由意志
之證明方法。此項證明以釋明為已足。（刑訴法一五六）

五十七、被告陳述任意性之主動調查

　　為保障刑事訴訟程序之公正，檢察官對於隨案解送之人犯，於訊問時，
應問明在警詢中之陳述是否出於自由意志，以確保被告於警詢中陳述之
任意性。如有被告指控遭受司法警察人員刑求時，應要求該被告詳細敘

述遭刑求之過程，並予記明筆錄，必要時得場勘驗身體有無留下遭刑求之痕跡，且予以拍照，並命法醫師、檢驗員對其驗傷或檢查身體，以便作為日後查證之依據。如被告指控遭司法警察人員刑求一節並非實在，上開程序亦可作為被告陳述出於自由意志之證明方法。（刑訴法一五六）

五十八、被告緘默權之保障

本法第一百五十六條第四項明定不得僅因被告拒絕陳述或保持緘默而推斷其罪行，故檢察官訊問時，宜特加注意調查其他證據，不得僅以被告拒絕陳述或保持緘默即指為理屈詞窮而推斷其為有犯罪嫌疑。（刑訴法一五六）

五十九、本法第一百五十七條「公眾週知之事實」之意義

本法第一百五十七條所謂公眾週知之事實，係指一般人所通曉，無誤認之可能者而言，亦即自然之物理、生活之常態、普通經驗、無可爭執之事項。（刑訴法一五七）

六十、對於違法取證非出於惡意之舉證

實施刑事訴訟程序之公務員違背本法第一百五十八條之二所列法定程序而取得之被告或犯罪嫌疑人之自白或其他不利之陳述，如係由檢察官提出作為證據者，應由檢察官就執行人員非明知而故意違法，且所取得之自白或陳述係出於被告或犯罪嫌疑人之自由意志，負舉證之責任，其舉證以釋明為已足。（刑訴法一五八之二）

六十一、證人傳票待證事由欄之記載

證人傳票中待證之事由一欄，僅表明與何人有關案件作證即可，不須明白告知到場作證之事實，以免發生串證而失發見真實之旨。（刑訴法一七五）

六十二、具結義務及未具結之效果

證人、鑑定人依法應具結而未具結者，其證言或鑑定意見，不得作為證據。故檢察官訊問證人、鑑定人時，應注意具結之規定。

證人如應具結者，應命證人自行朗讀結文，必須證人不能自行朗讀，始

命書記官朗讀，於必要時說明結文之意義並記明筆錄。

檢察官訊問證人，應注意告知證人為明確之陳述，如非以實際經驗為基礎者，不得摻雜個人意見或為推測之詞。（刑訴法一五八之三、一六○、一八九）

六十三、違背法定程序取得證據之證據能力

實施刑事訴訟程序之公務員因違背法定程序取得之證據，其證據能力除法律已有明文規定外，其有無證據能力之認定，應審酌人權保障及公共利益之均衡維護。檢察官對法院於個案權衡時，應注意法院是否斟酌下列事項：

（一）違背法定程序之情節。

（二）違背法定程序時之主觀意圖。

（三）侵害犯罪嫌疑人或被告權益之種類及輕重。

（四）犯罪所生之危險或實害。

（五）禁止使用證據對於預防將來違法取得證據之效果。

（六）偵審人員如依法定程序有無發現該證據之必然性。

（七）證據取得之違法對被告訴訟上防禦不利益之程度。

（刑訴法一五八之四）

六十四、證人親自到場陳述之義務

證人必須到場親自陳述，雖有不得已情形，亦須就其所在或於其所在法院或其分院檢察署訊問，其僅以書面代陳述者，不得作為證據採用，但應注意傳聞法則之例外規定。又證人委託他人代表受訊，既非親歷之人，亦不得視為合法證言。（刑訴法一五五、一五九、一七七）

六十五、傳聞證據之排除

被告以外之人如共同被告、共犯、證人、鑑定人、被害人等，以審判外之言詞或書面陳述，作為證據以證明其所敘述之事項為真實者，該審判外之陳述即屬於傳聞證據，除法律另有規定外，無證據能力，不得作為證據使用。所稱法律另有規定，係指本法第一百五十九條之一至第一百五十九條之五、第二百零六條、性侵害犯罪防治法第十五條第

二項、兒童及少年性交易防制條例第十條第二項、家庭暴力防治法第二十八條第二項、組織犯罪防制條例第十二條及檢肅流氓條例第十二條中有關秘密證人筆錄等多種刑事訴訟特別規定之情形。另簡易程序及簡式審判程序，亦不適用本法第一百五十九條第一項所定之傳聞法則，檢察官對於上開傳聞之例外情形，應予注意並適時主張。（刑訴法一五九）

六十六、傳聞證據排除之適用範圍

偵查中關於羈押、搜索、鑑定留置、許可、證據保全及其他依法所為強制處分之審查，除特重急迫性及隱密性，應立即處理且審查內容不得公開外，其目的僅在判斷有無實施證據保全或強制處分之必要，因上開審查程序均非認定被告有無犯罪之實體審判程序，其證明法則僅以釋明為已足，故亦不適用本法第一百五十九條第一項有關傳聞法則之規定。檢察官實施上開強制處分前，如需向法官聲請核票者，對於上開傳聞之例外情形，應予注意並適時主張。（刑訴法一五九）

六十七、傳聞證據排除之例外（一）

被告以外之人於偵查中向檢察官所為之陳述，除顯有不可信之情況者外，得為證據。所謂顯有不可信之情況，應審酌被告以外之人於陳述時之心理狀況、有無受到外力干擾等外在環境及情況，綜合判斷之。

對於顯有不可信之情況，審判中雖應由主張排除該陳述證據能力之被告或其辯護人釋明之，檢察官仍宜予注意並適時主張之。（刑訴法一五九之一）

六十八、傳聞證據排除之例外（二）

被告以外之人於審判中之陳述與其先前在檢察事務官、司法警察官或司法警察調查中所為陳述不符時，其先前陳述必須具有可信之特別情況及為證明犯罪事實存否所必要者兩項要件，始得作為證據。而檢察官於審判中主張具有可信之特別情況，應比較其前後陳述時有無其他訴訟關係人在場，陳述時之心理狀況、有無受到強暴、脅迫、詐欺、利誘等外力干擾之外在環境及情況，如有必要，得聲請法院傳喚詢問或製作筆錄之檢察事務官、司法警察官、司法警察或其他在場之證人作證；或勘驗詢

問時之錄音帶、錄影帶。（刑訴法一五九之二、一五九之三）

六十九、傳聞證據排除之例外（三）

除本法第一百五十九條之一至第一百五十九條之三或其他法律所定之情形外，公務員職務上製作之紀錄文書、證明文書，如戶籍謄本、公證書等，或從事業務之人於業務上或通常業務過程所須製作之紀錄文書、證明文書，如醫師診斷病歷、商業帳簿、航海日誌等，若無顯然不可信之情況，亦得作為證據；其他於可信之特別情況下所製作之文書，如政府公報、家族譜、商業調查報告、統計表、商品行情表、曆書、學術論文等，亦同。檢察官對於上開屬傳聞例外之文書，應予注意並適時主張之。（刑訴法一五九之四）

七十、檢察官之舉證責任（一）

檢察官就被告犯罪事實，應負舉證責任，並指出證明之方法。故檢察官依偵查所得之證據，足認被告有犯罪嫌疑，提起公訴時，起訴書內記載之犯罪事實及證據並所犯法條等事項，應指明證據方法或證據資料與待證事實之關係，如係移送併案審理之案件，亦應檢具併案意旨書，以落實舉證責任。（刑訴法一六一）

七十一、檢察官之舉證責任（二）

檢察官對法院於第一次審判期日前，認為指出之證明方法顯不足認定被告有成立犯罪之可能，以裁定命補正時，檢察官如認為上開裁定為有理由，應即在法院所指定之相當期間內，補正相關證據資料或證明之方法；如無法在指定期間內完成者，應即聲請法院酌予延長，不得延宕不予處理。檢察官對於法院命補正之事項，如須發動強制處分權時，應向法院聲請保全證據，不宜逕自實施強制處分。檢察官如已盡調查能事認無從補正者，或依卷內其他證據已足資證明被告成立犯罪者，應函復法院並說明不補正之原因。

檢察官對於案件已逾第一次審判期日或經法院為相當時日之調查，或被告及其辯護人對證據之證明力已有所爭執，即非所謂顯不足以認定被告有成立犯罪之可能情形，此時法院所為通知補正之裁定，尚與本法第

一百六十一條第二項之要件不符，檢察官為落實舉證責任固無妨加強舉
證，惟認已無補充證據之必要時，應請法院以實體判決終結訴訟。（刑
訴法一六一）

七十二、檢察官之舉證責任（三）

檢察官對法院依本法第一百六十一條第二項所為駁回起訴之裁定，如有
不服，應載明理由，依本法第四百零三條第一項規定提起抗告。如法院
駁回起訴之裁定已確定者，非有本法第二百六十條各款情形之一，不得
對於同一案件再行起訴。

檢察官對於駁回起訴之案件，為善盡調查之能事，仍應分案再行偵查，
如發現新事實、新證據，或有本法第四百二十條第一項第一款、第二
款、第四款或第五款所定得為再審原因之情形者，自得再行起訴，但不
得僅提出與原案相同之事證即再行起訴。（刑訴法一六一、二六〇）

七十三、聲請調查證據應注意事項

檢察官於審判程序中，有聲請法院調查證據之權利，並得於調查證據
時，詢問證人、鑑定人或被告，審判長除認為該詢問係不當者外，不得
禁止之。故檢察官對有利於真實發現之證據，且該證據與待證事實具有
關連性，並有調查之可能，在客觀上確為法院認定事實及適用法律之基
礎者，均得聲請法院調查。

檢察官對於法院依本法第一百六十三條第二項規定行職權調查證據前，
依同條第三項之規定，有權對於證據調查範圍、順序及方法等陳述意
見，如法院為上開調查前，未給予陳述意見之機會，而檢察官有意見陳
述者，應主動請求法院給予陳述意見之機會。（刑訴法一六三）

七十四、勘驗之必要性

檢察官實施勘驗應製作筆錄，記載勘驗始末及其情況，並履行法定之方
式。如有勘驗物之狀態，非文字所能形容者，宜製作圖畫或照片，附於
筆錄之後。履勘犯罪場所或其他與案情有關係之處所，均須將當場勘驗
情形詳細記載，不得有含糊模稜或遺漏之處。

檢察官勘驗屍傷應依檢察機關與司法警察機關勘驗屍傷應行注意事項規

定辦理。（刑訴法四二、四三、二一二、二一三）

七十五、有關證人拒絕證言權之告知義務

除法律另有規定者外，不問何人，在他人為被告之案件，均有作證之義務，期能有助於發見事實之真相。惟證人中有因公務關係應保守秘密而得拒絕證言者、有因與當事人之身分關係得拒絕證言者、有因業務關係有保密義務而得拒絕證言者、有因利害關係而得拒絕證言者，訊問或詢問此等證人之前，除本法第一百八十五條第二項明定證人與被告有第一百八十條第一項之關係者，應告以得拒絕證言、第一百八十六條第二項明定證人有第一百八十一條之情形者，應告以得拒絕證言外，其他情形，亦應告知證人得拒絕證言，以昭程序之允當。（刑訴法一七六之一、一七九、一八〇、一八一、一八二、一八五、一八六）

七十六、證人、鑑定人等真實陳述之義務

證人、鑑定人、通譯，於檢察官偵查時，供前或供後具結陳述不實者，應注意刑法第一百六十八條規定，又關於鑑定及通譯事項並應注意關於準用人證之各規定。（刑訴法一九七、二〇二、二一一）

七十七、鑑定人或鑑定機關書面鑑定報告之證據能力

受檢察官選任之鑑定人或囑託之鑑定機關、團體所為之書面鑑定報告，屬本法第一百五十九條所定傳聞之例外規定，具有證據能力。檢察官對於上開傳聞之例外情形，應予注意並適時主張之。（刑訴法一五九、一九八、二〇六、二〇八）

七十八、鑑定

檢察官行鑑定時，除以專家為鑑定人外，得囑託醫院、學校或其他相當之機關、團體為鑑定或審查他人之鑑定。鑑定之經過及結果，應以言詞或書面報告，其以書面為之者，於必要時得使其以言詞說明。鑑定人或受囑託之醫院、學校、機關、團體實施鑑定或審查之人，為言詞報告或說明時，有具結之義務。（刑訴法二〇二、二〇六、二〇八）

七十九、鑑定留置之聲請

　　為鑑定被告心神或身體，檢察官認有必要對被告為鑑定留置時，無論被告是否同意，均應聲請法院簽發鑑定留置票。

　　檢察官對被告聲請鑑定留置時，應就鑑定留置之必要性，於聲請書內釋明之。（刑訴法二○三、二○三之一）

八十、審酌提出鑑定留置聲請之應注意事項

　　檢察官聲請鑑定留置之期間，應審酌鑑定事項之具體內容、檢查之方法、種類及難易程度等情狀，預定七日以下之期間，向該管法院聲請之；如依實際狀況所需，在期滿前須延長者，應及早聲請該管法院延長。鑑定留置期間自法院簽發鑑定留置票之日起算，該期間於執行時，依刑法第四十六條規定折抵。（刑訴法第二○三、二○三之三、二○三之四）

八十一、鑑定留置期間之戒護

　　鑑定留置期間，被告有看守之必要者，偵查中檢察官得依職權或依留置處所管理人員之聲請命檢察署之法警或洽請移送（報告）該案件或留置處所當地之司法警察機關派人執行。該聲請應以書狀敘述有必要看守之具體理由。（刑訴法二○三之二）

八十二、鑑定許可書之核發

　　應經許可始得進行之鑑定行為，尤其本法第二百零五條之一第一項之採取出自或附著身體之物如：分泌物、排泄物、血液、毛髮、膽汁、胃液、留存於陰道中之精液等檢查身體之鑑定行為，係對人民身體之侵害，偵查中檢察官核發鑑定許可書前，應本於發現真實之目的，詳實審酌該鑑定對於確定訴訟上重要事實是否必要，以符合鑑定應遵守之必要性與重要性原則，並慎重評估鑑定人是否適格。

　　鑑定許可，檢察官得依職權或依聲請為之，司法警察機關因調查案件之必要，亦得陳請檢察官依職權為之。

　　聲請鑑定許可，應以鑑定人為聲請人。鑑定人聲請核發鑑定許可書，得以言詞或書面為之，其書面格式不拘，惟不論以言詞或書面聲請，均應敘明有必要為本法第二百零四條第一項、第二百零五條之一第一項所列行為之具體理由。（刑訴法第二○四、二○四之一、二○五之一）

八十三、檢察官核發鑑定許可書

鑑定許可書應載明本法第二百零四條之一第二項所定應記載事項、對檢查身體附加條件者其條件、經許可得為之本法第二百零五條之一第一項所列處分行為、簽發日期及執行期間屆滿後不得執行，應即將許可書交還之意旨。鑑定許可書得於選任鑑定人或囑託鑑定機關鑑定時，隨函送達於鑑定人或鑑定機關（刑訴法二○四、二○四之一、二○四之二、二○五之一）

八十四、拒絕鑑定之處置

檢察官對無正當理由而拒絕接受檢查身體、解剖屍體及毀壞物體之鑑定處分者，得率同鑑定人實施之，並對拒絕者施以必要之強制力；該拒絕接受身體檢查者若係被告以外之人，且得處以新台幣三萬元以下之罰鍰。該罰鍰之處分，檢察官應聲請該管法院裁定之。（刑訴法第二○四之三、二一九、一三二、一七八）

八十五、對被告以外之人檢查身體之傳喚與拘提

檢察官為檢查被告以外之人之身體，得以傳票傳喚其到場或至指定之其他處所，經合法傳喚，無正當理由而不到場者，除得處以罰鍰外，並得命拘提。前開傳票、拘票除分別記載本法第一百七十五條第二項、第七十七條第二項所列各款事項外，應併載明因檢查身體而傳喚或拘提之旨。（刑訴法二一五）

八十六、聲請證據保全之要件

證據保全，以證據有湮滅、偽造、變造、隱匿或礙難使用之虞為要件，如：保存有一定期限之電訊通聯紀錄、證人身罹重病恐將死亡或即將遠行久居國外、證物不易保存有腐敗、滅失之可能、避免醫院之病歷遭篡改、確定人身受傷之程度、原因或違法濫墾山坡地、於水利地違法傾倒垃圾及不動產遭竊佔之範圍等，該要件即為應保全證據之理由。檢察官受理證據保全之聲請，應詳為審酌聲請證據保全之人於聲請書上有無記載明確並加以釋明。（刑訴法二一九之一、二一九之五）

八十七、檢察官受理證據保全之聲請

檢察官受理偵查中證據保全之聲請，須由告訴人、犯罪嫌疑人、被告、辯護人或代理人所提出者，方屬適格。

如案件尚未移送或報告檢察官，前項聲請應由調查該案之司法警察（官）所屬機關所在地之地方法院檢察署檢察官受理；如案件已移送或報告檢察官或由檢察官自行偵查中，前項聲請應由承辦該案件之檢察官受理。（刑訴法第二一九之一、二一九之三）

八十八、檢察官駁回保全證據之聲請或逾五日不為保全處分

檢察官受理證據保全之聲請，如為駁回處分時，得以簡便函文載明該聲請不合法或無理由，通知聲請人，並於函內加註聲請人得逕向該管法院聲請保全證據之意旨。如檢察官基於偵查必要性之考量，對該聲請不擬於五日內處理者，應將其暫不處理之理由，以適當方式留下記錄，俾便日後稽考。（刑訴法第二一九之一）

八十九、檢察官對法院徵詢聲請證據保全意見之提出

偵查中檢察官駁回保全證據之聲請或逾法定期間未為保全處分，而由法院受理告訴人、犯罪嫌疑人、被告或辯護人提出保全證據之聲請，法院於決定是否准許前徵詢檢察官意見時，檢察官應就保全證據適當與否，以書面、電話或其他方式具體表示意見；如以電話行之者，須作成公務電話記錄附卷。前述意見，應注意於法院指定之期限內提出。（刑訴法第二一九之二）

九十、保全證據之實施

檢察官決定為保全證據之處分後，為執行該處分所為搜索、扣押、鑑定、勘驗、訊問證人或其他必要之保全處分，除有特別規定外，須依其實施之具體方法，分別準用本法第一編第十一章搜索及扣押、第十二章證據之規定。

前項所謂特別規定，如本法第二百十九條之六所定辯護人得於實施保全證據時在場之規定即是。此種情形即不再準用本法第一百五十條第一項規定。（刑法二一九之八）

肆偵查

九十一、告訴之代理

告訴人於偵查中，得委任代理人，該代理人並不以具備律師資格者為限。告訴代理人不論為律師或非律師，於偵查中，基於偵查不公開原則，不得檢閱、抄錄或攝影卷宗、證物。

外國人如委任告訴代理人，其委任狀或授權書之審核，應與受理本國人案件持相同之態度，如依卷證資料已足認其委任或授權為真正，而他造亦不爭執，即無須要求其委任狀或授權書應經認證。（刑訴法二三六之一）

九十二、聲請交付審判之閱卷

律師受告訴人委任聲請交付審判，如欲檢閱、抄錄或攝影偵查卷宗及證物，不論是否已向法院提出理由狀，均應向該管檢察署檢察官聲請之。該卷宗或證物如由法院調借中，檢察官應通知調借之法院速將卷證送還，俾便於律師聲請閱卷。檢察官將卷宗或證物提供律師閱覽前，應仔細檢查及判斷是否有涉及另案偵查不公開或其他依法應予保密之情形，如有上開情事，依本法第二百五十八條之一第二項但書規定，得限制或禁止之。（刑訴法二五八之一）

九十三、轄區外行使職務

檢察官因發現真實之必要或遇有急迫情形時，得於管轄區域外行其職務。（刑訴法一三、一六）

九十四、言詞告訴之處理

遇有以言詞告訴、告發、自首者，應立即製作筆錄，向告訴、告發、自首人朗讀或令其閱覽，詢以記載有無錯誤後，命其簽名、蓋章或按指印，如係委託他人代行告訴者，應注意其委任是否真確及本人有無意思能力，與是否自由表示。（刑訴法二四二）

九十五、告訴乃論之罪應先調查事項

告訴乃論之罪，應先注意其告訴是否經過法定告訴期間及告訴人是否有

告訴權。若告訴人於合法告訴後死亡，或其身分關係消滅，仍於告訴效力不生影響。惟所告訴者，如係刑法第二百三十九條之通姦罪，並應注意其有無縱容或宥恕情形。（刑訴法二三二、二三七）

九十六、告訴乃論之罪，被害人死亡時應注意事項

告訴乃論罪，被害人已死亡者，應注意本法第二百三十三條第二項及第二百三十六條第二項之適用。但依各該規定告訴者，除被害人之法定代理人或配偶有獨立告訴權者外，不得與被害人明示之意思相反。

如被害人年齡幼稚，不解告訴意義，而其法定代理人又係被告或因與被告有親屬關係而不為告訴，復無本法第二百三十五條後段所示之告訴人時，檢察官得依利害關係人之聲請或依職權指定代行告訴人，並注意通知兒童及少年福利主管機關提出告訴。（刑訴法二三三、二三六、兒童及少年福利法七〇）

九十七、檢察官偵查犯罪應注意事項

檢察官偵查案件，除依本法第一編第八章至第十二章辦理外，應以一切方法為必要之調查，遇有犯罪嫌疑人未明者，仍應設法偵查。關於犯罪相關地點、遺留器械物品、犯人之來蹤去跡及其身材、相貌、口音、指紋與其他特徵，並被害人之身分、職業、家庭、交際或其他關係，均可為偵查之線索，應隨時注意之。（刑訴法二二八）

九十八、行政違法情節之通知

檢察官偵查犯罪應依本法或其他法律之規定行使職權，如發現偵查中之案件有違反行政規定之情節，本於檢察官為國家公益代表人之身分，宜函知行政主管機關本於權責依法處理，其函知之目的係促請該行政主管機關查知並依法處理之意，自不宜有命令性質，以避免干涉該主管機關依法行政。至於處理方式，應由該行政機關本於權責，根據客觀之事實，依據法令之規定處理之，檢察官不宜給予具體指示。

九十九、指認犯罪嫌疑人之方式

檢察官對於有必要指認犯罪嫌疑人或被告之案件，為期勿枉勿縱，應審

慎為之，確實依照本法之規定，實施全程錄音及必要時全程錄影，並依案情之需要，以各檢察署所設置單面指認玻璃及雙向視訊系統，實地操作使用。

指認前應由指認人先陳述犯罪嫌疑人之特徵，於有數人可供指認時，對於可供選擇指認之人，其外型不得有重大之差異。指認前必須告知指認人，真正之犯罪嫌疑人並不一定存在於被指認人之中，且不得有任何可能誘導之安排出現。

檢察官行訊問或檢察事務官行詢問並製作指認之供述筆錄時，應要求證人將目擊經過、現場視線及犯罪嫌疑人之容貌、外型、衣著或其他明顯特徵等查證結果予以詳述，命書記官一併附記於筆錄內，以便與指認之結果進行核對查考。

一百、偵查不公開

偵查不公開之，如依法令或為維護公共利益或保護合法權益有必要，而需公開揭露偵查中因執行職務知悉之事項時，應注意檢察、警察暨調查機關偵查刑事案件新聞處理注意要點之規定，妥適發布新聞，以免因違反偵查不公開而受行政或刑事處罰。（刑訴法二四五）

伍偵查之終結

一百零一、

提起公訴，除與本案相牽連之犯罪或本罪之誣告罪，得於第一審辯論終結前之審判期日，以言詞追加起訴外，應以起訴書為之。

起訴書除應記載本法第二百六十四條第二項所規定之事項外，對惡性重大，嚴重危害社會治安之犯罪，如認有具體求刑之必要，應於起訴書中就刑法第五十七條所列情狀事證，詳細說明求處該刑度之理由；案件於法院審理時，公訴檢察官除就事實及法律舉證證明並為辯論外，並應就量刑部分，提出具體事證，表示意見。如被告合於刑法第七十四條之要件者，亦可為緩刑期間及條件之表示，惟應注意國家當前刑事政策及被告主觀情形，妥適運用。對於有犯罪習慣之被告，應注意請法院宣告保安處分，被告有自首、累犯等刑之減輕或加重之原因，以及應處以沒收、褫奪公權等從刑亦宜併予表明，以促使法院注意。

起訴書內應記載之事項，如有疏漏，應即依式補正。（刑訴法二六四、二六五）

一百零二、提起公訴應注意事項

檢察官依偵查所得之證據，是否足認被告有犯罪嫌疑，及有無本法二百五十二條至第二百五十四條所列之情形，均為起訴前應注意之事項。至被告在偵查中曾否到場及起訴時被告之所在是否明瞭，均於起訴不生影響。（刑訴法二五二至二五四）

一百零三、緩起訴處分

檢察官為緩起訴處分時，應注意適用檢察機關辦理緩起訴處分作業要點之規定。（刑訴法三七六、二五三之一、二五三之二）

一百零四、受理少年案件之處置

司法警察機關移送檢察官偵查，或人民逕向檢察官告訴、告發之刑事案件，經查明被告係少年事件處理法第二條所稱之少年，或係未滿十二歲之人而有觸犯刑罰法律之行為者，檢察官應即製作移送書，將原案送由該管少年法院或少年法庭處理，其有刑法第十八條第一項之情形者，無須適用本法第二百五十二條第八款為不起訴之處分。（少年事件處理法一之一、十八、八五之一）

一百零五、少年刑事案件不起訴處分後之處置（一）

少年法院或地方法院少年法庭依少年事件處理法第二十七條第一項第一款之規定移送之刑事案件，經檢察官調查結果，認為非屬該款所列之罪者，應按本法第二百五十五條第一項為不起訴之處分，俟處分確定後，將原案件函送該管少年法院或少年法庭另依保護事件程序處理。但處分確定後被告已滿二十歲者，應另分偵字案逕依本法實施偵查。（少年事件處理法二七、少年事件處理法施行細則八、一二）

一百零六、少年刑事案件不起訴處分後之處置（二）

少年法院或地方法院少年法庭移送之刑事案件，經檢察官調查結果，認為有應不起訴之情形者，應適用本法第二百五十二條各款、第

二百五十五條第一項有關規定,為不起訴處分;其係告訴乃論之罪而未經告訴者,應簽報他結。但有下列情形之一者,應於處分確定或簽結後被告未滿二十歲前,將原案函送該管少年法院或少年法庭另依少年保護事件程序處理:

(一)依本法第二百五十二條第五款為不起訴之處分者。

(二)告訴乃論之罪因告訴不合法、依法不得告訴而告訴,或已經撤回告訴後再行告訴,而依本法第二百五十五條第一項為不起訴之處分者。

(三)告訴乃論之罪未經告訴而簽報他結者。

(四)少年法院或少年法庭移送之非屬少年事件處理法第二十七條所列之案件,經依本法二百五十五條第一項為不起訴處分者。(少年事件處理法施行細則八、十、刑訴法二五二、二五五)

一百零七、少年刑事案件不起訴處分後之處置(三)

檢察官對於少年法院或地方法院少年法庭移送之少年事件處理法第二十七條第二項之案件,經調查結果,認屬最重本刑五年以下有期徒刑之罪,參酌刑法第五十七條所列事項,認以不起訴為適當者,得依少年事件處理法第六十七條前段規定,為職權不起訴之處分,移送少年法院或少年法庭依少年保護事件程序審理,但處分確定後,被告已滿二十歲者,無庸移送。(少年事件處理法六七、少年事件處理法施行細則八)

一百零八、少年刑事案件經不受理判決後之處置

少年刑事案件因起訴程序違背少年事件處理法第六十五條第一項規定而經法院判決不受理確定者,檢察官應於收案審核登記後,迅將全案送由該管少年法院或少年法庭處理。但收受確定案卷,被告已滿二十歲者,應即另分偵字案逕依本法實施偵查。(少年事件處理法六五、少年事件處理法施行細則八)

一百零九、案件不起訴處分或緩起訴處分後之處置

偵查中羈押之被告,受不起訴或緩起訴之處分者,檢察官應即將被告釋放,並即時通知法院。案件經不起訴處分確定或緩起訴處分確定且期滿者,扣押之物件,除應沒收或為偵查他罪或他被告之用應留存者外,應

即發還，以後非具有本法第二百六十條所列情形之一者，不得對於同一案件再行起訴。惟本法第二百六十條所稱之新事實或新證據，只須為不起訴處分以前未經發現至其後始行發現，且足認被告有犯罪嫌疑者為已足，並不以確能證明犯罪為必要。（刑訴法二五九、二六〇。最高法院四十四年台上字第四六七號、五十七年台上字第一二五六號判例參照）

一百十、聲請再行起訴之處理

告訴人於再議期間經過再議駁回後，以發現新事實、新證據或有再審原因為理由，請求起訴，經檢察官查明並無可以起訴之新事實、新證據或有再審之原因者，於簽結後，祇須將理由以書面通知告訴人，不必再製作不起訴處分書。其由上級檢察長於再議期間經過後，復令偵查者亦同。（刑訴法二五七、二五八、二六〇，司法院院字第二八四號解釋參照）

一百十一、再議聲請之處理

原檢察官接受聲請再議書狀，應先行查核聲請人是否為告訴人、已否逾七日之期間及其聲請有無理由，並製作審核聲請再議意見書。若聲請人非告訴人或聲請已逾期者，其再議聲請為不合法，原檢察官應駁回再議之聲請，並予簽結。認為有理由者，應自行撤銷原處分，繼續偵查或起訴。繼續偵查之結果，仍得為不起訴處分或緩起訴處分，並另製作不起訴處分書或緩起訴處分書，依法送達。認為無理由者，應將審核聲請再議意見書連同卷宗及證物儘速送交上級檢察署檢察長或檢察總長，不得無故延宕。原檢察署檢察長於原檢察官認聲請為無理由，應行送交卷證時，如認案件尚有偵查之必要，在送交前得親自或指定其他檢察官再行偵查。其聲請逾期者，原檢察長應予駁回。告訴人於不起訴處分書或緩起訴處分書送達前，聲請再議而不合程式者，如以言詞聲請，未具書狀，或具書狀未敘理由等，應通知其依本法第二百五十六條第一項前段規定辦理。（刑訴法二五六、二五六之一、二五七）

一百十二、職權送再議之處理

依職權送再議之案件，檢察官於處分書送達後，應儘速檢卷連同證物送

上級檢察署檢察長或檢察總長，不得無故延宕。（刑訴法二五六）

一百十三、再議聲請撤回之效力

告訴人於檢察官將卷證檢送上級檢察署檢察長或檢察總長以前，撤回再議之聲請時，原不起訴處分或緩起訴處分，即行確定。但原檢察官或其他檢察官，先已認聲請為有理由，撤銷原處分而繼續偵查或起訴者，不受撤回之影響。（刑訴法二五七）

一百十四、上級檢察長或檢察總長對再議聲請之處理

上級檢察署檢察長或檢察總長，命令原檢察署檢察官續行偵查或起訴時，只應於令文內敘明理由，毋庸另作處分書。至命令續行偵查或起訴案件，本法雖未明定如何方式，但按其性質自應以命令行之。（刑訴法二五八、司法院院字第一六八號解釋參照）

一百十五、再議聲請之駁回

上級檢察署檢察長或檢察總長駁回再議，應製作處分書，由檢察長或檢察總長簽名蓋章。但因聲請再議不合法而駁回者，毋庸製作處分書。（刑訴法二五八、最高法院解字第二一〇號、司法院院字第一四二號解釋參照）

一百十六、停止偵查之事由

犯罪是否成立或刑罰應否免除，以民事法律關係為斷者，本法第二百六十一條雖規定應於民事訴訟終結前，停止偵查，但必須該民事訴訟之法律關係確為犯罪是否成立或刑罰應否免除之先決問題者，始可停止，不得以有該規定，輒予擱置，延滯案件之進行。（刑訴法二六一）

一百十七、續行偵查後之不起訴處分

檢察官接受上級檢察署檢察長或檢察總長命令續行偵查之案件，如偵查結果仍予不起訴處分或緩起訴處分，應即製作處分書依法送達，告訴人對之並得於法定期間內聲請再議。（司法院院字第八十二號解釋參照）

一百十八、聲請交付審判

檢察官所為不起訴或緩起訴處分，告訴人不服駁回再議之處分者，得於接受處分書後十日內委任律師提出理由狀，向該管第一審法院聲請交付審判。

上級檢察署駁回再議聲請之處分書正本，應於尾頁末行附記上開事由，送達於聲請再議之人，以維告訴人之權益。並於結案後將全案卷證送還原檢察署，俾便該管第一審法院受理交付審判之聲請後，向原檢察署調取該案卷證。

有關交付審判之要件是否具備，係由受理交付審判聲請之該管第一審法院為審查，如聲請人誤向駁回再議聲請之上級檢察署遞狀聲請，該上級檢察署於收受後，應即將該聲請狀轉送該管第一審法院辦理，並副知聲請人。（刑訴法二五八之一）

一百十九、交付審判閱卷聲請之處理

律師受告訴人委任聲請交付審判，如欲檢閱、抄錄或攝影偵查卷宗及證物，不論是否已向法院提出理由狀，均應向該管檢察署檢察官聲請之。該卷宗或證物如由法院調借中，檢察官應將律師聲請閱卷之事由通知法院，於法院將卷證送還後，除涉及另案偵查不公開或其他依法應予保密之情形，得予限制或禁止之外，應即儘速提供偵查卷宗及證物供其檢閱、抄錄或攝影。（刑訴法二五八之一）

一百二十、交付審判程序之準用

檢察官對於法院裁定交付審判之案件，因視為已提起公訴，其程序準用本法第二編第一章第三節之審判程序，應到庭實行公訴。檢察官基於公益代表人之身分，對於該案件，自不得因前經不起訴處分且駁回再議之聲請，而有懈怠，仍應與一般提起公訴之案件為相同處理。（刑訴法二五八之四）

一百二十一、聲請單獨宣告沒收

檢察官為職權不起訴處分或緩起訴處分時，對被告供犯罪所用或供犯罪預備及因犯罪所得之物品，得依本法第二百五十九條之一規定，單獨聲請法院宣告沒收。但緩起訴之案件，因日後仍有起訴之可能，檢察官對

該類案件宜於緩起訴處分確定且期滿後，始單獨聲請法院宣告沒收。
（刑訴法二五九之一）
陸實行公訴

一百二十二、簡式審判程序

簡式審判程序貴在審判程序之簡省便捷，故調查證據之程序不受嚴格證
明法則之限制，且因被告對於犯罪事實並不爭執，故不適用有關傳聞法
則之規定。另為求調查證據程序之簡化，關於證據調查之次序、方法之
預定、證據調查請求之限制，及證人、鑑定人詰問之方式等，均不須強
制適用，檢察官於實行公訴時，得視情況便宜處理。（刑訴法二七三之
一、二七三之二）

一百二十三、檢察官實行公訴之職責

檢察官有實行公訴之職責。對於提起公訴之案件，應於法院通知之審判
期日始終到庭，不得無故缺席或先行離庭；如有正當理由預期無法到庭
或全程在庭者，應洽請法院改期或為適當之處理，或事先將其事由陳報
該管檢察長，由該管檢察長指派或自行委託其他檢察官，依檢察一體原
則到庭接替執行職務。（法院組織法六〇、刑訴法二七三、二八〇）

一百二十四、起訴或上訴要旨之陳述

檢察官在第一審審判期日，應為起訴要旨之陳述，在上訴審審判期日，
如其上訴係由檢察官提起者，應為上訴要旨之陳述，其陳述宜就起訴書
或上訴理由書之綱領，提要說明，不得以詳如起訴書或上訴理由書為
詞，而將陳述省去，至於事實上或法律上意見，應於辯論時，詳細說
明。（刑訴法二八六、二八九、三六五）

一百二十五、

檢察官實行公訴前，應詳研案卷，並預作摘記，俾資為實行公訴攻擊防
禦之準備。實行公訴時，必須專注在庭，不得旁騖，對於在庭被告及被
害人之陳述、證人之證言、鑑定人之報告、審判長提示之證物及宣讀之
文件，暨其他對於被告有利不利之證據，均應密切注意。如有意見，並
應適時表示，以協助法庭發見真實。於審判中發見之情形與偵查時不

同,自得變更起訴之法條,另為適當之主張。論告時除應就本案事實之證明、法律之適用及有無刑之加重減輕原因,詳為陳述意見,確實辯論,並應就量刑部分,提出具體事證,表示意見。倘發現有利於被告之證據,亦應為有利於被告之論告。(刑訴法二八九)

一百二十六、續為蒐集證據

案件經起訴後,實行公訴之檢察官於必要時,仍得續為證據之蒐集。
公訴檢察官續為證據之蒐集時,應避免行使強制處分權。如有必要於審判外訪談證人時,應以通知書為之。

一百二十七、證人詰問、詢問之禁止

於行證人之詰問程序時,除本法第一百六十六條之七規定外,檢察官應注意特別法,如性侵害犯罪防治法第十四條、證人保護法第十一條、組織犯罪防制條例第十二條及國家機密保護法第二十五條第二項對證人禁止詰問事項或應予保密事項之規定。如辯護人或其他行詢問或詰問之人對證人有違反規定之詰問或詢問時,應即時提出異議。(刑訴法第一六六之七、性侵害犯罪防治法一四、證人保護法一一、組織犯罪防制條例一二、國家機密保護法二五)

一百二十八、審理中之併案

檢察官於偵查中發現有裁判上一罪關係之案件於法院審理中者,如欲移送該法院併案審理時,應敘明併案部分之犯罪事實及併案之理由,並知會該審理案件實行公訴之檢察官。(刑訴法二六七)

一百二十九、追加起訴

檢察官實行公訴時,如遇有追加起訴之情形,應於追加起訴後,立即簽報檢察長,並通知原起訴檢察官,以利稽考。(刑訴法二六五)

一百三十、撤回起訴

檢察官實行公訴時,於第一審辯論終結前,發現有應不起訴或以不起訴為適當之情形而欲撤回起訴者,如該案件係有告訴人之案件,為兼顧其權益,宜先以電話、傳真、書面、電子郵件或當面告知等適當方式通知

告訴人或其代理人。

基於檢察一體之原則，擬撤回起訴之案件如係由其他檢察官提起公訴者，撤回起訴書應先知會提起公訴之檢察官表示意見，經檢察長核可後，始得提出。原起訴檢察官如認其起訴之案件有應不起訴或以不起訴為適當之情形時，亦得請實行公訴之檢察官撤回起訴，並準用上開程序辦理。（刑訴法二六九）

一百三十一、訴訟程序之監督

檢察官實行公訴時，對於審判長或受命法官有關證據調查及訴訟指揮之處分，無論是積極之作為或消極之不作為，如認審判長或受命法官有怠於調查證據、維持訴訟秩序或有其他違法情事者，檢察官即得依本法第二百八十八條之三規定向法院聲明異議。（刑訴法二八八之三）

一百三十二、協助自訴

檢察官有協助自訴之義務，對於法院通知審判期日之自訴案件，如有事實上或法律上之意見，或認為與社會或國家之法益有重大關係，務於審判期日出庭陳述意見，不得以法文係得出庭陳述意見即予忽略。又自訴案件，如具有法定原因，經法院通知檢察官擔當訴訟時，即應擔當。（法院組織法六〇、刑訴法三三〇、三三二）

一百三十三、聲請繼續審判

檢察官對於法院依本法第二百九十四條第一項、第二項、第二百九十五條至第二百九十七條及商標法第四十九條停止審判等之案件，於停止之原因消滅後，亦得聲請繼續審判。（刑訴法二九四至二九七、商標法四九）

柒上訴

一百三十四、檢察官裁判正本之收受與審查

檢察官應於裁判正本送至其辦公處所後，即時收受送達，不得無故擱置，致延誤裁判確定之時間。收受裁判正本後，應立就原裁判認定事實有無錯誤、適用法則是否恰當，以及訴訟程序有無瑕疵、量刑標準及緩刑宣告是否適當，分別審查，以決定應否提起上訴或抗告，不得任意擱

置，致遲誤上訴或抗告期間。如認原判決量刑失當或漏未宣告保安處分或緩刑者，應即提起上訴或為被告之利益聲明上訴。其上訴書，提起第三審上訴者，必須敘述理由。上訴第二審者，雖無必敘述理由之規定，但為明瞭上訴範圍及要旨，仍以敘述理由為宜。（刑訴法三四四、三七七、三八二）

一百三十五、違法不當判決之上訴

檢察官發見原判決有違法或不當之處，無論被告上訴與否，應於法定期間內提起上訴，不得因被告已經提起上訴，即不予上訴或僅於答辯書內指摘其不當。如告訴人或被害人對於下級法院之判決有不服者，亦得請求檢察官上訴，除其請求顯無理由者外，檢察官不得拒絕。所謂顯無理由，係指該項請求之內容，在表面上不須再經調查，即可認為無理由者而

一百三十六、請提起非常上訴

凡依法不得上訴者，檢察官雖不得依通常上訴程序提起上訴，但遇有違背法令情形，仍可俟原判決確定後，出具意見書，報請最高法院檢察署檢察總長提起非常上訴，以資糾正。（刑訴法四四二）

一百三十七、上訴之提起及撤回

檢察官提起上訴，並不限於原偵查起訴之檢察官，亦不限於原出庭辯論之檢察官。至下級檢察官提起上訴之案件，經上級檢察官查核，認為程序顯不合法或實體上顯無理由者，得於上訴法院裁判前，撤回上訴。（刑訴法三五四）

捌協商程序

一百三十八、聲請進行協商應注意事項

案件有被害人者，檢察官於聲請法院同意進行協商前，應徵詢被害人之意見。

檢察官與被告於審判外進行協商時，應先簽會原偵查檢察官、主任檢察官表示意見。但被告所犯最重本刑為三年以下有期徒刑、拘役或專科罰

金之罪者，不在此限。

檢察官為辦理與被告於審判外進行協商之事宜，得命檢察事務官為之。
（刑訴法四五五之二）

一百三十九、協商之進行

檢察官與被告於審判外進行協商時，非有特殊必要情形經報請檢察長核可者外，應於上班時間，在法院或檢察署之公務場所行之。

協商之案件，預期被告願受科處之刑逾有期徒刑六月，且未受緩刑宣告者，於進行協商時，應有被告之辯護人在場。被告未選任辯護人者，應待法院指定公設辯護人或律師為辯護人後行之。

檢察官對於協商之進行與合意之達成，應注意不得違反被告之自由意志。（刑訴法四五五之二、四五五之四、四五五之五）

一百四十、協商之內容

檢察官與被告協商時，不得同意與被告罪責顯不相當之刑，且不得逾有期徒刑二年。是否同意緩刑之宣告，除應注意是否符合緩刑之要件外，亦應注意審酌被告之前科紀錄與本案之罪責及有無再犯之虞。

協商之內容不得承諾法律許可以外之利益，亦不得要求被告履行法律所不允許之事項。（刑訴法四五五之二、四五五之三）

一百四十一、協商之記錄及送閱

檢察官與被告進行協商前，就協商之時間、地點填寫協商進行單。於協商時，倘檢察官親自為之，應有檢察事務官或書記官在場協助，如檢察官命檢察事務官為之者，應有書記官在場，並均應將協商結果作成書面紀錄，由參與協商之人簽名。

前項協商之過程，於必要時得以錄音方式留存紀錄。

第一項協商結果，應送請主任檢察官或檢察長核定。

一百四十二、協商判決之聲請

檢察官經與被告達成協商合意，應以書面向法院聲請為協商判決。

聲請協商判決時，對於應諭知沒收、追徵、追繳或抵償者，應一併聲請法院依法諭知。（刑訴法四五五之二）玖執行

一百四十三、死刑執行之審核

諭知死刑之確定判決，經法務部核准執行之命令到達後，執行檢察官應即詳閱全卷，如發見有再審或非常上訴之理由者，應於三日內報請法務部再加審核。（刑訴法四六一）

一百四十四、罰金、罰鍰、追徵、追繳或抵償之執行

罰金、罰鍰、追徵、追繳或抵償應就受裁判人本人之財產執行，其執行之程序準用執行民事裁判之規定，於必要時，得囑託地方法院民事執行處行之。（刑訴法四七一）

一百四十五、褫奪公權

褫奪公權，經判決確定者，應即將被褫奪公權者之姓名、年籍等，函知受刑人、中央選舉委員會、行政院人事行政局、銓敘部或服務之公職機關。（刑法三六）

一百四十六、緩刑之執行

受緩刑宣告之案件，應隨時檢查有無應撤銷或得撤銷緩刑宣告之情形。
受緩刑宣告之案件，如有應撤銷或得撤銷緩刑宣告之情形，收受他罪判決確定執行案件之檢察署，應立即通知受刑人所在地或其最後住所地之地方法院檢察署。
緩刑附條件者，於緩刑期滿前六十日，應再檢查有無得撤銷緩刑宣告之情形。（刑法七四、七五、七五之一、刑訴法四七六）

一百四十七、協商判決、緩刑附條件之執行

緩刑附條件者，其條件之執行作業程序準用檢察機關辦理緩起訴處分作業要點之相關規定。協商判決宣告本法第四百五十五條之二第一項第二款至第四款事項者，亦同。（刑法七四、七五之一、刑訴法四五五之二）

一百四十八、保安處分之聲請

檢察官依刑法第十九條第一項認被告行為不罰而為不起訴處分，如認有宣告保安處分之必要者，依本法第四百八十一條第二項規定，應注意聲請法院裁定之。又於法院裁判未併宣告保安處分而檢察官認有宣告之必

要者，依同條第三項之規定應注意於裁判後三個月內聲請法院裁定。
（刑訴法四八一）

第一百四十九條（假釋中付保護管束之聲請及執行）

假釋中付保護管束，由該案犯罪事實最後裁判法院相對應之檢察署檢察
官依法務部核准之監獄受刑人假釋名冊向法院聲請裁定。於收受裁定正
本後應即檢送並函請執行監獄所在地之地方法院檢察署命令該假釋受刑
人於出獄後之指定期日內向其居住處所之地方法院檢察署報到，接受保
護管束之執行。假釋經撤銷後，則無須聲請法院裁定撤銷保護管束。
（刑法九三、刑訴法四八一、保安處分執行法六五之一）

第一百五十條（保護管束執行之監督）

檢察官對於執行保護管束者，應實行其監督權。關於受保護管束人之感
化、監護、禁戒或工作及身體、品行、生計等情況，應隨時加以調查，
不得僅以執行保護管束者之報告為憑。如發現執行保護管束者有違背義
務情事，亦應隨時督促糾正，必要時得予警告或另行指定執行保護管束
者執行之。至接受執行保護管束之報告事項，更應即時予以適當之處
理。（保安處分執行法六五）

刑事法庭布置圖

刑　事　法　庭　布　置　圖

附圖二

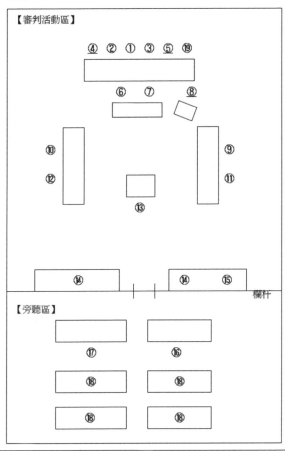

說明：(編號在框內者，僅置座椅，但必要時得於審判活動區內席位置桌)

①審判長席
②法官席
③法官席
④法官席
⑤法官席
⑥書記官席
⑦通譯、錄音、卷證傳遞席

⑧技術審查官席
⑨檢察官席（自訴代理人席）
⑩辯護人席
⑪自訴人席（附帶民事訴訟原告及代理人席）
⑫被告及輔佐人席
　　　（附帶民事訴訟被告及代理人席）
⑬應訊台（供當事人以外之人應訊用）

⑭證人、鑑定人席
⑮被害人、告訴人及代理人席
⑯學習法官（檢察官）席
⑰學習律師、記者席
⑱旁聽席
⑲調辦事法官席

參考資料來源及說明

本於政府資訊公開法之要求，加上我國推動電子化政府績效卓越之賜，行政院、立法院與司法院等公部門網站內公布了充沛多元的刑事訴訟法相關資料。本書內容主要即從上述各種政府公開法規公開資訊管道挑選編輯而來。茲詳細說明如下：

法規條文部分：

資料來源包括：全國法規資料庫（law.moj.gov.tw）、法務部主管法規查詢系統（http://mojlaw.moj.gov.tw/）、司法院法學資料檢索系統本院主管法規單元（http://jirs.judicial.gov.tw/Index.htm）等三個管道蒐集而來，具有權威性與時效性。

實務見解部分：

該類型資料包括判決、判例乃至於最高法院決議、法院法律問題座談會等內容，主要收錄自：全國法規資料庫司法判解單元、司法院法學資料檢索系統判解函釋等單元而來。值得注意者有二，其一為限於篇幅關係，在許多這類型資料中，本書僅擷取其中具有法學刑法學習參考意義的法理論述，並不通盤詳述案情。其二為秉持本書以「新世紀」為名之意旨，對於晚近有參考性的最高法院裁判，縱未被選為判例，但仍予以收錄。反之，對於與新世紀脫節甚遠的判例，縱令其中若干仍繼續被司法實務界援用，但本書仍儘可能地予以割捨。

立法說明及相關法條部分：

這部份資料主要參考自立法院法律系統（http://lis.ly.gov.tw/lgcgi/lglaw）。該系統內除了可查詢刑事訴訟法條文外，其中最具特色的乃是提供了立法記錄與各該條文之相關法條，並可從立法院公報內條文對照表裡，掌握條文新增修正之立法說明。本書節錄之立法說明，主要來自如下資料：

立法院第104卷第54期（4253）九冊公報，104年06月25日，1-300頁。

立法院第104卷第02期（4201）上冊公報，104年01月08日，216-236頁。

立法院第103卷第43期（4152）三冊公報，103年06月09日，147-162頁。

立法院第103卷第37期（4146）中冊公報，103年05月27日，304-326頁。

立法院第103卷第08期（4117）五冊公報，103年01月23日，1-18頁。

立法院議案關係文書　院總字第161號　政府提案第　11692　號，2009年5月27日，政17-21頁。

立法院議案關係文書　院總字第161號　政府提案第　11689　號，2009年5月20日，政23-30頁。

立法院議案關係文書　院總字第161號　政府提案第　10535號，2006年5月17日，政29-36頁。

立法院議案關係文書　院總字第161號　政府提案第　10965號，2007年9月26日，政313-314頁。

立法院議案關係文書　院總字第161號　政府提案第　10497號，2006年4月19日，政3-8頁。

立法院議案關係文書　院總字第161號　政府提案第　9469號，2003年12月10日，政6-12頁。

立法院議案關係文書　院總字第161號　政府提案第　8849號，2002年11月6日，政9-52頁。

立法院議案關係文書　院總字第161號　政府提案第　5821號，1997年5月24日，13-74頁。

立法院議案關係文書　院總字第161號　政府提案第　3728號，1990年3月3日，報7-12頁。

國家圖書館出版品預行編目資料

新世紀刑事訴訟法釋要 / 黃炎東 編著. — 增訂版；
，2015. 12
ISBN 978-986-5633-09-7（平裝）

1.刑事訴訟法
586.2   104010658

新世紀刑事訴訟法釋要
增訂版

作　　　者：黃炎東
出　版　者：蘭臺出版社
發　　　行：蘭臺出版社
地　　　址：台北市中正區重慶南路1段121號8樓之14
電　　　話：(02)2331-1675或(02)2331-1691
傳　　　真：(02)2382-6225
E—MAIL：books5w@gmail.com
網路書店：http://bookstv.com.tw/
　　　　　http://store.pchome.com.tw/yesbooks/
　　　　博客來網路書店、博客思網路書店、華文網路書店、三民書局
總 經 銷：成信文化事業股份有限公司
劃撥戶名：蘭臺出版社 帳號：18995335
網路書店：博客來網路書店 http://www.books.com.tw
香港代理：香港聯合零售有限公司
地　　　址：香港新界大蒲汀麗路36號中華商務印刷大樓
C&C Building, 36,Ting, Lai, Road, Tai,Po, New,Territories
電　　　話：(852)2150-2100　傳真：(852)2356-0735
總 經 銷：廈門外圖集團有限公司
地　　　址：廈門市湖裡區悅華路8號4樓
電　　　話：86-592-2230177
傳　　　真：86-592-5365089
出版日期：2015年12月 增訂版
定　　　價：新臺幣550元整（平裝）
ISBN：978-986-5633-09-7